Die Vermeidung von Ersatzfreiheitsstrafen –
wesentliches Anliegen
aktueller Strafrechtsreformbestrebungen

Europäische Hochschulschriften
Publications Universitaires Européennes
European University Studies

Reihe II
Rechtswissenschaft

Série II Series II
Droit
Law

Bd./Vol. 4202

PETER LANG
Frankfurt am Main · Berlin · Bern · Bruxelles · New York · Oxford · Wien

Melanie Redlich

Die Vermeidung von Ersatzfreiheitsstrafen – wesentliches Anliegen aktueller Strafrechtsreformbestrebungen

PETER LANG
Europäischer Verlag der Wissenschaften

Bibliografische Information Der Deutschen Bibliothek
Die Deutsche Bibliothek verzeichnet diese Publikation in der Deutschen Nationalbibliografie; detaillierte bibliografische Daten sind im Internet über <http://dnb.ddb.de> abrufbar.

Zugl.: Osnabrück, Univ., Diss., 2004

Gedruckt auf alterungsbeständigem,
säurefreiem Papier.

D 700
ISSN 0531-7312
ISBN 3-631-53585-6

Printed in Germany 1 2 3 4 5 7

www.peterlang.de

Meiner geliebten Schwester

Vorwort

Die vorliegende Arbeit wurde dem Fachbereich Rechtswissenschaften der Universität Osnabrück im Wintersemester 2003/2004 als Dissertation vorgelegt. Die mündliche Prüfung erfolgte im Sommersemester 2004.

Ich danke meinem geschätzten Doktorvater Herrn Prof. Dr. Hero Schall sehr herzlich für die hilfreiche Unterstützung, engagierte Betreuung und schnelle Korrektur dieser Arbeit.

Bei Prof. Dr. Hans Achenbach bedanke ich mich herzlich für die Erstellung des Zweitgutachtens.

Meinen Freunden Ingo Groß, Karin Heinrich und Sandra Langer danke ich für die Korrektur der Arbeit und die - bisweilen nervenaufreibende - Besprechung. Ohne Zweifel hat ihr Engagement zum Gelingen der Arbeit beigetragen. An mich geglaubt und mich aufgemuntert haben auch meine Freunde Julia Bretschneider und Mirko Heinrich, die ich nicht unerwähnt lassen möchte.

Der größte Dank gebührt meiner geliebten Schwester Manja Redlich, der diese Arbeit gewidmet ist. Sie hat mir stets mit Rat und Tat beigestanden, mich in jeder Hinsicht unterstützt und mich in kritischen Phasen motiviert. Danke, mein Engelchen.

Schließlich bedanke ich mich bei den Herausgebern für die Aufnahme meiner Arbeit in ihre Schriftenreihe.

Göttingen, im März 2005 Melanie Redlich

Inhaltsverzeichnis

Abkürzungsverzeichnis

a.A.	anderer Ansicht
Abg.	Abgeordneter
Abs.	Absatz
AcP	Archiv für die civilistische Praxis
AE	Alternativ-Entwurf eines Strafgesetzbuches
AE-WGM	Alternativ-Entwurf Wiedergutmachung
a.F.	alte Fassung
AG	Amtsgericht
AK	Alternativ-Kommentar
Alt.	Alternative
AnwBl.	Anwaltsblatt
AöR	Archiv des öffentlichen Rechts
ArbZ	Arbeitszeitgesetz
Art.	Artikel
AT	Allgemeiner Teil
Aufl.	Auflage
AV	Allgemeine Verfügung
BayObLG	Bayerisches Oberstes Landesgericht
BewHi	Bewährungshilfe
BGB	Bürgerliches Gesetzbuch
BGBl.I, II	Bundesgesetzblatt Teil I, Teil II
BGH	Bundesgerichtshof
BGHSt	Entscheidungen des Bundesgerichtshofes in Strafsachen
BMJ	Bundesministerium der Justiz
BR-Drs.	Bundesratsdrucksache
BSHG	Bundessozialhilfegesetz
BT	Besonderer Teil
BT-Drs.	Bundestagsdrucksache
BtMG	Betäubungsmittelgesetz (Gesetz über den Verkehr mit Betäubungsmitteln)
Buchst.	Buchstabe
BUrlG	Bundesurlaubsgesetz
BVerfG	Bundesverfassungsgericht

BVerfGE	Entscheidungen des Bundesverfassungsgerichts
BZRG	Bundeszentralregistergesetz (Gesetz über das Zentralregister und das Erziehungsregister)
DAR	Deutsches Autorecht
dass.	Dasselbe
DBH	Deutsche Bewährungshilfe
ders.	Derselbe
d.h.	das heißt
dies.	Dieselbe
DJT	Deutscher Juristentag
DRiZ	Deutsche Richterzeitung
Drs.	Drucksache
E	Entwurf
EBAO	Einforderungs- und Beitreibungsanordnung
EGStGB	Einführungsgesetz zum Strafgesetzbuch
etc.	et cetera
e.V.	eingetragener Verein
f.	Folgende
ff.	Fortfolgende
Fn.	Fußnote
FG	Festgabe
FS	Festschrift
GA	Goldhammer's Archiv für Strafrecht
GBl.	Gesetzblatt
gem.	Gemäß
GG	Grundgesetz
ggf.	gegebenenfalls
GS	Gedächtnisschrift
GVBl.	Gesetz- und Verordnungsblatt
GVG	Gerichtsverfassungsgesetz
HK	Heidelberger Kommentar
h.M.	Herrschende Meinung
Hrsg.	Herausgeber
HS	Halbsatz
i.d.F.	in der Fassung

i.d.R.	in der Regel
i.e.S.	im engeren Sinn
i.S.v.	im Sinne von
i.V.m.	in Verbindung mit
JA	Juristische Arbeitsblätter
JBeitrO	Justizbeitreibungsordnung
JGG	Jugendgerichtsgesetz
JMBl.NW	Justizministerialblatt für das Land Nordrhein-Westfalen
JR	Juristische Rundschau
Jura	Juristische Ausbildung
JurBüro	Juristisches Büro
JuS	Juristische Schulung
JustizBl.Rhld. Pfalz	Justizblätter für das Land Rheinland Pfalz
JVA	Justizvollzugsanstalt
JZ	Juristen-Zeitung
KG	Kammergericht Berlin
KK	Karlsruher Kommentar
KMR	Kleinknecht/Müller/Reitberger (Kommentar zur Strafprozessordnung)
KrimJ	Kriminologisches Journal
KrimPäd	Kriminalpädagogische Praxis
KrimZ	Kriminologische Zentralstelle e.V., Wiesbaden
LG	Landgericht
LK	Leipziger Kommentar
LPK	Lehr- und Praxiskommentar
LR	Löwe-Rosenberg
MDR	Monatszeitschrift für Deutsches Recht
MK	Münchener Kommentar
MschrKrim	Monatsschrift für Kriminologie und Strafrechtsreform
m.w.N.	mit weiteren Nachweisen
NdsRpfl.	Niedersächsische Rechtspflege
NJ	Neue Justiz
NJW	Neue Juristische Wochenschrift
NK	Neue Kriminalpolitik

NK-Bearbeiter	Nomos Kommentar
Nr.	Nummer
NStZ	Neue Zeitschrift für Strafrecht
NStZ-RR	NStZ-Rechtsprechungs-Report
OEG	Opferentschädigungsgesetz (Gesetz über die Entschädigung für Opfer von Gewalttaten)
ÖJZ	Österreichische Juristenzeitung
OLG	Oberlandesgericht
OWiG	Ordnungswidrigkeitengesetz
RG	Reichsgericht
RGBl. I, II	Reichsgesetzblatt Teil I, Teil II
RGSt	Entscheidungen des Reichsgerichts in Strafsachen
RiStBV	Richtlinien für das Strafverfahren und das Bußgeldverfahren
Rpfleger	Der Deutsche Rechtspfleger
RpflG	Rechtspflegergesetz
RpflStud.	Rechtspflegerstudien
RuP	Recht und Politik
Rz.	Randziffer
S.	Seite
SchlHA	Schleswig-Holsteinische Anzeigen
SGB	Sozialgesetzbuch
SK	Systematischer Kommentar
sog.	sogenannte
st. Rspr.	ständige Rechtsprechung
StÄG	Strafrechtsänderungsgesetz
StGB	Strafgesetzbuch
StPO	Strafprozessordnung
StrRG	Strafrechtsreformgesetz
StV	Strafverteidiger
StVG	Straßenverkehrsgesetz
StVO	Straßenverkehrs-Ordnung
StVollstrO	Strafvollstreckungsordnung
StVollzG	Strafvollzugsgesetz
u.a.	unter anderem

u.U.	unter Umständen
vgl.	Vergleiche
Voraufl.	Vorauflage
VwV	Verwaltungsvorschrift
VVG	Versicherungsvertragsgesetz
z.B.	zum Beispiel
ZfJ	Zeitschrift für Jugendrecht
ZfStrVo	Zeitschrift für Strafvollzug und Straffälligenhilfe
ZPO	Zivilprozessordnung
ZRP	Zeitschrift für Rechtspolitik
ZStrR	Schweizerische Zeitschrift für Strafrecht
ZStW	Zeitschrift für die gesamte Strafrechtswissenschaft
z.T.	zum Teil

Einleitung

Schon *von Liszt* schrieb Ende des 19. Jahrhunderts: »Dass ... die kurze Freiheitsstrafe an und für sich ... nichts taugt, darüber sind heute wohl alle Einsichtigen einer und derselben Ansicht«.[1] Die Strafrechtsreformgesetze von 1969 und 1975 waren auf die Zurückdrängung der als resozialisierungsfeindlich angesehenen kurzen Freiheitsstrafe und die Ausdehnung der ambulanten Sanktionen gerichtet. Das Reformziel wurde insofern erreicht, als der Anteil der verhängten kurzen Freiheitsstrafe tatsächlich zurückgegangen und die Geldstrafe mit einem Anteil von über 80 % an allen Verurteilungen zur zentralen Hauptstrafe des Sanktionensystems geworden ist. Indessen konnte der Anteil der vollstreckten kurzen Freiheitsstrafen nicht im erstrebten Umfang gesenkt werden. Schätzungen zufolge ist die Zahl derjenigen, die tatsächlich einen kurzzeitigen Freiheitsentzug verbüßen, ca. sechsmal so hoch wie die Zahl der zu einer kurzen Freiheitsstrafe tatsächlich Verurteilten.[2] Diese Diskrepanz zwischen den unmittelbar angeordneten und den tatsächlich vollzogenen kurzen Freiheitsstrafen ist darauf zurückzuführen, dass die Delinquenten über Umwege in den Kurzstrafenvollzug gelangen, z.B. durch die Vollstreckung von Ersatzfreiheitsstrafen.

§ 43, S. 1 StGB bestimmt, dass an die Stelle einer uneinbringlichen Geldstrafe die Ersatzfreiheitsstrafe tritt. § 43, S. 2 StGB legt fest, dass einem Tagessatz ein Tag Freiheitsstrafe entspricht. Die Ersatzfreiheitsstrafe ist eine echte Strafe.[3] Sie soll das Strafübel der Geldstrafe, das sich nicht effektuieren lässt, gegen ein Strafübel vertauschen, dessen Verwirklichung gesichert erscheint.[4] Die Ersatzfreiheitsstrafe war schon zu früheren Zeiten erheblichen Einwendungen ausgesetzt. Bereits im Jahr 1891 kritisierte *Mittelstaedt*, dass die Umwandlung der Geldstrafe in eine Freiheitsstrafe mit der Gerechtigkeit nicht verträglich sei, weil der wohlhabende Delinquent dasselbe Delikt mit einem kaum merkbaren Geldopfer abzubüßen imstande sei, während der arme Sünder für eine bestimmte Zeit in den Kerker müs-

---

[1] von Liszt, Strafrechtliche Aufsätze und Vorträge, S. 346.

[2] Dölling, ZStW 104 (1992), 259 (264); Eisenberg, Kriminologie, § 36 Rz. 15; Heinz, ZStW 94 (1982), 632 (654 ff.); Kaiser, Kriminologie, § 93 Rz. 14; Villmow, FS f. Kaiser, S. 1291 (1291); Weigend, JZ 1986, 260 (261); Wittstamm, ZfStrVo 1997, 3 (8).

[3] Die Ersatzfreiheitsstrafe ist im Gegensatz zu der Erzwingungshaft des § 96 OWiG kein Beugemittel, das die Zahlung der Geldstrafe bewirken soll. Die Vollstreckung der Ersatzfreiheitsstrafe ist keine Beitreibung der Geldstrafe. Vgl. RGSt 45, 332 (333 f.); BGHSt 20, 13 (16).

[4] LK-Häger, § 43 Rz. 1.

se.[5] Dieses »Klassenjustiz«-Argument stammt zwar aus der Zeit der Geldsummenstrafe, doch hat es auch heute unter dem Tagessatzsystem noch seine Berechtigung. Nicht ohne Grund lautet der Titel eines viel zitierten Aufsatzes »Weil du arm bist, musst du sitzen«.[6] Gegenstand beachtlicher Kritik ist auch der gesetzliche Umrechnungsfaktor von 1:1. Trotz aller Kritik an der Ersatzfreiheitsstrafe und ihrer gesetzlichen Ausformung wird ihre Existenzberechtigung als Mittel zur Durchsetzung der Geldstrafe überwiegend nicht in Zweifel gezogen.

Der Anteil der Verurteilten, die ihre Geldstrafe im Wege der Ersatzfreiheitsstrafe absitzen mussten, hat seit Anfang/Mitte der 80iger Jahre deutlich zugenommen, nicht zufällig im Einklang mit dem massiven Anstieg der Zahl der Sozialhilfeempfänger und Arbeitslosen. Die mit dem Anstieg der Ersatzfreiheitsstrafen verbundenen Kapazitätsprobleme in den Justizvollzugsanstalten und die Belastung der Justizhaushalte durch die Vollstreckung der Ersatzfreiheitsstrafen haben die Bundesländer dazu bewogen, die bis dahin nicht genutzte Chance des Art. 293 EGStGB wahrzunehmen und Rechtsverordnungen oder Gnadenregelungen zu erlassen, die den zu einer Geldstrafe Verurteilten erlauben, die Vollstreckung der Ersatzfreiheitsstrafe durch gemeinnützige Arbeit abzuwenden. Trotz Entlastung durch die Projekte »Schwitzen statt Sitzen« sind die Justizvollzugsanstalten seit Mitte der 90iger Jahre bundesweit überbelegt. Die Länder drängen seit längerem auf ein Tätigwerden des Bundesgesetzgebers, um der Belastung ihrer Justizhaushalte durch die Vollstreckung von Kurz- und Ersatzfreiheitsstrafen entgegenzusteuern.

Nach dem Koalitionsvertrag zwischen SPD und Bündnis 90/Die Grünen vom 20.10.1998 sollten die Reform des strafrechtlichen Sanktionensystems und die Schaffung zeitgemäßer Sanktionsformen zu den besonders wichtigen Vorhaben im Bereich der Rechtspolitik der 14. Legislaturperiode gehören.[7] Die durch den ehemaligen Bundesjustizminister *Schmidt-Jortzig* im Jahr 1998 eingesetzte Kommission zur Reform des strafrechtlichen Sanktionensystems hat im März 2000 ei-

---

[5] Mittelstaedt, Gutachten zum 21. DJT, S. 66. Vgl. auch Felisch, Gutachten zum 23. DJT, S. 300; Merkel, in: Verhandlungen des 23. DJT, S. 387.

[6] Krieg/Löhr/Lücke/Meissner/Rufert/Schumann, MschrKrim 1984, 25 ff.

[7] Koalitionsvertrag zwischen SPD und Bündnis 90/Die Grünen vom 20.10.1998, Ziffer IX.9., ZRP 1998, 485 (499).

nen umfangreichen Abschlussbericht vorgelegt, der sich u.a. mit Reformvorschlägen vorangegangener Gesetzesinitiativen und den Beschlüssen und Empfehlungen des 59. Deutschen Juristentages aus dem Jahr 1992 auseinandersetzt. Die Kommission hat auch das Problem der Vermeidung der Vollstreckung von Ersatzfreiheitsstrafen behandelt und entsprechende Reformvorschläge unterbreitet. Auf der Grundlage des Abschlussberichts ist sodann ein Referentenentwurf eines Gesetzes zur Reform des Sanktionenrechts (Stand: 08.12.2000) entwickelt worden.[8] Nach dem Entwurf gibt das geltende Sanktionensystem den Gerichten zu wenig Gestaltungsmöglichkeiten, um im Bereich kleinerer und mittlerer Kriminalität in geeigneter Weise mit spezialpräventiver Zielrichtung auf Straftäter einzuwirken. Deshalb soll der Gesetzentwurf die ambulanten Sanktionsmöglichkeiten für Straftaten in diesem Bereich erweitern und dabei insbesondere der Vermeidung von kurzen Freiheits- und Ersatzfreiheitsstrafen dienen.[9] Die Regierungsfraktionen haben auf der Grundlage des Referentenentwurfs einen Gesetzentwurf zur Reform des Sanktionenrechts erarbeitet und diesen am 11.06.2002 in den Deutschen Bundestag eingebracht. Der Gesetzentwurf ist in der 14. Legislaturperiode nicht abschließend beraten worden.[10] Die Regierungsparteien haben im Koalitionsvertrag vom 16.10.2002 erneut vereinbart, das strafrechtliche Sanktionensystem zu überarbeiten. Kurzfristige Freiheits- und Ersatzfreiheitsstrafen sollen so weit wie möglich durch andere Sanktionsmöglichkeiten, z.B. gemeinnützige Arbeit, Fahrverbot, Geldstrafe auf Bewährung, ersetzt werden.[11] Das Bundesministerium der Justiz hat im Juni 2003 einen Referentenentwurf zur Reform des strafrechtlichen Sanktionensystems vorgelegt, der den Referentenentwurf aus dem Jahr 2000 und den Gesetzentwurf der Regierungsfraktionen aus dem Jahr 2002 fortschreibt.[12] Die

[8] Referentenentwurf eines Gesetzes zur Reform des Sanktionenrechts vom 08.12.2000, NJ 2001, 134 ff. (auszugsweise). Der vollständige Text ist abrufbar im Internet unter: http:// www.bmj.de.

[9] BT-Drs. 14/9358, S. 1.

[10] BT-Plenarprotokoll 14/245, S. 24693 ff.

[11] Koalitionsvertrag zwischen SPD und Bündnis 90/Die Grünen vom 16.10.2002, VII. Sicherheit, Toleranz und Demokratie, S. 56, abrufbar im Internet unter: http://www.spd.de.; vgl. auch Bündnis 90/Die Grünen Bundestagsfraktion, Neue Wege in der Kriminalpolitik, S. 1, abrufbar im Internet unter: http://www.gruene-fraktion.de/rsvgn/rs_dok/0,,12275,00.htm.; Stünker, ZRP 2003, 17 (18). Kritisch zur Koalitionsvereinbarung: Dünkel, NK 1/2003, 2 (2 ff.).

[12] Vgl. DIE WELT vom 17.09.2003, »Größerer Spielraum für Richter«, abrufbar im Internet unter: http://www.welt.de/data/2003/09/17/169647.html?s=1; Neue Osnabrücker Zeitung vom 18.09.03, »Sollen Verurteilte bald schwitzen statt sitzen?«, S. 4; Stuttgarter Nachrichten vom 20.09.2003, »Leichte Jungs sollen schwitzen statt sitzen«, abrufbar im Internet unter: http:// www.stuttgarter-nachrichten.de/stu/page/detail.php/508275/sth_artikel_bildlinks_ druck.

Justizministerinnen und Justizminister der Länder haben den Referentenentwurf im Rahmen ihrer Herbstkonferenz im November 2003 scharf kritisiert und mehrheitlich abgelehnt.[13] Die amtierende Bundesjustizministerin *Zypries* hat dem Bundeskabinett Anfang Dezember 2003 einen Gesetzentwurf zur Reform des Sanktionensystems vorgelegt. Das Bundeskabinett hat den Entwurf trotz Kritik der Opposition am 10.12.2003 gebilligt.[14] Die Bundesregierung hat einen entsprechenden Gesetzentwurf zur Reform des Sanktionenrechts am 17.03.2004 in den Deutschen Bundestag eingebracht, der zahlreiche Ansätze des Entwurfs vom 11.06.2002 übernimmt.[15] Der Gesetzentwurf ist am 01.04.2004 in erster Lesung im Bundestag beraten worden. Das bevorstehende Gesetzgebungsverfahren verdeutlicht, dass die Reform des strafrechtlichen Sanktionensystems aktueller denn je ist.

Ziel der Arbeit ist es, einige ausgewählte, in Wissenschaft und Politik erörterte Reformvorschläge näher zu beleuchten und zu untersuchen, ob sie zur Vermeidung der Vollstreckung von Ersatzfreiheitsstrafen geeignet und praktikabel sind.

Gegen die Ersatzfreiheitsstrafe bestehen vielfältige verfassungsrechtliche, kriminalpolitische und straftheoretische Bedenken, die in dem ersten Teil der Arbeit aufzuzeigen sind. Die bestehenden gesetzlichen Vorgaben und Möglichkeiten zur Vermeidung von Ersatzfreiheitsstrafen werden in dem zweiten Teil der Arbeit kurz dargestellt. Im dritten Teil wird eine Bestandsaufnahme der Klientel des Ersatzfreiheitsstrafenvollzuges, der Praxis der Geldstrafenverhängung und des Vollstreckungsverfahrens vorgenommen. Die daraus gewonnenen Erkenntnisse, insbesondere zur Klientel des Ersatzfreiheitsstrafenvollzuges, sind für die spätere Beurteilung der Reformvorschläge von Bedeutung. Im vierten Teil geht es um die Frage, ob überhaupt Handlungsbedarf für den Gesetzgeber zur Vermeidung der Vollstreckung von Ersatzfreiheitsstrafen besteht. Daran schließt sich der fünfte Teil, der inhaltliche Schwerpunkt der Arbeit, über die Reform des strafrechtlichen Sanktionensystems an. Eine Einzelbetrachtung aller erörterten Reformvorschläge

---

[13] Herbstkonferenz der Justizministerinnen und Justizminister am 06.11.2003 in Berlin, Beschluss TOP C. I. 1., S. 1 f., abrufbar im Internet unter: http://www.anwaltverein.de/JuMiKo. pdf.

[14] Vgl. Süddeutsche Zeitung vom 11.12.2003, »Schwitzen statt sitzen«, S. 1; Frankfurter Allgemeine Zeitung vom 11.12.2003, »Schwitzen statt sitzen«, S. 2.

[15] BT-Drs. 15/2725.

und denkbaren Reformvorhaben würde den Rahmen dieser Arbeit sprengen. Daher erfolgt eine Beschränkung auf ausgewählte Reformvorschläge, die sich vorwiegend an Aktualität orientiert, aber auch althergebrachte, klassische Forderungen miteinbezieht. Die Schlussbetrachtung, der sechste Teil, fasst die Ergebnisse der Arbeit zusammen und zeigt auf, welche der erörterten Reformvorschläge in das zukünftige Sanktionensystem aufgenommen werden sollten.

Erster Teil: Die Problematik der Ersatzfreiheitsstrafe

Die Ersatzfreiheitsstrafe wird seit jeher als Krux der Geldstrafe begriffen. Das Gericht hat auf eine Geldstrafe erkannt und damit zum Ausdruck gebracht, dass eine Freiheitsstrafe weder aus spezial- noch aus generalpräventiven Gründen zu verhängen war. Auf der Annahme, dass die (Ersatz-) Freiheitsstrafe im Vergleich zur Geldstrafe die schwerere Sanktion ist, gründen sich verschiedene verfassungsrechtliche Bedenken. So wird beispielsweise geltend gemacht, dass die Ersatzfreiheitsstrafe gegen das Schuldprinzip verstoße und zudem in einem Spannungsverhältnis mit dem Gleichbehandlungsgrundsatz stehe, weil dem Armen die schwerere Sanktion aufgebürdet werde, während der Wohlhabende die Strafe nur am Vermögen zu spüren bekomme. Darüber hinaus erscheint die Entscheidung des Gesetzgebers, die Geldstrafe im Falle ihrer Uneinbringlichkeit automatisch ohne besonderen Ausspruch seitens des Tatrichters in eine Freiheitsstrafe umzuwandeln, im Hinblick auf den verfahrensrechtlichen Vorbehalt einer richterlichen Entscheidung gem. Art. 104 Abs. 2, S. 1 GG problematisch. Schließlich bestehen durchgreifende schuldstrafrechtliche Bedenken gegen den in § 43, S. 2 StGB verankerten Umrechnungsfaktor von 1:1. Die Ersatzfreiheitsstrafe ist als kurze Freiheitsstrafe darüber hinaus den gleichen Einwänden ausgesetzt, die gegen die kurze Freiheitsstrafe vorgebracht werden. Sie ist bedenklich, weil mit ihr ein Hauptziel der Strafrechtsreformen, die Zurückdrängung der kurzen Freiheitsstrafe, unterlaufen wird. Die Ersatzfreiheitsstrafe ist aber nicht nur unter kriminalpolitischen, sondern auch unter straftheoretischen Gesichtspunkten zweifelhaft.

Die gegen die Ersatzfreiheitsstrafe bestehenden verfassungsrechtlichen, kriminalpolitischen und straftheoretischen Einwände werden im Folgenden dargestellt und auf ihre Berechtigung überprüft.

A. Verfassungsrechtliche Problematik

In der Literatur werden seit langem gegen die Ersatzfreiheitsstrafe und ihre Ausgestaltung im deutschen Strafgesetzbuch verfassungsrechtliche Bedenken erhoben. Namentlich werden Verstöße gegen die Menschenwürde (Art. 1 Abs. 1 GG), den Schuldgrundsatz (Art. 1 Abs. 1 GG i.V.m. Art. 2 Abs. 1 GG i.V.m. Art. 20 GG), das Gleichheitsgebot (Art. 3 Abs. 1 GG) und die Verfahrensgarantie des Art. 104 Abs. 2, S. 1 GG für möglich gehalten.

I. Vereinbarkeit mit der Menschenwürde gem. Art. 1 Abs. 1 GG

In Art. 1 Abs. 1 GG hat der Grundgesetzgeber die Würde des Menschen für unantastbar erklärt und ihre Achtung sowie ihren Schutz allen staatlichen Gewalten zur Pflicht gemacht. Die Würde des Menschen ist nach der sog. Objektformel des BVerfG verletzt, wenn er zum bloßen Objekt im Staat gemacht und der Eigenwert der menschlichen Persönlichkeit missachtet wird.[16] Jeder Mensch ist als Persönlichkeit gemäß seinem Eigenwert zu behandeln und darf nicht zu einer vertretbaren Größe herabgesetzt werden. Diesem Wert- und Achtungsanspruch genügt eine Strafe nicht, die den Täter zum bloßen Mittel, zum reinen Objekt herabwürdigt und ihn damit »entpersönlicht«. Eine Strafe, die in einem unerträglichen Missverhältnis zur Schwere des begangenen Unrechts und der Schuld des Täters steht und auf Umständen beruht, die mit der Persönlichkeit des Täters und dessen Schuld in keinem inneren Zusammenhang stehen, behandelt den Täter als Sache und verstößt gegen Art. 1 Abs. 1 GG.[17]

Eine Verletzung der Menschenwürde wird von *Tiedemann* für möglich gehalten, weil die »monetarische Bewertung der in sich inkommensurablen menschlichen Freiheit«, d.h. die Bemessung von Freiheit in Geld und damit der Ersatz der Geldstrafe durch eine stärkere und entehrende Strafe einer Entpersönlichung des Täters gleichkomme.[18] *Köhler* meint darüber hinaus, der Zahlungsunfähige werde durch die Ersatzfreiheitsstrafe in ihrer missverstandenen Funktion als Vollstreckungszwangsmittel zum Objekt einer angeblichen Funktionsnotwendigkeit herabgesetzt. Der zahlungsunfähige Täter müsse eine härtere Behandlung um der Wirksamkeit des Geldstrafensystems willen in Kauf nehmen.[19]

Es ist richtig, dass das Strafensystem seit Abschaffung der Lebens- und Leibesstrafen (mit ihren unterschiedlichen Vollzugsarten) keine kommensurablen Strafarten mehr aufweist.[20] Geldstrafe und Freiheitsstrafe sind nicht kommensurabel. Der Gesetzgeber hat sie zwar in § 43, S. 2 StGB miteinander vergleichbar ge-

---

16 BVerfGE 9, 89 (95); 27, 1 (6); 57, 250 (275). Die sog. Objektformel geht zurück auf Dürig, AöR 81 (1956), 117 (127).

17 Stree, Deliktsfolgen und Grundgesetz, S. 37 f.

18 Tiedemann, GA 1964, 353 (369).

19 Köhler, GA 1987, 145 (161, Fn. 39).

20 Schmidt, NJW 1967, 1929 (1938).

macht, doch handelt es sich bei dieser zeitquantitativen Gleichsetzung um eine Fiktion, die die unterschiedliche Strafwirkung von Freiheitsstrafe und Geldstrafe nicht zu beseitigen vermag.[21] Es lässt sich auch nicht leugnen, dass der eine Ersatzfreiheitsstrafe verbüßende Verurteilte als Mittel benutzt wird. Die Ersatzfreiheitsstrafe wird für unverzichtbar gehalten, weil sie die Effektivität der Geldstrafe sicherstellt, weshalb sie auch als Rückgrat des Geldstrafensystems bezeichnet wird.[22] Bei der Ersatzfreiheitsstrafe steht nicht der einzelne Täter im Mittelpunkt der Betrachtung, sondern die Wirksamkeit der Geldstrafe. Zur Wahrung der Effektivität des Geldstrafensystems muss der Täter ein schwereres als das ursprünglich vorgesehene Übel erleiden. Man fragt sich, wo die Verantwortung des einzelnen Täters für die Wirksamkeit des Geldstrafensystems liegt. Der Verurteilte wird mit dem Ersatz der Geldstrafe durch die Ersatzfreiheitsstrafe aber nicht seines Eigenwertes beraubt und entpersönlicht. Denn in der Umwandlung kommt objektiv eine Geringschätzung des Täters nicht zum Ausdruck. Sie erfolgt nicht wegen des Verlusts der Zahlungsfähigkeit oder wegen fehlenden Zahlungswillens, sondern aufgrund der Uneinbringlichkeit der Geldstrafe. Die Verwirklichung eines strafrechtlichen Unrechtstatbestandes und die Uneinbringlichkeit der Geldstrafe sind keine Umstände, die außerhalb der Person des Täters liegen und mit ihm in keinerlei Zusammenhang stehen. Die Frage, ob die Ersatzfreiheitsstrafe möglicherweise eine schuldunangemessene Vergeltung darstellt und die Norm des § 43, S. 2 StGB das Schuldprinzip verletzt, kann in diesem Zusammenhang offenbleiben, weil die Ersatzfreiheitsstrafe an die strafrechtliche Verfehlung des Täters anknüpft und er sie nicht nur allein der Effektivität der Geldstrafe wegen verbüßen muss. Außerdem wird die Ersatzfreiheitsstrafe nicht in jedem Fall um der Wirksamkeit des Geldstrafensystems willen ohne Rücksicht auf die Persönlichkeit des Täters vollstreckt. Das Gesetz sieht in § 459 f StPO vor, dass die Vollstreckung der Ersatzfreiheitsstrafe unterbleibt, wenn die Vollstreckung für den Verurteilten eine unbillige Härte wäre. Damit wird der Verurteilte als Individuum wahrgenommen und behandelt. Die Ersatzfreiheitsstrafe des § 43, S. 1 StGB verstößt nicht gegen Art. 1 Abs. 1 GG.

---

21 LK-Häger, § 43 Rz. 7.

22 Tröndle, MDR 1972, 461 (466); ders., ZStW 86 (1974), 545 (571); ders., ÖJZ 1975, 589 (597); Tiedemann, JZ 1980, 489 (492); Schädler, ZRP 1983, 5 (7); Reiß, ZRP 1988, 143 (143); LK-Häger, § 43 Rz. 1; kritisch: Köhler, GA 1987, 145 (159 ff.); Gerken/Henningsen, ZRP 1987, 386 (386 ff.); Tröndle/Fischer, § 43 Rz. 2; MK-Radtke, § 43 Rz. 2.

II. Vereinbarkeit mit dem Schuldgrundsatz gem. Art. 1 Abs. 1 GG i.V.m. Art. 2 Abs. 1 GG i.V.m. Art. 20 GG

Nach dem mit Verfassungsrang[23] ausgestatteten Schuldprinzip, das das BVerfG aus Art. 1 Abs. 1 GG und Art. 2 Abs. 1 GG (Würde und Eigenverantwortlichkeit des Menschen) sowie aus dem Rechtsstaatsprinzip (Art. 20 GG) ableitet, muss die Strafe im gerechten Verhältnis zur Schwere der Tat und zum Verschulden des Täters stehen.[24] Insoweit deckt sich der Schuldgrundsatz in seinen die Strafe begrenzenden Auswirkungen mit dem Übermaßverbot.[25] Die Strafe darf sich nicht von ihrer Bestimmung als gerechter Schuldausgleich lösen, und zwar weder nach oben noch nach unten.[26] Im Strafgesetzbuch ist das Schuldprinzip durch § 46 Abs. 1, S. 1 StGB normiert.[27] Als echte Freiheitsstrafe ist die Ersatzfreiheitsstrafe Ausdruck der Bedeutung der Straftat für die verletzte Rechtsordnung und muss daher dem Unrechtsgehalt der Tat und der Schuld des Täters entsprechen.[28] Die Ersatzfreiheitsstrafe des § 43, S. 1 StGB könnte zum einen unter der Voraussetzung, dass die Freiheitsstrafe im Vergleich zur Geldstrafe die schwerere Strafart ist, als Überschuldstrafe, d.h. als eine die Schuld des Täters übersteigende Strafe, zu qualifizieren sein. Zum anderen könnte die Ersatzfreiheitsstrafe infolge des gesetzlichen Umrechnungsfaktors in § 43, S. 2 StGB, der einen Tagessatz Geldstrafe mit einem Tag Freiheitsstrafe gleichsetzt, wegen Überschreitung der ursprünglich verhängten schuldangemessenen Geldstrafe mit dem Schuldprinzip unvereinbar sein.

1. Die Ersatzfreiheitsstrafe als Überschuldstrafe

Vereinzelt wird in der Literatur die Auffassung vertreten, dass die Ersatzfreiheitsstrafe als Überschuldstrafe anzusehen sei unter der Prämisse, dass die ursprünglich verhängte Geldstrafe schuldangemessen ist und die Entziehung der persönlichen Freiheit schwerer wiegt als der Zugriff auf das Vermögen.[29] Fraglich ist allerdings, ob das Vorliegen dieser Voraussetzungen ausreicht, um die Ersatzfrei-

---

[23] BVerfGE 20, 323 (331); 45, 187 (259 f.); 86, 288 (313); BVerfG, NJW 1992, 2947, (2948); NJW 1997, 929 (932).

[24] LK-Gribbohm, § 46 Rz. 11.

[25] BVerfGE 86, 288 (313).

[26] BGHSt 24, 132 (134); 29, 319 (320); BGH, NStZ 1988, 497 (497); NStZ 1990, 334 (334).

[27] BVerfGE 86, 288 (313); Jescheck/Weigend, Lehrbuch des Strafrechts, AT, § 4 I.2.

[28] BGHSt 20, 13 (16); OLG Köln, NJW 1957, 1727 (1728); Mittelbach, NJW 1957, 1138 (1138).

[29] von Selle, Gerechte Geldstrafe, S. 94.

heitsstrafe - unabhängig von dem in § 43, S. 2 StGB festgelegten Umrechnungsmaßstab - als Überschuldstrafe zu qualifizieren. Zu bedenken ist, dass der Gesetzgeber bei der Ausgestaltung strafrechtlicher Regelungen einen weiten Gestaltungsspielraum hat.[30] Dem ist bei der verfassungsrechtlichen Überprüfung gesetzlicher Strafvorschriften Rechnung zu tragen. Ein Verstoß gegen den Schuldgrundsatz und das Übermaßverbot ist nur dann gegeben, wenn die gesetzliche Regelung - gemessen an der Idee der Gerechtigkeit - zu schlechthin untragbaren Ergebnissen führt.[31]

Im Folgenden soll geprüft werden, ob die genannte Prämisse zutrifft und bejahendenfalls, ob die Vorschrift des § 43, S. 1 StGB untragbare Ergebnisse zur Folge hat.

a) Schuldangemessene Geldstrafe

Bei der Bemessung der Geldstrafe nach dem Tagessatzsystem setzt das Gericht den Unrechtsgehalt der Tat und das Maß der Schuld des Täters in eine bestimmte Anzahl von Tagessätzen um.[32] Der Faktor »Anzahl der Tagessätze« ist also für die Anpassung der Strafe an den Unrechtsgehalt der Tat und die Schuld des Täters zuständig. Die Anzahl der Tagessätze bestimmt das Gericht in einem ersten Zumessungsakt nach den für die Strafzumessung geltenden Gesichtspunkten (§ 46 StGB) mit Ausnahme der finanziellen Belastbarkeit des Täters.[33] Die Festlegung der Anzahl der Tagessätze ist die Strafzumessung im engeren Sinne, die der Tatschuld und den Präventionszwecken Rechnung trägt.[34] Dass die Gerichte nicht tat- und schuldangemessene Tagessätze festsetzen, wird - soweit ersichtlich - nicht bemängelt. Gegenstand der Kritik ist vielmehr der zweite Zumessungsakt, bei dem auf der Grundlage der finanziellen Belastbarkeit des Täters die Höhe des einzelnen Tagessatzes festgelegt wird. Diesbezüglich wird behauptet, dass es vielfach zur Festsetzung zu hoher Tagessätze kommt.[35] Zwar ist Geldstrafe im Rechtssinne

---

[30] BVerfG, NJW 1979, 1037 (1039).

[31] BVerfGE 34, 261 (266); BVerfG, NJW 1979, 1037 (1039).

[32] BT-Drs. V/4095, S. 20; Frank, JA 1976, 235 (238); SK-StGB-Horn, § 40 Rz. 4; LK-Tröndle, 10. Aufl., vor § 40 Rz. 59.

[33] BGH, NStZ 1989, 178 (178); Tröndle/Fischer, § 40 Rz. 5.

[34] Zipf, ZStW 86 (1974), 513 (516); Jescheck, FS f. Würtenberger, S. 257 (267); LK-Tröndle, 10. Aufl., vor § 40 Rz. 60.

[35] Hennig, BewHi 1986, 314 (314 ff.); Bublies, BewHi 1992, 178 (184); Villmow, FS f. Kaiser, S. 1291 (1301); Heinz, ZStW 111 (1999), 461 (485).

nicht schon die Tagessatzanzahl, sondern erst das Produkt aus Anzahl und Höhe des Tagessatzes, die Geldstrafenendsumme.[36] Dennoch kann der zweite Zumessungsakt hier außer Acht gelassen werden, weil jedenfalls die Schuldangemessenheit in der Tagessatzanzahl ihren Ausdruck findet. Generell kann daher davon ausgegangen werden, dass die Gerichte schuldangemessene Geldstrafen verhängen.

b) Freiheitsstrafe als schwerere Sanktion

Neben der schuldangemessenen Geldstrafe ist weitere Voraussetzung für die Einordnung der Ersatzfreiheitsstrafe als Überschuldstrafe, dass die Freiheitsentziehung schwerer wiegt als der Konsumverzicht auf Zeit. Dass die Freiheitsstrafe schwerer als die Geldstrafe wiegt, folgt bereits aus der Wertigkeit der Rechtsgüter, in die durch Geldstrafe einerseits und Freiheitsstrafe andererseits eingegriffen wird.[37] Der persönlichen Freiheit räumt die Verfassung einen höheren Stellenwert als den finanziellen Einkünften bzw. dem Vermögen ein. Nach Art. 2 Abs. 2, S. 2 GG ist die Freiheit der Person unverletzlich. Das Recht auf körperliche Bewegungsfreiheit steht gem. Art. 2 Abs. 2, S. 3 GG unter einfachem Gesetzesvorbehalt, der von dem qualifizierten Gesetzesvorbehalt des Art. 104 Abs. 1, S. 1 GG, wonach die Freiheit der Person nur auf Grund eines förmlichen Gesetzes beschränkt werden darf, überlagert bzw. verdrängt wird.[38] Ein Eingriff in die körperliche Bewegungsfreiheit ist also nur aufgrund eines förmlichen Gesetzes zulässig. Dagegen werden Inhalt und Schranken des Eigentums nach Art. 14 Abs. 1, S. 2 GG erst durch die Gesetze bestimmt. Der Eigentumsbegriff von Art. 14 GG umfaßt alle privatrechtlichen vermögenswerte Rechte und Güter. Geld unterfällt als Sacheigentum oder als Forderung der Eigentumsgarantie.[39] Das Vermögen als solches wird von dem BVerfG und der herrschenden Lehre nicht dem Schutz des Art. 14 GG unterstellt.[40] Die Werteordnung des Grundgesetzes verdeutlicht, dass staatliche Maßnahmen, die eine Beschränkung der Freiheit herbeiführen, schwerer

---

[36] BGHSt 27, 359 (363); 28, 360 (363).

[37] Schüler-Springorum, Strafvollzug im Übergang, S. 126.

[38] Sachs-Murswiek, Art. 2 Rz. 242; Dreier-Schulze-Fielitz, Art. 2 II Rz. 66; Pieroth/Schlink, Grundrechte, Staatsrecht II, Rz. 411.

[39] Dreier-Wieland, Art. 14 Rz. 49.

[40] BVerfGE 65, 196 (209); 74, 129 (148); von Münch/Kunig-Bryde, Art. 14 Rz. 23; Maunz/Dürig-Papier, Art. 14 Rz. 160; Dreier-Wieland, Art. 14 Rz. 45; Schmidt-Bleibtreu/Klein, Art. 14 Rz. 3c; Sachs-Wendt, Art. 14 Rz. 38.

wiegen als solche, die lediglich in das Eigentum eingreifen. Daraus folgt, dass die Freiheitsstrafe im Verhältnis zur Geldstrafe die schwerere Sanktion darstellen muss. Diese Sichtweise findet ihre Bestätigung auch im Strafgesetzbuch. Für die alternative Wahl zwischen Geld- und (kurzer) Freiheitsstrafe gilt die Regel des § 47 StGB. Das Gesetz geht davon aus, dass Freiheitsstrafe nur als ultima ratio zu verhängen ist.[41] Dies ist eine Folge des Grundsatzes, das zugefügte Übel möglichst gering zu halten, und gilt allgemein im Verhältnis von Freiheitsstrafe zu Geldstrafe.[42] Es ist einhellige Meinung, dass nicht deswegen auf eine Freiheitsstrafe erkannt werden darf, weil der Täter in schlechten wirtschaftlichen Verhältnissen lebt und die Geldstrafe voraussichtlich nicht zahlen kann.[43] Ebensowenig dürfen gute Vermögensverhältnisse zur Verurteilung zu einer (kurzen) Freiheitsstrafe führen, weil den Täter die Geldstrafe wegen seiner günstigen finanziellen Situation möglicherweise nicht sonderlich trifft.[44] Dabei wird vorausgesetzt, dass es sich bei der Freiheitsstrafe um die schwerere Sanktion handelt. Die Verhängung der kurzen Freiheitsstrafe muss nach § 47 Abs. 1 StGB aus spezial- oder generalpräventiven Gründen unerlässlich sein. Im ersten Fall muss ernsthaft zu besorgen sein, dass der Täter ohne die Verhängung einer Freiheitsstrafe weitere Straftaten begehen würde.[45] Weil eine kurze Inhaftierungszeit eine sinnvolle Täterbehandlung nahezu unmöglich macht, kann die kurze Freiheitsstrafe unter dem Gesichtspunkt der Resozialisierung nicht unerlässlich sein. Die kurze Freiheitsstrafe kann unter dem Blickwinkel der Abschreckung nur deswegen zur Einwirkung auf den Täter unerlässlich sein, weil sie ihn härter als die Geldstrafe trifft.[46] In generalpräventiver Hinsicht ist die kurze Freiheitsstrafe unerlässlich, wenn die Verhängung nur einer Geldstrafe das Vertrauen der Bevölkerung in die Unverbrüchlichkeit der Rechtsordnung erschüttern würde.[47] Das zeigt, dass die Allgemeinheit die Geldstrafe als die mildere Sanktion ansieht und auf die Verhängung

---

[41] Wittstamm, ZfStrVo 1997, 3 (7).
[42] Vgl. BGHSt 24, 40 (43); LK-Gribbohm, § 47 Rz. 2.
[43] RGSt 65, 229 (230 f.); BGH, GA 1968, 84 (84); OLG Düsseldorf, MDR 1970, 1025 (1025 f.); OLG Hamm, MDR 1975, 329 (329 f.); Stree, Deliktsfolgen und Grundgesetz, S. 71 f.; Tröndle/Fischer, § 40 Rz. 3; LK-Häger, vor § 40 Rz. 41; LK-Gribbohm, § 47 Rz. 21; Schönke/Schröder-Stree, § 46 Rz. 61; SK-StGB-Horn, § 47 Rz. 28.
[44] LK-Häger, vor § 40 Rz. 41; LK-Gribbohm, § 47 Rz. 23; Schönke/Schröder-Stree, § 47 Rz. 18; a.A.: MK-Radtke, § 40 Rz. 14; SK-StGB-Horn, § 47 Rz. 29.
[45] OLG Zweibrücken, StV 1992, 323 (323 f.).
[46] Vgl. von Selle, Gerechte Geldstrafe, S. 105.
[47] Tröndle/Fischer, § 47 Rz. 9; LK-Gribbohm, § 47 Rz. 15.

einer Geldstrafe mit Empören reagiert, wenn nach ihrem Rechtsempfinden die schwerere (kurzfristige) Freiheitsstrafe die angemessene Sanktion darstellen würde. Die unterschiedliche Schwere von Geld- und Freiheitsstrafe erweist sich auch an der Vorschrift des § 12 Abs. 1 und Abs. 2 StGB sowie an den einzelnen Strafandrohungen der Delikte im Strafgesetzbuch.[48] Darüber hinaus ist die Regelung des § 49 Abs. 2, 2. Alt. StGB zu erwähnen, wonach das Gericht, wenn es nach einem Gesetz, das auf § 49 Abs. 2 StGB verweist, die Strafe nach seinem Ermessen mildern darf, es statt auf Freiheitsstrafe auf Geldstrafe erkennen kann. Dass die Freiheitsstrafe die schwerere Sanktion darstellt, lässt sich auch vom strafprozessualen Verbot der reformatio in peius (§§ 331 Abs. 1, 358 Abs. 2, 373 Abs. 2 StPO) ableiten. Danach ist die Verschlechterung der Strafart unzulässig.[49] Eine Geldstrafe darf nicht durch eine Freiheitsstrafe ersetzt werden, selbst wenn deren Vollstreckung zur Bewährung ausgesetzt wird.[50] Dagegen kann an die Stelle einer Freiheitsstrafe eine Geldstrafe in beliebiger Höhe treten.[51] Der Entzug finanzieller Einkünfte ist milder, der Entzug der Freiheit wiegt dagegen schwerer.[52]

Die Freiheitsstrafe ist auch deswegen im Verhältnis zur Geldstrafe die schwerere Sanktion, weil sie im Gegensatz zur Geldstrafe mehrere Strafübel enthält. Die Freiheitsstrafe ist auf Entzug der persönlichen Bewegungsfreiheit gerichtet. Das Strafübel der Geldstrafe wird im Allgemeinen in der Abschöpfung von Einkünften und damit in einem Zwang zu zeitlich befristetem Konsumverzicht gesehen.[53] Eine solche Lebensstandardbeschränkung ist auch mit dem Strafvollzug verbunden. Der in Strafhaft Einsitzende verliert nicht nur seine persönliche Freiheit, sondern in der Regel auch seine gesamten Tageseinkünfte.[54] Dagegen wird eingewendet, dass der für die zu bezahlende Geldstrafe notwendige Gelderwerb in aller Regel

---

48 Bems, Die Geldstrafe nach dem Tagessatzsystem und das Verbot der reformatio in peius, S. 194.

49 Meyer-Goßner, § 331 Rz. 13.

50 OLG Hamburg, MDR 1982, 776 (776); Meyer-Goßner, § 331 Rz. 13; LK-Häger, § 40 Rz. 83.

51 RGSt 66, 202 (203); Meyer-Goßner, § 331 Rz. 13; LR-Gollwitzer, § 331 Rz. 43.

52 Meyer, JurBüro 1977, 521 (522), nach dem das gesetzliche Mindestmaß der Freiheitsstrafe von einem Monat (§ 38 Abs. 2 StGB) objektiv ein größeres Strafübel als das gesetzliche Höchstmaß der Geldstrafe von 360 Tagessätzen (§ 40 Abs. 1, S. 2 StGB) ist. Ähnlich LK-Häger, vor § 40 Rz. 33.

53 LK-Tröndle, 10. Aufl., vor § 40 Rz. 49; Zipf, ZStW 86 (1974), 513 (523); Grebing, ZStW 88 (1976), 1049 (1110); Bems, Die Geldstrafe nach dem Tagessatzsystem und das Verbot der reformatio in peius, S. 35; Mitsch, JA 1993, 304 (309).

54 Tröndle, ÖJZ 1975, 589 (598); Schall, NStZ 1985, 104 (106); von Selle, Gerechte Geldstrafe, S. 101.

durch Arbeit erfolge. Mit der Verrichtung einer Arbeit sei ein Freiheitsverlust in Form einer Freizeiteinbuße verbunden. Derjenige, der seine gesamte Arbeitskraft einsetzen müsse, um einen Tagessatz zu erwirtschaften, habe während dieser Zeit keine Freiheit, etwas anderes zu tun. Er büße demnach nicht nur Geld, sondern auch Freiheit ein. Beides habe er zum Aufbringen der Geldstrafe einzusetzen.[55] Diese Argumentation verkennt, dass die mit der Arbeit verbundene Freizeiteinbuße unabhängig von der Geldstrafe ist. Der Freizeitverlust tritt unabhängig davon ein, ob eine Geldstrafe zu bezahlen ist oder nicht, es sei denn, ein Arbeitsverhältnis wird nur deswegen aufgenommen, um eine Geldstrafe zu bezahlen. Bei der nicht zur Bewährung ausgesetzten Freiheitsstrafe tritt der Freiheitsverlust gerade deswegen ein, weil auf eine Freiheitsstrafe erkannt worden ist. Die freiwillige Inkaufnahme einer Freiheitseinbuße durch Arbeit ist nicht vergleichbar mit dem zwangsweisen Freiheitsentzug durch die Freiheitsstrafe. Die Freiheitsstrafe stellt eine 24-Stunden-Reglementierung dar. Demgegenüber bleibt nach Abzug der der überwiegend fremdbestimmten Erwerbsarbeit dienenden Zeit von acht Stunden eine (Brutto-) Freizeit von 16 Stunden pro Arbeitstag.[56] Im Übrigen setzt die oben genannte Ansicht einen Verurteilten mit einem Anstellungs- bzw. Arbeitsverhältnis voraus. Sie geht von dem Idealbild eines Geldstrafenschuldners aus, nämlich von einem von seinen Einkünften lebenden, auf diese Einkünfte auch wirtschaftlich angewiesenen Täter.[57] Ein reicher Straftäter, der keiner täglichen Beschäftigung nachgeht, sondern von seinen Vermögenserträgnissen lebt und davon die Geldstrafe bezahlt, erleidet keine Freiheitseinbuße. Dasselbe gilt für Delinquenten, die nicht arbeiten, z.B. Arbeitslose, Sozialhilfeempfänger.

Teilweise wird in der Literatur davon ausgegangen, dass Geldstrafe und bedingte Freiheitsstrafe dasselbe Gewicht als Übelszufügung haben. Nach *Burgstaller* und *Császár* sei die »Straflast« der Geldstrafe der »Straflast« der bedingten Freiheitsstrafe gleichzustellen.[58] Auch *Hörnle* schlägt in Bezug auf das Verhältnis von Geldstrafe zu einer zur Bewährung ausgesetzten Freiheitsstrafe ohne Auflagen oder Weisungen mit pekuniärem Charakter oder Beschränkungen der Lebensfüh-

---

[55] Bittmann, NJ 2001, 509 (510).

[56] Vgl. zur Begriffsbestimmung der Freizeit: Mörs, Das Freizeitproblem im deutschen Erwachsenenstrafvollzug, S. 7 f.

[57] Zipf, ZStW 86 (1974), 513 (523).

[58] Burgstaller/Császár, ÖJZ 1985, 1 (6); 417 (418).

rung eine 1:1-Gewichtung vor. Zwar sei mit der Strafaussetzung zur Bewährung das Risiko der Verbüßung verbunden, also das Risiko eines über die Geldstrafe erheblich hinausgehenden Eingriffs, doch sei bei erfolgreich verlaufener Bewährungszeit das Ausmaß der tatsächlich erlittenen Beeinträchtigungen deutlich geringer als bei der Verurteilung zu einer Geldstrafe. Der Verurteilte habe keinen greifbaren Verzicht zu leisten gehabt, weil er seinen materiellen Lebensstandard ohne Einschränkungen habe beibehalten können.[59] Auf den ersten Blick erscheint diese Argumentation einleuchtend. Der Verurteilte erfährt keinen Freiheitsentzug, verbleibt in seinem bisherigen Beschäftigungsverhältnis und kann weiterhin über sein Einkommen verfügen. Die besseren Argumente sprechen aber gegen eine solche Gleichgewichtung. Denn die Bewährungszeit, deren Mindestmaß gem. § 56 a Abs. 1, S. 2 StGB zwei Jahre beträgt, muss erst einmal erfolgreich durchlaufen werden. Während dieser Zeit steht der Verurteilte unter dem Risiko der drohenden Strafverbüßung, dem ein erhebliches Gewicht zukommt. Die Praxis zeigt, dass ein beachtlicher Teil der Verurteilten die Bewährungszeit nicht erfolgreich durchsteht. Es ist davon auszugehen, dass in über 30 % aller Fälle die Strafaussetzung zur Bewährung widerrufen wird.[60] Darüber hinaus ist zu bedenken, dass die Entscheidung über die Aussetzung der Vollstreckung der Freiheitsstrafe nicht zwangsläufig[61], sondern von der Voraussetzung der günstigen Täterprognose abhängig ist. Eine solche ist nicht allen Delinquenten zu stellen. Im Übrigen kommt den obigen Überlegungen zu einer äquivalenten Behandlung von Geldstrafe und bedingter Freiheitsstrafe für die Ersatzfreiheitsstrafe keine Bedeutung zu, weil die Ersatzfreiheitsstrafe nach ganz herrschender Meinung nicht gem. § 56 StGB zur Bewährung ausgesetzt werden kann.[62]

Die Gleichgewichtigkeit von Geld- und Freiheitsstrafe wird außerdem unter Hinweis auf die Institute des Freigängervollzuges und offenen Strafvollzuges sowie die Kurzfreiheitsstrafenprogramme, die unter bestimmten Voraussetzungen die sofortige Zulassung eines zu unbedingter Freiheitsstrafe Verurteilten zum Freigängervollzug ermöglichen, behauptet.[63] Damit soll dem Argument, Freiheitsstra-

---

59 Hörnle, Tatproportionale Strafzumessung, S. 173.

60 Kaiser, Kriminologie, § 93 Rz. 32; Wittstamm, ZfStrVo 1997, 3 (8); Dölling, ZStW 104 (1992), 259 (265); Heghmanns, ZRP 1999, 297 (298).

61 Schall, BewHi 1988, 433 (438 f.).

62 Tröndle/Fischer, § 56 Rz. 2 m.w.N.

63 NK-Albrecht, § 40 Rz. 7.

fe wiege als Übel deshalb schwerer als Geldstrafe, weil dem zu einer Freiheitsstrafe Verurteilten über das Tagesnettoeinkommen hinaus auch die Freiheit entzogen werde, die Grundlage entzogen sein. Denn eine Gesamtbewertung unter Einschluss der Modifikationen, die das Strafvollzugsgesetz erlaube und die in der Vollzugspraxis weit verbreitet seien, ergebe, dass es verfehlt sei, einen Unterschied in der Belastung durch Geldstrafe einerseits und Freiheitsstrafe im Bereich von bis zu einem Jahr andererseits anzunehmen. Vielmehr sei von einer Konvergenz auszugehen, da sich auch die unbedingte Freiheitsstrafe, jedenfalls im Bereich von bis zu einem Jahr, durch die Modifikationen des Freigänger- und offenen Strafvollzuges auf eine Freiheitsbeschränkungsstrafe hinbewege.[64] Der Verurteilte verfüge bei Bestehen eines Arbeitsverhältnisses weiterhin über sein Einkommen, so dass die Einschränkung der Freiheit das Geldopfer ersetze und nicht insgesamt zu diesem hinzutrete.[65]
An dem Charakter der Freiheitsstrafe als im Vergleich zur Geldstrafe schwereren Strafart ändern auch die Vollzugsform des offenen Vollzuges und die möglichen Lockerungen des Vollzuges (z.B. Freigang) nichts. Die Regelungen des StVollzG basieren darauf, dass sich der Lebensmittelpunkt des Verurteilten während des Vollzuges einer Freiheitsstrafe in der Vollzugsanstalt befindet, wo er sich selbst bei Gewährung von Freigang die überwiegende Zeit des Tages aufhält, wo er nächtigt und wo die für seinen Tagesablauf relevanten Entscheidungen getroffen werden.[66] Freigängervollzug ist nur formal Aufhebung des Freiheitsentzuges während der Arbeitszeit. Nach Arbeitsschluss kehrt der Gefangene wieder in die Anstalt zurück, wo er während der arbeitsfreien Zeit, auch an Wochenenden und Feiertagen, verbleibt.[67] Die Strafe wird somit an einem »fremden« Ort vollzogen, und der Gefangene ist organisatorisch in das Anstaltsleben eingebunden. Die Freiheitsstrafe, deren Vollzug in einer offenen Strafanstalt und unter Gestattung von Freigang erfolgt, stellt daher eine Entziehung der Freiheit, nicht nur eine Be-

[64] NK-Albrecht, § 40 Rz. 7.
[65] Bittmann, NJ 2001, 509 (510).
[66] Heghmanns, ZRP 1999, 297 (301).
[67] Calliess/Müller-Dietz, § 11, Rn 2.

schränkung derselben dar.[68] Der Freigängervollzug bedeutet nicht nur Freiheitsentzug, sondern trotz freien Beschäftigungsverhältnisses und tariflicher Entlohnung jedenfalls für die Dauer der Freiheitsstrafe auch Konsumverzicht. Die Betroffenen verdienen zwar den tariflichen Arbeitslohn, sie können aber nicht frei über das Arbeitsentgelt verfügen.[69] Die Vollzugsbehörde und nicht der Gefangene entscheidet über die Verwendung des Einkommens.[70] Dem Gefangenen steht sein Nettoeinkommen keineswegs zur vollen Verfügung. Anzumerken ist noch, dass freie Beschäftigungsverhältnisse bislang eine Ausnahmeerscheinung darstellen. Lediglich 5 % aller Strafgefangenen können von dieser Möglichkeit Gebrauch machen.[71] Auch der offene Vollzug, der nach dem Willen des Gesetzgebers die Regelvollzugsform sein soll[72], ist keineswegs die Regel. Bislang befinden sich im Bundesdurchschnitt lediglich ca. 20 % der Gefangenen in offenen Anstalten.[73] Auch die Kurzfreiheitsstrafenprogramme, die beispielsweise in Baden-Württemberg seit 1981 durchgeführt werden, mildern die Freiheitsstrafe im Verhältnis zur Geldstrafe nicht ab. Die Programme geben durch die sofortige Zulassung zum Freigang die Möglichkeit, das bestehende Arbeitsverhältnis eines Gefangenen

---

[68] Im offenen Vollzug haben die Gefangenen zwar innerhalb der Anstalt eine größere Bewegungsfreiheit, die Einschränkung der räumlichen Bewegungsfreiheit, die Trennung von Angehörigen und Freunden etc. wird von ihnen jedoch immer noch als sehr belastend empfunden. Es handelt sich wegen der im offenen Vollzug bestehenden Freiheitsspielräume in erster Linie um eine psychische Belastung. Vgl. Müller-Dietz, ZfStrVo 1999, 279 (281). Lockerungen des Vollzuges i.S.d. § 11 StVollzG stellen wegen des Wechselspiels zwischen Anstaltsaufenthalt und Freiheit ebenfalls eine erhebliche Belastung dar. Vgl. Schwind/Böhm-Ittel, § 10 Rz. 7; AK-StVollzG-Lesting, § 11 Rz. 22; Dolde, ZfStrVo 1992, 24 (30).

[69] Die Kann-Vorschrift des § 39 Abs. 3 StVollzG, wonach die Vollzugsbehörde verlangen kann, dass ihr das Entgelt für den Gefangenen überwiesen wird, wird durch Nr. 2 Abs. 2, S. 2 der (bundeseinheitlichen) Verwaltungsvorschriften (VV) zu § 39 StVollzG zu einem Regeltatbestand umgebildet. Vgl. AK-StVollzG-Däubler/Spaniol, § 39 Rz. 17. Nach Nr. 2 Abs. 2, S. 2 VV ist in dem Arbeitsvertrag zwischen dem Gefangenen und seinem Arbeitgeber festzulegen, dass die Bezüge aus dem Beschäftigungsverhältnis während des Freiheitsentzuges mit befreiender Wirkung nur auf das mit der Anstalt vereinbarte Konto gezahlt werden können. Die Bezüge des Gefangenen sind nach Nr. 2 Abs. 3 VV in der nachfolgenden Rangfolge zu verwenden: für Auslagen, die im Zusammenhang mit der Beschäftigung stehen, für Hausgeld (§ 47 StVollzG) und Überbrückungsgeld (§ 51 StVollzG), auf Antrag des Gefangenen zur Erfüllung einer gesetzlichen Unterhaltspflicht (§ 49 StVollzG), für den Haftkostenbeitrag (§ 50 StVollzG), auf Antrag des Gefangenen zur Erfüllung sonstiger Verbindlichkeiten, für das Eigengeld (§ 52 StVollzG).

[70] In der Literatur wird verlangt, im Sinne der VV Nr. 2 nur dann zu verfahren, wenn die Gefahr besteht, dass der Gefangene seinen Verpflichtungen nicht nachkommt, vgl. AK-StVollzG-Däubler/Spaniol, § 39 Rz. 17; Callies/Müller-Dietz, § 39 Rz. 3; Schwind/Böhm-Matzke, § 39 Rz. 17.

[71] Walter, Strafvollzug, Rz. 482; AK-StVollzG-Däubler/Spaniol, § 39 Rz. 2.

[72] h.M., vgl. AK-StVollzG-Lesting, § 10 Rz. 4 m.w.N.

[73] AK-StVollzG-Lesting, § 10 Rz. 6; Müller-Dietz, ZfStrVo 1999, 279 (281).

während der Zeit des Vollzuges einer kurzen Freiheitsstrafe aufrechtzuerhalten.[74] Die Bezüge aus dem Arbeitsverhältnis werden dem Freigänger weiterhin unmittelbar ausbezahlt, er muss allerdings einen Haftkostenbeitrag (vgl. § 50 Abs. 2 StVollzG) von ca. 125,00 EUR pro Monat an die Vollzugsanstalt selbständig abführen. Ein Überbrückungsgeld ist entgegen § 51 Abs. 1 StVollzG nicht zu bilden.[75] Die Betroffenen verlieren bei dieser Vollzugsform zwar nicht ihr gesamtes Nettoeinkommen, dennoch sind sie an einen fremden Vollzugsort gebunden und den Belastungen des Strafvollzuges (z.B. Subkultur der Gefangenengesellschaft) ausgesetzt. Außerdem haben die Erfahrungen der Praxis gezeigt, dass nur ein kleiner Teil der Gefangenen des Kurzstrafenvollzuges angesichts der Voraussetzung eines festen Arbeitsverhältnisses für derartige Kurzstrafenprogramme in Frage kommt. Nach der Einschätzung von *Dolde* dürften selbst bei extensiver Anwendung kaum mehr als 10 % der Insassen des Kurzstrafenvollzuges in den »Genuss« der sofortigen Zulassung zum Freigang kommen.[76] Die gesetzlich vorgesehenen Institute des StVollzG und die Kurzstrafenprogramme mildern die Schwere der Freiheitsstrafe nicht ab, sondern wirken Schäden, die bei den Betroffenen durch den Freiheitsentzug entstehen, entgegen.[77] Die Freiheitsstrafe ist im Verhältnis zur Geldstrafe die schwerere Sanktion.

c) Weiter Gestaltungsspielraum des Gesetzgebers

Fraglich ist, ob die Ersetzung einer uneinbringlichen Geldstrafe durch eine Freiheitsstrafe zu untragbaren Ergebnissen führt. Die Umwandlung der Geldstrafe in die Ersatzfreiheitsstrafe setzt voraus, dass die Geldstrafe uneinbringlich ist. Der Grund für die Zahlungsunfähigkeit des Geldstrafenschuldners spielt keine Rolle. Die Verschärfung der Sanktionsart erfolgt nicht wegen des Verlusts der Zahlungsfähigkeit oder wegen fehlenden Zahlungswillens. Zahlungsunfähigkeit und Zahlungsunwilligkeit bilden keinen strafrechtlichen Unrechtstatbestand. Die Schuld des Täters liegt in der Deliktsbegehung.[78] Die Rechtsordnung bedient sich eines

---

[74] Heinz, FS f. Jescheck, S. 955 (966); Dolde, FG f. Göppinger, S. 163 (163 ff.); Dolde/Jehle, ZfStrVo 1986, 195 (195 ff.); Dolde/Rössner, ZStW 99 (1987), 424 (424 ff.); Dolde, ZfStrVo 1992, 24 (24 ff.); Steindorfner, ZfStrVo 2003, 3 (7 f.).

[75] Dolde, FG f. Göppinger, S. 163 (170); dies., ZfStrVo 1992, 24 (25); Dolde/Rössner, ZStW 99 (1987), 424 (435).

[76] Dolde, FG f. Göppinger, S. 163 (186 f.).

[77] Vgl. Arloth, JuS 2003, 1041 (1046).

[78] von Selle, Gerechte Geldstrafe, S. 94, Fn. 25.

schwerer wiegenden Strafmittels, um die Effektivität der Geldstrafe zu sichern. Da sich das Strafübel der Geldstrafe nicht effektuieren lässt, wird es gegen ein Strafübel ausgetauscht, dessen Verwirklichung gesichert erscheint.[79] Denn bei der Freiheitsstrafe ist das Rechtsgut, in das eingegriffen wird, nämlich die persönliche Freiheit, bei jedem Täter grundsätzlich in gleicher Weise vorhanden.[80] Bei der Umwandlung einer Geldstrafe in eine Freiheitsstrafe ist zu berücksichtigen, dass Mittellosigkeit nicht Straffreiheit bewirken kann, sondern es gerecht ist, eine nicht beitreibbare Geldstrafe zu ersetzen.[81] Darüber hinaus ist zu beachten, dass die Uneinbringlichkeit der Geldstrafe nicht notwendig zur Vollstreckung der Ersatzfreiheitsstrafe führt. Trotz Vorliegens der Voraussetzungen der Ersatzfreiheitsstrafe sieht § 459 f StPO das Unterbleiben der Vollstreckung der Ersatzfreiheitsstrafe aufgrund gerichtlicher Entscheidung vor, wenn die Vollstreckung für den Verurteilten eine unbillige Härte wäre.[82] Wenn eine unbillige Härte nicht gegeben ist, kann der Verurteilte immer noch die Vollstreckung der Ersatzfreiheitsstrafe durch die Ableistung gemeinnütziger Arbeit auf der Grundlage von Art. 293 EGStGB i.V.m. den landesrechtlichen Rechtsverordnungen abwenden. Angesichts dessen erscheint es nicht schlechthin untragbar und unangemessen, an die Stelle einer uneinbringlichen Geldstrafe eine Freiheitsstrafe treten zu lassen. Die Ersatzfreiheitsstrafe als solche verstößt mithin nicht gegen das Schuldprinzip.

2. Der Umrechnungsmaßstab in § 43, S. 2 StGB

Dass die in § 43, S. 1 StGB vorgesehene Ersetzung der uneinbringlichen Geldstrafe durch eine Freiheitsstrafe mit dem Schuldgrundsatz in Einlang steht, bedeutet nicht zugleich, dass damit auch der in § 43, S. 2 StGB festgelegte Umrechnungsmaßstab, nach dem einem Tagessatz Geldstrafe ein Tag Freiheitsstrafe entspricht, bzw. die sich aus ihm ergebende Ersatzfreiheitsstrafe mit dem Schuldprinzip vereinbar ist. Über die Frage, ob der Umrechnungsschlüssel gegen das Schuldprinzip verstößt, weil die aus ihm folgende Ersatzfreiheitsstrafe das Maß der Schuld der ursprünglich verhängten, schuldangemessenen Geldstrafe überschreitet, herrscht Streit.

---

[79] LK-Häger, § 43 Rz. 1.
[80] Zipf, ZStW 86 (1974), 513 (522).
[81] Seebode, FS f. Böhm, S. 519 (519).
[82] MK-Radtke, § 43 Rz. 6.

a) Die Argumentation der Befürworter eines Verstoßes gegen den Schuldgrundsatz

Insbesondere *Tröndle* ist der Auffassung, dass der gesetzliche Umrechnungsmaßstab mit dem Schuldprinzip unvereinbar und verfassungswidrig sei.[83] Geldstrafe und Freiheitsstrafe seien zwar ihrem Wesen nach nicht vergleichbar, gleichwohl sei aber ein Tag Freiheitsstrafe gegenüber der Einbuße des Tageseinkommens immer ein Mehr. Wer einen Tag Freiheitsstrafe verbüße, verliere eben nicht nur regelmäßig seine gesamten Tageseinkünfte, er werde überdies auch noch durch das schwerere Übel der Freiheitsentziehung getroffen. Die an sich nicht komparable Ersatzfreiheitsstrafe als »Ersatzübel« werde auf diese Weise zu einem »Zusatzübel«, für das es insoweit an einem hinreichenden Rechtsgrund fehle. Schuldstrafrechtlich ergeben sich hieraus durchgreifende Bedenken: Die Ersatzfreiheitsstrafe sei eine echte Strafe, die sich von ihrer Bestimmung als gerechtem Schuldausgleich weder nach oben noch nach unten lösen dürfe. Ebensowenig wie der Präventionszweck die schuldangemessene Strafe überschreiten dürfe, dürfe dies bei der Ersatzfreiheitsstrafe der »Erzwingungszweck« tun. Entspricht eine nach einer bestimmten Anzahl von Tagessätzen verhängte (primäre) Geldstrafe dem Unrechtsgehalt der Tat und der Schuld des Täters, so könne nach dem Gesagten die (sekundäre) Ersatzfreiheitsstrafe, falls sich ihre Höhe im Verhältnis 1:1 an der Anzahl der Tagessätze orientiert, nicht im gleichen Sinne schuldangemessen sein. Die Ersatzfreiheitsstrafe überschreite dann vielmehr das Maß der Schuld und verstoße gegen den Sinn des § 46 Abs. 1, S. 1 StGB. Die Verfassungswidrigkeit folge daraus, dass die Vorschrift des § 43, S. 2 StGB dem Richter keinen Spielraum für eine verfassungskonforme Zumessung der Ersatzfreiheitsstrafe belasse.[84]

b) Die Argumentation der Gegner eines Verstoßes gegen den Schuldgrundsatz

Die Gegner halten die genannten Einwände nicht für überzeugend: Dass (Ersatz-) Freiheitsstrafe und Geldstrafe inkomparabel seien, widerspreche dem Tagessatzsystem an sich und wäre auch durch eine Veränderung des Umrechnungsmaßsta-

---

[83] Tröndle, ZStW 86 (1974), 545 (576 f.); ders., ÖJZ 1975, 589 (598 f.); ders., JR 1976, 162 (163); LK-Tröndle, 10. Aufl., § 43 Rz. 4; Tröndle/Fischer, 49. Aufl., § 43 Rz. 4. Vgl. auch Seib, DAR 1975, 104 (106); Grebing, ZStW 88 (1976), 1049 (1069); Köhler, Strafrecht, AT, S. 629.
[84] Tröndle, ÖJZ 1975, 589 (599).

bes nicht zu beheben. Sämtliche Ungerechtigkeiten seien keine Frage des Maßstabes, sondern des Prinzips; sie würden bei jedem beliebigen Maßstab auftreten. Man könne nicht gleichzeitig ein Tagessatzsystem für ein der sachgerechten Geldstrafenzumessung immanentes Strukturprinzip und die Ersatzfreiheitsstrafe für inkomparabel und für ein Zusatzübel halten, für welches es an einem Rechtsgrund fehle.[85] Insbesondere *Horn* vertritt die Auffassung, dass der Umrechnungsschlüssel von 1:1 mit dem Schuldprinzip in Einklang stehe.[86] Seine Auffassung basiert in dogmatischer Hinsicht auf der auf *Henkel* zurückgehenden sog. Stellenwert-Theorie.[87] Nach dieser Theorie soll den Strafzwecken Schuldausgleich und Prävention innerhalb der in zwei Stufen aufzuspaltenden Strafzumessung ein unterschiedlicher Stellenwert zuerkannt werden. Auf der ersten Stufe der Strafbemessung, d.h. der Bestimmung der Strafhöhe, komme den Präventionszwecken kein funktionaler Stellenwert zu.[88] Die Bemessung der Strafhöhe werde unter Ausschluss aller präventiven Gesichtspunkte allein nach dem Maß der Schuld vorgenommen.[89] Die Strafe sei zunächst nur der Höhe nach festzusetzen. Dazu werde das Gewicht des verschuldeten Unrechts in Strafquanten ausgedrückt.[90] Dem liegt der Gedanke zugrunde, dass es seit der Einführung des Tagessatzsystems möglich sei, die Geldstrafe in der Dimension »Zeit« zu bemessen. Geldstrafe und Freiheitsstrafe könnten einheitlich in der Maßeinheit »Zeit« entsprechend der Höhe des schuldhaft begangenen Unrechts festgesetzt, die Strafhöhe also in einander entsprechenden »Zeitquanten« ausgedrückt werden. Bei der Festsetzung der Strafhöhe sei »Strafe« immer hypothetisch zu verbüßende Freiheitsstrafe.[91] Erst in dem zweiten Schritt entscheide der Richter nach Gesichtspunkten der Spezial- und Generalprävention, in welcher Strafart die schuldangemessene Strafe zu verhängen und ob die verhängte Strafe auch tatsächlich zu vollstrecken sei.[92] Die Aussagen der Stellenwert-Theorie beruhen auf der Prämisse, dass Geld- und Freiheits-

---

[85] Tröndle/Fischer, § 43 Rz. 4a.

[86] Horn, JR 1977, 95 (100); ders., ZStW 89 (1977), 547 (564); SK-StGB-Horn, § 43 Rz. 2.

[87] Henkel, Die »richtige« Strafe, S. 23; Horn, FS f. Bruns, S. 165 (165 ff.); ders., FS f. Schaffstein, S. 241 (241 ff.); SK-StGB-Horn, § 46 Rz. 33 ff.; Schöch, FS f. Schaffstein, S. 255 (255 ff.).

[88] Henkel, Die »richtige« Strafe, S. 43.

[89] Henkel, Die »richtige« Strafe, S. 43; SK-StGB-Horn, § 46 Rz. 34.

[90] SK-StGB-Horn, § 46 Rz. 33.

[91] SK-StGB-Horn, § 46 Rz. 3, 33.

[92] SK-StGB-Horn, § 46 Rz. 33.

strafe bei gleichem Strafquantum übelsäquivalent sind.[93] Nach *Horn* werde sich der Richter bei der Festlegung der Zahl der Tagessätze als Ausdruck des Gewichts von Unrecht und Schuld immer erst einmal fragen, wie viele Tage Freiheitsstrafe - unterstellt, sie müsste vollstreckt werden - hier angemessen wären.[94] Daraus folge, dass die Ersatzfreiheitsstrafe nicht zu hoch, sondern allenfalls die Geldstrafe zu niedrig ausfallen könne. Werde die Geldstrafe mithin von der Ersatzfreiheitsstrafe aus festgesetzt, so gehe die Behauptung ins Leere, die an sich nicht komparable Ersatzfreiheitsstrafe enthalte gegenüber der Geldstrafe immer ein Mehr an Übelseinwirkung, die Ersatzfreiheitsstrafe könne nicht gleichermaßen schuldangemessen sein wie die ihr von Gesetzes wegen entsprechende Geldstrafe.[95]

c) Stellungnahme

Die letztgenannte Ansicht ist abzulehnen. Die Stellenwert-Theorie ist im Schrifttum überwiegend auf Ablehnung gestoßen, insbesondere unter Hinweis auf den Wortlaut des § 46 StGB und auf die Intention des Gesetzgebers.[96] Die zu Recht erhobenen Bedenken sollen kurz skizziert werden, um die Zweifelhaftigkeit des dogmatischen Fundaments der *Hornschen* Auffassung aufzuzeigen. Das Konzept der zunächst isolierten Bestimmung der Strafhöhe allein nach dem Maß der Schuld ist nicht mit der Grundlagenformel des § 46 Abs. 1, S. 1 StGB zu vereinbaren.[97] Wenn die Schuld des Täters nur die Basis für die Zumessung der Strafe sein soll, können nach dem Wortsinn der Norm noch weitere Umstände (die nur präventiver Art sein können), d.h. andere Strafzwecke, relevant sein.[98] Dieses Verständnis stimmt auch mit dem Willen des Gesetzgebers überein.[99] Dass Präventionsaspekte bei der Strafzumessung i.e.S. zu beachten sind, folgt darüber hin-

---

93 LK-Tröndle, 10. Aufl., § 40 Rz. 10, 12; MK-Radtke, § 40 Rz. 32; von Selle, Gerechte Geldstrafe, S. 100.

94 Horn, NJW 1974, 625 (625); ders., NJW 1984, 77 (77); ders., Die strafrechtlichen Sanktionen, S. 11. Vgl. auch BGHSt 27, 70 (72); 34, 90 (92); Frank, JA 1976, 235 (238); Erster Bericht des Sonderausschusses für die Strafrechtsreform zu dem Entwurf eines EGStGB, BT-Drs.7/1261, S. 5.

95 SK-StGB-Horn, § 43 Rz. 2; ebenso Schönke/Schröder-Stree, § 40 Rz. 4; OLG Hamm, JMBl. NW 1983, 29 (29).

96 LK-Tröndle, 10. Aufl., § 40 Rz. 10; Tröndle/Fischer, 49. Aufl., § 46 Rz. 5; Roxin, FS f. Bruns, S. 183 (186 ff.); Bruns, FS f. Dreher, S. 251 (263 f.); Lackner/Kühl-Lackner, § 46 Rz. 27; von Selle, Gerechte Geldstrafe, S. 99.

97 Roxin, FS f. Bruns, S. 183 (186).

98 Roxin, FS f. Bruns, S. 183 (186); Lackner/Kühl-Lackner, § 46 Rz. 23.

99 Roxin, FS f. Bruns, S. 183 (186).

aus aus § 46 Abs. 1, S. 2 StGB, wonach die Wirkungen, die von der Strafe für das künftige Leben des Täters in der Gesellschaft zu erwarten sind, zu berücksichtigen sind. Damit sind spezialpräventive[100] Gesichtspunkte auch bei der Strafhöhenbemessung mit einzubeziehen.[101] *Horn* selbst räumt ein, dass dies der Absicht des Gesetzgebers entsprach.[102] Schließlich ist die Stellenwert-Theorie nicht mit § 46 Abs. 2 StGB in Einklang zu bringen, der eine beispielhafte Aufzählung von Strafzumessungstatsachen enthält, die zum Teil jedenfalls auch präventionsorientiert[103] sind. Da sich der Katalog des § 46 Abs. 2, S. 2 StGB auf § 46 Abs. 2, S. 1 StGB und damit auf die Strafzumessung nach Absatz 1 bezieht, verträgt sich eine Ansicht, die der Prävention bei der Strafhöhenbemessung jede Bedeutung abspricht, nicht mit dem Gesetz.[104] Schließlich wird darauf hingewiesen, dass es nicht denkbar sei, beim Herantasten an eine Strafmaßhöhe die Frage über Geld- oder Freiheitsstrafe, Bewährung oder Vollzug gedanklich auszublenden.[105] Der vorstehende Auszug aus den gegen die Stellenwert-Theorie vorgebrachten Argumenten verdeutlicht, dass die Trennung zwischen Schuldausgleich und Prävention bei der Strafzumessung in Form der Strafhöhenbestimmung ausschließlich nach Schuldgesichtspunkten nicht haltbar ist. Ebenso wenig tragbar ist die von den Vertretern der Stellenwert-Theorie bei der Bestimmung der Strafhöhe vorgenommene zeitquantitative Gleichsetzung von Geldstrafe und Freiheitsstrafe und die damit verbundene Annahme, dass Geld- und Freiheitsstrafe bei gleichem Strafquantum übelsäquivalent sind. Schon der Umstand, dass die Vorschriften über die Geldstrafe (§§ 40-43 StGB) keine Angaben zu Bemessungsgrößen enthalten, wie sie für die Freiheitsstrafe in § 39 StGB (Wochen, Monate, Jahre) zu finden sind, spricht gegen die zeitquantitative Gleichsetzung von Geld- und Freiheitsstrafe.[106] Das gilt ebenso für die Tatsache, dass Geldstrafen von 5 bis 29 Tagessätzen ein Äquivalent im Bereich der Freiheitsstrafe fehlt.[107] Nach einem Teil der Literatur bleibe eine solche zeitquantitative Gleichsetzung eine Fiktion, die die unter-

---

[100] Ob auch generalpräventive Aspekte für die Strafhöhe mitbestimmend sein dürfen, ist streitig, vgl. dazu Lackner/Kühl-Lackner, § 46 Rz. 28 ff. m.w.N.

[101] Lackner/Kühl-Lackner, § 46 Rz. 27; LK-Gribbohm, § 46 Rz. 16; LK-Häger, § 40 Rz. 6 f.

[102] Horn, FS f. Bruns, S. 165 (167).

[103] Bruns, FS f. Dreher, S. 251 (262); Tröndle/Fischer, § 46 Rz. 24; Lackner/Kühl-Lackner, § 46 Rz. 32.

[104] Roxin, FS f. Bruns, S. 183 (189 f.).

[105] Schott, ZfStrVo 2003, 195 (198).

[106] Meine, MschrKrim 1980, 129 (135); Schott, JR 2003, 315 (316).

[107] Schott, JR 2003, 315 (316).

schiedliche Strafwirkung von Freiheitsstrafe und Geldstrafe nicht zu beseitigen vermag.[108] Dem ist zuzustimmen. Der in § 43, S. 2 StGB vorgesehene Umrechnungsmaßstab kann jedenfalls nicht für eine Vergleichbarkeit von Geld- und Freiheitsstrafen herangezogen werden. Existierte die behauptete Belastungsgleichheit der Wirkungen von Geldstrafe einerseits und Freiheitsstrafe andererseits, wären die kriminalpolitischen, rechtsdogmatischen und kriminologischen Bemühungen, die ambulanten Sanktionen einschließlich der Geldstrafe zu Lasten der (zu vollstreckenden) Freiheitsstrafe zu stärken, weitgehend entbehrlich. Hintergrund dieser Bestrebungen ist gerade die unterschiedliche Belastungs- und Eingriffswirkung der vollstreckten Freiheitsstrafe und der Geldstrafe.[109] Entgegen *Horn* ist bei der Festsetzung der Zahl der Tagessätze nicht geboten, zunächst die Strafe durch Einordnung der Tat in den gesetzlichen Strafrahmen in Zeitquanten festzulegen und danach lediglich noch zu entscheiden, ob tatsächlich Freiheitsstrafe in dieser Höhe oder aber entsprechende Geldstrafe verhängt wird. Nicht die Bestimmung der Strafhöhe, sondern die Bestimmung der Art der Strafe, also die Wahl zwischen Freiheits- und Geldstrafe, ist der logisch erste Schritt der Strafzumessung.[110] Dementsprechend setzt auch die tatrichterliche Praxis zunächst die Strafart und erst dann die Strafhöhe fest.[111] Gegen die Festlegung einer hypothetischen (Ersatz-) Freiheitsstrafe zur Bemessung der Geldstrafe sprechen folgende Aspekte: Bei der Geldstrafe handelt es sich um eine eigenständige, von der Freiheitsstrafe autonome Sanktion[112], die auch als solche zu behandeln ist. Angesichts der Autonomie der Geldstrafe gegenüber der Freiheitsstrafe hat der Richter bei der Bestimmung der Anzahl der Tagessätze nicht von einer hypothetischen Freiheitsstrafe auszugehen, sondern von der Überlegung, wie viele Tagessätze erforderlich sind, um im Rahmen einer schuldgerechten Strafe die bestmögliche Strafwirkung zu erreichen.[113] Das Mindestmaß der Freiheitsstrafe beträgt gem. § 38 Abs. 2 StGB einen Monat. Nach dem Gesetz gibt es keine Freiheitsstrafe als Primärstrafe, die unter einem Monat liegt. Die Ermittlung einer zu verhängenden Geldstrafe

---

108 LK-Tröndle, 10. Aufl., § 43 Rz. 5; LK-Häger, § 43 Rz. 7; MK-Radtke, § 40 Rz. 32.

109 MK-Radtke, § 40 Rz. 32.

110 LK-Gribbohm, vor §§ 46 ff. Rz. 4; MK-Radtke, § 40 Rz. 1, 25, 43.

111 Lüderssen, FS f. Böhm, S. 553 (577).

112 Grebing, ZStW 88 (1976), 1049 (1109); Bruns, Strafzumessungsrecht, S. 77; LK-Häger, vor § 40 Rz. 2; Bems, Die Geldstrafe nach dem Tagessatzsystem und das Verbot der reformatio in peius, S. 52 f.

113 LK-Tröndle, 10. Aufl., § 40 Rz. 11; LK-Häger, § 40 Rz. 12; MK-Radtke, § 40 Rz. 32; Jescheck, FS f. Würtenberger, S. 257 (269).

aus einer hypothetisch vorgestellten Freiheitsstrafe, deren Dauer das Gesetz nicht kennt, ist nicht angängig.[114] Die Freiheitsstrafe ist gem. § 47 StGB im Bereich zwischen einem Monat und sechs Monaten nur als ultima ratio zu verhängen. Es gilt der Vorrang der Geldstrafe. Es ist nicht sinnvoll, die vorrangige Geldstrafe über die ausnahmsweise zu verhängende Freiheitsstrafe zu errechnen.[115] Ähnliches gilt für die Ersatzfreiheitsstrafe. Es handelt sich bei ihr um eine Ersatzstrafe, die eine Primärstrafe voraussetzt. Nach den Grundsätzen der Logik kann die Sekundärstrafe nicht für die Bestimmung der Primärstrafe ausschlaggebend sein.[116] Im Übrigen kann und wird der Richter bei der Strafzumessung nur die Strafwirkungen desjenigen Strafmittels berücksichtigen, das er im konkreten Fall ausgewählt hat. Strafempfindlichkeit und Strafempfänglichkeit[117] des Täters können nur im Hinblick auf die von ihm ausgewählte Strafart Beachtung finden. Entscheidet sich der Richter im Rahmen des § 47 StGB für die Verhängung einer Geldstrafe, »so ist damit noch nicht ausgemacht, dass sie 120 Tagessätze betragen *muss*, nur weil eine Freiheitsstrafe im konkreten Fall auf vier Monate gelautet hätte«.[118] Möglich ist, dass sich Strafzumessungsgründe, insbesondere spezialpräventiver Art, je nach Strafart auf die Höhe der zu verhängenden Strafe anders auswirken.[119] Abschließend ist mit *Schott* auf folgendes hinzuweisen: *Horn* meint, der Richter solle die Geldstrafe anhand der hypothetisch zu vollstreckenden Ersatzfreiheitsstrafe bestimmen. Eine solche Vorgehensweise, nach der sich der Richter bei der Festlegung der Anzahl der Tagessätze der Geldstrafe an präventiven Aspekten zur Dauer einer hypothetisch zu vollstreckenden Ersatzfreiheitsstrafe zu orientieren habe, widerspricht der Stellenwert-Theorie, weil diese präventive Aspekte auf der Stufe der Strafmaßhöhenbestimmung ja gerade ausschließt. *Horn* kann sich daher konsequenterweise auf die Festsetzung der Geldstrafe von einer hypothetisch zu vollstreckenden Ersatzfreiheitsstrafe aus nicht berufen.[120]

---

[114] LK-Tröndle, 10. Aufl., § 40 Rz. 11.
[115] LK-Tröndle, 10. Aufl., § 40 Rz. 11.
[116] LK-Tröndle, 10. Aufl., § 40 Rz. 11. Wie *Radtke* überzeugend aufgezeigt hat, verliert die Ausrichtung der Geldstrafe an dem Maß einer hypothetischen Freiheitsstrafe zusätzlich an Plausibilität, wenn nach dem zum Ende der 14. Wahlperiode eingebrachten Gesetzentwurf die Ersatzfreiheitsstrafe nicht mehr als primäre, sondern lediglich als sekundäre Ersatzstrafe nach der gemeinnützigen Arbeit fungiert. Vgl. MK-Radtke, § 40 Rz. 32.
[117] Vgl. dazu Henkel, FS f. Lange, S. 178 (178 ff.).
[118] LK-Tröndle, 10. Aufl., § 40 Rz. 12.
[119] LK-Tröndle, 10. Aufl., § 40 Rz. 12.
[120] Schott, JR 2003, 315 (318).

Selbst wenn man die Auffassung vertritt, dass sich gegen die Festsetzung der Tagessatzanzahl von der Ersatzfreiheitsstrafe aus nicht logisch argumentieren lasse[121], ändert das nichts daran, dass die aus dem Umrechnungsfaktor des § 43, S. 2 StGB folgende Ersatzfreiheitsstrafe gegen den Schuldgrundsatz verstößt. Denn Geld- und Freiheitsstrafe können nicht gleichgesetzt werden, weil es sich bei der Freiheitsstrafe um die schwerere Sanktion handelt. Die Umwandlung der Geldstrafe in die schwerere Freiheitsstrafe ist - wie bereits gesehen - schuldstrafrechtlich nicht zu beanstanden. Zu beanstanden ist aber, dass die Umwandlung unter Heranziehung eines Verhältnisses von 1:1 geschieht, weil dieser Maßstab die unterschiedliche Schwere von Geld- und Freiheitsstrafe außer Acht lässt. Der unterschiedlichen Eingriffsintensität von Geldstrafe einerseits und Freiheitsstrafe andererseits muss durch einen Umrechnungsschlüssel von mindestens 2:1, also zwei Tagessätze Geldstrafe entsprechen einem Tag Freiheitsstrafe, Rechnung getragen werden. Die Umwandlung der Geldstrafe in die schwerer wiegende Freiheitsstrafe bei einem Verhältnis von 1:1 führt zu schier unerträglichen Ergebnissen. Die Ersatzfreiheitsstrafe, die aus dem Umrechnungsfaktor des § 43, S. 2 StGB folgt, übersteigt die Schuld des Täters. Der Umrechnungsfaktor und damit die sich aus ihm ergebende Ersatzfreiheitsstrafe verstoßen gegen das Schuldprinzip. Die Verletzung des Schuldgrundsatzes führt zur Verfassungswidrigkeit der Vorschrift des § 43, S. 2 StGB. Eine verfassungskonforme Auslegung des § 43, S. 2 StGB ist nicht möglich.

III. Vereinbarkeit mit dem Gleichheitsgrundsatz gem. Art. 3 Abs. 1 GG

Art. 3 Abs. 1 GG enthält einen allgemeinen Gleichheitssatz, der die Gleichheit vor dem Gesetz (Rechtsanwendungsgleichheit) und die Gleichheit des Gesetzes (Rechtsetzungsgleichheit) fordert. Ein Verstoß gegen Art. 3 Abs. 1 GG liegt im Falle einer verfassungsrechtlich nicht gerechtfertigten Ungleichbehandlung vor. Eine Ungleichbehandlung ist zu bejahen, wenn eine Person oder Personengruppe in einer bestimmten Weise, durch Eingriff oder Leistung, rechtlich anders behandelt wird als eine andere Person oder Personengruppe und beide Personen oder Personengruppen miteinander vergleichbar sind.[122] Weitere Voraussetzung ist, dass der Betroffene durch die Ungleichbehandlung benachteiligt wird.[123] Die

---

[121] von Selle, Gerechte Geldstrafe, S. 100.

[122] Pieroth/Schlink, Grundrechte, Staatsrecht II, Rz. 435.

[123] BVerfGE 67, 239 (244); Sachs-Osterloh, Art. 3 Rz. 84; Jarass, NJW 1997, 2545 (2546).

durch die Ersatzfreiheitsstrafe des § 43, S. 1 StGB rechtlich verschieden behandelten verschiedenen Personen lassen sich unter dem Oberbegriff Geldstrafenschuldner zusammenfassen und sind als zu Geldstrafe Verurteilte damit vergleichbar. Die Geldstrafenschuldner, deren Geldstrafe uneinbringlich ist, werden rechtlich in anderer Weise behandelt als die Geldstrafenschuldner, die ihre Geldstrafe bezahlen bzw. deren Geldstrafe beigetrieben wird. Die erstgenannten erleiden eine Freiheitsentziehung in Form der Ersatzfreiheitsstrafe. Da es sich bei der Freiheitsstrafe im Verhältnis zur Geldstrafe um die schwerere Sanktion handelt, werden die Schuldner einer uneinbringlichen Geldstrafe durch die Ungleichbehandlung und damit durch die Ersatzfreiheitsstrafe des § 43, S. 1 StGB benachteiligt.

Fraglich ist, ob die Ungleichbehandlung verfassungsrechtlich gerechtfertigt ist. Das BVerfG hat früher mit der sog. Willkürformel für die verfassungsrechtliche Rechtfertigung der Ungleichbehandlung das Vorliegen eines sachlichen Grundes verlangt.[124] Das Willkürverbot hat es durch die sog. neue Formel ergänzt, nach der eine ungleiche Behandlung gerechtfertigt ist, wenn zwischen zwei verschiedenen Personengruppen »Unterschiede von solcher Art und von solchem Gewicht bestehen, dass sie die Ungleichbehandlung rechtfertigen können«.[125] Danach ist ein Verstoß gegen den Gleichheitssatz mittels verfassungsgerichtlicher Abwägung festzustellen.[126] Bei der Frage, unter welchen Voraussetzungen nur eine Willkürkontrolle oder aber eine strengere Verhältnismäßigkeitsprüfung zu erfolgen hat, differenziert das BVerfG nach der Intensität der Beeinträchtigung der durch die Ungleichbehandlung Betroffenen. Bei geringer Intensität der Ungleichbehandlung ist das Willkürverbot heranzuziehen, bei größerer Intensität hat ein wichtiger Grund vorzuliegen und es hat darüber hinaus eine Verhältnismäßigkeitsprüfung zu erfolgen.[127]

Die Ersatzfreiheitsstrafe ist eine Sanktion von erheblicher Intensität, weil dem Betroffenen die Freiheit entzogen wird. Damit ist eine strengere Prüfung der Ungleichbehandlung anhand des Verhältnismäßigkeitsgrundsatzes geboten. Die Un-

---

[124] BVerfGE 1, 14 (52); 4, 144 (155); 16, 6 (24 f.); 49, 148 (165); 52, 256 (263).

[125] BVerfGE 55, 72 (88); 68, 287 (301); 75, 348 (357); 84, 133 (157).

[126] Sachs-Osterloh, Art. 3 Rz. 14; von Münch/Kunig-Gubelt, Art. 3 Rz. 14.

[127] BVerfGE 88, 87 (96); 89, 15 (22); 91, 389 (401); 95, 267 (316 f.); vgl. auch Jarass, NJW 1997, 2545 (2546).

gleichbehandlung muss einen legitimen Zweck verfolgen, zur Erreichung des Zwecks geeignet und erforderlich sein und in einem angemessenen Verhältnis zum Wert des Zwecks stehen.[128] Angesichts der Unmöglichkeit, gesetzgeberische Regelungen ohne Ungleichbehandlung auszuarbeiten, hat der Gesetzgeber einen weiten Ermessens- und Gestaltungsspielraum. Das BVerfG will bei Ungleichbehandlungen durch den Gesetzgeber »nur die Überschreitung äußerster Grenzen des gesetzgeberischen Gestaltungsspielraumes beanstanden« und nicht darauf abstellen, »ob der Gesetzgeber die jeweils gerechteste und zweckmäßigste Regelung getroffen« hat.[129] Der Gestaltungsspielraum des Gesetzgebers ist allerdings um so kleiner, je weniger die Betroffenen die Kriterien der Ungleichbehandlung beeinflussen können und je nachteiliger sich die Ungleichbehandlung auf den Gebrauch von Freiheitsgrundrechten auswirkt.[130]

Sachlich legitimer Zweck der Ersatzfreiheitsstrafe ist die Gewährleistung der Effektivität der Geldstrafe. Die Geldstrafe ist die zentrale Strafe des Sanktionensystems. Die Ersatzfreiheitsstrafe sichert die (angenommene) repressive und präventive Wirksamkeit der Geldstrafe ab.[131] Sie dient dazu, die Geldstrafe auch gegenüber vermögenslosen Straftätern und zahlungsunwilligen Verurteilten, d.h. solchen, die die Beitreibung der Geldstrafe bewusst verhindert haben (z.B. durch Vermögensverschleierung oder -verschiebung), durchzusetzen. Sie ist zur Erreichung dieses Zwecks auch geeignet, weil das Rechtsgut, in das sie eingreift, die persönliche Freiheit, bei jedem Täter grundsätzlich in gleicher Weise vorhanden ist.[132]

Fraglich ist, ob die Ersatzfreiheitsstrafe auch notwendig ist, d.h. ob es kein milderes, gleich geeignetes Mittel gibt, das den legitimen Zweck ebenso erfüllen kann. Ein milderes Mittel wäre die ersatzlose Abschaffung der Ersatzfreiheitsstrafe, wie sie etwa von *Grebing* gefordert wird.[133] *Grebing* zufolge dürfte eine Gefahr für die Verwirklichung des staatlichen Strafanspruchs aus der Abschaffung der Er-

---

[128] Pieroth/Schlink, Grundrechte, Staatsrecht II, Rz. 440; Jarass, NJW 1996, 2545 (2546 ff.).
[129] st. Rspr., vgl. BVerfGE 64, 158 (168 f.); 66, 84 (95).
[130] BVerfG, NJW 1993, 1517 (1517).
[131] MK-Radtke, § 43 Rz. 2.
[132] Zipf, ZStW 86 (1974), 513 (522).
[133] Grebing, ZStW 88 (1976), 1049 (1111 ff.).

satzfreiheitsstrafe nicht entstehen, wenn für eine effektive Beitreibung der Geldstrafen gesorgt wird.[134] Auch andere Autoren treten für die Abschaffung der Ersatzfreiheitsstrafe ein.[135] Sie meinen, bei Zahlungsunfähigkeit solle es der Staat bei der Verurteilung zu Geldstrafe bewenden und die unrealisierbare Geldstrafe einfach unvollstreckt lassen. Die Wirksamkeit staatlichen Strafens werde dadurch nicht beeinträchtigt.[136] Bei Zahlungsunwilligkeit plädieren sie dafür, als Druckmittel die Erzwingungshaft des Ordnungswidrigenkeitenrechts (§§ 96 ff. OWiG) zu übernehmen.[137]

Die Abschaffung der Ersatzfreiheitsstrafe ist zwar ein milderes, aber kein gleich geeignetes Mittel. Man mag darüber streiten, ob Straftaten deshalb ungeahndet bleiben dürfen, weil es einkommens- und vermögenslose Straftäter gibt. Dagegen spricht, dass Mittellosigkeit nicht zum Freibrief werden und Straffreiheit bewirken darf.[138] Schon wegen des Gleichheitssatzes ist es gerecht, eine uneinbringliche Geldstrafe zu ersetzen.[139] Dafür lässt sich anführen, dass es bedenklich erscheint, in einem sozialen Rechtsstaat zu postulieren, dem Verurteilten mit aller Gewalt irgendein Strafübel zuzufügen.[140] Die Forderung nach einer Bestrafung um jeden Preis würde die absolute Straftheorie wiederaufleben lassen.[141] Die Ersatzfreiheitsstrafe kann indes für zwei Fallgruppen nicht ohne einen Ersatz wegfallen: Bei zahlungsunfähigen Wiederholungstätern, die immer wieder Delikte im Geldstrafenbereich begehen, und bei zahlungsfähigen, aber zahlungsunwilligen Verurteilten, die die Beitreibung der Geldstrafe vorsätzlich verhindern, ist es nicht vertretbar, wenn sie ohne die Vollstreckung einer Sanktion davon kommen würden.[142] Der Vorschlag, für die letztgenannten eine Erzwingungshaft einzuführen, überzeugt nicht.[143] Der Erzwingungshaft kommt keine schuldtilgende Wirkung

---

[134] Grebing, ZStW 88 (1976), 1049 (1113).

[135] Mittelstaedt, Gutachten zum 21. DJT, S. 67; Schmidt, NJW 1967, 1929 (1938); Köhler, GA 1987, 145 (161); Gerken/Henningsen, ZRP 1987, 386 (389); dies., MschrKrim 1989, 222 (232); Bublies, BewHi 1992, 178 (181).

[136] Mittelstaedt, Gutachten zum 21. DJT, S. 67; Köhler, GA 1987, 145 (161).

[137] Schmidt, NJW 1967, 1929 (1938); Grebing, ZStW 88 (1976), 1049 (1113 f.);

[138] Tröndle/Fischer, 49. Aufl., § 43 Rz. 10.

[139] Schmidhäuser, Strafrecht, AT, S. 766; Reiß, ZRP 1988, 143 (143); Seebode, FS f. Böhm, S. 519 (519).

[140] Gerken/Henningsen, ZRP 1987, 386 (390).

[141] Bublies, BewHi 1992, 178 (181).

[142] Würtenberger, ZStW 64 (1952), 17 (29 f.); Schaeferdiek, Die kurze Freiheitsstrafe im schwedischen und deutschen Strafrecht, S. 229.

[143] A.A.: Seebode, FS f. Böhm, S. 519 (535).

zu, so dass für den Verurteilten nach Verbüßung der Erzwingungshaft die Geldstrafenforderung noch in voller Höhe besteht. Das kann zu einer Art Doppelbestrafung führen.[144] Zudem bewirkt eine Teilzahlung nach Anordnung der Erzwingungshaft nicht automatisch eine Verkürzung der festgesetzten Haftdauer, wie das für die Ersatzfreiheitsstrafe in § 459 e Abs. 4 StPO vorgesehen ist.[145] Entrichtet der Verurteilte nach Vollstreckungsanordnung einen Teilbetrag auf die Geldstrafe, verringert sich die noch zu vollstreckende Ersatzfreiheitsstrafe entsprechend.[146] Schließlich dürfte das System der Erzwingungshaft bei hohen Geldstrafenforderungen angesichts der in § 96 OWiG vorgesehenen Höchstdauer der Beugehaft von sechs Wochen durch ihren insofern geringen Drohgehalt versagen.[147] Bei geringen Geldstrafen erscheint die Anordnung der Erzwingungshaft im Hinblick auf den Verhältnismäßigkeitsgrundsatz bedenklich.[148]

Eine Alternative zur Ersatzfreiheitsstrafe wäre möglicherweise in dem Widerruf der Geldstrafe und der Verhängung einer neuen schwereren Sanktion zu sehen, was von *Schaeferdiek* für die Geldstrafenschuldner, die die Vollstreckung der Geldstrafe vorsätzlich verhindern, angesprochen wird.[149] Als schwerere Sanktion käme neben einer Freiheitsstrafe zur Bewährung auch eine neu einzuführende Bewährungssanktion, d.h. eine Verurteilung zur Bewährung mit Bewährungsleistungen[150], in Betracht.[151] Diese Variante ist abzulehnen. Obwohl der Boykott der Geldstrafenvollstreckung durch den Geldstrafenschuldner nicht unter den Tatbestand der Vollstreckungsvereitelung fällt (vgl. § 258 Abs. 5 StGB), besteht die Gefahr, dass der Verurteilte bei der nachgeholten Sanktionierung einen »Zuschlag« erhält, der nicht mehr von der Tatschuld gedeckt ist.[152]

---

144 Schädler, ZRP 1985, 186 (191).

145 Schädler, ZRP 1985, 186 (191).

146 Bringewat, § 459 e Rz. 9; LR-Wendisch, § 459 e Rz. 10.

147 Schädler, ZRP 1985, 186 (191).

148 Würtenberger, ZStW 64 (1952), 17 (30); vgl. auch Schöch, Gutachten C zum 59. DJT, S. 104 f.

149 Schaeferdiek, Die kurze Freiheitsstrafe im schwedischen und deutschen Recht, S. 229.

150 Vgl. dazu Horn, ZRP 1990, 81 (81 f.); ders., JZ 1992, 828 (829); Dünkel/Spieß, BewHi 1992, 117 (127 f).

151 Schaeferdiek, Die kurze Freiheitsstrafe im schwedischen und deutschen Recht, S. 229.

152 Schöch, Gutachten C zum 59. DJT, S. 105.

Als Alternative zur Ersatzfreiheitsstrafe wäre eine Strafschärfung bei künftigen Straftaten im Geldstrafenbereich denkbar. In Schweden wird diese Variante für rückfällige geldstrafenimmune Täter diskutiert.[153] Es bestünde die Möglichkeit, gegen den Täter eine Freiheitsstrafe zur Bewährung oder eine Bewährungssanktion zu verhängen. *Schaeferdiek* meint, eine solche Regelung stünde mit § 46 StGB in Einklang, weil die wiederholte Begehung von Delikten als ein die Schwere der Tat oder die Strafwürdigkeit des Täters erhöhender Umstand gewertet werden könne.[154] Dem ist zwar zuzustimmen, doch ist zu bedenken, dass eine Strafschärfung nicht für alle Geldstrafenschuldner bei künftigen Straftaten in Betracht kommt. Denn Vorstrafen können zwar strafschärfend wirken, müssen aber nicht zwingend zur Straferhöhung führen. Es ist sorgfältig zwischen einschlägigen und nicht einschlägigen Vorstrafen zu differenzieren. Selbst einschlägige Vorstrafen dürfen nicht schematisch strafschärfend berücksichtigt werden.[155] Stets sind alle Umstände des Einzelfalls zu beachten, z.B. Anzahl, Art und Schwere der Vorstrafen.[156] Beispielsweise kann Zurückhaltung bei der Straferhöhung bei Delinquenten geboten sein, die unter schwierigen sozialen und wirtschaftlichen Verhältnissen leben und deren Taten Ausdruck ihrer prekären Lebenssituation sind.[157] Der Großteil der Schuldner einer uneinbringlichen Geldstrafe lebt in desolaten Verhältnissen und begeht immer wieder Armutsdelikte in einem bagatellhaften Schwerebereich. Zudem besteht, auch in Anbetracht der Bagatellkriminalität, bei einer Strafschärfung die Gefahr, dass die Strafhöhe außer Verhältnis zur Rechtsgutsverletzung gerät. Es erscheint nicht vertretbar, im Falle einer Beförderungserschleichung gem. §§ 265 a, 248 a StGB, bei der nur ein Schaden unter 3,00 EUR entstanden ist, eine Freiheitsstrafe von zwei Monaten auf Bewährung zu verhängen, selbst wenn der Täter bereits zahlreiche einschlägige Vorstrafen hat.[158] Eine Strafschärfung bei künftigen Straftaten ist kein geeigneter Ersatz für die Ersatzfreiheitsstrafe.

---

[153] Hamdorf/Wölber, ZStW 111 (1999), 929 (939); Schaeferdiek, Die kurze Freiheitsstrafe im schwedischen und deutschen Recht, S. 230.

[154] Schaeferdiek, Die kurze Freiheitsstrafe im schwedischen und deutschen Recht, S. 230.

[155] Schönke/Schröder-Stree, § 46 Rz. 31; Tröndle/Fischer, 49. Aufl., § 46 Rz. 24a.

[156] LK-Gribbohm, § 46 Rz. 158; SK-StGB-Horn, § 46 Rz. 124.

[157] Streng, Strafrechtliche Sanktionen, S. 177; Schäfer, Praxis der Strafzumessung, Rz. 369; Brögelmann, JuS 2002, 1005 (1005).

[158] Brögelmann, JuS 2002, 1005 (1006).

Als milderes Mittel käme möglicherweise die gemeinnützige Arbeit in Betracht. Sie ist allerdings an die Einwilligung des Verurteilten gebunden, weil es das Grundgesetz (Art. 12 Abs. 2, 3 GG) nicht zulässt, unvollstreckbare Geldstrafen durch Zwangsarbeit zu substituieren. Für den Fall der Verweigerung des Einverständnisses müsste ein Strafmittel angewendet werden, das von der Zustimmung und Mitwirkung des Verurteilten unabhängig ist und dem er sich nicht widersetzen bzw. nicht entziehen kann. Hinzu kommt, dass nicht alle Verurteilten zur Erbringung von Arbeitsleistungen in der Lage sind. Die gemeinnützige Arbeit kommt für arbeitsunfähige, kranke und ältere Delinquenten von vornherein nicht in Betracht.[159] Außerdem setzt die gemeinnützige Arbeit die Bereitstellung entsprechender Einsatzstellen, bei denen die gemeinnützige Arbeit abgeleistet wird, voraus. Da die gemeinnützige Arbeit von der Zustimmung des Verurteilten, der Konstitution des Betroffenen und vom Vorhandensein eines geeigneten Einsatzortes abhängt, kann sie die Effektivität der Geldstrafe nicht generell gewährleisten.

Ein weiteres milderes Mittel wäre der elektronisch überwachte Hausarrest. Der elektronisch überwachte Hausarrest stellt eine Freiheitsbeschränkung dar, die dem Straftäter unter elektronischer Kontrolle auferlegt, seine Wohnung nur zu bestimmten Zeiten zu verlassen.[160] Nach allgemeiner Überzeugung und entsprechend dem Modellversuch in Hessen setzt die elektronische Überwachung die Einwilligung des Betroffenen voraus.[161] Erklärt sich der Betroffene mit der elek-

---

[159] Schädler, ZRP 1985, 186 (190); Gerken/Henningsen, ZRP 1987, 386 (388); dies., MschrKrim 1989, 222 (232); von Selle, Gerechte Geldstrafe, S. 110.

[160] Bei Einsatz des Aktivsystems, das auch im Rahmen des hessischen Modellversuches zur Anwendung gelangt ist, trägt der Überwachte einen Sender in der Größe einer Zigarettenschachtel am Arm- oder Fußgelenk, der mit einem in der Wohnung des Betroffenen befindlichen Kontrollgerät (Zusatzgerät am Telefon) in Verbindung steht und an dieses in kurzen regelmäßigen Abständen Funksignale sendet. Das Kontrollgerät ist über das Telefon mit einer zentralen Überwachungsstation verbunden. Neben dem Aktivsystem existiert auch ein Passivsystem, bei dem die Anwesenheit des Arrestanten nur stichprobenartig überprüft wird. Der Proband wird von dem Computer der zentralen Überwachungsstelle angerufen und muss seine persönliche Anwesenheit in der Wohnung bestätigen, wobei verschiedene Identifizierungsmethoden zur Verfügung stehen (z.B. Stimmenkontrolle, Gesichtsanalyse). Vgl. dazu Wittstamm, Elektronischer Hausarrest?, S. 35.

[161] Die wirksame Einwilligung des zu Überwachenden stellt im Hinblick auf die Verfassungskonformität des elektronisch überwachten Hausarrests hinsichtlich der die Privatsphäre schützenden Grundrechte auf informationelle Selbstbestimmung (Art. 2 Abs. 1 GG i.V.m. Art. 1 Abs. 1 GG) und auf Unverletzlichkeit der Wohnung (Art. 13 GG) einen zentralen Aspekt dar. Vgl. Laun, Alternative Sanktionen zum Freiheitsentzug und die Reform des Sanktionensystems, S. 171.

tronischen Überwachung nicht einverstanden, stellt sich auch hier die Frage nach einer Ersatzsanktion, die von der Einwilligung und Mitwirkung des Verurteilten unabhängig ist. Im Übrigen käme der elektronische Hausarrest nicht für alle Verurteilten in Betracht. Vorausgesetzt wird, dass der Betroffene über eine eigene Wohnung und ein Telefon verfügt und einer regelmäßigen Beschäftigung nachgeht. Diese Teilnahmevoraussetzungen liegen jedenfalls bei einem Teil der Schuldner uneinbringlicher Geldstrafen nicht vor.

Als milderes Mittel zur Ersatzfreiheitsstrafe wäre die im italienischen Strafrecht bekannte »kontrollierte Freiheit« erwägenswert.[162] Der Verfassungsgerichtshof hatte die italienische Ersatzfreiheitsstrafenregelung im Jahre 1979 wegen Verstoßes gegen den Gleichheitssatz aufgehoben.[163] Uneinbringliche Geldstrafen werden nach Maßgabe eines Gesetzes aus dem Jahr 1981 umgewandelt, das als Ersatzstrafen die »kontrollierte Freiheit« oder - mit Zustimmung des Betroffenen - die gemeinnützige Arbeit vorsieht.[164] Kontrollierte Freiheit meint im Wesentlichen eine Aufenthaltsbeschränkung auf den Wohnort, mindestens tägliche Meldepflicht zu festgesetzter Zeit auf der Polizeistation sowie Führerschein- und Passentzug für einen Zeitraum von maximal 18 Monaten.[165] Es mag zweifelhaft erscheinen, ob eine bloße Aufenthaltsbeschränkung ebenso wie die Ersatzfreiheitsstrafe geeignet ist, die Wirksamkeit der Geldstrafe zu gewährleisten. Abgesehen davon stellt sich jedoch das Problem, wie zu verfahren ist, wenn der Verurteilte den Wohnort verlässt und der Meldepflicht nicht nachkommt. Für den Fall des Scheiterns muss eine Ersatzreaktion her.

Festzuhalten ist, dass die gemeinnützige Arbeit und der elektronisch überwachte Hausarrest als zustimmungsbedürftige Sanktionen nicht genauso wie die Ersatzfreiheitsstrafe geeignet sind, den legitimen Zweck zu erfüllen, weil der Geldstrafenschuldner seine Einwilligung verweigern kann. Auch wenn der Verurteilte sein Einverständnis erteilt, ist die Geeignetheit nicht gegeben. Denn es handelt sich bei den genannten Sanktionen und bei der »kontrollierten Freiheit« um mitwirkungsbedürftige Sanktionen. Bei ihnen besteht stets die Gefahr einer Nichtbefolgung

---

[162] So Seebode, FS f. Böhm, S. 519 (551).
[163] Molinari, FS f. Göppinger, S. 477 (488).
[164] Große Strafrechtskommission des Deutschen Richterbundes, Die Geldstrafe, S. 26.
[165] Seebode, FS f. Böhm, S. 519 (551).

der Sanktion, weil die Beachtung oder Missachtung allein von einer Willensentscheidung des Betroffenen abhängig ist. So kann der gemeinnützige Arbeit ableistende Straftäter nicht auf der Einsatzstelle erscheinen, der elektronisch Überwachte das Haus und der einer Aufenthaltsbeschränkung unterliegende Täter den Wohnort verlassen. Für den Fall des Fehlschlages bedürfen sie einer Ersatzsanktion. *Schöch* diskutiert als mögliche Ersatzsanktionen die Beuge- bzw. Ordnungshaft, die Verhängung einer schwereren Ersatzstrafe und die Strafschärfung bei künftigen Straftaten.[166] Diese Modelle weisen jedoch, wie bereits erörtert, verschiedene Mängel auf, so dass auf die Ersatzfreiheitsstrafe zurückgegriffen werden müsste.[167]

Die Ersatzfreiheitsstrafe ist notwendig, weil es, soweit ersichtlich, keine mildere, gleich geeignete Ersatzsanktion gibt.

Es bleibt die Verhältnismäßigkeit im engeren Sinne zu klären. Ungleichbehandlung und rechtfertigender Grund müssen in einem angemessenen Verhältnis zueinander stehen[168], wobei eine Gesamtabwägung vorzunehmen ist.[169]

Der Grund für die Ungleichbehandlung zahlender und nicht zahlender Delinquenten bzw. Delinquenten, bei denen die Geldstrafe beigetrieben werden kann, und solchen, bei denen sie nicht beigetrieben werden kann, ist die Gewährleistung der Wirksamkeit der Geldstrafe. Die Ersatzfreiheitsstrafe soll sicherstellen, dass die Geldstrafe auch von zahlungsunwilligen und zahlungsunfähigen Verurteilten ernst genommen wird. Die Geldstrafe wäre ohne die dahinterstehende Ersatzfreiheitsstrafe »ein Messer ohne Klinge«.[170] Die Ersatzfreiheitsstrafe setzt voraus, dass die Geldstrafe nicht eingebracht werden kann. Differenzierungsmerkmal ist die Uneinbringlichkeit der Geldstrafe. Bei objektiver Betrachtung ist keine willkürliche Differenzierung vonseiten des Gesetzgebers zu erkennen. Die Berücksichtigung unterschiedlicher wirtschaftlicher Verhältnisse ist nicht zu beanstanden. Zwar

---

166 Schöch, Gutachten C zum 59. DJT, S. 104 f.

167 Schöch, Gutachten C zum 59. DJT, S. 104 ff.; Laun, Alternative Sanktionen zum Freiheitsentzug und die Reform des Sanktionensystems, S. 78 ff.

168 BVerfGE 82, 126 (146); 85, 238 (245).

169 Sachs-Osterloh, Art. 3 Rz. 22.

170 LR-Wendisch, § 459 f Rz. 4.

dürfen die finanziellen Verhältnisse des Täters bei der Auswahl der Strafart, also bei der Frage, ob Freiheits- oder Geldstrafe verhängt werden soll, keine Rolle spielen. So wäre es unzulässig, eine Freiheitsstrafe nur deswegen zu verhängen, weil der Delinquent eine Geldstrafe voraussichtlich nicht bezahlen kann.[171] Wenn aber auf eine Geldstrafe erkannt wird und dieses Strafmittel leerläuft bzw. leerzulaufen droht, weil der Täter die ihm auferlegte Geldstrafe nicht bezahlen und sie bei ihm auch nicht beigetrieben werden kann, dann ist es zur Durchsetzung der Kriminalsanktion und damit zur Verwirklichung des staatlichen Strafanspruchs nicht unangemessen, ein Ersatzübel vorzusehen. Es ist auch nicht zu beanstanden, dass die Regelung des § 43, S. 1 StGB nicht darauf abstellt, ob die Uneinbringlichkeit der Geldstrafe verschuldet oder unverschuldet ist. *Tiedemann* bejaht zwar unter diesem Aspekt einen Verstoß gegen Art. 3 Abs. 1 GG, soweit auch unverschuldet Zahlungsunfähige die Ersatzfreiheitsstrafe verbüßen müssen.[172] Doch ist dem entgegenzuhalten, dass Prävention und Effektivität der Geldstrafe eine Differenzierung zwischen verschuldeter und unverschuldeter Zahlungsunfähigkeit nicht erlauben. Das Abstellen auf Verschulden kann letztendlich dazu führen, dass Straftaten unverschuldet in Notlagen geratener Delinquenten sanktionslos bleiben. Das wiederum widerspricht der Idee der Gerechtigkeit und stellt eine Ungleichbehandlung gegenüber den zahlungsfähigen Geldstrafenschuldnern dar. Zu berücksichtigen ist zudem, dass die Uneinbringlichkeit der Geldstrafe nicht notwendig zur Verbüßung der Ersatzfreiheitsstrafe führen muss. Bei Vorliegen einer unbillige Härte i.S.v. § 459 f StPO unterbleibt die Vollstreckung der Ersatzfreiheitsstrafe. Darüber hinaus hat der Täter in der Regel die Möglichkeit, die Vollstreckung der Ersatzfreiheitsstrafe durch Verrichtung gemeinnütziger Arbeit auf der Grundlage von Art. 293 EGStGB i.V.m. den landesrechtlichen Rechtsverordnungen abzuwenden. Die Ersatzfreiheitsstrafe ist im Hinblick auf das staatliche und allgemeine Interesse an der Wirksamkeit staatlichen Strafens angemessen. Die Verhältnismäßigkeit im engeren Sinne ist zu bejahen. Die der Ersatzfreiheitsstrafe innewohnende Ungerechtigkeit darf nicht mit einem Verstoß gegen den Gleichheitsgrundsatz gleichgesetzt werden.

---

[171] BGHSt 3, 259 (263); BGH, GA 1968, 84 (84); Stree, Deliktsfolgen und Grundgesetz, S. 71 f.; Schönke/Schröder-Stree, § 46 Rz. 60 f.

[172] Tiedemann, GA 1964, 353 (371).

IV. Vereinbarkeit mit der Verfahrensgarantie des Art. 104 Abs. 2, S. 1 GG

Art. 2 Abs. 2, S. 3 GG besagt, dass in das Recht auf Freiheit der Person nur auf Grund eines Gesetzes eingegriffen werden darf. Für den schwersten Eingriff in das Recht auf Freiheit der Person, die Freiheitsentziehung, fügt Art. 104 Abs. 2 GG dem Vorbehalt des (förmlichen) Gesetzes den weiteren verfahrensrechtlichen Vorbehalt einer richterlichen Entscheidung zu. Gemäß Art. 104 Abs. 2, S. 1 GG hat über Zulässigkeit und Fortdauer einer Freiheitsentziehung nur der Richter zu entscheiden. In diesem Richtervorbehalt liegt eine formelle Verfahrensgarantie, die der besonderen Eingriffsintensität von Freiheitsentziehungen Rechnung trägt. Sie bindet auch den Gesetzgeber.[173] Ihre Nichtbeachtung verletzt das Grundrecht der Freiheit der Person (Art. 2 Abs. 2, S. 2 GG) des Betroffenen.[174]

Fraglich ist, ob der Richter über die Zulässigkeit und Fortdauer der Ersatzfreiheitsstrafe entscheidet. Das OLG Bremen und ein Teil des Schrifttums vertreten die Auffassung, dass der Richter die notwendige Entscheidung über die Zulässigkeit der Vollstreckung einer Ersatzfreiheitsstrafe für den Fall der Uneinbringlichkeit der Geldstrafe bereits durch die Bestimmung der Zahl der Tagessätze treffe. Bei der Festsetzung der Zahl der Tagessätze sei dem Richter bewusst, dass nach § 43 StGB an die Stelle einer uneinbringlichen Geldstrafe eine Freiheitsstrafe trete und dass einem Tagessatz ein Tag Freiheitsstrafe entspreche. Der Richter lege durch die Bestimmung der Anzahl der Tagessätze im Urteil zugleich den Umfang des Freiheitsentzuges fest.[175]
Demgegenüber meint *Seebode*, die Wandlung der verhängten Geldstrafe in eine Freiheitsstrafe sei nicht die Entscheidung des Richters, vielmehr widerspreche sie seinem auf Geldstrafe lautenden Urteil. Die Umwandlung erfolge kraft Gesetzes. Der Richter, der auf die als gesetzlich geboten erachtete Geldstrafe erkenne, könnte die Vollstreckung einer Freiheitsstrafe zuverlässig nur durch Freispruch des Schuldigen verhindern. Der Richter habe nach Art. 104 Abs. 2, S. 1 GG eine eigene Verhältnismäßigkeitsentscheidung zu treffen, die ihm der feste Umrech-

---

[173] BVerfGE 10, 310 (312); Dreier-Schulze-Fielitz, Art. 104 Rz. 33.
[174] BVerfGE 105, 239 (247 f.).
[175] OLG Bremen, NJW 1975, 1524 (1525); von Münch/Kunig-Kunig, Art. 104, Rz. 20; Bublies, Die Aussetzung des Restes der Ersatzfreiheitsstrafe, S. 36; Tröndle/Fischer, § 43 Rz. 4; NK-Albrecht, § 43 Rz. 5. Vgl. auch die Begründung der Bundesregierung zum EGStGB vom 02.03.1974, BT-Drs. 7/550, S. 311.

nungsmaßstab des § 43, S. 2 StGB verwehre. Es sei daher verfehlt, in dem Geldstrafenurteil und in der richterlichen Festsetzung der Zahl der Tagessätze wegen § 43 StGB eine richterliche Entscheidung über die Zulässigkeit, Dauer und Angemessenheit der Freiheitsstrafe für den Fall der Uneinbringlichkeit der Geldstrafe zu sehen.[176]

Der letztgenannten Auffassung ist zuzustimmen. Dem Normzweck des Richtervorbehaltes zufolge hat der Richter über die Zulässigkeit der Freiheitsentziehung selbst zu entscheiden und die Verantwortung für den Grundrechtseingriff zu übernehmen. Der Richter hat eine selbständige konstitutive Entscheidung über das »Ob« einer Freiheitsentziehung, also eine eigene Verhältnismäßigkeitsentscheidung zu treffen.[177] Aus der Notwendigkeit einer eigenen Entscheidung des Richters folgt dessen Verpflichtung, selbst den Sachverhalt, insbesondere die die Freiheitsentziehung rechtfertigenden Tatsachen zu prüfen.[178] Die Schwere des Grundrechtseingriffs gebietet insbesondere eine eingehende Prüfung der Erforderlichkeit der freiheitsentziehenden Maßnahme.[179] Der Betroffene ist vom Richter persönlich mündlich anzuhören, und zwar in allen Fällen einer Freiheitsentziehung, nicht nur den strafprozessualen, für die Art. 104 Abs. 3, S. 1 GG dies ausdrücklich vorschreibt.[180] Der Richter entscheidet nicht über die Zulässigkeit der Ersatzfreiheitsstrafe. Angesichts der von Gesetzes wegen vorgesehenen Umwandlung der Geldstrafe in eine Freiheitsstrafe unterbleibt eine richterliche Prüfung dahingehend, ob die Ersatzfreiheitsstrafe überhaupt angemessen bzw. gerechtfertigt ist. Die Ersatzfreiheitsstrafe ist der richterlichen Tätigkeit, weil eine begründete Strafzumessung fehlt, entzogen.[181] Die Strafzumessungserwägungen des Richters beziehen sich allein auf die Geldstrafe. Es wird zwar behauptet, dass das Gericht bei der Festlegung der Anzahl der Tagessätze die hypothetische Überlegung anstellt, wie viele Tage Freiheitsstrafe die abzuurteilende Tat dieses konkreten Täters »wert« wä-

---

[176] Seebode, FS f. Böhm, S. 519 (526 f.).

[177] BVerfGE 83, 24 (33); Lisken, NJW 1979, 1992 (1992); Sachs-Degenhart, Art. 104 Rz. 19; von Münch/Kunig-Kunig, Art. 104 Rz. 18; Dreier-Schulze-Fielitz, Art. 104 Rz. 34; Maunz/Dürig-Dürig, Art. 104 Rz. 28.

[178] BVerfGE 83, 24 (33); Sachs-Degenhart, Art. 104 Rz. 20; Dreier-Schulze-Fielitz, Art. 104 Rz. 36.

[179] BVerfGE 83, 24 (33 f.).

[180] Umbach/Clemens-Wehowsky, Art. 104 Rz. 22; Sachs-Degenhart, Art. 104 Rz. 22 f.

[181] Lüderssen, FS f. Böhm, S. 553 (561).

re.[182] Das Gericht erwäge angeblich bei der Verhängung der Geldstrafe gleichzeitig, welche Freiheitsstrafe zur Ahndung der Straftat unter Berücksichtigung präventiver Gesichtspunkte angemessen wäre.[183] Indessen muss davon ausgegangen werden, dass das Gericht die genannten zusätzlichen Überlegungen nicht anstellt.[184] Das Gericht hat gar keinen Anlass zu derartigen Erwägungen, weil es gar nicht weiß, ob der Verurteilte überhaupt die Ersatzfreiheitsstrafe zu verbüßen hat. Das Gericht kann und wird bei der Strafzumessung nur die Strafwirkungen desjenigen Strafmittels berücksichtigen, das es im konkreten Fall ausgewählt hat. Bei der Verhängung der Geldstrafe kann der erforderliche Einwirkungsbedarf durch einen Freiheitsentzug auf den Verurteilten (noch) nicht bestimmt werden. Denn die Frage, ob der Verurteilte die Ersatzfreiheitsstrafe zu verbüßen hat, hängt davon ab, inwieweit er zumindest teilweise die Geldstrafe bezahlt hat, ob er möglicherweise teilweise gemeinnützige Arbeit geleistet hat. Im Übrigen macht der feste Umrechnungsmaßstab die Berücksichtigung der individuellen Verhältnisse des Verurteilten und des bei ihm vorhandenen Einwirkungsbedarfs unmöglich.[185] Das Gericht stellt sachliche Erwägungen zur Ersatzfreiheitsstrafe nicht an. Eine Verhältnismäßigkeitsprüfung findet nicht statt. Der Richter kann die Umwandlung der uneinbringlichen Geldstrafe in eine Ersatzfreiheitsstrafe auch nicht verhindern. Dem Richter kann deswegen auch nicht die Verantwortung für den Grundrechtseingriff, der in der Vollstreckung der Ersatzfreiheitsstrafe seinen Ausdruck findet, aufgebürdet werden. Der Richter trifft auch keine Entscheidung über die Dauer der Ersatzfreiheitsstrafe. Die Dauer der Ersatzfreiheitsstrafe richtet sich nach der Zahl der verhängten Tagessätze, was sich aus dem fixen Umrechnungsmaßstab des § 43, S. 2 StGB ergibt. Strafzumessungserwägungen zur Höhe der Ersatzfreiheitsstrafe stellt der Richter nicht an. Die Höhe der Ersatzfreiheitsstrafe ist kein Resultat spezialpräventiver Überlegungen, sondern Folge der verhängten

---

182 BGHSt 27, 70 (72); 34, 90 (92); OLG Hamm, JMBl. NW 1983, 29 (29); Horn, NJW 1974, 625 (625); ders., NJW 1984, 77 (77); ders., Die strafrechtlichen Sanktionen, S. 11; SK-StGB-Horn, § 40 Rz. 4a; NK-Albrecht, § 40 Rz. 16; Schall, JuS 1977, 307 (307); Schall/Schirrmacher, Jura 1992, 514 (515, 518); Frank, JA 1976, 235 (238); Erster Bericht des Sonderausschusses für die Strafrechtsreform zu dem Entwurf eines EGStGB, BT-Drs.7/1261, S. 5.

183 Schönke/Schröder-Stree, § 40 Rz. 4; Vogler, JR 1978, 353 (355 f.).

184 Lüderssen, FS f. Böhm, S. 553 (561 f., 577); vgl. aber LG München I, StV 2001, 409 (410), das eine an sich tat- und schuldangemessene Freiheitsstrafe von vier Monaten gem. § 47 StGB in eine Geldstrafe von 120 Tagessätzen umgerechnet hat.

185 Bublies, Die Aussetzung des Restes der Ersatzfreiheitsstrafe, S. 52 f.

Geldstrafe.[186] Der Richter kann die Höhe der Ersatzfreiheitsstrafe nicht herabsetzen, selbst dann nicht, wenn er den Umrechnungsfaktor des § 43, S. 2 StGB und damit die auf diesem Umrechnungsfaktor basierende Dauer der Ersatzfreiheitsstrafe für ein dem Schuldprinzip widersprechendes Zusatzübel hält.[187] Der Richter, der den Umrechnungsmaßstab wegen Verstoßes gegen den Schuldgrundsatz für verfassungswidrig hält, hat keinen Spielraum für eine verfassungskonforme Auslegung hinsichtlich der Ersatzfreiheitsstrafe.[188] Der feste Umrechnungsfaktor lässt eine eigene Entscheidung über die Dauer der Ersatzfreiheitsstrafe nicht zu. Festzuhalten ist, dass das Gericht im Urteil bzw. Strafbefehl nicht über die Zulässigkeit und Dauer der Ersatzfreiheitsstrafe entscheidet. Die Umwandlung der Geldstrafe in eine Freiheitsstrafe und die Dauer der Ersatzfreiheitsstrafe ergeben sich unmittelbar aus dem Gesetz.[189]

Die Strafprozessordnung enthält indes eine Vorschrift, nach der das gem. §§ 462, 462 a StPO zuständige Gericht über die Ersatzfreiheitsstrafe entscheidet. Gemäß § 459 f StPO ordnet das Gericht an, dass die Vollstreckung der Ersatzfreiheitsstrafe unterbleibt, wenn die Vollstreckung für den Verurteilten eine unbillige Härte wäre. Das Gericht hat bei der Beurteilung der Frage, ob eine unbillige Härte vorliegt, eine einzelfallbezogene Gesamtwürdigung der persönlichen, sozialen und wirtschaftlichen Verhältnissen des Verurteilten und damit letztlich eine Verhältnismäßigkeitsentscheidung zu treffen.[190] Dem Gericht ist somit die Entscheidung über die Ersatzfreiheitsstrafe nicht völlig entzogen. Unter diesem Aspekt ließe sich möglicherweise ein Verstoß gegen Art. 104 Abs. 2, S. 1 GG verneinen. Die besseren Gründe sprechen indes dafür, eine Verletzung von Art. 104 Abs. 2, S. 1 GG anzunehmen, weil die Entscheidung gem. § 459 f StPO nur die Frage betrifft, ob die Vollstreckung der Ersatzfreiheitsstrafe aufgeschoben wird. Über die Frage, ob und ggf. für welchen Zeitraum die Ersatzfreiheitsstrafe verhängt bzw. angeordnet wird, entscheidet das Gericht nicht. Außerdem deutet der Wortlaut des § 459 f StPO (»unbillige Härte«) darauf hin, dass es sich um eine Ausnahmevor-

---

[186] Bublies, Die Aussetzung des Restes der Ersatzfreiheitsstrafe, S. 51.
[187] Seebode, FS f. Böhm, S. 519 (527).
[188] Tröndle, ÖJZ 1975, 589 (599).
[189] KG, GA 1977, 237 (238); Hinze, Rpfleger 1976, 422 (423); Tröndle, ÖJZ 1975, 589 (599).
[190] Bringewat, § 459 f Rz. 3; KMR-Paulus, § 459 f Rz. 5; SK-StPO-Paeffgen, § 459 f Rz. 3.

schrift handelt, so dass jedenfalls für den Regelfall eine richterliche Entscheidung nicht vorgesehen ist.[191]

Ein Verstoß gegen Art. 104 Abs. 2, S. 1 GG ergibt sich darüber hinaus unter einem anderen Aspekt. Der Richter muss sich einen persönlichen Eindruck verschaffen. Fehlt es - wie im Fall der Ersatzfreiheitsstrafe - an einer einfachgesetzlichen Verfahrensvorschrift über die persönliche Anhörung, so muss eine solche Verpflichtung unmittelbar aus Art. 104 Abs. 2, S. 1 GG entnommen werden, um dem Normzweck des Richtervorbehaltes gerecht zu werden.[192] Ob der Anordnung der Vollstreckung der Ersatzfreiheitsstrafe nach § 459 e Abs. 1 StPO die Gewährung rechtlichen Gehörs vorausgehen muss, ist umstritten.[193] Auf diesen Streit kommt es hier jedoch nicht an, weil Art. 104 Abs. 2, S. 1 GG die Anhörung durch den Richter verlangt, die Anhörung vor der Anordnung gem. § 459 e Abs. 1 StPO jedoch durch die Vollstreckungsbehörde erfolgt. Fraglich ist, ob im Fall der Geldstrafenverhängung durch Urteil die mündliche Hauptverhandlung als Anhörung des Betroffenen zur Freiheitsentziehung gewertet werden kann. Das wird man nach dem oben Gesagten verneinen müssen. Denn das Gericht weiß im Zeitpunkt der Entscheidung über die Geldstrafe noch gar nicht, ob jemals an deren Stelle eine Ersatzfreiheitsstrafe treten wird. Daher hat es keinen Grund, den Betroffenen dazu anzuhören. Da eine richterliche Anhörung des Betroffenen vor der Freiheitsentziehung in Form der Ersatzfreiheitsstrafe unterbleibt, liegt bereits wegen der fehlenden Anhörung ein Verstoß gegen Art. 104 Abs. 2, S. 1 GG vor.

Die verfassungsrechtliche Prüfung hat somit folgendes ergeben: Die Vorschrift des § 43, S. 2 StGB verstößt gegen den Schuldgrundsatz. Da eine verfassungskonforme Auslegung der Norm nicht möglich ist, ist sie verfassungswidrig. Die in § 43, S. 1 StGB von Gesetzes wegen vorgesehene Surrogation der Geldstrafe durch die Ersatzfreiheitsstrafe ohne vorherige richterliche Entscheidung und ohne

---

[191] Lüderssen, FS f. Böhm, S. 553 (562).

[192] Sachs-Degenhart, Art. 104 Rz. 22 f.; Dreier-Schulze-Fielitz, Art. 104 Rz. 37.

[193] Befürwortend: OLG Celle, NdsRpfl 1977, 128 (128); Volckart, Verteidigung in der Strafvollstreckung und im Vollzug, Rz. 120; KMR-Paulus, § 459 e Rz. 6; MK-Radtke, § 43 Rz. 9; ablehnend: Pohlmann, Rpfleger 1979, 249 (249 f.); Meyer-Goßner, § 459 e Rz. 2; LR-Wendisch, § 459 e Rz. 5; Bringewat, § 459 e Rz. 2; KK-Fischer, § 459 e Rz. 4.

Anhörung des Betroffenen verstößt gegen die Verfahrensgarantie des Art. 104 Abs. 2, S. 1 GG und ist ebenfalls verfassungswidrig.

B. Kriminalpolitische Problematik

Die Ersatzfreiheitsstrafe ist erheblichen kriminalpolitischen Bedenken ausgesetzt. Bei den Ersatzfreiheitsstrafen handelt es sich regelmäßig um kurze Freiheitsstrafen i.S.d. § 47 StGB. Die Praxis kennt, anders als das Gesetz, fast nur eine Höchstzahl von 90 Tagessätzen Geldstrafe, mehr als die Hälfte aller Verurteilungen zu Geldstrafen liegt sogar unter 30 Tagessätzen.[194] Da gem. § 43, S. 2 StGB die Dauer der Ersatzfreiheitsstrafe der Anzahl der verwirkten Tagessätze entspricht, ergeben sich Inhaftierungszeiten von geringer Dauer. Die durchschnittliche Dauer der Ersatzfreiheitsstrafe beträgt etwa 30 Tage.[195] Sie kann sich bei teilweiser Bezahlung der Geldstrafe, die automatisch die Länge der Ersatzfreiheitsstrafe herabsetzt, auf eine Freiheitsstrafe von weniger als einem Monat reduzieren und damit die Vorschrift des § 38 Abs. 2 StGB unterlaufen, wonach Freiheitsstrafen unter einem Monat ausgeschlossen sind.[196] Die Vollstreckung der Ersatzfreiheitsstrafe läuft dem wichtigsten Ziel der Strafrechtsreformen, der Zurückdrängung der kurzen Freiheitsstrafe, entgegen und unterläuft auch die Norm des § 47 StGB, wonach die Vollstreckung einer kurzen Freiheitsstrafe unter sechs Monaten die Ausnahme sein soll. Durch den Vollzug von Ersatzfreiheitsstrafen kommt es durch die Hintertür zur Vollstreckung kurzer Freiheitsstrafen. *Seebode* hat treffend formuliert: »Zwar sichert die Ersatzfreiheitsstrafe die Wirksamkeit der Geldstrafe und derart die Zurückdrängung der Freiheitsstrafe, aber »sie treibt den Teufel mit Beelzebub aus und ist nahezu unbestritten mit dem »Verbot« der kurzen Freiheitsstrafe (§ 47 StGB) nicht zu vereinbaren.«[197] Die Ersatzfreiheitsstrafe muss sich all die Vorbehalte, die gegen kurze Freiheitsstrafen erhoben werden, entgegenhalten lassen: Die kurze Freiheitsstrafe sei zu kurz, um eine positive Beeinflussung des Täters im Vollzug zu erlauben, aber lang genug, um seine familiären, beruflichen und sozialen Bindungen zu zerstören, ihn als »Knastbruder«

---

[194] Erster Periodischer Sicherheitsbericht des Bundesjustizministeriums, Kurzfassung, S. 33, im Internet abrufbar unter: http://www.bmj.bund.de/images/10347.pdf; Seebode, FS f. Böhm, S. 519 (530); Blau, GS f. Kaufmann, S. 189 (199); Heinz, ZStW 111 (1999), 461 (500).

[195] NK-Albrecht, § 43 Rz. 2; Seebode, FS f. Böhm, S. 519 (530).

[196] Seebode, FS f. Böhm, S. 519 (530); vgl. auch Dolde, ZfStrVo 1999, 330 (330), die kritisiert, dass es häufig zu Gefängnisaufenthalten von unter einem Monat kommt.

[197] Seebode, FS f. Böhm, S. 519 (529).

zu stigmatisieren und ihn der kriminellen Ansteckung durch erfahrene Straftäter in der Anstalt auszusetzen. Diese allgemeinen Vorbehalte gegen die kurze Freiheitsstrafe kumulieren bei der Ersatzfreiheitsstrafe mit zusätzlichen Bedenken, die sich aus der Eigenart der Ersatzfreiheitsstrafe ergeben: »Diese Einwände erhalten zusätzliches Gewicht im Falle der Ersatzfreiheitsstrafe, die die eigentliche Sanktion der Geldstrafe nur ersetzen soll, also eine Sanktion, die fast ausschließlich bei geringfügiger Kriminalität und gegenüber sozial günstig prognostizierten Tätern angewendet wird. Hier erweist sich der Vollzug der Ersatzfreiheitsstrafe daher besonders resozialisierungsfeindlich und unverhältnismäßig.«[198]

Nach § 2, S. 1 StVollzG soll der Gefangene im Vollzug der Freiheitsstrafe fähig werden, künftig in sozialer Verantwortung ein Leben ohne Straftaten zu führen.[199] Da § 2 StVollzG für alle Gefangenen gilt, ist auch beim Vollzug kurzer Freiheitsstrafen die Resozialisierung des Gefangenen das Ziel des Vollzuges.[200] Trotz dieses Grundsatzes wird der Kurzstrafenvollzug aber keineswegs resozialisierend ausgestaltet, sondern stellt sich in der Praxis als ein reiner Verwahrvollzug[201] dar. Die Resozialisierung hat vor den Toren der Kurzstrafenvollzugsanstalten halt gemacht.[202] Grund dafür ist die bundeseinheitliche Verwaltungsvorschrift zu § 6 StVollzG, die bestimmt, dass bei einer Vollzugsdauer von bis zu einem Jahr eine Behandlungsuntersuchung und die Aufstellung eines Vollzugsplanes zur Regelung der resozialisierenden Maßnahmen in der Regel nicht geboten sind. Die Vorschrift wird in der Praxis sehr schematisch angewandt, was dazu führt, dass der Vollzug kurzer Freiheitsstrafen so gut wie nie resozialisierend ausgestaltet wird.[203] Die Gefangenen sitzen die Ersatzfreiheitsstrafe ab, ohne dass entsprechende Behandlungs- oder Erziehungsprogramme angeboten oder eingeleitet werden.[204]

---

[198] Schall, NStZ 1985, 104 (107); kritisch auch Krumm, AnwBl. 1984, 74 (74).

[199] Vgl. zum Vollzugsziel: Böhm, FS f. Lüderssen, S. 807 (807 ff.).

[200] Dolde/Rössner, ZStW 99 (1987), 424 (431); Schaeferdiek, Die kurze Freiheitsstrafe im schwedischen und deutschen Strafrecht, S. 169.

[201] *Dünkel* weist zu Recht darauf hin, dass schlichter Verwahrvollzug für keine Gefangenengruppe eine vertretbare Lösung ist. Vgl. Dünkel, in: Jehle (Hrsg.), Täterbehandlung und neue Sanktionsformen, S. 379 (403).

[202] Dolde/Rössner, ZStW 99 (1987), 424 (431).

[203] Dolde/Jehle, ZfStrVo 1986, 195 (199); Schaeferdiek, Die kurze Freiheitsstrafe im schwedischen und deutschen Strafrecht, S. 169.

[204] Koepsel, Kriminalistik 2/1999, 81 (83).

Zu Recht wird von Teilen des Schrifttums die Forderung erhoben, auch den Kurzfreiheitsstrafenvollzug resozialisierend zu gestalten und Resozialisierungsmaßnahmen im Sinne kleiner pragmatischer Anstöße durchzuführen, die durchaus innerhalb weniger Wochen gegeben werden können, wie etwa die Besprechung der Straftat, die Erstellung einer Übersicht über die Vermögenslage des Verurteilten und seine Möglichkeiten zur Schuldenregulierung, der Beistand bei Arbeits- und Wohnungssuche, beim Verfassen von Behördenanschreiben.[205] Sinnvoll wäre, in jedem Einzelfall unmittelbar nach der Aufnahme in die Justizvollzugsanstalt zu prüfen, ob und inwieweit solche kleineren konstruktiven Hilfs- und Unterstützungsmaßnahmen trotz der Kürze der zur Verfügung stehenden Zeit durchführbar sind. Nur wenn die Maßnahmen einen über die Dauer des Gefängnisaufenthaltes hinausgehenden Zeitaufwand erfordern, kann von ihrer Durchführung abgesehen werden.[206]

Eine resozialisierende Ausgestaltung des Kurzfreiheitsstrafenvollzuges ist nicht zuletzt im Hinblick auf die hohe Anzahl an jährlich vollstreckten Ersatzfreiheitsstrafen geboten.[207] Am 01.01.2002 hielten sich in den Justizvollzugsanstalten insgesamt 43.264 Freiheitsstrafengefangene auf. Davon verbüßten 2.756 Gefangene eine Ersatzfreiheitsstrafe. Im Jahr 2002 belief sich der Zugang im Strafvollzug bezüglich Freiheitsstrafen auf 438.785 Gefangene, davon betraf der Zugang wegen Ersatzfreiheitsstrafen 56.187 Gefangene und machte damit 12,8 % aus. Der Abgang von Ersatzfreiheitsstrafengefangenen betrug 56.065, so dass sich am 31.12.2002 ein Bestand von 2.878 Ersatzfreiheitsstrafengefangenen ergab.[208] Durchschnittlich werden somit rund 3.000 Haftplätze, das sind etwa 7 % aller Haftplätze, dauerhaft durch Ersatzfreiheitsstrafenverbüßer belegt.[209]

---

[205] Dolde/Jehle, ZfStrVo 1986, 195 (199); Weigend, JZ 1986, 260 (263); ders., in: Deutsche Bewährungshilfe (Hrsg.), Die 13. Bundestagung, S. 503 (508 ff.); Schaeferdiek, Die kurze Freiheitsstrafe im schwedischen und deutschen Strafrecht, S. 224 f.; Heghmanns, ZRP 1999, 297 (299).

[206] Schaeferdiek, Die kurze Freiheitsstrafe im schwedischen und deutschen Strafrecht, S. 224 f.

[207] Der stichtagsbezogene Anteil von eine Ersatzfreiheitsstrafe verbüßenden Gefangenen im Erwachsenenvollzug betrug im Jahr 2000 (am 30.06.) in den alten Bundesländern 6,4 % und lag in den neuen Bundesländern bei 9,5 %. Vgl. Dünkel/Scheel/Grosser, BewHi 2002, 56 (66).

[208] Statistisches Bundesamt, Rechtspflege, Strafvollzug - Anstalten, Bestand und Bewegung der Gefangenen 2002, S. 16 f.

[209] Cornel, MschrKrim 2002, 424 (431); ders., NK 2/2002, 42 (42); ders., FS f. Lüderssen, S. 821 (824).

Der seit Ende der 80iger Jahre zunehmende Anteil von zu vollstreckenden Ersatzfreiheitsstrafen hat die Kapazitätsprobleme in den Justizvollzugsanstalten, die seit Mitte der 90iger Jahre permanent überbelegt sind[210], verschärft.[211] Von einer Überbelegung[212] spricht man, wenn die Zahl der einsitzenden Gefangenen außer Relation zur vorhandenen Personal- und Sachmittelkapazität, meist Zahl der Haftplätze, gerät.[213] In einigen Bundesländern führt allein die Quote derjenigen, die Ersatzfreiheitsstrafen verbüßen, schon zur Überbelegung der Strafvollzugsanstalten.[214] Die Überbelegung der Strafvollzugsanstalten hat einige Landesjustizverwaltungen dazu veranlasst, Möglichkeiten zu schaffen, um der »Blockade« dringend benötigter und teurer Haftplätze durch Ersatzfreiheitsstrafengefangene entgegenzuwirken und diese vorzeitig aus der Haft zu entlassen. Die Länderhaushalte werden durch die Vollstreckung von Ersatzfreiheitsstrafen erheblich belastet. Es entstehen Haftkosten von durchschnittlich netto 80,00 EUR pro Kopf und Tag.[215] Baden-Württemberg[216] und Niedersachsen[217] setzen die Vorschrift des § 455 a StPO ein. Nach Verbüßung der Hälfte der Ersatzfreiheitsstrafe wird die weitere

---

210 Vgl. zu den Problemen des Strafvollzugs: Arloth, GA 2001 307 (307 ff.); ders., JuS 2003, 1041 (1041 ff.).

211 Vgl. Maelicke, SchlHA 1999, 249 (249).

212 Zur Abgrenzung der Begriffe »Überbelegung« und »Überfüllung« vgl. Schmidt, Überbelegung im Strafvollzug, S. 3 f.

213 Sog. Gefängnisüberbelegung im kapazitären Sinn, vgl. § 146 StVollzG. Vgl. dazu Kreuzer, FS f. Blau, S. 459 (459 ff). Zu den Folgen der Überbelegung: Schott, ZfStrVo 2003, 195 (195 f.).

214 Meyer, in: Abschlussbericht der Kommission zur Reform des strafrechtlichen Sanktionensystems, 51 (51).

215 Dünkel/Grosser, NK 1/1999, 28 (29); Dünkel/Scheel/Grosser, BewHi 2002, 56 (57).

216 AV d. Justizministeriums v. 03.03.1998, Die Justiz 1998, 144 f. Der Anwendungszeitraum ist durch AVen des Justizministeriums v. 03.03.1998 (Die Justiz 1998, 144), v. 19.10.1998 (Die Justiz 1998, 610), v. 14.04.1999 (Die Justiz 1999, 193) und VwVen des Justizministeriums v. 17.04.2000 (Die Justiz 2000, 125), v. 14.05.2001 (Die Justiz 2001, 233), v. 18.04.2002 (Die Justiz 2002, 242) und v. 10.03.2003 (Die Justiz 2003, 191) bis 31.05.2004 verlängert worden. Vgl. auch Reiß, RpflStud. 2002, 104 (111). Vgl. dazu auch Landtag von Baden-Württemberg, Kleine Anfrage des Abg. Sakellariou SPD und Antwort des Justizministeriums, Drs. 13/2492, S. 3. Das baden-württembergische Justizministerium plant zudem die Durchführung eines Modellprojektes, wonach Gefangene, die eine Ersatzfreiheitsstrafe mit einer Dauer von bis zu drei Monaten verbüßen müssen, unter elektronischen Hausarrest gestellt werden sollen. Vgl. dazu Landtag von Baden-Württemberg, Antrag des Abg. Oelmayer u.a. Bündnis 90/Die Grünen und Stellungnahme des Justizministeriums, Drs. 12/4233, S. 2; Landtag von Baden-Württemberg, Beschlussempfehlung und Berichte, Drs. 12/4534, S. 7 f.

217 Vgl. Pressemitteilung des niedersächsischen Justizministeriums v. 11.06.2002, abrufbar im Internet unter: http://www.cologneweb.com/lotse/LotseInfo29.htm; vgl. ferner das Interview mit dem ehemaligen niedersächsischen Justizminister Pfeiffer, NK 3/2003, 86 (86 ff.) und den Bericht über das neue Konzept der Regierung, Weißer Ring 2/2003, 10 (10).

Vollstreckung gem. § 455 a StPO unterbrochen. Die Reststrafe wird im Wege der Gnade erlassen, wenn sich der Verurteilte während der Strafunterbrechung straffrei führt und auch keine Straftaten bekannt werden, die bereits vor der Strafunterbrechung begangen worden sind.[218] In Hamburg wird im Rahmen des Modellprojektes »Ersatzfreiheitsstrafen« auf der Grundlage aller über den Ersatzfreiheitsstrafengefangenen zur Verfügung stehenden Informationen überprüft, ob im Einzelfall eine (Teil-) Begnadigung in Betracht kommt. Eine Begnadigung ist nur möglich, wenn alle Bemühungen des Verurteilten die Geldstrafe zu bezahlen, wegen erwiesener Leistungsunfähigkeit des Verurteilten aussichtslos gewesen sind. Bestimmte Delikte sind von Gnadenerweisen grundsätzlich ausgenommen.[219] Das in Mecklenburg-Vorpommern durchgeführte Projekt »Ausweg« sieht die Möglichkeit vor, die Gefangenen aus dem Vollzug der Ersatzfreiheitsstrafe gnadenweise zur Ableistung gemeinnütziger Arbeit zu entlassen und nach vollständiger Erbringung der gemeinnützigen Arbeit die Strafe zu erlassen. Die Verurteilten werden aus dem Vollzug der Ersatzfreiheitsstrafe in eine Einsatzstelle zur Ableistung gemeinnütziger Arbeit nach dem in Mecklenburg-Vorpommern geltenden Umrechnungsschlüssel von sechs Stunden gemeinnützige Arbeit pro Tagessatz Geldstrafe vermittelt.[220] Die Justizverwaltungen der Länder Bremen[221] und Sachsen[222] haben sich dazu entschlossen, nach Antritt der Ersatzfreiheitsstrafe gemeinnützige Arbeit im Strafvollzug anzubieten, um die Überbelegung durch entsprechende Haftzeitverkürzungen zu reduzieren. Voraussetzung der Ableistung gemeinnütziger Arbeit während des Strafvollzugs ist, dass entgeltliche Arbeit nach den §§ 37, 41 StVollzG nicht zugewiesen werden kann und der Verurteilte auf sein Arbeitsentgelt verzichtet. Es gilt das sog. day-for-day-Prinzip, d.h. durch einen Tag gemeinnützige Arbeit wird ein Tag Ersatzfreiheitsstrafe abgegolten. Im günstigsten Fall erspart das day-for-day-Prinzip annähernd die Hälfte der Ersatzfreiheitsstrafe. Ähnliche Regelungen sehen die Verordnungen der Länder Schles-

---

[218] Kritisch zur Praxis der Massengnadenerweise in Baden-Württemberg: Lüderssen, FS f. Böhm, S. 553 (564).

[219] Justizbehörde Hamburg, Jahresauswertung 1997 zum Modellprojekt »Ersatzfreiheitsstrafe«, S. 9 ff. Gegen solche Gnadenentscheidungen, die auf eingehenden Einzelfallprüfungen basieren, individuellen Gerechtigkeitserwägungen und generalpräventiven Aspekten Raum lassen, bestehen keine Bedenken. Vgl. Lüderssen, FS f. Böhm, S. 553 (579).

[220] Dünkel/Scheel/Grosser, BewHi 2002, 56 (62); Busse, ZfStrVo 2003, 225 (226).

[221] Bremische Bürgerschaft, Kleine Anfrage der Fraktion Bündnis 90/Die Grünen und die Anwort des Senats, Drs. 15/870, S. 1 ff.

[222] Pressemitteilung des sächsischen Staatsministeriums der Justiz v. 07.05.1999 und 12.05.2000.

wig-Holstein[223], Brandenburg[224] und Mecklenburg-Vorpommern[225] vor. Sie eröffnen dem Verurteilten die Möglichkeit, zeitgleich mit dem Vollzug der Ersatzfreiheitsstrafe gemeinnützige Arbeit zu leisten, und zwar Arbeit sowohl außerhalb als auch innerhalb der Strafvollzugsanstalt. Das Bundesland Bayern praktiziert das bundesweit einmalige Pilotprojekt »Gefängnis light«.[226] Die Ersatzfreiheitsstrafen werden in speziellen Haftanstalten ohne kostenintensive Sicherheitseinrichtungen (Beobachtungstürme, Umwehrungsmauern)[227], mit wenig Personal und stark reduziertem Angebot vollzogen. Die Gefangenen werden mit einfachen Arbeiten beschäftigt, die keine längeren Einarbeitungszeiten erfordern, die Freizeitgestaltung beschränkt sich auf den Sport im Freien und wenige, zweckentsprechend ausgewählte Freizeitveranstaltungen.[228]

Festzuhalten ist, dass die Ersatzfreiheitsstrafe dem Reformziel der Zurückdrängung kurzer Freiheitsstrafen entgegensteht und § 47 StGB unterläuft. Die Vollstreckung von Ersatzfreiheitsstrafen verursacht hohe Kosten und verschärft die bestehende Überbelegungssituation in den Justizvollzugsanstalten. Die Verbüßer von Ersatzfreiheitsstrafen sitzen ihre Strafe ab, Resozialisierungsmaßnahmen werden nicht durchgeführt. Aus kriminalpolitischer Sicht ist die Ersatzfreiheitsstrafe möglichst zu vermeiden.

C. Straftheoretische Problematik

Bei der Ersatzfreiheitsstrafe ist ebenso wie bei anderen Strafen zu fragen, wie es ihr gelingt, die anerkannten Strafzwecke staatlichen Strafens zu erfüllen.

---

223 GVBl. für das Land Schleswig-Holstein 2003, S. 231. Vgl. dazu Eisenberg, ZfStrVo 2003, 223 (223 f.).

224 GVBl. für das Land Brandenburg, Teil II 2000, S. 226.

225 GVBl. für das Land Mecklenburg-Vorpommern 2002, S. 194.

226 Pressemitteilungen des bayerischen Staatsministeriums der Justiz v. 07.07.1999, 20.12.1999, 04.05.2000, 23.05.2001, 21.02.03, 11.09.2003.

227 Es gilt das Motto: »Kleine Fische brauchen keine hohe Mauern.« Vgl. Pressemitteilung des bayerischen Staatsministeriums der Justiz v. 11.09.2003.

228 Pressemitteilung des bayerischen Staatsministeriums der Justiz v. 20.12.1999.

I. Schuldausgleich

Der Schuldausgleich im Sinne einer Tatvergeltung ist seit jeher das Charakteristikum der Strafe. Die Strafe soll auch die Schuld des Täters ausgleichen. Entsprechend bestimmt § 46 StGB, dass die Schuld des Täters Grundlage für die Zumessung der Strafe sein soll. Sie hat in einem gerechten Verhältnis zur Schwere der Tat und zum Maß der Schuld des Täters zu stehen.[229] Die Strafe darf die Schuld des Täters nicht übersteigen.[230] Die Ersatzfreiheitsstrafe wirkt auf den ersten Blick schuldausgleichend, weil sie dem Täter ein Übel für von ihm verwirklichtes Unrecht auferlegt. Wie bereits erörtert, ist die Ersatzfreiheitsstrafe infolge des Umrechnungsfaktors in § 43, S. 2 StGB eine Überschuldstrafe. Die Ersatzfreiheitsstrafe »schießt« über das Ziel eines gerechten Schuldausgleichs hinaus. Sie stellt keine schuldangemessene Vergeltung für das vom Täter verursachte Unrecht dar, so dass der mit der Strafe bezweckte gerechte Ausgleich der Schuld nicht erreicht wird.[231]

II. Spezialprävention

Der Strafzweck der Spezialprävention, der den individuellen Rechtsbrecher zum Adressaten seiner Einflussnahme nimmt[232], bezweckt in der positiven Variante die Erziehung und Besserung des Täters. Diese Aufgaben werden heute unter den Begriff der Resozialisierung gefasst. Der Ersatzfreiheitsstrafe kommt eine positive, d.h. resozialisierende, spezialpräventive Wirkung nicht zu. Die Rückführung des Täters in die Gesellschaft ist durch eine kurze Freiheitsstrafe nahezu unbestritten nicht möglich.[233] Wie bereits ausgeführt, ist der Kurzstrafenvollzug ein reiner Verwahrvollzug, in dem keine resozialisierenden Maßnahmen angeboten werden. Spezialprävention in negativer Hinsicht meint die individuelle Abschreckung des Täters durch die Strafe. Die Befürworter der kurzen Freiheitsstrafe heben die individualabschreckende Wirkung der kurzen Freiheitsstrafe besonders

---

229 BVerfG, NJW 1977, 1525 (1532).

230 BVerfG, NJW 1977, 1525 (1532); BGHSt 20, 13 (16).

231 A.A.: Bublies, Die Aussetzung des Restes der Ersatzfreiheitsstrafe, S. 43 f.

232 Kaiser, Kriminologie, § 31 Rz. 47.

233 Horstkotte, JZ 1970, 122 (125 f.); Dolde/Jehle, ZfStrVo 1986, 195 (195); Kunz, ZStrR 103 (1986), 182 (183 ff.); ders., Kriminologie, § 38 Rz. 1; Hüsler/Locher, Kurze Freiheitsstrafen und Alternativen, S. 22; Dölling, ZStW 104 (1992), 259 (259 ff.); Weigend, GA 1992, 345 (345 ff.); Wittstamm, ZfStrVo 1997, 3 (3 ff.); Laun, Alternative Sanktionen zum Freiheitsentzug und die Reform des Sanktionensystems, S. 32.

hervor. Der »short sharp shock« des Freiheitsverlustes, das Geräusch der ins Schloss fallenden Zellentür und die deprimierenden Eindrücke der tristen Vollzugsrealität sollen den Betroffenen aufrütteln und ihn von der Begehung weiterer Straftaten abhalten.[234] Der »short sharp shock« ist auf Täterpersönlichkeiten zugeschnitten, bei denen es einzig eines Sinneswandels bedarf, um zu normkonformem Verhalten zurückzufinden.[235] Das Abschreckungskonzept wird daher für bestimmte Tätergruppen, namentlich aus den Bereichen der Straßenverkehrs- und Wirtschaftskriminalität als besonders geeignet angesehen, wenn es darum geht, sozial integrierten Personen einen empfindlichen Denkzettel aufzuerlegen.[236] Für andere Delinquentengruppen, insbesondere Bagatellrückfalltäter, sozial Entwurzelte und Hafterfahrene, ist die Präventivwirkung des kurzen Freiheitsentzuges wenig wahrscheinlich.[237] Bei diesem Personenkreis der eher sozial Desintegrierten dürfte der »short sharp shock« seine ihn legitimierende zukunftsgerichtete Warnfunktion verlieren und zum rein rückwärtsgerichteten Vergeltungsschlag für vergangenes Tatunrecht verkümmern.[238] Da die Mehrheit der eine Ersatzfreiheitsstrafe verbüßenden Gefangenen in den Kreis der weitgehend sozial Desintegrierten einzuordnen ist, ist der Ersatzfreiheitsstrafe ein individualabschreckender Effekt abzusprechen.

III. Generalprävention

Zur straftheoretischen Legitimation der Ersatzfreiheitsstrafe könnten sich generalpräventive Aspekte heranziehen lassen. Positiver Aspekt der Generalprävention ist die Erhaltung und Stärkung des Vertrauens der Gesellschaft in die Bestands- und Durchsetzungskraft der Rechtsordnung.[239] Es gehört zu den Aufgaben der Strafe, das Recht gegenüber dem vom Täter begangenen Unrecht durchzusetzen, um die Unverbrüchlichkeit der Rechtsordnung vor der Rechtsgemeinschaft zu erweisen und so die Rechtstreue der Bevölkerung zu stärken. Strafe soll eine normstabilisierende Funktion haben.[240] Nach derzeitigem Forschungsstand ist nicht

---

[234] Weigend, JZ 1986, 260 (266); Jescheck, FS f. Würtenberger, S. 257 (261).

[235] Hüsler/Locher, Kurze Freiheitsstrafen und Alternativen, S. 33.

[236] Kaiser, Kriminologie, § 93 Rz. 18; Villmow, FS f. Kaiser, S. 1291 (1310).

[237] Laun, Alternative Sanktionen zum Freiheitsentzug und die Reform des Sanktionensystems, S. 35.

[238] Hüsler/Locher, Kurze Freiheitsstrafen und Alternativen, S. 33.

[239] BVerfG, NJW 1977, 1525 (1531); BGH, NStZ 1995, 77 (77 f.).

[240] BVerfG, NJW 1977, 1525 (1531); BGHSt 24, 40 (44).

sicher zu beurteilen, wie schwer eine Strafe sein muss, um einen normstabilisierenden Effekt zu erzielen.[241] Rechtsbewährung artikuliert sich in aller Regel nicht durch eine bestimmte Sanktionswahl, sondern unabhängig davon durch die Eindrücklichkeit der Prozeduren von Strafverfolgung, Urteilsfindung und Strafverhängung.[242] Die Entscheidung für die eine oder andere Sanktionsart berührt das Rechtsbewährungsbedürfnis der Bevölkerung nicht.[243] Im Bereich der leichten und mittleren Kriminalität ist davon auszugehen, dass jede Strafe, die den Rechtsbruch deutlich macht, der Normstabilisierung dient. Rechtsbewährend wirkt in aller Regel bereits die Tatsache, dass ein Normbruch nicht sanktionslos hingenommen wird. Die Sanktionswahl spielt dabei nur eine untergeordnete Rolle.[244] Danach wird man der Ersatzfreiheitsstrafe eine positiv generalpräventive Wirkung nicht absprechen können, weil sie verdeutlicht, dass eine strafbare Handlung eine fühlbare Sanktion zur Folge hat. Allerdings lassen sich aus dem Aspekt der positiven Generalprävention keine Argumente für oder wider die Ersatzfreiheitsstrafe gewinnen. Der Zweck der positiven Generalprävention kann auch durch ambulante Sanktionen gewährleistet werden.[245] Die Sanktionen sind hinsichtlich ihrer generalpräventiven Effektivität weitgehend austauschbar. Das Verhältnismäßigkeitsprinzip verlangt den Nachweis der Erforderlichkeit härterer Sanktionen. Kann dieser Nachweis nicht geführt werden, muss eine mildere Sanktion eingesetzt werden.[246] Das bedeutet, dass der Strafzweck der positiven Generalprävention untauglich ist, den Einsatz der Ersatzfreiheitsstrafe zu rechtfertigen.

Fraglich ist, ob die Ersatzfreiheitsstrafe ein geeignetes Mittel zur Abschreckung der Allgemeinheit darstellt. Nach dem negativen Gesichtspunkt der Generalprä-

---

[241] Weigend, JZ 1986, 260 (264 f.); Hüsler/Locher, Kurze Freiheitsstrafen und Alternativen, S. 34; Knüsel, Die teilbedingte Freiheitsstrafe, S. 118; Schaeferdiek, Die kurze Freiheitsstrafe im schwedischen und deutschen Strafrecht, S. 192 ff.; Laun, Alternative Sanktionen zum Freiheitsentzug und die Reform des Sanktionensystems, S. 36 f.

[242] Hüsler/Locher, Kurze Freiheitsstrafen und Alternativen, S. 34. Etwas anderes gilt nur in den Fällen, in denen eine Sanktionspraxis stark hinter den Sanktionserwartungen der Bevölkerung zurückbleibt. Würde etwa ein Mord mit einer Geldstrafe geahndet, so würde dies den Rechtsfrieden stören, da ein solcher Richterspruch die Geltung der vom Täter verletzten Norm nicht bestätigen, sondern in Abrede stellen würde. Vgl. Weigend, JZ 1986, 260 (264).

[243] Hüsler/Locher, Kurze Freiheitsstrafen und Alternativen, S. 34; Knüsel, Die teilbedingte Freiheitsstrafe, S. 118.

[244] Knüsel, Die teilbedingte Freiheitsstrafe, S. 118.

[245] Laun, Alternative Sanktionen zum Freiheitsentzug und die Reform des Sanktionensystems, S. 37, bezogen auf die kurze Freiheitsstrafe.

[246] Schaeferdiek, Die kurze Freiheitsstrafe im schwedischen und deutschen Strafrecht, S. 188, 194, Fn. 35.

vention soll die Strafe eine Wirkung auf die Allgemeinheit im Sinne einer Abschreckung anderer, die in Gefahr sind, ähnliche Straftaten zu begehen, entfalten.[247] Es ist zweifelhaft, ob tatsächlich eine abschreckende Wirkung auf andere durch Bestrafung erreicht werden kann. Nach gegenwärtigem Wissensstand beeinflusst weder Sanktionsart noch Sanktionswahl das Verhalten potentieller Täter. Art und Höhe der Strafe wirken sich im Bereich der kleinen und mittleren Kriminalität nicht verbrechensmindernd aus. Die Abschreckung der Bevölkerung beruht auf anderen Faktoren. Nicht die Furcht vor Strafe, sondern die tatsächliche oder angenommene Verfolgungswahrscheinlichkeit, die Einschätzung des Entdeckungsrisikos und die bei der Überführung zu erwartende Ächtung durch das soziale Umfeld halten potentielle Täter von der Tatbegehung ab.[248] Somit ist auch der Aspekt der negativen Generalprävention kein taugliches Kriterium für den Einsatz der Ersatzfreiheitsstrafe.

Die Ersatzfreiheitsstrafe bzw. der Einsatz der Ersatzfreiheitsstrafe ist unter straftheoretischen Gesichtspunkten bedenklich.

Aus der dargestellten straftheoretischen, verfassungsrechtlichen und kriminalpolitischen Problematik der Ersatzfreiheitsstrafe folgt, dass Ersatzfreiheitsstrafen unter allen Umständen vermieden werden sollten. Der nun folgende zweite Teil der Arbeit zeigt auf, welche Vorgaben und Möglichkeiten das geltende Recht zur Vermeidung von Ersatzfreiheitsstrafen enthält.

---

[247] BGHSt 24, 40 (44).

[248] Hüsler/Locher, Kurze Freiheitsstrafe und Alternativen, S. 34 f.; Knüsel, Die teilbedingte Freiheitsstrafe, S. 116 f. Kunz, ZStrR 103 (1986), 182 (193); Kaiser, Kriminologie, § 31 Rz. 34 ff.; Schwind, FS f. Wassermann, S. 1021 (1024 f.); Wittstamm, ZfStrVo 1997, 3 (5); Laun, Alternative Sanktionen zum Freiheitsentzug und die Reform des Sanktionensystems, S. 37 f.

Zweiter Teil: Die gesetzlichen Vorgaben und Möglichkeiten zur Vermeidung von Ersatzfreiheitsstrafen

Die Bemessung der Geldstrafe erfolgt nach dem Tagessatzsystem, wonach in einem ersten Strafzumessungsakt die Anzahl der Tagessätze nach dem Unrechts- und Schuldgehalt und in einem zweiten Strafzumessungakt die Höhe der Tagessätze bestimmt wird. Ein wesentlicher Vorteil der Geldstrafe nach dem Tagessatzsystem wird in der Zurückdrängung der Ersatzfreiheitsstrafe gesehen, die durch die individuelle Zumessung der Tagessatzhöhe (§ 40 Abs. 2 StGB) und die Gewährung von Zahlungserleichterungen (§ 42 StGB) ermöglicht wird.[249] Nach § 40 Abs. 2, S. 1 StGB bestimmt das Gericht die Höhe eines Tagessatzes unter Berücksichtigung der persönlichen und wirtschaftlichen Verhältnisse des Täters. Dabei geht es in der Regel von dem Nettoeinkommen aus, das der Täter durchschnittlich an einem Tag hat oder haben könnte (§ 40 Abs. 2, S. 2 StGB). Gem. § 40 Abs. 2, S. 3 StGB beträgt der Mindesttagessatz 1,00 EUR. Dieser zweite Strafzumessungsakt soll sicherstellen, dass für die gleiche Tat dem gut situierten Straftäter ein in gleicher Weise spürbarer Verlust wie dem finanziell schlecht gestellten Täter zugefügt wird.[250] Zentrales Element des Tagessatzsystems ist damit das Prinzip der Opfergleichheit, das über die individuelle Anpassung der Sanktion an die Einkommens- und Vermögensverhältnisse des Täters umgesetzt werden soll.[251] In einem dritten Strafzumessungsakt[252] hat das Gericht von Amts wegen zu prüfen, ob gem. § 42 StGB Zahlungserleichterungen (Ratenzahlung oder Stundung) in Betracht kommen.[253] Um die wirtschaftliche Existenz des Verurteilten nicht zu gefährden, seine Resozialisierungsbereitschaft - auch durch disziplinierte Leistung von Teilzahlungen - zu fördern und Ersatzfreiheitsstrafen entgegenzuwirken, hat bereits das erkennende Gericht unter den Voraussetzungen des § 42 StGB Zahlungserleichterungen zu gewähren.[254] § 42 StGB hat zwingenden Charakter und

---

[249] Frank, JA 1976, 235 (237); Tröndle/Fischer, 49. Aufl., vor § 40 Rz. 3; Brandis, Geldstrafe und Nettoeinkommen, S. 182.

[250] Tröndle/Fischer, § 40 Rz. 6.

[251] Große Strafrechtskommission des Deutschen Richterbundes, Die Geldstrafe, S. 2.

[252] LK-Häger, vor § 40 Rz. 53; Tröndle/Fischer, § 40 Rz. 4.

[253] Tröndle/Fischer, § 42 Rz. 2.

[254] BGH bei Detter, NStZ 1990, 578 (578).

ist auch im Strafbefehlsverfahren anzuwenden.[255]
Das geltende Strafvollstreckungsrecht stellt ein Instrumentarium bereit, mit dem der Vollstreckung der Ersatzfreiheitsstrafe entgegengewirkt werden kann.[256] Durch nachträgliche Zahlungserleichterungen gem. § 459 a StPO kann die wirtschaftliche Belastung des Verurteilten verringert werden. Mit der Rechtskraft des Urteils und der damit eintretenden Vollstreckbarkeit (§ 449 StPO) geht die Zuständigkeit zur Gewährung von Zahlungserleichterungen auf die Vollstreckungsbehörde[257] über. Ist eine Zahlungserleichterung gewährende Entscheidung des erkennenden Gerichts nicht ergangen, so ist es nunmehr Sache der Vollstreckungsbehörde, über die Gewährung von Zahlungserleichterungen zu entscheiden. Die Vollstreckungsbehörde kann darüber hinaus auch bereits gerichtlich bewilligte Zahlungserleichterungen erweitern. Über die Bewilligung entscheidet sie auf Antrag oder von Amts wegen.[258] Weitere Vollstreckungsaufschübe regeln § 459 a Abs. 1, S. 2 StPO und § 459 d StPO.
Die Einforderung der Geldstrafe erfolgt nach Rechtskraft des Urteils durch Übersendung einer schriftlichen Zahlungsaufforderung mit einer angemessenen Zahlungsfrist. Wird innerhalb der Zahlungsfrist keine Zahlung geleistet, soll der Vollstreckungsschuldner gem. § 5 Abs. 2 JBeitrO und § 7 EBAO vor Anordnung der Beitreibung in der Regel besonders gemahnt werden. Erst nach fruchtlosem Ablauf einer weiteren angemessenen Frist, frühestens nach Ablauf von zwei Wochen nach Fälligkeit, ordnet der Rechtspfleger die Beitreibung der Geldstrafe nach § 459 c StPO an und leitet die entsprechenden Vollstreckungsmaßnahmen gem. §§ 6 ff. JBeitrO ein, die sich nach den Vorschriften der ZPO richten. Die Vollstreckungsbehörde darf gem. § 459 e Abs. 2 StPO die Vollstreckung der Ersatzfreiheitsstrafe erst anordnen, wenn die Uneinbringlichkeit der Geldstrafe aufgrund nachhaltiger, aber erfolgloser Beitreibungsversuche festgestellt oder nach sorgfältiger Prüfung das Unterbleiben der Vollstreckung der Geldstrafe gem. § 459 c Abs. 2 StPO wegen zu erwartender Erfolglosigkeit angeordnet worden ist.

---

[255] Da der Beschuldigte im Strafbefehlsverfahren keinen Antrag stellen kann, hat die Staatsanwaltschaft bereits bei Antragstellung auf Erlass eines Strafbefehls zu prüfen, ob Zahlungserleichterungen i.S.d. § 42 StGB in Betracht kommen. Das Gericht darf im Strafbefehl keine Zahlungserleichterungen anordnen, die die Staatsanwaltschaft nicht beantragt hat. Vgl. Meyer-Goßner, § 407 Rz. 13; LR-Gössel, § 407 Rz. 20.

[256] Vgl. Zimmermann, BewHi 1993, 194 (194 ff.).

[257] Vollstreckungsbehörde ist gem. § 451 Abs. 1 StPO die Staatsanwaltschaft. Die Entscheidung im Rahmen des § 459 a StPO ist gem. § 31 Abs. 2, S. 1 RPflG dem Rechtspfleger übertragen.

[258] Meyer-Goßner, § 459 a Rz. 1.

Ob die Ersatzfreiheitsstrafe auch vollstreckt wird, richtet sich danach, ob die Vollstreckung für den Verurteilten eine unbillige Härte wäre (§ 459 f StPO). Zweck des § 459 f StPO ist es, im breiten und oftmals pauschal zu handhabenden Anwendungsbereich der Geldstrafe bei der Vollstreckung die individuelle Beachtung der persönlichen, sozialen und wirtschaftlichen Verhältnisse des Verurteilten zu gewährleisten und jenen durch einen Vollstreckungsaufschub angemessen Rechnung tragen zu können.[259] Das Gericht entscheidet auf Antrag oder von Amts wegen. Die Vollstreckungsbehörde soll eine gerichtliche Entscheidung nach § 459 f StPO anregen, wenn sie die Voraussetzungen dafür für gegeben hält (§ 49 Abs. 2, S. 1 StVollstrO). Bei Vorliegen der Voraussetzungen hat das Gericht das Unterbleiben anzuordnen. Die Anordnung bedeutet, dass die Vollstreckung der Ersatzfreiheitsstrafe so lange unterbleibt, wie sie eine unbillige Härte darstellt. Sie bewirkt den Aufschub der Vollstreckung der Ersatzfreiheitsstrafe, nicht den Erlass der Ersatzfreiheitsstrafe oder der Geldstrafe.[260]

Ein Mittel zur Vermeidung des Vollzugs der Ersatzfreiheitsstrafe ist die gemeinnützige Arbeit. Art. 293 Abs. 1, S. 1 EGStGB ermächtigt die Landesregierungen, durch Rechtsverordnungen Regelungen zu erlassen, wonach die Vollstreckungsbehörde dem Verurteilten gestatten kann, die Vollstreckung einer Ersatzfreiheitsstrafe durch gemeinnützige Arbeit abzuwenden. Mittlerweile haben alle Bundesländer entsprechende Regelwerke erlassen. Diese sehen vor, dass im Fall der Anordnung der Vollstreckung der Ersatzfreiheitsstrafe die Vollstreckungsbehörde den Verurteilten spätestens oder zugleich mit der Ladung zum Strafantritt (schriftlich) darauf hinweist, dass er einen Antrag auf Ableistung gemeinnütziger Arbeit stellen kann, und ihm hierzu eine Frist setzt. Nach den Regelungen der meisten Bundesländer wird ein Tag Ersatzfreiheitsstrafe in der Regel durch sechs Stunden gemeinnützige Arbeit getilgt. Soweit der Verurteilte die gemeinnützige Arbeit geleistet hat, ist die Ersatzfreiheitsstrafe erledigt (Art. 293 Abs. 1, S. 2 EGStGB).

Somit ist festzuhalten, dass das Tagessatzsystem eine individuelle, gleichsam punktgenaue Anpassung der Geldstrafe an die persönlichen und wirtschaftlichen

---

[259] AK-StPO-Rössner, § 459 f Rz. 1; SK-StPO-Paeffgen, § 459 f Rz. 2.

[260] OLG Schleswig, SchlHA 1976, 13 (13); HK-Krehl, § 459 f Rz. 3; Pfeiffer, § 459 f Rz. 3; KK-Fischer, § 459 f Rz. 3; Meyer-Goßner, § 459 f Rz. 3; SK-StPO-Paeffgen, § 459 f Rz. 7; AK-StPO-Rössner, § 459 f Rz. 7; KMR-Paulus, § 459 f Rz. 10; Zimmermann, BewHi 1993, 194 (198).

Verhältnisse des Täters ermöglicht. Es bietet theoretisch die höchstmögliche Gewähr für die Einbringlichkeit der Geldstrafe. Darüber hinaus stellt das geltende Recht ein Instrumentarium bereit, mit dem der Vollstreckung der Ersatzfreiheitsstrafe entgegengewirkt werden kann.

Bevor im nun folgenden Teil der Arbeit untersucht wird, ob und inwieweit die gesetzlichen Vorgaben und Möglichkeiten in der Praxis tatsächlich angewendet und umgesetzt werden, soll der Blick zunächst auf die Ersatzfreiheitsstrafenverbüßer und deren Lebensverhältnisse gerichtet werden.

Dritter Teil: Bestandsaufnahme der Klientel des Ersatzfreiheitsstrafenvollzuges sowie der Straf-, Vollstreckungs- und Vollzugspraxis

Der folgende Teil widmet sich den faktischen Hintergründen der Ersatzfreiheitsstrafenvollstreckung. Anhand von empirischen Untersuchungen zur Ersatzfreiheitsstrafenvollstreckung werden als Erstes die Lebensumstände und Merkmale der Ersatzfreiheitsstrafenverbüßer sowie ihr Verhalten im Straf- und Vollstreckungsverfahren dargestellt. Als Zweites werden, ebenfalls auf der Basis empirischer Studien, die praktische Anwendung und Umsetzung der gesetzlichen Vorgaben und Möglichkeiten zur Vermeidung von Ersatzfreiheitsstrafen ins Visier genommen und die vorhandenen Mängellagen im Ermittlungs-, Straf- und Vollstreckungsverfahren sowie bei der Unterbringung der Ersatzfreiheitsstrafenverbüßer aufgezeigt.

A. Die Klientel des Ersatzfreiheitsstrafenvollzuges

Es existieren eine Reihe von Studien, die sich mit der sozialen Situation von Schuldnern uneinbringlicher Geldstrafen befasst haben und deren Ergebnisse in einem neueren Gutachten der Kriminologischen Zentralstelle[261] zusammengefasst worden sind. Hier wird überwiegend auf die Erhebung von *Villmow*[262], die Hamburger Jahresauswertung 1997 zum Modellprojekt »Ersatzfreiheitsstrafen«[263], sowie die Studien von *Dolde*[264], *Wirth*[265] und *Konrad*[266] zurückgegriffen. Die bisher durchgeführten Untersuchungen zur Ersatzfreiheitsstrafenvollstreckung haben übereinstimmend ergeben, dass es sich bei den in den Strafvollzug gelangten Geldstrafenschuldnern um eine besonders schwierige Klientel mit mannigfachen Problemen und sozialen Benachteiligungen handelt. Sie kommen häufig aus der untersten sozialen Schicht, sind zumeist vorbestraft, oftmals ohne festen Wohn-

---

261 Kriminologische Zentralstelle e.V., Gutachten der Kriminologischen Zentralstelle zur kurzen Freiheitsstrafe und zur Ersatzfreiheitsstrafe im Auftrag des Bundesministeriums der Justiz, Bearbeiter: Werner Sohn, Bearbeitungszeitraum: 01.05.-01.08.1999, Wiesbaden.

262 Villmow, FS f. Kaiser, S. 1291 (1291 ff.)

263 Justizbehörde Hamburg, Jahresauswertung 1997 zum Modellprojekt »Ersatzfreiheitsstrafen«, 1999.

264 Dolde, FS f. Böhm, S. 581 (581 ff.); dies., ZfStrVo 1999, 330 (330 ff.).

265 Wirth, ZfStrVo 2000, 337 (337 ff.).

266 Konrad, ZfStrVo 2003, 216 (216 ff.).

sitz, ohne feste Arbeit und soziale Bindung und mit Drogen- und Alkoholproblemen belastet.[267]

I. Multiproblemstrukturen

In den hier zugrundegelegten Untersuchungen waren die Verbüßer von Ersatzfreiheitsstrafen durchschnittlich zwischen 35 und 39,5 Jahre alt.[268] Ein relativ großer Anteil der eine Ersatzfreiheitsstrafe verbüßenden Gefangenen wies eine lückenhafte oder niedrige Schulbildung sowie eine geringe berufliche Qualifikation auf. Damit verbunden war vielfach ein geringes Einkommen.[269] Diejenigen, die vor Strafantritt in einem Arbeitsverhältnis standen, übten mehrheitlich angelernte oder Hilfsarbeitertätigkeiten und Gelegenheitsarbeiten aus.[270] Die Mehrheit der Verbüßer von Ersatzfreiheitsstrafen war vor Strafantritt arbeitslos.[271] Die registrierte Arbeitslosenquote betrug bei *Dolde* 60 %[272] und in den Erhebungen von *Wirth*, *Konrad* und *Villmow* über 70 %.[273] In der Hamburger Studie zum Modellprojekt »Ersatzfreiheitsstrafen« verfügten 80 % der Betroffenen vor der Inhaftierung über kein Erwerbseinkommen.[274] Knapp drei Viertel der von *Villmow* Be-

---

267 Albrecht, MschrKrim 1981, 265 (268); Schädler, ZRP 1985, 186 (189); Dolde, ZfStrVo 1999, 330 (330 f.); Villmow, FS f. Kaiser, S. 1291 (1296); Konrad, ZfStrVo 2003, 216 (222 f.); Krüger, BewHi 2002, 172 (176 f.); Wilde, BewHi 2002, 211 (215 ff.).

268 Die von *Dolde* untersuchten Verbüßer von Ersatzfreiheitsstrafen waren durchschnittlich zwischen 35 und 37 Jahre alt. Das Durchschnittsalter betrug bei den von *Wirth* Befragten 35,5 Jahre, bei den in das Hamburger Modellprojekt »Ersatzfreiheitsstrafen« einbezogenen Verurteilten 37 Jahre und bei den von *Konrad* interviewten Gefangenen 39,5 Jahre. Vgl. Dolde, FS f. Böhm, S. 581 (584); Wirth, ZfStrVo 2000, 337 (338); Justizbehörde Hamburg, Jahresauswertung 1997 zum Modellprojekt »Ersatzfreiheitsstrafen«, S. 11, 15; Konrad, ZfStrVo 2003, 216 (216).

269 Rolinski, MschKrim 1981, 52 (52 ff.); Albrecht, MschKrim 1981, 265 (268); Schädler, ZRP 1985, 186 (189); Feuerhelm, Gemeinnützige Arbeit als Alternative in der Geldstrafenvollstreckung, S. 209 ff.; Janssen, Die Praxis der Geldstrafenvollstreckung, S. 101 ff.; Dolde, FS f. Böhm, S. 581 (584 f.); Villmow, FS f. Kaiser, S. 1291 (1296 ff.); Wirth, ZfStrVo 2000, 337 (338).

270 Schädler, ZRP 1985, 186 (189); Dolde, FS f. Böhm, S. 581 (584).

271 Nicht repräsentativ ist die bei *Janssen* genannte Arbeitslosenquote von 36 % (zur Zeit des Strafbefehlserlasses bzw. der Anklage). *Janssen* weist darauf hin, dass bei 94,5 % der Verbüßer von Ersatzfreiheitsstrafen keine Informationen zum beruflichen Status vorlagen, vgl. Janssen, Die Praxis der Geldstrafenvollstreckung, S. 181.

272 Dolde, FS f. Böhm, S. 581 (584); dies., ZfStrVo 1999, 330 (331).

273 Wirth, ZfStrVo 2000, 337 (338); Konrad, ZfStrVo 2003, 216 (220, Tabelle 1); Villmow, FS f. Kaiser, S. 1291 (1297). Bei den von *Villmow* befragten Probanden betrug die durchschnittliche Dauer der Arbeitslosigkeit rund 3,5 Jahre.

274 Justizbehörde Hamburg, Jahresauswertung 1997 zum Modellprojekt »Ersatzfreiheitsstrafen«, S. 11, 15; vgl. auch Kunz, BewHi 2001, 165 (166), der einen Arbeitslosenanteil von 79,8 % ermittelte.

fragten berichteten über eine beträchtliche Schuldenproblematik.[275] In dem Hamburger Modellprojekt fanden sich in 27 % der Fälle Hinweise auf eine erhebliche Schuldenbelastung. Da bei 73 % keine Informationen zur Schuldenbelastung in den Vollstreckungsheften vorhanden waren, wurde von einer hohen Dunkelziffer ausgegangen.[276] Ein Teil der Ersatzfreiheitsstrafenverbüßer war vor Strafantritt wohnungslos. Nach den Feststellungen von *Dolde* wohnten 35 % wechselnd und immer nur kurzfristig bei Freunden, Bekannten oder Eltern, in Obdachlosen- oder Asylunterkünften.[277] Diese Daten stimmen in etwa mit den Ergebnissen von *Wirth* und *Villmow* überein, nach deren Befragungen ebenfalls rund ein Drittel der Gefangenen keinen festen Wohnsitz hatte.[278] Von den Gefangenen, die in der Hamburger Studie begutachtet wurden, waren über 75 % ohne festen Wohnsitz.[279] Dagegen machte der Anteil der Gefangenen, die wohnungslos waren oder in einer Sozialunterkunft lebten, in der Studie von *Konrad* nur 11 % aus.[280] Viele der Inhaftierten lebten vor Strafantritt ohne Einbettung in ein konstantes Beziehungsgeflecht. In den Erhebungen von *Dolde* und *Wirth* waren zwei Drittel ledig und jeder sechste war geschieden.[281] Als gänzlich alleinlebend bezeichneten sich 65 % der von *Konrad* interviewten Probanden.[282] Knapp 14 % der Untersuchungspopulation von *Konrad* verfügten nicht über die deutsche Staatsangehörigkeit.[283] Der Ausländeranteil betrug bei *Wirth* knapp 30 % und bei *Dolde* ca. 40 %.[284] In der Gruppe von *Dolde* waren 70 %[285] und unter den von *Konrad*[286] und *Wirth*[287] interviewten Gefangenen waren knapp 60 % vorbestraft. Unter den Probanden befanden sich darüber hinaus Drogenkonsumenten und Alkoholsüchtige. In der Hamburger Studie konnte bei 23 % der Ersatzfreiheitsstrafenverbüßer eine Ab-

---

275 Villmow, FS f. Kaiser, S. 1291 (1298).

276 Justizbehörde Hamburg, Jahresauswertung 1997 zum Modellprojekt »Ersatzfreiheitsstrafe«, S. 18 f.

277 Dolde, FS f. Böhm, S. 581 (584); dies., ZfStrVo 1999, 330 (331).

278 Wirth, ZfStrVo 2000, 337 (338); Villmow, FS f. Kaiser, S. 1291 (1297).

279 Justizbehörde Hamburg, Jahresauswertung 1997 zum Modellprojekt »Ersatzfreiheitsstrafen«, S. 18.

280 Konrad, ZfStrVo 2003, 216 (217).

281 Dolde, FS f. Böhm, S. 581 (584); Wirth, ZfStrVo 2000, 337 (338).

282 Konrad, ZfStrVo 2003, 216 (217).

283 Konrad, ZfStrVo 2003, 216 (220, Tabelle 1).

284 Wirth, ZfStrVo 2000, 337 (338); Dolde, ZfStrVo 1999, 330 (331).

285 Dolde, FS f. Böhm, S. 581 (587).

286 Konrad, ZfStrVo 2003, 216 (221, Tabelle 3).

287 Wirth, ZfStrVo 2000, 337 (339).

hängigkeit von sog. harten Drogen, bei 18 % eine Alkoholabhängigkeit festgestellt werden. Da in den übrigen Fällen keine Angaben über eine Abhängigkeit vorlagen, ging man von einer weit über den aktenkundigen Zahlen liegenden Dunkelziffer aus.[288] In der Studie von *Wirth* fiel jeweils ein Fünftel als Drogenkonsumenten oder wegen Alkoholmissbrauchs auf. Eine Suchtgefährdung wurde insgesamt bei 30 % der Betroffenen attestiert.[289] *Konrad* stellte bei 80 % seiner Probanden eine Abhängigkeit von Alkohol und/oder Drogen fest.[290] Mit der Arbeit von *Konrad* wurden erstmalig in der Bundesrepublik Deutschland die Verbüßer einer Ersatzfreiheitsstrafe auf das Vorliegen psychischer Störungen untersucht. Affektive Erkrankungen fanden sich bei 45 %, Angststörungen bei 41 % und psychotische Störungen bei 10 % der Probanden.[291] Die Daten belegen, dass bei den Ersatzfreiheitsstrafengefangenen eine Multiproblemstruktur vorhanden ist und es sich bei ihnen überwiegend um sozial randständige[292] Deutsche handelt.

II. Bagatellkriminalität

Nach bisherigen Untersuchungen liegen die von den Ersatzfreiheitsstrafengefangenen begangenen Straftaten im Hinblick auf Deliktsart, Deliktsschwere und Höhe des durch die Taten entstandenen Schadens durchweg im Bagatellbereich. Bei den von Verbüßern von Ersatzfreiheitsstrafen begangenen Delikten stehen Eigentums- und Vermögensdelikte eindeutig im Vordergrund, Straßenverkehrsdelikte und Körperverletzungsdelikte spielen eine geringere Rolle. Bei den von *Dolde* Befragten erfolgte die Verhängung der Geldstrafe bei ca. 50 % wegen Eigentums- und Vermögensdelikten, davon allein 10 % wegen Beförderungserschleichung[293]. In ca. 20 % der Fälle lag dem Urteil eine Straftat im Straßenverkehr zugrunde.[294]

---

[288] Justizbehörde Hamburg, Jahresauswertung 1997 zum Modellprojekt »Ersatzfreiheitsstrafen«, S. 18.

[289] Wirth, ZfStrVo 2000, 337 (338).

[290] Konrad, ZfStrVo 2003, 216 (221, Tabelle 5). Zur Suchtproblematik vgl. auch: Krüger, NK 2/2001, 4 (5); dies., BewHi 2002, 172 (177).

[291] Konrad, ZfStrVo 2003, 216 (217, 221, Tabelle 5).

[292] Der Begriff Randständigkeit steht für Defizite der Partizipation am gesellschaftlichen Leben und an materiellen Lebensgütern. Vgl. Dolde, FS f. Böhm, S. 581 (585, Fn. 12).

[293] Zum Tatbestand des § 265 a StGB: Schall, JR 1992, 1 (1 ff.)

[294] Dabei handelte es sich hauptsächlich um Gefährdung des Straßenverkehrs wegen Trunkenheit (§ 316 StGB), dicht gefolgt von Fahren ohne Fahrerlaubnis (§ 21 StVG). Vgl. Dolde, FS f. Böhm, S. 581 (587).

Lediglich in 8 % der Fälle bezog sich das Urteil auf Körperverletzungsdelikte.[295] Fast identisch waren die Daten, die *Wirth* in seiner Studie ermittelte.[296] Bei den von *Konrad* untersuchten Gefangenen führten ebenfalls in erster Linie Eigentums- oder Vermögensdelikte (47 %) sowie Straßenverkehrsdelikte (26 %) und kleinere Gewaltdelikte (22 %) zur Verurteilung.[297] Die Aktenauswertung zum Hamburger Modellprojekt »Ersatzfreiheitsstrafen« ergab, dass von insgesamt 969 Verbüßern 633 ein Eigentums- oder Vermögensdelikt[298] begangen hatten, wobei die Tatbestände des § 242 StGB und des § 265 a StGB deutlich überrepäsentiert waren. Von den Delinquenten waren 133 wegen Straßenverkehrsdelikten[299] und lediglich 20 wegen Körperverletzungsdelikten verurteilt worden.[300]

Eigentums- und Vermögensdelikte machen den Hauptteil der Verurteilungen aus. Der Anteil der Eigentums- und Vermögensdelikte spricht eine deutliche Sprache. Diebstahlsdelikte werden eher den unteren sozialen Schichten zugeordnet.[301] Die Straftat der Beförderungserschleichung ist, wenn man einmal von den notorischen Schwarzfahrern absieht, ein Anzeichen für ökonomische Missstände. Die Straftaten der Verbüßer von Ersatzfreiheitsstrafen spiegeln ihre prekären wirtschaftlichen und sozialen Verhältnisse wider und verdeutlichen, dass es sich überwiegend um klassische Fälle von Armuts- und Suchtkriminalität handelt. Der nachfolgende Ausschnitt von Fällen aus der Hamburger Untersuchung veranschaulicht dies deutlich:

---

[295] Dolde, FS f. Böhm, S. 581 (587); dies., ZfStrVo 1999, 330 (331).

[296] 51 % der Probanden hatten Straftaten im Bereich der Eigentums- und Vermögensdelikte begangen, 19 % waren wegen Straßenverkehrsdelikten und nur 8 % wegen Körperverletzungsdelikten verurteilt worden. Vgl. Wirth, ZfStrVo 2000, 337 (338).

[297] Konrad, ZfStrVo 2003, 216 (217, 221, Tabelle 2).

[298] Die Urkundenfälschung gem. § 267 StGB ist bei der Berechnung nicht als Vermögensdelikt gewertet worden, weil § 267 StGB erst durch das 6. StrRG vom 26.01.1998 aufgrund der Regelbeispiele des § 267 Abs. 3, S. 2 Nr. 1 und Nr. 2 StGB auch zum Vermögensdelikt geworden ist. Vgl. Tröndle/Fischer, § 267 Rz. 1.

[299] Davon war die Geldstrafe in 53 Fällen wegen Trunkenheitsfahrten und in 50 Fällen wegen Fahrens ohne Fahrerlaubnis verhängt worden. Vgl. Justizbehörde Hamburg, Jahresauswertung 1997 zum Modellprojekt »Ersatzfreiheitsstrafen«, S. 11 f., 16.

[300] Justizbehörde Hamburg, Jahresauswertung 1997 zum Modellprojekt »Ersatzfreiheitsstrafen«, S. 11 f., 16. Auch in der Untersuchung von *Janssen* waren über 40 % der Vollverbüßer wegen Diebstahls gem. §§ 242, 248 a StGB oder wegen Erschleichung von Leistungen gem. § 265 a StGB verurteilt worden. Vgl. Janssen, Die Praxis der Geldstrafenvollstreckung, S. 214.

[301] Albrecht, Strafzumessung und Vollstreckung bei Geldstrafen, S. 255.

»Drogenabhängige, die wegen des Ankaufs von illegalen Drogen verurteilt werden. Alkoholabhängige, die wegen Ladendiebstahls von Alkohol bestraft werden. Obdachlose, die im Winter in der Einkaufspassage schlafen und wegen Hausfriedensbruchs sanktioniert werden. Obdachlose, die an einem Tag mehrfach wegen »Schwarzfahrens« auffällig werden, weil sie sich offensichtlich in der Bahn allein deshalb aufhalten, um sich aufzuwärmen oder zu schlafen. Ein Schuldner, der bereits eine eidesstattliche Versicherung abgeben musste und zum Begräbnis seiner verstorbenen Mutter dem Beerdigungsinstitut wahrheitswidrig versichert, er könne die Kosten der Beerdigung tragen und wegen Betruges bestraft wird. Ein verwahrloster Hundehalter, der seinem Hund zu wenig zu fressen gibt und wegen eines Verstoßes gegen das Tierschutzgesetz sanktioniert wird. Ein verarmter Rentner, der leere Pfandflaschen stiehlt und wegen Diebstahls verurteilt wird.«[302]

Die durch die Straftaten der Ersatzfreiheitsstrafenverbüßer verursachten Schäden waren als gering einzustufen. In der Stichprobe von *Janssen* entstand in 10,3 % der Verfahren, die mit Ersatzfreiheitsstrafe endeten, kein Schaden. Ausschließlich Sachschäden wurden bei 82,3 %, ausschließlich Personenschäden bei 5,2 % und Personen- und Sachschäden bei 2,2 % der Verfahren registriert. Von den Fällen, in denen ein materieller Schaden enstanden und dieser aus den Akten ersichtlich war, lag in 54,8 % der Verfahren die Schadenshöhe bei bis zu 50 DM, in 2,7 % bei 50-100 DM, bei 21,9 % bei 100-500 DM und bei 20,6 % der Verfahren bei über 500 DM.[303] Im Hamburger Modellprojekt kam es in 15 % der Fälle zu keinem messbaren Schaden, in 43 % der Fälle war durch die Straftat ein Schaden bis zu 20,00 DM enstanden, in 17 % der Fälle ein Schaden bis zu 100,00 DM, in 18 % der Fälle bis zu 500 DM und in 7 % der Fälle ein Schaden über 500 DM.[304] Beide Studien ergaben übereinstimmend, dass in (summiert) ca. 80 % der Fälle, in denen überhaupt ein Schaden entstanden war, dieser sich auf einen Betrag bis 500,00 DM belief.[305]

---

302 Justizbehörde Hamburg, Jahresauswertung 1997 zum Modellprojekt »Ersatzfreiheitsstrafen«, S. 24 f.

303 Janssen, Die Praxis der Geldstrafenvollstreckung, S. 178 f.

304 Justizbehörde Hamburg, Jahresauswertung 1997 zum Modellprojekt »Ersatzfreiheitsstrafen«, S. 20. Die Schadenshöhe wurde bei den Eigentums- und Vermögensdelikten anhand der Höhe des Schadens bestimmt, bei den Körperverletzungsdelikten anhand der Schmerzensgeldtabelle des ADAC. Bei den Straßenverkehrsdelikten wurde geprüft, ob es zu einem Verkehrsunfall gekommen war und bejahendenfalls der Schaden bemessen. Bei Fahren ohne Führerschein, Trunkenheitsfahrten und Verstößen gegen das Plichtversicherungsgesetz wurde der Schaden gleich Null gesetzt.

305 Justizbehörde Hamburg, Jahresauswertung 1997 zum Modellprojekt »Ersatzfreiheitsstrafen«, S. 20; Janssen, Die Praxis der Geldstrafenvollstreckung, S. 177.

In der Hamburger Untersuchung wurde außerdem die Schwere der Delikte unter Zugrundelegung der Strafzumessungserwägungen des § 46 StGB ermittelt, wobei die Schadenshöhe außer Acht gelassen wurde. Danach lag in 73 % der Fälle ein leichter Fall vor, in 18 % der Fälle handelte es sich um einen mittelschweren Fall und nur in 9 % der Fälle lag ein schwerer Fall vor.[306] In den überwiegenden Fällen handelte es sich mithin um leichte Begehungsweisen der entsprechenden Delikte.

Die vorstehenden Ausführungen belegen, dass den Verurteilungen zu Geldstrafe überwiegend Bagatelldelikte zugrunde lagen.

III. Fehlende soziale Handlungskompetenz und mangelnde Eigeninitiative

Nahezu alle Studien, die sich mit der Klientel des Ersatzfreiheitsstrafenvollzuges beschäftigt haben, haben ergeben, dass den Verbüßern von Ersatzfreiheitsstrafen soziale Handlungskompetenz fehlt bzw. bei ihnen nur in ungenügendem Maße vorhanden ist.[307] Unter Handlungskompetenz versteht man die Fähigkeit, eigene Rechte und Interessen sowie eigene Handlungskonzepte durchzusetzen. Das Verhalten der Verbüßer von Ersatzfreiheitsstrafen im Strafverfahren und im Vollstreckungsverfahren ist durch mangelnde bzw. unterdurchschnittliche Eigeninitiative, Passivität, Unbekümmertheit sowie fehlendes Verantwortungsbewusstsein für die eigene Lebensplanung gekennzeichnet.[308] Hinzu kommen Schwierigkeiten im Umgang mit Behörden, ja eine regelrechte Behördenscheu, die dazu führt, dass eine Kontaktaufnahme zur Polizei, Staatsanwaltschaft und zum Gericht oftmals unterbleibt.[309]

---

306 Justizbehörde Hamburg, Jahresauswertung 1997 zum Modellprojekt »Ersatzfreiheitsstrafen«, S. 20.

307 Justizbehörde Hamburg, Jahresauswertung 1997 zum Modellprojekt »Ersatzfreiheitsstrafen«, S. 23 f.; Villmow, FS f. Kaiser, S. 1291 (1303); Dolde, FS f. Böhm, S. 581 (591). *Konrad* zufolge tragen auch psychische Störungen zu mangelnder sozialer Handlungskompetenz bei. Vgl. Konrad, ZfStrVo 2003, 216 (223).

308 Rolinski, MschrKrim 1981, 52 (61); Gerken/Henningsen, ZRP 1987, 386 (388); Villmow, FS f. Kaiser, S. 1291 (1303 ff.); Dolde, FS f. Böhm, S. 581 (590 f.).

309 Bublies, BewHi 1992, 178 (191 f.); Justizbehörde Hamburg, Jahresauswertung 1997 zum Modellprojekt »Ersatzfreiheitsstrafen«, S. 23.

1. Auswirkungen im Strafverfahren

Die kleine und mittlere Kriminalität wird im Strafbefehlsverfahren erledigt.[310] Dementsprechend werden die allermeisten Geldstrafen im summarischen Verfahren verhängt. Die Geldstrafensanktion wird in ungefähr drei Viertel der Fälle im Wege des Strafbefehls gem. §§ 407 ff. StPO verhängt.[311] Das Strafbefehlsverfahren birgt durch den regelmäßigen »Verzicht« auf eine Hauptverhandlung Informations- und Kommunikationsprobleme. Der Beschuldigte erfährt nur auf schriftlichem Wege von seiner Verurteilung, wobei offen bleibt, ob er den Inhalt des Schriftstückes in seinem ganzen Umfang überhaupt begreift.[312] Das Fehlen eines Gespräches zwischen Richter und Beschuldigtem erschwert das Verstehen und die Akzeptanz der Strafe. Darüber hinaus gewinnt das Gericht keinen unmittelbaren Eindruck von dem Beschuldigten und seinen Lebensverhältnissen. Alternativen zur Geldstrafe (z.B. Einstellung des Verfahrens nach Erfüllung von Auflagen, Täter-Opfer-Ausgleich) werden nicht erörtert.[313] Da es im Strafbefehlsverfahren einer vorherigen Anhörung des Beschuldigten durch das Gericht nicht bedarf (§ 407 Abs. 3 StPO), kommt es zur mündlichen Hauptverhandlung, abgesehen von der Regelung des § 408 Abs. 3, S. 2 StPO, nur nach Einlegung des Einspruchs gegen den Strafbefehl. Der überwiegende Teil der Betroffenen legt gegen den Strafbefehl keinen Einspruch ein, weil ihm hierzu die soziale Kompetenz zur Durchsetzung seiner Interessen gegenüber staatlichen Instanzen fehlt.[314] Daher findet in den meisten Fällen keine mündliche Hauptverhandlung statt.[315] Empirische Untersuchungen haben ergeben, dass viele Delinquenten die Möglichkeit des Einspruchs nicht erfassten. Darüber hinaus erhoben einige Verurteilte keinen Ein-

---

310 Ambos, Jura 1998, 281 (287).

311 Albrecht, Strafzumessung und Vollstreckung bei Geldstrafen, S. 323; Janssen, Die Praxis der Geldstrafenvollstreckung, S. 134; Dolde, FS f. Böhm, S. 581 (586). Nach *Heinz* gilt der Grundsatz, dass eine Kriminalstrafe nur aufgrund mündlicher Verhandlung verhängt werden darf, faktisch nur noch für die Freiheitsstrafe. Vgl. Heinz, FS f. Kaiser, S. 85 (117).

312 Dolde, ZfStrVo 1999, 330 (331). *Dolde* fand eine Verurteiltengruppe von ca. 20 % vor, die die Geldstrafe nicht zahlen wollte oder die Strafe nicht verstanden bzw. nicht akzeptiert hatte. Vgl. Dolde, FS f. Böhm, S. 581 (592). Auch unter den von *Konrad* untersuchten Delinquenten waren 14 % nicht zahlungsbereit oder hatten die Strafe nicht akzeptiert. Vgl. Konrad, ZfStrVo 2003, 216 (219).

313 Dolde, ZfStrVo 1999, 330 (333); Kawamura, in: Kawamura (Hrsg.), Gemeinnützige Arbeit in Bayern am Schnittpunkt von Sozialer Arbeit und Justiz, 25 (27).

314 Dolde, ZfStrVo 1999, 330 (333).

315 Nach einer Studie von *Albrecht* haben nur 16 % der Angeklagten von ihrem Einspruchsrecht Gebrauch gemacht. Vgl. Albrecht, Strafzumessung und Vollstreckung bei Geldstrafen, S. 221.

spruch, weil sie irrig davon ausgingen, das Gericht werde die Beschuldigung noch überprüfen. Diese Verurteilten zeigten sich von ihrer Festnahme völlig überrascht.[316] Das verwaltungsökonomische Strafbefehlsverfahren, das die (Re-) Aktions- bzw. Initiativpflicht auf den Beschuldigten verlagert, setzt eine gleichverteilte soziale Kompetenz voraus[317], die es in der Strafpraxis nicht gibt. Wird die Geldstrafe nicht im Strafbefehlsverfahren, sondern im »Normalverfahren« mit Hauptverhandlung verhängt, wirkt sich die mangelnde Handlungskompetenz ebenfalls aus. Studien zufolge wurde die Ladung zur Hauptverhandlung von vielen Angeklagten ungeöffnet zur Seite gelegt. Sie hofften darauf, dass »schon nichts passiert«. Viele Angeklagte, die später eine Ersatzfreiheitsstrafe verbüßen mussten, erschienen nicht zur Hauptverhandlung, so dass diese erst nach Erlass eines Haftbefehls und Inhaftierung des Angeklagten stattfinden konnte.[318] Es wird davon ausgegangen, dass viele Angeklagte unter dem Eindruck der Haft die Angaben über ihre wirtschaftlichen Verhältnisse schönen, um möglichst schnell entlassen zu werden. Die Delinquenten geben ein überhöhtes Einkommen an, weil sie glauben, dadurch einer möglichen Freiheitsstrafe zu entgehen.[319] Häufig wissen sie nicht, um was es geht und wie wichtig möglichst detaillierte Angaben zu ihren wirtschaftlichen Verhältnissen sind, sie erwähnen sonstige Zahlungsverpflichtungen nicht und lösen damit die Festsetzung eines zu hohen Tagessatzes aus.[320]

2. Auswirkungen im Vollstreckungsverfahren

Die fehlende Handlungskompetenz derjenigen Geldstrafenschuldner, die eine Ersatzfreiheitsstrafe verbüßen, wird ebenfalls auf der Vollstreckungsebene deutlich und wirkt sich bei der Beantragung von Zahlungserleichterungen gem. § 459 a StPO und im Rahmen der gemeinnützigen Arbeit zur Abwendung der Vollstreckung der Ersatzfreiheitsstrafe nachhaltig aus.

Viele Verurteilte unternehmen erst gar nicht den Versuch, Zahlungserleichterungen in Anspruch zu nehmen. Nach der Studie von *Janssen* haben ca. 55 % der

---

[316] Dolde, FS f. Böhm, S. 581 (587, 592 f.); Konrad, ZfStrVo 2003, 216 (217); Janssen, Die Praxis der Geldstrafenvollstreckung, S. 35.

[317] Janssen, Die Praxis der Geldstrafenvollstreckung, S. 34.

[318] Dolde, FS f. Böhm, S. 581 (592 f.); Konrad, ZfStrVo 2003, 216 (217).

[319] Janssen, Die Praxis der Geldstrafenvollstreckung, S. 34.

[320] Dammer, BewHi 1985, 141 (142).

Verurteilten, die die Geldstrafe im Wege der Ersatzfreiheitsstrafe verbüßt haben, keinen Antrag auf Vollstreckungserleichtungen gestellt.[321] *Konrad* berichtet, dass 51 % der Befragten keine Zahlungserleichterungen beantragt hatten, 22 % diese Möglichkeit nicht bekannt war und 27 % laut eigenen Angaben einen Antrag gestellt hatten.[322] Es ist zu vermuten, dass die Antragstellung häufig aus mangelnder Einsicht in die Folgen des Nichtzahlens, aus Hilflosigkeit und bei Ausländern wegen Verständigungsschwierigkeiten[323] unterbleibt.[324] Darüber hinaus ist anzunehmen, dass die wenigsten Ersatzfreiheitsstrafenverbüßer in der Lage sind, Ratenzahlungen auszuhandeln und auch durchzuhalten.[325] Ähnliche Probleme treten im Rahmen der gemeinnützigen Arbeit gem. Art. 293 EGStGB i.V.m. den Verordnungen der Bundesländer auf. Nach Feststellung der Uneinbringlichkeit der Geldstrafe wird der Verurteilte zum Vollzug der Ersatzfreiheitsstrafe in schriftlicher Form geladen. In der Regel erhält er zusammen mit der Ladung die Belehrung über die Möglichkeit, die Ersatzfreiheitsstrafe durch gemeinnützige Arbeit abzuwenden.[326] Die Ladung ist bei Obdachlosen regelmäßig mit Zugangsschwierigkeiten verbunden, so dass sie den Delinqenten oftmals nicht erreicht. Das gilt in diesem Fall auch für den Hinweis auf die Möglichkeit der gemeinnützigen Arbeit, sofern die Tilgungsverordnungen einen solchen Hinweis bei Obdachlosen überhaupt vorsehen.[327] Da die Verurteilten häufig weder wissen, wo sie sich die betreffenden Postsendungen abholen sollen, noch sich im Klaren darüber sind, wie wichtig die Informationen für sie sind, erhalten sie von der Möglichkeit der Abarbeitung der Geldstrafe keine Kenntnis und fallen so durch das Raster.[328] Die Mehrheit der Geldstrafenschuldner erhält die Belehrung über die Möglichkeit der Verrichtung gemeinnütziger Arbeit.[329] Trotzdem gab in der Studie von *Dolde* die Mehrzahl der an sich informierten Geldstrafenschuldner an, nichts von der Möglichkeit, durch gemeinnützige Arbeit die Geldstrafe tilgen zu können, gewusst zu

---

[321] Janssen, Die Praxis der Geldstrafenvollstreckung, S. 149.

[322] Konrad, ZfStrVo 2003, 216 (217).

[323] Schädler, ZRP 1983, 5 (9).

[324] Dolde, ZfStrVo 1999, 330 (332); dies., FS f. Böhm, S. 581 (590).

[325] Dolde, FS f. Böhm, S. 581 (592).

[326] Feuerhelm, Gemeinnützige Arbeit als Alternative in der Geldstrafenvollstreckung, S. 91; Dolde, FS f. Böhm, S. 581 (593); Villmow, FS f. Kaiser, S. 1291 (1298).

[327] Villmow, FS f. Kaiser, S. 1291 (1298).

[328] Schädler, ZRP 1985, 186 (189); Villmow, FS f. Kaiser, S. 1291 (1297 f.).

[329] Feuerhelm, Gemeinnützige Arbeit als Alternative in der Geldstrafenvollstreckung, S. 90 f.; Bublies, BewHi 1992, 178 (190).

haben.[330] Diesen Umstand erklärt *Dolde* damit, dass die übersandten Informationsblätter nicht zur Kenntnis genommen und kognitiv verarbeitet, sondern verdrängt worden sind und von den nicht der deutschen Sprache mächtigen ausländischen Geldstrafenschuldnern nicht verstanden worden sind.[331] *Dolde* hat festgestellt, dass unter denen, die die Möglichkeit der gemeinnützigen Arbeit kannten, einige waren, die keine Lust zum Abarbeiten der Geldstrafe hatten.[332] Dabei handelte es sich zumeist um vorstrafenbelastete und bereits hafterfahrene Verurteilte, die sich anscheinend von der Aussicht, eine Ersatzfreiheitsstrafe verbüßen zu müssen, gar nicht oder nur wenig beeinflussen ließen und deshalb die Ableistung gemeinnütziger Arbeit nicht als leichteren Ausweg bzw. als geringeres Übel ansahen.[333] Es gab sogar einige Delinquenten, die die Vollstreckung der Ersatzfreiheitsstrafe dem »Leben in Freiheit« vorzogen, weil der Strafvollzug für sie gewisse Sicherheitsfunktionen erfüllte.[334] Das traf für einzelne Verurteilte mit einer desolaten Lebens- und Wohnsituation zu, für die die Lebensbedingungen im Strafvollzug nicht schlechter waren als »draußen«. Im Gegenteil, sie empfanden das Leben im Strafvollzug als vorteilhaft, da sie ein Dach über dem Kopf hatten, regelmäßig warmes Essen bekamen, notwendige ärztliche Versorgung erhielten und Gespräche mit anderen führen konnten.[335] Die meisten Verurteilten aus der Untersuchungsgruppe von *Dolde*, die gemeinnützige Arbeit leisten wollten, waren hilflos bei der Beantragung, ließen Fristen verstreichen, wußten nicht genau, wo der Antrag zu stellen ist, oder erhielten aufgrund ihres unsteten Aufenthaltes keine Antwort auf den Antrag, weil sie ihre Post nicht abholten oder nachschicken ließen.[336] Insgesamt 80 % der von *Dolde* befragten und 87 % der von *Konrad* interviewten Gefangenen hatten aus unterschiedlichsten Gründen keinen Antrag auf gemeinnützige Arbeit gestellt.[337] In diesen Zahlen spiegelt sich die mangelhafte soziale Kompetenz der Verurteilten und die Unfähigkeit, ohne Hilfen von außen Initiativen zur Vermeidung der Ersatzfreiheitsstrafe zu ergreifen, wider. Nur ein

---

[330] Dolde, FS f. Böhm, S. 581 (590).

[331] Dolde, FS f. Böhm, S. 581 (594); dies., ZfStrVo 1999, 330 (332).

[332] Dolde, FS f. Böhm, S. 581 (590 f.).

[333] Bublies, BewHi 1992, 178 (191); Villmow, FS f. Kaiser, S. 1291 (1304).

[334] Villmow, FS f. Kaiser, S. 1291 (1313); Dolde, FS f. Böhm, S. 581 (596).

[335] Hennig, ZRP 1990, 99 (103); Villmow, FS f. Kaiser, S. 1291 (1313); Dolde, FS f. Böhm, S. 581 (596).

[336] Dolde, FS f. Böhm, S. 581 (591).

[337] Dolde, FS f. Böhm, S. 581 (590); Konrad, ZfStrVo 2003, 216 (219, 221, Tabelle 3).

kleiner Teil der Verurteilten beantragt die Ableistung gemeinnütziger Arbeit.[338] Bei den Verurteilten, die gemeinnützige Arbeit beantragen und denen die Abarbeitung gestattet wird, kommt es nicht selten bei der Verrichtung der Arbeit zu Schwierigkeiten bzw. Arbeitsstörungen, die zum Widerruf der Gestattung bzw. zum Abbruch des Arbeitseinsatzes führen.[339] Bei der Verrichtung der gemeinnützigen Arbeit werden Eigenschaften verlangt, die bei den meisten Schuldnern uneinbringlicher Geldstrafen nicht vorliegen.[340] Die Geldstrafenschuldner zeichnen sich mehrheitlich durch mangelnde Kooperationsbereitschaft, Konfliktlösungsfähigkeit und Belastbarkeit aus.[341] Arbeitstugenden wie Zuverlässigkeit, Pünktlichkeit, Disziplin und Leistungswillen sind vielen Verurteilten, insbesondere den Langzeitarbeitslosen, nicht (mehr) geläufig.[342] Bei ihnen hat sich oftmals ein Zeitstruktur- und Regelverlust eingeschlichen.[343] Nach den Erfahrungen der Einsatzstellen stellt das größte Problem die Unzuverlässigkeit der Betroffenen dar: Zum Teil seien sie überhaupt nicht einplanbar, da einige nur sporadisch erschienen, häufig unentschuldigt fehlten, sich verspäteten und überdies noch Alkoholprobleme aufwiesen.[344] Der Wechsel von einem Tagesablauf ohne Ziele und Pflichten zu einem planvollen, regelhaften und regelmäßigen Tagesablauf scheitert häufig, so dass Arbeitseinsätze abgebrochen werden.[345] Nach den Erkenntnissen von *Konrad* ist zudem bei nicht wenigen Probanden eine zumindest eingeschränkte Arbeitsfähigkeit aufgrund der deutlichen Prävalenz psychischer einschließlich psychotischer Störungen in Betracht zu ziehen.[346]

---

[338] In der Studie von *Feuerhelm* hatten lediglich 14 % der Geldstrafenschuldner einen Antrag auf gemeinnützige Arbeit gestellt. Vgl. Feuerhelm, Gemeinnützige Arbeit als Alternative in der Geldstrafenvollstreckung, S. 93.

[339] Krieg/Löhr/Lücke/Meissner/Rufert/Schumann, MschrKrim 1984, 25 (33); Dünkel/Grosser, NK 1/1999, 28 (30).

[340] Hamdorf/Wölber, ZStW 111 (1999), 929 (946); Jensen, BewHi 1993, 209 (210); Villmow, FS f. Kaiser, S. 1291 (1302 ff.).

[341] Jensen, BewHi 1993, 209 (210); Seebode, FS f. Böhm, S. 519 (540).

[342] Hennig, BewHi 1999, 298 (303); Dünkel/Grosser, NK 1/1999, 28 (30).

[343] Kawamura, BewHi 1998, 338 (343).

[344] Block, in: Jehle/Feuerhelm/Block (Hrsg.), Gemeinnützige Arbeit statt Ersatzfreiheitsstrafe, 97 (114); Krieg/Löhr/Lücke/Meisser/Rufert/Schumann, MschrKrim 1984, 25 (33); Feuerhelm, BewHi 1993, 200 (205); Kawamura, BewHi 1998, 338 (345).

[345] Hennig, BewHi 1999, 298 (303 f.).

[346] Konrad, ZfStrVo 2003, 216 (223).

B. Mängel im Straf- und Vollstreckungsverfahren und bei der Unterbringung der Ersatzfreiheitsstrafengefangenen

Die hohe Anzahl der Ersatzfreiheitsstrafen lässt sich nicht allein mit der sozialen und wirtschaftlichen Notlage, der mangelhaften sozialen Handlungskompetenz und dem persönlichen Versagen der Verurteilten erklären. Sowohl im Ermittlungs- und Strafverfahren als auch im Vollstreckungsverfahren sind erhebliche Mängellagen vorhanden, die letztlich auch dazu beitragen, dass es zur Vollstreckung der Ersatzfreiheitsstrafe kommt.

I. Unzureichende Ermittlung der Einkommenssituation durch die Strafverfolgungsbehörden

Das theoretische Konzept des Tagessatzsystems hängt zentral von der Ermittlung der persönlichen und wirtschaftlichen Verhältnisse des Täters ab. Sie ist maßgeblich dafür, in welchem Maß das Prinzip der Opfergleichheit verwirklicht werden kann.[347] Empirische Untersuchungen sprechen dafür, dass die Praxis in diesem zentralen Punkt hinter den theoretischen Anforderungen massiv zurückbleibt.[348] Die Justiz verfügt zum Zeitpunkt der Sanktionsentscheidung über sehr wenig Information zur Bestimmung der Tagessatzhöhe.[349] Dabei ist zunächst zu berücksichtigen, dass die Beschuldigten nicht verpflichtet sind, Angaben über ihre wirtschaftlichen und sozialen Verhältnisse zu machen. Insofern haben sie nicht unwesentlichen Einfluss auf den (ersten) Informationsstand der Behörden. Die Aufklärung der persönlichen und wirtschaftlichen Situation des Beschuldigten ist (zunächst) Aufgabe der Ermittlungsbehörden. Die Staatsanwaltschaft ist nach Nr. 14 RiStBV gehalten, die Einkommens- und Vermögensverhältnisse des Beschuldigten aufzuklären.[350] Die Staatsanwaltschaft kann dafür mit Zustimmung des Be-

---

[347] Grebing, in: Jescheck/Grebing (Hrsg.), Die Geldstrafe im deutschen und ausländischen Recht, 13 (114); LK-Häger, § 40 Rz. 68.

[348] Große Strafrechtskommission des Deutschen Richterbundes, Die Geldstrafe, S. 5.

[349] Albrecht, Strafzumessung und Vollstreckung bei Geldstrafen, S. 204 f.; Janssen, Die Praxis der Geldstrafenvollstreckung, S. 101; Hennig, BewHi 1986, 314 (315); ders., BewHi 1999, 298 (302); Bublies, BewHi 1992, 178 (185).

[350] Es sind u.a. folgende Umstände festzustellen: der erlernte und ausgeübte Beruf des Beschuldigten, bei verheirateten Beschuldigten der Beruf des Ehegatten, der Verdienst des Beschuldigten, die sonstigen Einkünfte und das Vermögen des Beschuldigten, bei erwerbslosen Beschuldigten die Höhe der Unterstützung sowie die zahlende Kasse und alle anderen Umstände, die für seine Zahlungsfähigkeit von Bedeutung sind.

schuldigten Auskünfte der Finanz- und Steuerbehörden einholen, die Gerichtshilfe mit Informationsgewinnung beauftragen, Angaben von Gerichtsvollziehern, Vollziehungsbeamten der Justiz und aus dem Schuldnerverzeichnis des Amtsgerichts hinzuziehen oder die Polizei, die Gemeinde oder eine andere Behörde um entsprechende Mitteilungen ersuchen. Zwar ist die Staatsanwaltschaft »Herrin des Ermittlungsverfahrens«, doch leitet die Polizei in der Praxis im Bereich der kleinen und mittleren Kriminalität die Ermittlungen selbständig ein, führt diese eigenständig durch und setzt die Staatsanwaltschaft erst nach Abschluss der Ermittlungen mit Abgabe der Akte in Kenntnis von der Straftat.[351] Die Beschuldigtenvernehmung durch die Polizei erweist sich oftmals als unergiebig. Die Frage nach den wirtschaftlichen Verhältnissen beschränkt sich darauf, welchen Beruf der Beschuldigte ausübt. Die Angaben, der Beschuldigte sei arbeitslos, Sozialhilfeempfänger oder Asylbewerber, werden wie Berufsangaben behandelt. Weitere Fragen zu wirtschaftlichen Verhältnissen werden nicht gestellt.[352] Polizeiliche Ermittlungsergebnisse sind hinsichtlich der Einkommens- und Vermögensverhältnisse überwiegend nur bruchstückhaft vorhanden oder fehlen ganz.[353] In der Studie von *Albrecht* waren in 54 % der Fälle, in der Untersuchung von *Janssen* in 40 % und bei *Fleischer* waren in 35 % der Fälle keine Informationen über die Einkommensverhältnisse des Beschuldigten vorhanden.[354] Bei unzureichendem Ermittlungsstand ist die Staatsanwaltschaft gehalten, die Aufklärung durch eigene Ermittlungen fortzuführen oder die Polizei mit weiteren Ermittlungsschritten zu beauftragen. In der Praxis werden jedoch von der Staatsanwaltschaft nur bei einem sehr geringen Anteil der Verfahren weitergehende eigene Ermittlungen durchgeführt oder Ermittlungsersuche an die Polizei oder andere Behörden zwecks Beibringung von (zusätzlichen) Informationen über die wirtschaftliche Situation des Beschuldigten gerichtet.[355] Die Staatsanwaltschaft fällt als Ermitt-

---

[351] Blankenburg/Sessar/Steffen, Die Staatsanwaltschaft im Prozess strafrechtlicher Sozialkontrolle, S. 303; Albrecht, Strafzumessung und Vollstreckung bei Geldstrafen, S. 77 f.; Schäfer, Die Praxis des Strafverfahrens, Rz. 294; Ambos, Jura 2003, 674 (677).

[352] Große Strafrechtskommission des Deutschen Richterbundes, Die Geldstrafe, S. 98 f.

[353] NK-Albrecht, § 40 Rz. 47.

[354] Albrecht, Strafzumessung und Vollstreckung bei Geldstrafen, S. 204; Janssen, Die Praxis der Geldstrafenvollstreckung, S. 112; Fleischer, Die Strafzumessung bei Geldstrafen, S. 188.

[355] Blankenburg/Sessar/Steffen, Die Staatsanwaltschaft im Prozess strafrechtlicher Sozialkontrolle, S. 303 f.; Albrecht, Strafzumessung und Vollstreckung bei Geldstrafen, S. 80 ff., 205; Schäfer, Die Praxis des Strafverfahrens, Rz. 294.

lungsinstanz fast völlig aus.[356] Vor dem Hintergrund, dass etwa drei Viertel der Strafverfahren im Bereich der leichten und mittleren Kriminalität durch rechtskräftigen Strafbefehl erledigt werden und in diesen Verfahren regelmäßig keine mündliche Hauptverhandlung stattgefunden hat, in der die Einkommenssituation des Betroffenen unter Umständen hätte aufgeklärt werden können, bedeutet dies, dass die Grundlagen der Bemessung der Tagessatzhöhe von den polizeilichen Ermittlungsergebnissen abhängig sind.[357] Aufgrund der unzureichenden polizeilichen Ermittlungen und der in der Praxis vorherrschenden Ansicht, bei leichteren Delikten und geringer Tagessatzanzahl verbiete sich jeder zusätzliche Ermittlungsaufwand, spielt die Schätzungsbefugnis des § 40 Abs. 3 StGB in der Praxis eine wichtige Rolle.[358] Die Schätzpraxis ist bedenklich. Zunächst ist bereits zweifelhaft, ob prozessökonomische Gründe es überhaupt rechtfertigen können, die an sich gebotene und in den meisten Fällen mögliche Aufklärung der Einkommensverhältnisse zu unterlassen.[359] Darüber hinaus enthält § 40 Abs. 3 StGB eine Kann-Bestimmung, wohingegen Nr. 14 RiStBV ausdrücklich vorschreibt, dass die Einkommens- und Vermögensverhältnisse aufzuklären sind. Da die Einführung der RiStBV vorsieht, dass der Staatsanwalt nur in begründeten Einzelfällen von den vorgegebenen Richtlinien abweichen darf, eine Schätzung also nur ausnahmsweise vorgenommen werden kann, ist die Praxis der regelmäßigen Schätzung der wirtschaftlichen Leistungsfähigkeit fragwürdig.[360] Die verbreitete Schätzpraxis ist darüber hinaus auch problematisch. Da die Schätzung eine konkrete Tatsachengrundlage voraussetzt[361], ziehen die Staatsanwaltschaften überwiegend den vom Beschuldigten angegebenen Beruf für die Schätzung heran.[362] Die häufig anzutreffenden Oberbegriffe wie Angestellter, Arbeiter oder Rentner lassen indes kaum Rückschlüsse auf das genaue Einkommen des Beschuldigten zu. Außerdem

---

356 Nach der Untersuchung von *Albrecht* hat die Staatsanwaltschaft lediglich in etwa 1 % der Fälle zusätzlich ermittelt, vgl. Albrecht, Strafzumessung und Vollstreckung bei Geldstrafen, S. 205.

357 Fleischer, Die Strafzumessung bei Geldstrafen, S. 134; NK-Albrecht, § 40 Rz. 47.

358 LK-Häger, § 40 Rz. 68 f.; NK-Albrecht, § 40 Rz. 48; Tröndle/Fischer, 49. Aufl., § 40 Rz. 26a; Janssen, Die Praxis der Strafzumessung bei Geldstrafen, S. 33.

359 Hellmann, GA 1997, 503 (511 ff.).

360 Vgl. Justizbehörde Hamburg, Jahresauswertung 1997 zum Modellprojekt »Ersatzfreiheitsstrafen«, S. 21.

361 LK-Häger, § 40 Rz. 72; Tröndle/Fischer, § 40 Rz. 20.

362 Vgl. Albrecht, Die Strafzumessung und Vollstreckung bei Geldstrafen, S. 221; Fleischer, Die Strafzumessung bei Geldstrafen, S. 219.

werden die Angaben der Beschuldigten in den seltensten Fällen überprüft[363], so dass unzutreffende Angaben nicht aufgedeckt und eine Änderung des Berufs bzw. Einkommens zwischen polizeilicher Vernehmung und Antrag auf Erlass des Strafbefehls nicht berücksichtigt werden.[364] Es steht zu befürchten, dass in nicht geringem Umfang die finanziellen Verhältnisse »überschätzt« werden.[365] Die fehlende Abklärung der wirtschaftlichen und sozialen Situation des Täters trägt außerdem dazu bei, dass die auch im Strafbefehlsverfahren anzuwendende Vorschrift des § 42 StGB unberücksichtigt gelassen wird. In keinem der in die Untersuchung von *Albrecht* einbezogenen Strafbefehle war eine Ratenzahlung enthalten.[366] Auch *Janssen* hat in seiner Studie festgestellt, dass Amts-/Staatsanwälte die Bewilligung von Zahlungsvergünstigungen im Rahmen des Strafbefehlsverfahrens anscheinend ablehnen.[367] Es ist zu vermuten, dass die gebotenen Ermittlungen zur wirtschaftlichen Lage des Beschuldigten und die Beachtung des § 42 StGB nicht zuletzt im Hinblick darauf unterbleiben, dass Zahlungserleichterungen noch nach Rechtskraft gewährt werden können (§ 459 a StPO).[368] Erfahrungsgemäß werden die Strafbefehlsanträge der Staatsanwaltschaft, die Anzahl und Höhe der Tagessätze vorgeben, vom Gericht antragsgemäß erlassen.[369] Die »Zurückverweisung« der Strafsache an die Staatsanwaltschaft mit der Begründung, die wirtschaftlichen Verhältnisse des Beschuldigten seien nicht hinreichend ermit-

---

363 Tröndle/Fischer, § 40 Rz. 20; Fleischer, Die Strafzumessung bei Geldstrafen, S. 142; Janssen, Die Praxis der Geldstrafenvollstreckung, S. 34.

364 Janssen, Die Praxis der Geldstrafenvollstreckung, S. 34.

365 Vgl. Suhling/Schott, Forschungsbericht Nr. 84, S. 49; Streng, ZStW 111 (1999), 827 (846).

366 Albrecht, Strafzumessung und Vollstreckung bei Geldstrafen, S. 273.

367 Janssen, Die Praxis der Geldstrafenvollstreckung, S. 211.

368 Seebode, FS f. Böhm, S. 519 (533).

369 Blankenburg/Sessar/Steffen, Die Staatsanwaltschaft im Prozess strafrechtlicher Sozialkontrolle, S. 246; Janssen, Die Praxis der Geldstrafenvollstreckung, S. 208; Justizbehörde Hamburg, Jahresauswertung 1997 zum Modellprojekt »Ersatzfreiheitsstrafen«, S. 23; Meurer, JuS 1987, 882 (885); Ambos, Jura 1998, 281 (287). In der Hamburger Untersuchung zum Modellprojekt »Ersatzfreiheitsstrafen« waren in den überprüften Fällen alle Strafbefehlsanträge der Staatsanwaltschaft antragsgemäß erlassen worden. Vgl. Justizbehörde Hamburg, Jahresauswertung 1997 zum Modellprojekt »Ersatzfreiheitsstrafen«, S. 23.

telt[370], kommt so gut wie nicht vor.[371] In Anbetracht der geschilderten Umstände ist es nicht verwunderlich, dass Strafbefehlsverfahren einen überproportionalen Anteil an den angeordneten und vollstreckten Ersatzfreiheitsstrafen haben.[372] Auch eine mündliche Hauptverhandlung bietet nicht immer Gewähr für die Aufklärung der Einkommenssituation des Angeklagten. Die Tatgerichte akzeptieren zumeist die Angaben der Angeklagten. Anderenfalls schätzen sie die Einkommenssituation unter Rückgriff auf Kriterien wie z.B. den Beruf.[373] Die Informationsdefizite der Staatsanwaltschaften und Gerichte wirken sich für die Betroffenen entsprechend aus. *Janssen* hat in seiner Erhebung festgestellt, dass die Wahrscheinlichkeit der Verbüßung der Ersatzfreiheitsstrafe steigt, je weniger die Justiz über den wirtschaftlichen Hintergrund der Beschuldigten ermittelt.[374] Es besteht mithin ein Zusammenhang zwischen Verbüßung der Ersatzfreiheitsstrafe und fehlender Information der Justiz.

II. Festsetzung überhöhter Tagessätze

Einen wesentlichen Einfluss auf den Verlauf der Vollstreckung hat die Höhe der verhängten Geldstrafe. Bei der Festsetzung der Tagessatzhöhe schöpfen die Gerichte die Möglichkeiten hinsichtlich der unteren Höhe nur unzureichend aus. Die Strafverfolgungsstatistiken der letzten Jahre zeigen, dass insbesondere Tagessätze unter 10,00 DM selten verhängt wurden. Im Jahr 1998 lag in 9,2 %, im Jahr 1999 in 9,1 % und im Jahr 2000 bei 8,1 % aller Geldstrafenverurteilungen der Tages-

---

370 Aus § 408 Abs. 3, S. 2 StPO geht hervor, dass in den Fällen, in denen die Staatsanwaltschaft und das Gericht sich hinsichtlich der festzusetzenden Rechtsfolge nicht einig sind, der Inhalt des Strafbefehls »verhandlungsfähig« ist. Der Strafrichter kann bei Bedenken, dass die bisherigen Ermittlungen ihm eine abschließende Beurteilung nicht gestatten, zunächst eine weitere Aufklärung anregen (Nr. 178 Abs. 1-3 RiStBV). Auf eine entsprechende Anregung des Gerichtes kann die Staatsanwaltschaft ihren Antrag ändern. Vgl. Meurer, JuS 1987, 882 (885); LR-Gössel, § 408 Rz. 47; Meyer-Goßner, § 408 Rz. 13.

371 Vgl. Justizbehörde Hamburg, Jahresauswertung 1997 zum Modellprojekt »Ersatzfreiheitsstrafen«, S. 23.

372 Hennig, BewHi 1986, 314 (315). In der Untersuchung von *Dolde* erfolgte in 75 % der Fälle die Verurteilung durch Strafbefehl. Vgl. Dolde, FS f. Böhm, S. 581 (591). Bei 81 % der Untersuchungsgruppe von *Konrad* wurde die Geldstrafe im Wege des Strafbefehlsverfahrens verhängt. Vgl. Konrad, ZfStrVo 2003, 216 (221, Tabelle 2).

373 Albrecht, Strafzumessung und Vollstreckung bei Geldstrafen, S. 324; Hellmann, GA 1997, 503 (511).

374 Janssen, Die Praxis der Geldstrafenvollstreckung, S. 101 f.

satz unter 10,00 DM.[375] Es ist zu vermuten, dass es vielfach zur Festsetzung zu hoher Tagessätze kommt: Da nur bei etwa 8-9 % aller Geldstrafenverurteilungen der Tagessatz in der Kategorie bis zu 10,00 DM liegt, und davon auszugehen ist, dass etwa ein Drittel der zu Geldstrafe Verurteilten nur über ein Einkommen im Sozialhilfebereich verfügt[376], müsste der Anteil der Entscheidungen mit einer Tagessatzhöhe bis 10,00 DM angesichts dieser Zahlen eigentlich deutlich höher sein.[377] Die Erhebungen von *Dolde*, *Wirth* und *Konrad* haben ergeben, dass die durchschnittliche Tagessatzhöhe bei den Verbüßern von Ersatzfreiheitsstrafen zwischen 25,00 DM und 35,00 DM lag.[378] Derartige Tagessatzhöhen entsprechen nicht der Leistungsfähigkeit der Verurteilten. Die sich aus Anzahl und Höhe der Tagessätze zusammensetzende Gesamtsumme der Geldstrafe überfordert die meisten Delinquenten. Insbesondere für Sozialhilfeempfänger sind die überhöhten Geldstrafen von Anfang an unbezahlbar.[379] Bei Sozialhilfeempfängern ist in der Regel von dem Mindesttagessatz von 1,00 EUR auszugehen. Denn für welche Personen sollten die Mindestbeträge im Gesetz (§ 40 Abs. 2, S. 3 StGB) stehen, wenn nicht für Personen, die per Legaldefinition im Bundessozialhilfegesetz nur über das Existenzminimum verfügen?[380] Diese Auffassung wird jedoch von den

---

[375] Statistisches Bundesamt, Rechtspflege, Fachserie 10, Reihe 3, Strafverfolgung, 1997-2000, S. 53-55.

[376] Hennig, ZRP 1990, 99 (101).

[377] Hennig, BewHi 1986, 314 (314 ff.); Bublies, BewHi 1992, 178 (184); Kawamura, Theorie und Praxis der sozialen Arbeit 1995 (46) Nr. 1, 27 (28); Villmow, FS f. Kaiser, S. 1291 (1301); Heinz, ZStW 111 (1999), 461 (485). Für die verstärkte Nutzung des Bereichs von 2,00 DM bis 9,00 DM als Tagessatzhöhe: Heinz, ZStW 111 (1999), 461 (485); Villmow, FS f. Kaiser, S. 1291 (1321); Villmow/Sessar/Vonhoff, KrimJ 25 (1993), 205 (214); Streng, ZStW 111 (1999), 827 (845 ff.); Hennig, BewHi 1999, 298 (301 ff.); Gerken/Henningsen, ZRP 1987, 386 (388 f.); Schöch, Gutachten C zum 59 DJT, S. 27.

[378] Der durchschnittliche Tagessatz lag bei *Dolde* bei knapp 30 DM. Die Hälfte der Gefangenen war zu Tagessätzen verurteilt, die 25 DM nicht überstiegen. Vgl. Dolde, FS f. Böhm, S. 581 (588); dies., ZfStrVo 1999, 330 (331). In der Untersuchungsgruppe von *Wirth* lag der durchschnittliche Tagessatz bei 35 DM. Jeder Zehnte hatte einen Tagessatz von höchstens 10 DM, und nahezu die Hälfte der Inhaftierten war mit Tagessätzen bis höchstens 25 DM registriert. Vgl. Wirth, ZfStrVo 2000, 337 (340). Die Tagessatzhöhe lag bei den von *Konrad* befragten zum ersten Mal Verurteilten bei mehr als der Hälfte (56 %) bei bis zu 30 DM, bei den zum zeiten Mal Verurteilten bei zwei Dritteln bei bis zu 30 DM. Vgl. Konrad, ZfStrVo 2003, 216 (217). Vgl. auch Janssen, Die Praxis der Geldstrafenvollstreckung, S. 214; Krieg/Löhr/Lücke/Meissner/ Rufert/Schumann, MschrKrim 1984, 25 (29); Villmow, FS f. Kaiser, S. 1291 (1299).

[379] Hennig, BewHi 1986, 314 (316 f.); ders., BewHi 1999, 298 (299 ff.); Gerken/Henningsen, ZRP 1987, 386 (389); Janssen, Die Praxis der Geldstrafenvollstreckung, S. 214 f.; Dolde, ZfStrVo 1999, 330 (331).

[380] Cornel, FS f. Lüderssen, S. 821 (823); NK-Albrecht, § 40 Rz. 43.

Gerichten überwiegend nicht geteilt.[381] Der gängigste Praxiskommentar bestärkt sie in ihrer Ansicht. Nach *Tröndle/Fischer* könne nur ganz ausnahmsweise der viel zu niedrige und dem Nettoeinkommensprinzip im Grunde zuwiderlaufende Mindestsatz von 1,00 EUR in Betracht kommen[382], da die Mindestbeträge der Regelsätze nach § 22 BSHG für Alleinstehende in allen Bundesländern über 250,00 EUR betragen und sich mit dem Mindestsatz von 1,00 EUR Ernst und Bedeutung einer Kriminalstrafe schwerlich deutlich machen lassen.[383] Die Gerichte scheinen das genauso zu sehen. Vermutlich befürchten sie, dass zu geringe Geldstrafen von den Verurteilten nicht ernst genommen und in der Bevölkerung nicht akzeptiert werden und so die spezial- und generalpräventive Strafwirkung und die Idee der Strafgerechtigkeit aushöhlen könnten.[384] Dazu ist anzumerken, dass die Orientierung an der Gesamtsumme der Strafe systemwidrig ist.[385] Anscheinend sind die Gerichte zudem bei der Festsetzung der Höhe der Tagessätze bei wirtschaftlich schwachen Delinquenten unsicher. Das dürfte auch daran liegen, dass sie nicht immer die finanzielle Situation der Beschuldigten überblicken und häufig nicht wissen, ob jene nur über das Existenzminimum verfügen. Das gilt ebenso für die Staatsanwälte im Strafbefehlsverfahren. Wie bereits erwähnt, führen die unzureichenden Ermittlungen der Einkommensverhältnisse regelmäßig zu Schätzungen, die über die tatsächliche Leistungsfähigkeit hinausgehen. Es ist davon auszugehen, dass bei den meisten Ersatzfreiheitsstrafenverbüßern zu hohe Tagessatzhöhen festgesetzt werden, die ihrer wirtschaftlich desolaten Lage nicht entsprechen.[386] Die Bemessung der Tagessatzhöhe bei wirtschaftlich schwachen Personen wird in der Literatur nicht zu Unrecht als eigentliches Kernproblem des Tagessatzsystems und damit der Geldstrafe angesehen.[387]

---

381 Vgl. aber OLG Köln, NJW 1977, 307 (307); OLG Hamm, NJW 1980, 1534 (1534 f.).

382 Tröndle/Fischer, § 40 Rz. 11.

383 Tröndle/Fischer, 49. Aufl., § 40 Rz. 12. Ebenso: Kintzi, DRiZ 2001, 198 (201 f.); MK-Radtke, § 40 Rz. 46; LK-Häger, vor § 40 Rz. 12.

384 Bublies, BewHi 1992, 178 (184 f.).

385 Streng, ZStW 111 (1999), 827 (846).

386 Gerken/Henningsen, ZRP 1987, 386 (389); Hennig, BewHi 1986, 314 (315 f.), daher auch der Titel des Aufsatzes von Hennig, »Rettet die Geldstrafe - und macht sie einbringlich«, BewHi 1999, 298 (298 ff.).

387 Zipf, ZStW 86 (1974), 513 (524); Meyer, NJW 1980, 2480 (2480); LK-Häger, § 40 Rz. 17; Heinz, ZStW 111 (1999), 461 (485); NK-Albrecht, § 40 Rz. 38. Nach *Albrecht* lasse sich der Zweck der Tagessatzgeldstrafe (Abschöpfung des Einkommens und Einengung der allgemeinen Lebensführung) bei Personen, deren Mittel von vornherein bis aufs äußerste eingeschränkt sind, nicht erreichen. Vgl. NK-Albrecht, § 40 Rz. 43.

III. Reaktives Verhaltensmuster der Strafvollstreckungsbehörden

Obwohl über die Bewilligung von Zahlungserleichterungen nach Eintritt der Rechtskraft die Vollstreckungsbehörde gem. § 459 a StPO auf Antrag oder von Amts wegen entscheidet, hängt die Gewährung von Stundungen oder Ratenzahlungen in der Praxis allein von einem Antrag des Geldstrafenschuldners ab. Die Vollstreckungsbehörden weisen ein reaktives Handlungsmuster auf und werden fast ausschließlich nur auf Antrag tätig.[388] Erst Ratenzahlungs- oder Stundungsgesuche veranlassen eine Entscheidung nach § 459 a StPO.[389] Das ist umso bedauerlicher, als die Genehmigungspraxis der Vollstreckungsbehörden äußerst ratenzahlungsfreundlich ist und hohe Bewilligungsquoten zu verzeichnen sind.[390]

IV. Keine Anwendung der Härtefallregelung des § 459 f StPO

Ob die Vollstreckung der Ersatzfreiheitsstrafe eine unbillige Härte darstellt, richtet sich nach einer einzelfallbezogenen Gesamtschau der persönlichen, sozialen und wirtschaftlichen Verhältnisse des Verurteilten.[391] Die herrschende Meinung in Rechtsprechung und Literatur legt den Rechtsbegriff der unbilligen Härte sehr eng aus.[392] Eine unverschuldet eingetretene Mittellosigkeit des Verurteilten soll noch keine unbillige Härte begründen.[393] Zur (unverschuldeten) Vermögenslosigkeit müssten vielmehr besondere Umstände hinzukommen, aufgrund derer mit der

---

[388] Albrecht, Strafzumessung und Vollstreckung bei Geldstrafen, S. 274, 280; Janssen, Die Praxis der Strafvollstreckung, S. 211; Bublies, BewHi 1992, 178 (186); Seebode, FS f. Böhm, S. 519 (533).

[389] KMR-Paulus, § 459 a Rz. 7; Bringewat, § 459 a Rz. 4.

[390] Albrecht, Strafzumessung und Vollstreckung bei Geldstrafen, S. 273 f., 279; Janssen, Die Praxis der Geldstrafenvollstreckung, S. 152; Fleischer, Die Strafzumessung bei Geldstrafen, S. 253; Heinz, BewHi 1984, 13 (21).

[391] SK-StPO-Paeffgen, § 459 f Rz. 3; HK-Krehl, § 459 f Rz. 2; AK-StPO-Rössner, § 459 f Rz. 4.

[392] Vgl. nur Preisendanz, § 43 Anm. 5, nach dem von der Möglichkeit des § 459 f StPO nur ganz ausnahmsweise Gebrauch gemacht werden sollte, da die Vollstreckung der Ersatzfreiheitsstrafe das einzige Mittel sei, um zu verhindern, dass die Träger der staatlichen Strafgewalt nur als »Papiertiger« erscheinen.

[393] BGHSt 27, 90 (93); OLG Düsseldorf, MDR 1985, 76 (76); LG Frankfurt, StV 1983, 292 (292); LG Aachen, JurBüro 1990, 1204 (1204); Schädler, ZRP 1983, 5 (7); Dölling, NStZ 1981, 86 (89); KMR-Paulus, § 459 f Rz. 5; KK-Fischer, § 459 f Rz. 2; a.A.: Köhler, GA 1987, 145 (161); von Selle, NStZ 1990, 118 (119 f.); vgl. auch die Kritik von NK-Albrecht, § 43 Rz. 11, nach dem die weite Verbreitung von Arbeitslosigkeit und wirtschaftlichen Notsituationen dazu führe, dass man regelmäßig nicht mehr zwischen verschuldeter und unverschuldeter Arbeitslosigkeit unterscheiden könne.

Vollstreckung der Ersatzfreiheitsstrafe eine außerhalb des Strafzwecks liegende zusätzliche Härte verbunden wäre, die dem Verurteilten auch unter Berücksichtigung des Zwecks der Strafe nicht zugemutet werden könne[394] und die die Vollstreckung als geradezu ungerecht erscheinen lasse[395]. Darüber hinaus sei erforderlich, dass eine günstige Täterprognose vorliege, die eine nachhaltige Einwirkung auf den Verurteilten nicht notwendig mache, sondern die Annahme rechtfertige, schon die bloße Verurteilung zur Geldstrafe habe die Strafzwecke erreicht.[396] Angesichts dieser hohen Anforderungen wundert es nicht, dass die Vorschrift des § 459 f StPO in der Praxis ein trauriges Dasein fristet. Sie wird von den Gerichten so gut wie gar nicht angewendet.[397] Nach Schätzungen der Landesjustizverwaltungen kommt die Vorschrift des § 459 f StPO in 1 % aller Fälle zur Anwendung.[398] Empirische Untersuchungen bestätigen das Schätzergebnis. Nach der Studie von *Albrecht* wurde in keinem Fall der von ihm untersuchten 1.540 Ersatzfreiheitsstrafen von der Vollstreckung wegen Vorliegens einer unbilligen Härte abgesehen.[399] Auch die Hamburger Studie zum Modellprojekt »Ersatzfreiheitsstrafen« ergab, dass von der Härteklausel des § 459 f StPO in keinem der 969 Fälle Gebrauch gemacht wurde.[400] In der von *Feuerhelm* durchgeführten Untersuchung erging bei insgesamt 8.410 uneinbringlichen Geldstrafen lediglich in sechs Fällen eine Anordnung gem. § 459 f StPO.[401] *Janssen* fand in seiner Stichprobe nur einen Härtefall.[402] Neben der restriktiven Auslegung des § 459 f StPO gibt es

---

394 BGHSt 27, 90 (93); OLG München, GA 1984, 185 (187); LG Bremen, StV 1998, 152 (152); Pohlmann/Jabel/Wolf-Wolf, § 49 Rz. 12.

395 LR-Wendisch, § 459 f Rz. 5; Meyer-Goßner, § 459 f Rz. 2.

396 BGHSt 27, 90 (93); LG Frankfurt, StV 1983, 292 (292); KK-Fischer, § 459 f Rz. 2; KMR-Paulus, § 459 f Rz. 5; Meyer-Goßner, § 459 f Rz. 2; LR-Wendisch, § 459 f Rz. 6; Bringewat, § 459 f Rz. 3; HK-Krehl, § 459 f Rz. 2; Pfeiffer, § 459 f Rz. 2; SK-StPO-Paeffgen, § 459 f Rz. 4; Tröndle, ZStW 86 (1974), 545 (570); Tröndle/Fischer, § 43 Rz. 10; LK-Häger, § 43 Rz. 18; a.A.: AK-StPO-Rössner, § 459 f Rz. 6; Volckart, Verteidigung in der Strafvollstreckung und im Vollzug, Rz. 121.

397 OLG Bamberg, StV 1999, 493 (495); Heinz, ZStW 111 (1999), 461 (486); Eisenberg, Kriminologie, § 33 Rz. 14, Fn. 5; Lüderssen, FS f. Böhm, S. 553 (562); Seebode, FS f. Böhm, S. 519 (543).

398 BT-Drs. 12/3718, S. 7.

399 Albrecht, Strafzumessung und Vollstreckung bei Geldstrafen, S. 252; ders., MschrKrim 1981, 265 (271, Fn. 24).

400 Justizbehörde Hamburg, Jahresauswertung 1997 zum Modellprojekt »Ersatzfreiheitsstrafen«, S. 19.

401 Feuerhelm, Gemeinnützige Arbeit als Alternative in der Geldstrafenvollstreckung, S. 69.

402 Janssen, Die Praxis der Geldstrafenvollstreckung, S. 212.

weitere Gründe für die Nichtanwendung der Vorschrift. Ein Grund ist darin zu sehen, dass die Vollstreckungsbehörde, die gem. § 49 Abs. 2, S. 1 StVollstrO von Amts wegen, ggf. nach Einschaltung der Gerichtshilfe, zu prüfen hat, ob die Voraussetzungen des § 459 f StPO vorliegen, und bejahendenfalls bei Gericht eine Anordnung nach § 459 f StPO anzuregen hat, häufig überfordert ist, das Vorliegen der Voraussetzungen für die Annahme einer unbilligen Härte festzustellen und wegen der durch die Einschaltung der Gerichtshilfe bedingten Verzögerung des Vollstreckungsverfahrens davon absieht, weitere Nachforschungen zu veranlassen.[403] Nur dann, wenn konkrete Anhaltspunkte für das Vorliegen einer unbilligen Härte bestehen, muss sie weitere Ermittlungen einleiten.[404] Sie wird in der Praxis aber regelmäßig abwarten, ob der Verurteilte Tatsachen vorbringt, die als unbillige Härte aufgefasst werden könnten. Zu einer Entscheidung durch das Gericht wird es in den meisten Fällen erst kommen, wenn der Verurteilte selbst aktiv wird, d.h. einen Antrag nach § 459 f StPO über die Vollstreckungsbehörde an das zuständige Gericht leitet, um dann von sich aus die Voraussetzungen des Härtefalls darzulegen.[405] Dass hierzu seitens vieler Geldstrafenschuldner die Kompetenz und die Initiative fehlt, ist bereits erörtert worden.[406]
Ein anderer Grund für die praktische Bedeutungslosigkeit der Norm ist darin begründet, dass die Gerichte aufgrund der Möglichkeit, die Vollstreckung der Ersatzfreiheitsstrafe durch die Ableistung gemeinnütziger Arbeit abwenden zu können, davon absehen, eine Unterbleibensanordnung gem. § 459 f StPO zu treffen, da sie die Abarbeitung der Geldstrafe voraussetzen.[407] Auch in der Literatur gibt es Stimmen, nach denen die Anordnung nach § 459 f StPO nur begründet sein soll, wenn die Tilgung durch gemeinnützige Arbeit nicht möglich war.[408] Die Vorschrift des § 459 f StPO schweigt darüber, wie sich die Möglichkeit der freien

---

403 Litwinski/Bublies, Strafverteidigung im Strafvollzug, S. 41.

404 Pohlmann/Jabel-Wolf, § 49 Rz. 13.

405 Bublies, BewHi 1992, 178 (194); Zimmermann, BewHi 1993, 194 (197); Hamdorf/Wölber, ZStW 111 (1999), 929 (946).

406 Litwinski/Bublies, Strafverteidigung im Strafvollzug, S. 41, schlagen daher vor, den Geldstrafenschuldner vor einer Entscheidung nach § 459 f StPO zu hören, damit sich das Gericht selbst ein Bild von ihm machen könne. Vgl. auch Bublies, BewHi 1992, 178 (194), nach dem durch entsprechende verfahrensrechtliche Bestimmungen sicherzustellen sei, dass die persönliche Situation des Verurteilten bei der Entscheidung über die Ersatzfreiheitsstrafe berücksichtigt werde.

407 Vgl. Bublies, BewHi 1992, 178 (193); Volckart, Verteidigung in der Strafvollstreckung und im Vollzug, Rz. 122.

408 Lackner/Kühl-Lackner, § 43 Rz. 3; MK-Radtke, § 43 Rz. 17; Bublies, Die Aussetzung des Restes der Ersatzfreiheitsstrafe, S. 102 f.

Arbeit nach Art. 293 EGStGB bei der Beurteilung der unbilligen Härte auswirkt. De lege lata hat die Prüfung des § 459 f StPO ohne Blick auf die Möglichkeit der Ableistung gemeinnütziger Arbeit zu erfolgen.[409] Ist die Geldstrafe uneinbringlich, so weist die Strafvollstreckungsbehörde - nach den entsprechenden, auf der Grundlage des Art. 293 EGStGB erlassenen Regelungswerken der einzelnen Bundesländer - den Verurteilten zugleich mit der Mitteilung über die Anordnung der Vollstreckung der Ersatzfreiheitsstrafe auf die Möglichkeit hin, die Geldstrafe auch in Form der freien Arbeit leisten zu können. Erst mit der Anordnung der Vollstreckung der Ersatzfreiheitsstrafe wird dem Geldstrafenschuldner die Möglichkeit, durch gemeinnützige Arbeit die Geldstrafe zu tilgen, eröffnet. Es steht im Belieben des Verurteilten, von diesem Surrogationsangebot Gebrauch zu machen.[410] Lehnt er die Abarbeitung der Geldstrafe ab, so ist die Ersatzfreiheitsstrafe nunmehr zu verbüßen. Die Frage, ob die Ersatzfreiheitsstrafe tatsächlich unvermeidlich ist, lässt sich jedoch erst beantworten, wenn zuvor die Voraussetzungen der Vollstreckung der Ersatzfreiheitsstrafe geprüft und bejaht worden sind.[411] Da nach der gegenwärtigen gesetzlichen Regelung die gemeinnützige Arbeit nur als Alternative zu einer angeordneten Ersatzfreiheitsstrafe ausgestaltet ist, geht demnach die Prüfung des Absehens von der Ersatzfreiheitsstrafe gem. § 459 f StPO vor. Voraussetzung für die Tilgung der Geldstrafe durch gemeinnützige Arbeit sind eine uneinbringliche Geldstrafe und das Vorliegen der Voraussetzungen für die Anordnung und Vollstreckung der Ersatzfreiheitsstrafe (insbesondere kein Absehen von der Vollstreckung gem. § 459 f StPO).[412]

Das Absehen von einer Unterbleibensanordnung wegen der bestehenden Möglichkeit zur Ableistung gemeinnütziger Arbeit stellt eine rechtlich nicht zulässige Umgehung des § 459 f StPO dar. Die Frage, ob selbst dann, wenn der Verurteilte sich für die Ableistung gemeinnütziger Arbeit entschieden und mit ihr bereits begonnen hat, die Vorschrift des § 459 f StPO noch zum Tragen kommen kann, ist bisher in der Literatur weitestgehend vernachlässigt worden. Treten nach Arbeitsaufnahme Umstände ein, die mit der Arbeitsfähigkeit des Betroffenen zu-

---

409 von Selle, Gerechte Geldstrafe, S. 112; AK-StPO-Rössner, § 459 f Rz. 8; NK-Albrecht, § 43 Rz. 8; Volckart, Verteidigung in der Strafvollstreckung und im Vollzug, Rz. 121 f.; Krieg/Löhr/Lücke/Meisser/Rufert/Schumann, MschrKrim 1984, 25 (37); Schall, NStZ 1985, 104 (107).

410 SK-StGB-Horn,§ 43 Rz. 7; Schall, NStZ 1985, 104 (107).

411 Schall, NStZ 1985, 104 (107).

412 Schall, NStZ 1985, 104 (107); NK-Albrecht, § 43 Rz. 8; Krieg/Löhr/Lücke/Meissner/Rufert/Schumann, MschrKrim 1984, 25 (37).

sammenhängen und die die Annahme einer unbilligen Härte rechtfertigen, dann entfällt mit einer Anordnung nach § 459 f StPO entsprechend dem vom Gesetzgeber vorgegebenen Vollstreckungsablauf eine Voraussetzung für die Tilgung der Geldstrafe durch gemeinnützige Arbeit. Mit der Annahme des staatlichen Angebots, die Geldstrafe durch Arbeit zu tilgen, bzw. mit der Zustimmung zu dieser Sanktionsalternative verzichtet der Verurteilte nicht etwa auf die Berücksichtigung von nachträglich eintretenden außerordentlichen Umständen, die eine unbillige Härte i.S.d. § 459 f StPO darstellen.[413]

V. Formalisierter und routinierter Vollstreckungsstil

Janssen kritisiert, dass bei den Vollstreckungsbehörden »eine schematisierte Form von Beitreibungsroutinen« vorhanden ist.[414] Er stellte in seiner Erhebung fest, dass bei den Geldstrafenschuldnern, die nach der Zahlungsaufforderung keine Zahlung leisteten, bei knapp 63 % der Fälle aus der Gruppe »Haft« nicht zunächst eine Mahnung, sondern die sofortige Einschaltung des Gerichtsvollziehers zur Feststellung der Uneinbringlichkeit der Geldstrafe erfolgte.[415] Bei knapp 16 % der Vollverbüßer wurde sofort und ohne weitere Prüfungen die Ersatzfreiheitsstrafe angeordnet.[416] Auch andere Untersuchungen haben ergeben, dass die Bereitschaft der Vollstreckungsbehörde, die Zwangsvollstreckung bei den Geldstrafenschuldnern, die letztlich eine Ersatzfreiheitsstrafe verbüßen, einzuleiten, gering ist und bei diesen häufig auf Beitreibungsmaßnahmen verzichtet wird.[417] Nach der bundesweiten Untersuchung von *Feuerhelm* wurde in ca. 34 % der Fälle auf Vollstreckungsversuche vor Feststellung der Uneinbringlichkeit der Geldstrafe verzichtet.[418] In der Hamburger Untersuchung wurde sogar in 75 % der Fälle auf eine Vollstreckung verzichtet.[419] In all diesen Fällen ging die Vollstreckungsbehörde offensichtlich davon aus, dass Vollstreckungsmaßnahmen in absehbarer Zeit kei-

---

[413] Vgl. Feuerhelm, Stellung und Ausgestaltung der gemeinnützigen Arbeit im Strafrecht, S. 215.

[414] Janssen, Die Praxis der Geldstrafenvollstreckung, S. 163.

[415] Janssen, Die Praxis der Geldstrafenvollstreckung, S. 185, 212.

[416] Janssen, Die Praxis der Geldstrafenvollstreckung, S. 185, 212.

[417] Albrecht, Strafzumessung und Vollstreckung bei Geldstrafen, S. 251; Janssen, Die Praxis der Geldstrafenvollstreckung, S. 185, 212; Justizbehörde Hamburg, Jahresauswertung 1997 zum Modellprojekt »Ersatzfreiheitsstrafen«, S. 19.

[418] Feuerhelm, Gemeinnützige Arbeit als Alternative in der Geldstrafenvollstreckung, S. 73.

[419] Justizbehörde Hamburg, Jahresauswertung 1997 zum Modellprojekt »Ersatzfreiheitsstrafen«, S. 19.

nen Erfolg versprechen. Es ist zu vermuten, dass der mit der Beitreibung verbundene Arbeitsaufwand die Rechtspfleger zur viel einfacheren Anordnung der Ersatzfreiheitsstrafe verleitet.[420] Die Rechtspfleger gehen den für sie einfacheren und zügigen Weg der direkten Anordnung der Ersatzfreiheitsstrafe. Dieser Vollstreckungsstil erscheint aus ihrer Sicht angebracht, weil die Vollstreckungsversuche aufgrund der prekären wirtschaftlichen Verhältnisse der Verurteilten, die später eine Ersatzfreiheitsstrafe verbüßen, nur selten erfolgreich verlaufen.[421] Die verbreitete vorschnelle Anordnung der Ersatzfreiheitsstrafe steht aber mit der restriktiven Auslegung des § 459 c Abs. 2 StPO[422] nicht in Einklang.[423] Auch bei sehr kleinen beitreibbaren Beträgen ist die Geldstrafe nicht uneinbringlich.[424] Darüber hinaus stellte *Janssen* fest, dass in der Praxis von der Möglichkeit der Androhung der Ersatzfreiheitsstrafe, die eine Möglichkeit darstellt, den Verurteilten auf die Konsequenzen einer Nichtzahlung hinzuweisen, nur in geringem Umfang Gebrauch gemacht wird. Bei 83,1 % der Fälle aus der Gruppe »Haft« und bei 85,7 % aus der Gruppe »Arbeit« erfolgte keine vorherige Androhung.[425] *Janssen* fand außerdem heraus, dass bei der Gruppe der Vollverbüßer nur in ca. 56 % eine Belehrung über die Möglichkeit der Tilgung der Geldstrafe durch Verrichtung gemeinnütziger Arbeit erfolgte, während die Ratenzahler, bei denen es zu einer Anordnung der Ersatzfreiheitsstrafe kam, in ca. 80 % der Fälle einen Hinweis auf die gemeinnützige Arbeit erhielten.[426] Danach findet eine formularmäßige Belehrung bei den Geldstrafenschuldnern, die eine Ersatzfreiheitsstrafe verbüßen, deutlich weniger häufig statt als bei anderen Gruppen. Die vorstehenden Daten legen nahe, dass sich bei den Rechtspflegern der in die Untersuchungen einbezogenen Staatsanwaltschaften gegenüber der Gruppe der Geldstrafenschuldner, die letztlich die Ersatzfreiheitsstrafe verbüßt, gewisse Routinen entwickelt haben, die auf ein weitgehend formalisiertes Vollstreckungsverfahren hindeuten, in dem eine

---

[420] Hamdorf/Wölber, ZStW 111 (1999), 929 (944).

[421] Albrecht, Strafzumessung und Vollstreckung bei Geldstrafen, S. 244; Zimmermann, BewHi 1982, 113 (114); Schädler, ZRP 1985, 186 (189); Janssen, Die Praxis der Geldstrafenvollstreckung, S. 158; Justizbehörde Hamburg, Jahresauswertung 1997 zum Modellprojekt »Ersatzfreiheitsstrafen«, S. 19.

[422] KMR-Paulus, § 459 c Rz. 8; Bringewat, § 459 c Rz. 8; Pfeiffer, § 459 c Rz. 3; LR-Wendisch, § 459 c Rz. 8; AK-StPO-Rössner, § 459 c Rz. 3; KK-Fischer, § 459 c Rz. 8.

[423] von Selle, Gerechte Geldstrafe, S. 151; Hamdorf/Wölber, ZStW 111 (1999), 929 (944).

[424] Bublies, BewHi 1992, 178 (187); Hamdorf/Wölber, ZStW 111 (1999), 929 (944).

[425] Janssen, Die Praxis der Geldstrafenvollstreckung, S. 182.

[426] Janssen, Die Praxis der Geldstrafenvollstreckung, S. 183.

Einzelfallprüfung und -entscheidung die Ausnahme darstellt.[427] Die Rechtspfleger verfahren nach festgefahrenen, routinierten und automatisierten Handlungsmustern und -strategien und setzen damit einen bestimmten Vollstreckungsablauf in Gang, dem sich die in der Wahrnehmung ihrer Interessen inkompetenten und unerfahrenen sowie initiativlosen Verurteilten schwer entziehen können.

VI. Unzureichende Ausschöpfung des Potentials der gemeinnützigen Arbeit

»Insgesamt ist festzuhalten, dass die gemeinnützige Arbeit innerhalb der Geldstrafenvollstreckung immer noch ein Schattendasein führt«.[428] So lautete das Resümee *Feuerhelms* anläßlich einer Untersuchung über die Praxis der gemeinnützigen Arbeit, der fast 8.000 Verfahren aus den Jahren 1987/88 zugrunde lagen. In nur 8,5 % der Uneinbringlichkeitsfälle erfolgte eine Erledigung durch gemeinnützige Arbeit; die Ersatzfreiheitsstrafe kam mit 14,2 % deutlich häufiger vor als gemeinnützige Arbeit. In 77,3 % der Verfahren wurde die Geldstrafe doch noch bezahlt.[429] Zwischenzeitlich hat die Anwendungshäufigkeit der gemeinnützigen Arbeit erheblich zugenommen. Die Zahl der Geldstrafenschuldner, die die Vollstreckung der Ersatzfreiheitsstrafe durch gemeinnützige Arbeit abwenden, hat sich von 1985 bis 1995 um 157 % erhöht. Gleichzeitig ist die Zahl der Tage Ersatzfreiheitsstrafe, deren Vollstreckung durch gemeinnützige Arbeit abgewendet werden konnte, um 164 % gestiegen.[430] Die Länder berichten über deutliche Anstiege im Umfang der zur Vermeidung von Ersatzfreiheitsstrafen verrichteten gemeinnützigen Arbeit, wobei die Steigerungen in den neuen Bundesländern am deutlichsten sind.[431] Allerdings haben parallel zu den Steigerungen bei der gemeinnützigen Arbeit auch die Fälle der Verbüßung von Ersatzfreiheitsstrafen zugenom-

---

[427] Janssen, Die Praxis der Geldstrafenvollstreckung, S. 185, 212.

[428] Feuerhelm, BewHi 1993, 200 (206); ders., Gemeinnützige Arbeit - Ein Zwischenbericht, S. 55; ders., Gemeinnützige Arbeit als Alternative in der Geldstrafenvollstreckung, S. 261.

[429] Feuerhelm, Gemeinnützige Arbeit als Alternative in der Geldstrafenvollstreckung, S. 70.

[430] Kunz, Kriminologie, § 25 Rz. 51; Laun, Alternative Sanktionen zum Freiheitsentzug und die Reform des Sanktionensystems, S. 216 f.

[431] Niedersächsischer Landtag, Drs. 14/1471; Landtag von Baden-Württemberg, Drs. 12/5176; Landtag Brandenburg, Drs. 3/543; Bremische Bürgerschaft, Drs. 15/208; Bürgerschaft der Freien und Hansestadt Hamburg, Drs. 16/2739 und 16/3033; Landtag des Saarlandes, Drs. 12/47; Sächsischer Landtag, Drs. 3/0676; Landtag Sachsen-Anhalt, Drs. 3/2553.

men[432], was vor allem auf eine Verschlechterung der ökonomischen Verhältnisse beachtlicher Bevölkerungsteile zurückgeführt wird.[433] Der Anstieg der Ersatzfreiheitsstrafen muss zu den Erfolgen der gemeinnützigen Arbeit in Relation gesetzt werden. Aus dem gleichzeitigen Anstieg der Ersatzfreiheitsstrafen lässt sich ableiten, dass die Zunahme der Absolventen gemeinnütziger Arbeit überwiegend auf einen Anstieg der Fälle uneinbringlicher Geldstrafen zurückzuführen ist.[434] Trotz der steigenden Tendenz und der bundesweit positiven Entwicklung in den 90iger Jahren durch die Projekte »Schwitzen statt Sitzen« ist bis heute die Reichweite des Instituts der freien Arbeit relativ begrenzt. Die gemeinnützige Arbeit hat zwar ihre Existenzberechtigung bewiesen[435], dennoch hat sie als echte Alternative zur Ersatzfreiheitsstrafenvollstreckung nicht in dem erwarteten und gewünschten Maße gegriffen. Das lässt sich beispielhaft an den Zahlen für Schleswig-Holstein und Bayern aus dem Jahr 2000 belegen. In jenem Jahr erhielten in Schleswig-Holstein 8.063 Verurteilte die Ladung zum Antritt der Ersatzfreiheitsstrafe nebst einer Belehrung über die Abwendungsmöglichkeit sowie einem vorbereiteten Antragsschreiben. Der Antrag auf gemeinnützige Arbeit wurde nur in 1.647 Fällen (20,4 %) gestellt, wovon am Ende 643 Fälle (8 %) erfolgreich abgeschlossen werden konnten.[436] In Bayern erhielten 14.601 Verurteilte mit der Ladung die Mitteilung über die Abarbeitungsmöglichkeit. Immerhin 1.853 Verurteilte (12,7 %) haben das Angebot angenommen, davon haben nur 892 Personen (6,1 %) die gemeinnützige Arbeit voll geleistet.[437] Die Bundesregierung stellte im Juli 2001 in ihrem Ersten Periodischen Sicherheitsbericht fest, dass das Potential der gemeinnützigen Arbeit zur Abwendung der Vollstreckung von Ersatzfreiheitsstrafen nur unzulänglich ausgeschöpft werde.[438] Die Gründe für die eingeschränkte Bedeu-

---

[432] Dolde, ZfStrVo 1999, 330 (330); Dünkel/Grosser, NK 1/1999, 28 (28); Schneider, MschrKrim 2001, 273 (278).

[433] Dolde, ZfStrVo 1999, 330 (330); Laun, Alternative Sanktionen zum Freiheitsentzug und die Reform des Sanktionensystems, S. 217.

[434] Laun, Alternative Sanktionen zum Freiheitsentzug und die Reform des Sanktionensystems, S. 217.

[435] Vgl. Weigend, GA 1992, 345 (359).

[436] Vgl. Ministerium für Justiz, Frauen, Jugend und Familie des Landes Schleswig-Holstein, Stellungnahme zum Entwurf eines Gesetzes zur Reform des Sanktionenrechts v. 11.06.2001, S. 4.

[437] Vgl. die Ansprache von Generalstaatsanwalt Stöckel zum Jahresempfang von Justiz und Rechtsanwaltschaft 2002, S. 4; abrufbar im Internet unter: http//:www.justiz.bayern.de/olgn/Redestoeckel.pdf.

[438] Erster Periodischer Sicherheitsbericht, Kurzfassung, S. 33, abrufbar im Internet unter: http:// www. bmj.bund.de/images/10347.pdf.

tung der freien Arbeit sind vielfältig. Die Tilgungsverordnungen der meisten Bundesländer sehen vor, dass ein Hinweis auf die Möglichkeit der gemeinnützigen Arbeit unterbleibt, wenn der Verurteilte unbekannten Aufenthaltes ist. Somit werden Obdachlose in vielen Bundesländern von vornherein nicht über die gemeinnützige Arbeit informiert. Nach der bundesweiten Studie von *Feuerhelm* ist in 15 % der Verfahren keine formularmäßige Belehrung über die gemeinnützige Arbeit erfolgt.[439] In der Untersuchungsgruppe von *Dolde* haben knapp 20 % keine Information über die Ableistung gemeinnütziger Arbeit erhalten.[440] *Janssen* hat in seiner Stichprobe festgestellt, dass bei ca. 44 % der Gruppe der Ersatzfreiheitsstrafenverbüßer eine Belehrung über die Möglichkeit der Verrichtung gemeinnütziger Arbeit unterblieben ist.[441] Da die übrigen Geldstrafenschuldner lediglich schriftlich auf die Möglichkeit der Tilgung der Geldstrafe durch gemeinnützige Arbeit hingewiesen werden (i.d.R. mit der Ladung zum Antritt der Ersatzfreiheitsstrafe) und diese Möglichkeit nicht in einem persönlichen Gespräch mit ihnen erörtert wird, scheitert in vielen Fällen die Kenntnisnahme und Beantragung der gemeinnützigen Arbeit an der fehlenden sozialen Kompetenz der Verurteilten. Die Verurteilten, die die Verrichtung gemeinnütziger Arbeit beantragt haben, sind überwiegend davon abhängig, dass ihnen eine geeignete Beschäftigungsstelle vermittelt wird. Sie sind darüber hinaus während der Verrichtung gemeinnütziger Arbeit auf eine »aktive, persönliche und motivierende Beratung und Betreuung«[442] angewiesen, die nicht immer gegeben ist. Bedingt durch die Zuständigkeit der Länder bei der Ausgestaltung der gemeinnützigen Arbeit haben sich drei verschiedene Organisationsformen gebildet. In den meisten Bundesländern ist die Gerichtshilfe mit der Vermittlung und Betreuung der gemeinnützigen Arbeit betraut (Gerichtshilfe-Modell), in Bremen, Berlin, Schleswig-Holstein und im Saarland ist den Straffälligenhilfevereinen diese Aufgabe übertragen (Vereins-Modell), in Bayern und Nordrhein-Westfalen belässt man die Aufgaben bei den Rechtspflegern der Staatsanwaltschaften (Rechtspfleger-Modell).[443] Der Einsatz von Sozialarbeitern, sei es als Gerichtshelfer, sei es als Mitarbeiter eines Straffälligenhilfe-

---

439 Feuerhelm, Gemeinnützige Arbeit als Alternative in der Geldstrafenvollstreckung, S. 91.

440 Dolde, FS f. Böhm, S. 581 (594); dies., ZfStrVo 1999, 330 (333).

441 Janssen, Die Praxis der Geldstrafenvollstreckung, S. 183.

442 Seebode, FS f. Böhm, S. 519 (540).

443 Kawamura, BewHi 1998, 338 (339 f.); Feuerhelm, Gemeinnützige Arbeit als Alternative in der Geldstrafenvollstreckung, S. 153 ff.; ders., BewHi 1993, 200 (203).

vereins macht sich deutlich positiv bemerkbar.[444] Bei der Gerichtshilfe und den Freien Vereinen wird im Vergleich zu den Rechtspflegerbezirken mehr gemeinnützige Arbeit geleistet, es werden weniger Ersatzfreiheitsstrafen vollstreckt, und es gibt höhere Antragsquoten sowie weniger Misserfolgsfälle (Fälle von gemeinnütziger Arbeit, die zu Ersatzfreiheitsstrafe führen).[445] Nicht nur die kriminologische Forschung zur gemeinnützigen Arbeit, sondern auch die Praxis hat gezeigt, dass angesichts der problematischen Klientel die Erfolgsquote der freien Arbeit maßgeblich von der Intensität und der Qualität der sozialfürsorgerischen Begleitarbeit abhängt.[446] Diese den Arbeitseinsatz begleitende Beratung und Betreuung ist überwiegend nicht in dem erforderlichen Maße gewährleistet. Inbesondere die Rechtspfleger verfügen weder über eine entsprechende Ausbildung noch über die zeitlichen und finanziellen Ressourcen, um wirksam im Sinne einer Haftvermeidung einzuschreiten.[447] Bei allen Modellen reicht die bestehende personelle Ausstattung, insbesondere die Anzahl der in der Gerichtshilfe Tätigen und die Anzahl der Rechtspfleger, nicht aus, um eine individuelle und umfassende Beratungs- und Betreuungstätigkeit durchführen zu können. Mangels umfassender sozialarbeiterischer und sozialpädagogischer Begleitarbeit kann Motivationsproblemen, Problemen mit dem Beschäftigungsgeber oder sonstigen Arbeitsstörungen nicht entgegengewirkt werden, so dass es nicht selten zum Abbruch von Arbeitseinsätzen kommt. Ein Grund für die nur begrenzte Motivierbarkeit von Geldstrafenschuldnern zur Ableistung gemeinnütziger Arbeit und damit für die relativ geringe Erfolgsquote der gemeinnützigen Arbeit ist die Regelarbeitszeit zur Tilgung eines

---

444 Feuerhelm, Gemeinnützige Arbeit als Alternative in der Geldstrafenvollstreckung, S. 178.

445 Feuerhelm, BewHi 1993, 200 (203); ders., Gemeinnützige Arbeit - Ein Zwischenbericht, S. 38 f.; ders., Gemeinnützige Arbeit als Alternative in der Geldstrafenvollstreckung, S. 178 f.; Kawamura, BewHi 1998, 338 (339).

446 Best, in: Steinhilper (Hrsg.), Soziale Dienste in der Strafrechtspflege, 209 (227); Feuerhelm, Gemeinnützige Arbeit als Alternative in der Geldstrafenvollstreckung, S. 178 f.; Boll, in: Abschlussbericht der Kommission zur Reform des strafrechtlichen Sanktionensystems, 46 (51); Kawamura, BewHi 1998, 338 (348); Villmow/Sessar/Vonhoff, KrimJ 25 (1993), 205 (217); Krieg/Löhr/ Meissner/Rufert/Schumann, MschrKrim 1984, 25 (36); Bublies, BewHi 1992, 178 (190).

447 Dünkel/Grosser, NK 1/1999, 28 (30).

Tagessatzes von sechs Stunden, die in den meisten Bundesländern[448] gilt.[449] Nur in Ausnahmefällen kann mit Rücksicht auf Art und Umstände der zu leistenden Tätigkeit oder auf besondere persönliche Verhältnisse des Verurteilten von Beginn an der Anrechnungsmaßstab auf bis zu drei Stunden herabgesetzt werden. Einige Verurteilte lehnen die Verrichtung gemeinnütziger Arbeit wegen der von ihnen aufgestellten »Stundenlohnrechnung« ab.[450] Sie dividieren die Höhe eines Tagessatzes durch die tägliche Arbeitszeit von sechs Stunden und errechnen so ihren »Stundenlohn«, der wegen der häufig geringen Tagessatzhöhe ebenfalls sehr niedrig ausfällt und sehr demotivierend wirkt.[451] Dieses »Stundenlohndenken«[452] führt insbesondere bei vollzugserfahrenen Verurteilten dazu, dass die Abwägung, für 10,00 EUR oder 15,00 EUR sechs Stunden arbeiten zu müssen oder einen Tag in der JVA zu sitzen, nicht zugunsten der Ableistung gemeinnütziger Arbeit ausfällt.[453] Außerdem wird berichtet, dass das Schuldempfinden vieler Delinquenten, die wegen Ladendiebstahls oder Schwarzfahrens verurteilt worden sind, sehr gering ist und sie daher wenig motiviert sind, hierfür (teilweise mehrere Monate) gemeinnützige Arbeit zu leisten.[454] Teilweise wird als weiterer Grund für den geringen Anteil an Tilgungen durch gemeinnützige Arbeit die begrenzte Kapazität an geeigneten Einsatzstellen genannt. Die betroffenen Geldstrafenschuldner stehen bei der Suche nach einer geeigneten Beschäftigungsstelle in Konkurrenz zu

---

448 Das Bundesland Bremen hat im Jahre 1998 den Umrechnungsschlüssel auf vier Stunden festgelegt. Vgl. Verordnung über die Tilgung uneinbringlicher Geldstrafen durch freie Arbeit vom 27.07.1998, GBl. der Freien Hansestadt Bremen 1998, S. 205. Das Justizministerium in Baden-Württemberg hat im Jahr 1998 verfügt, dass zukünftig durch vier Stunden gemeinnützige Arbeit ein Tag Ersatzfreiheitsstrafe abgewendet werden soll. Vgl. AV des Justizministeriums Baden-Württemberg v. 03.03.1998, Die Justiz 1998, 144 f.

449 Dünkel/Grosser, NK 1/1999, 28 (32).

450 Fischer, in: Kawamura (Hrsg.), Gemeinnützige Arbeit in Bayern am Schnittpunkt von sozialer Arbeit und Justiz, 13 (16); Stöckel, in: Kawamura (Hrsg.), Gemeinnützige Arbeit in Bayern am Schnittpunkt von sozialer Arbeit und Justiz, 19 (19); Villmow, FS f. Kaiser, S. 1291 (1306).

451 Block, in: Jehle/Feuerhelm/Block (Hrsg.), Gemeinnützige Arbeit statt Ersatzfreiheitsstrafe, 97 (119, Fn. 17).

452 Block, in: Jehle/Feuerhelm/Block (Hrsg.), Gemeinnützige Arbeit statt Ersatzfreiheitsstrafe, 97 (119); dies., in: Jehle/Feuerhelm/Block (Hrsg.), Gemeinnützige Arbeit statt Ersatzfreiheitsstrafe, 125 (136).

453 Stöckel, in: Kawamura (Hrsg.), Gemeinnützige Arbeit in Bayern am Schnittpunkt von sozialer Arbeit und Justiz 19 (19); Schöch, Gutachten C zum 59. DJT, S. 88, Fn. 43.

454 Freie Hilfe Berlin e.V., Gemeinnützige Arbeit statt Ersatzfreiheitsstrafe - Das Projekt Arbeit statt Strafe der Freien Hilfe Berlin e.V., Jahresdokumentation 2001 vom 20.06.2002, S. 3, abrufbar im Internet unter: http://www.freiehilfe-berlin.de/Jahresdoku2001.pdf.

den Sozialhilfeempfängern, die gemeinnützige und zusätzliche Arbeit nach § 19 Abs. 2 BSHG verrichten. Angesichts der Zunahme der Sozialhilfeempfänger hat sich dieses Konkurrenzverhältnis deutlich verstärkt. Darüber hinaus haben sich die Beschäftigungsplätze für gemeinnützige Arbeit aufgrund der zunehmenden Privatisierungen kommunaler Dienste verringert.[455] Angesichts der selten vorhandenen Arbeitslust und der fehlenden Verlässlichkeit der Betroffenen ist bei potentiellen Arbeitgebern im Bereich der privaten oder halbstaatlichen Wohlfahrt erhebliche Zurückhaltung zu beobachten.[456] Schließlich wird davon berichtet, dass sich einige Arbeitgeber weigern, einen wegen eines Eigentums- oder Vermögensdelikts bestraften Arbeitssuchenden einzustellen.[457]

VII. Unterbringung im geschlossenen Vollzug

Eine weitere Mängellage besteht bei der Unterbringung der Ersatzfreiheitsstrafengefangenen. Die Unterbringung der Ersatzfreiheitsstrafengefangenen in den Justizvollzugsanstalten der Länder erfolgt überwiegend (über 70 %) im geschlossenen Vollzug.[458] Die Ersatzfreiheitsstrafengefangenen blockieren Haftplätze im geschlossenen Vollzug, die für die vergleichsweise »schwereren Fälle« benötigt werden. Die Unterbringung der Ersatzfreiheitsstrafenverbüßer im geschlossenen Vollzug erscheint deswegen unverständlich, weil die Voraussetzungen für die Unterbringung in einer offenen Anstalt zumindest bei einem Teil der Ersatzfreiheitsstrafenverbüßer vorliegen dürften. Nach § 10 Abs. 1 StVollzG soll ein Gefangener mit seiner Zustimmung im offenen Vollzug untergebracht werden, wenn er den besonderen Anforderungen des offenen Vollzuges genügt und namentlich nicht zu befürchten ist, dass er sich dem Vollzug der Freiheitsstrafe entziehen oder die Möglichkeiten des offenen Vollzuges zu Straftaten missbrauchen werde. Die bundeseinheitlich geltenden Verwaltungsvorschriften zu § 10 StVollzG sehen Gefangene, die erheblich suchtgefährdet sind oder die als »Vollzugsversager«

---

[455] Kawamura, BewHi 1998, 338 (350).

[456] LK-Häger, § 43 Rz. 15.

[457] Schuhbauer, in: Kawamura (Hrsg.), Gemeinnützige Arbeit in Bayern am Schnittpunkt von sozialer Arbeit und Justiz, 45 (47).

[458] Müller-Dietz, ZfStrVo 1999, 279 (281); Dünkel/Grosser, NK 1/1999, 28 (29); Cornel, FS f. Lüderssen, S. 821 (824). In Berlin, Niedersachsen und Mecklenburg-Vorpommern befindet sich über die Hälfte der eine Ersatzfreiheitsstrafe verbüßenden Gefangenen im offenen Vollzug. Vgl. Dünkel/Kunat, NK 2/1997, 24 (30); Dünkel/Grosser, NK 1/1999, 28 (29); Dünkel/Drenkhahn, NK 2/2001, 16 (19 f.); Schott, ZfStrVo 2000, 90 (95).

bekannt sind, als in der Regel ungeeignet für den offenen Vollzug an. Der für den offenen Vollzug geeignete Gefangene muss in gewissem Ausmaß die Bereitschaft und die Fähigkeit zur freiwilligen Einordnung mitbringen und bereit sein, sich in ein System einbeziehen zu lassen, das auch auf der Selbstdisziplin und dem Verantwortungsbewusstsein des Gefangenen beruht.[459] Da es vielen der eine Ersatzfreiheitsstrafe verbüßenden Gefangenen an Disziplin und Verantwortungsbewusstsein mangelt und nicht wenige ein Drogen- oder Alkoholproblem haben, wird bei einem Großteil die Eignung für den offenen Vollzug nicht gegeben sein. Der verbleibende Teil der Gefangenen dürfte hingegen die besonderen Anforderungen des offenen Vollzuges erfüllen. Die Fluchtgefahr ist bei diesen Gefangenen angesichts der regelmäßig kurzen Dauer der Ersatzfreiheitsstrafen als gering einzuschätzen.[460] Das Gericht hat die Verhängung einer kurzen Freiheitsstrafe nicht als notwendig erachtet und den Delinquenten insofern eine günstige Prognose gestellt, so dass auch die Missbrauchsgefahr in der Regel zu verneinen ist.[461] Da der Strafanspruch des Staates und die Sicherheit der Bevölkerung nur minimal tangiert sind, wäre eine Unterbringung der Gefangenen in offenen Vollzugsanstalten sachgerecht. Vollzugsorganisatorisch bietet sich an, diese Gefangenen unmittelbar in eine offene Einrichtung einzuweisen. Ein solches Direkteinweisungsverfahren für Ersatzfreiheitsstrafenverbüßer[462] wird beispielsweise in Hessen[463], Ber-

---

[459] BT-Drs. 7/918, S. 51. Darüber hinaus wird teilweise verlangt, die Eignung des Gefangenen sei grundlegend von seiner Persönlichkeit abhängig, wobei auch sein Vorleben, seine früheren Straftaten, die Umstände und das Gewicht der Tat, die Tatmotive sowie sein Verhalten und seine Persönlichkeitsentwicklung im Vollzug zu berücksichtigen seien. Vgl. OLG Karlsruhe, ZfStrVo 1985, 174 (174); OLG Zweibrücken, ZfStrVo 1998, 179 (180); Schwind/Böhm-Ittel, § 10 Rz. 7. Diese Auffassung hält insbesondere *Lesting* für zu weitgehend, nach dem persönliche Eigenschaften nur insoweit zu beachten seien, als sie für die Gefahrenprognose relevant seien. Vgl. AK-StVollzG-Lesting, § 10 Rz. 12.

[460] Je weiter entfernt der Entlassungszeitpunkt des Verurteilten liegt, desto größer wird für einen Verurteilten die Versuchung sein, sich ihm bietende Entweichungsmöglichkeiten zur Flucht zu nutzen. Vgl. dazu Laubenthal, Strafvollzug, Rz. 180; Seebode, FS f. Böhm, S. 519 (548).

[461] Seebode, FS f. Böhm, S. 519 (548); Dünkel/Grosser, NK 1/1999, 28 (29).

[462] Die Direkteinweisung in den offenen Vollzug ist in Baden-Württemberg bereits Anfang der 80iger Jahre im Rahmen des sog. Kurzstrafenprogramms erprobt worden. Das Kurzstrafenprogramm richtete sich an die Gefangenengruppe der sozial Integrierten, die bis zu ihrer Inhaftierung ein festes Arbeitsverhältnis hatten. Die Verbüßer von Ersatzfreiheitsstrafen zählen zu den Gefangenen des Kurzstrafenvollzuges, die der Gruppe der Desintegrierten angehören. Vgl. Dolde/Jehle, ZfStrVo 1986, 195 (195 ff.); Dolde/Rössner, ZStW 1987, 424 (424 ff.); Dolde, FG f. Göppinger, S. 163 (163 ff.); dies., ZfStrVo 1992, 24 (24 ff.).

[463] In Hessen wird das Direkteinweisungsverfahren, das die unmittelbare Einweisung der auf freiem Fuß befindlichen Verurteilten in den offenen Vollzug erlaubt, seit 1982 praktiziert. Es galt zunächst nicht für die Verbüßung von Ersatzfreiheitsstrafen. Seit 1992 können nunmehr auch

lin, Hamburg[464] und Niedersachsen praktiziert.[465] Fünf Bundesländer nehmen generell keine direkte Einweisung in den offenen Vollzug vor[466], die übrigen Bundesländer sehen hierfür jeweils unterschiedliche Kriterien vor.[467] Abgesehen von den Direkteinweisungen, bei denen nach Strafantritt in jedem Einzelfall geprüft wird, ob der Verurteilte im offenen Vollzug bleiben kann oder im geschlossenen Vollzug untergebracht werden muss[468], scheinen die Ersatzfreiheitsstrafenverbüßer, die ihre Strafe zunächst im geschlossenen Vollzug beginnen, trotz Vorliegens der Voraussetzungen für die Überstellung in eine offene Anstalt und trotz der Sollregelung des § 10 StVollzG, nach der die Vollzugsbehörde trotz des ihr grundsätzlich zustehenden Ermessens die Unterbringung eines Verurteilten im offenen Vollzug wählen muss und nur in besonders begründeten Ausnahmefällen einen für den offenen Vollzug geeigneten Gefangenen im geschlossenen Vollzug unterbringen kann[469], in der Praxis nur geringe Chancen zu haben, in den offenen Vollzug verlegt zu werden. Das liegt daran, dass die Vollzugsbehörden bei der Prüfung der Eignung diejenigen Gefangenen bevorzugen, die aus der Zeit vor der Inhaftierung bessere Sozialisierungsbedingungen mitbringen.[470] Eine Untersuchung aus Bremen hat ergeben, dass bei der Verlegung in den offenen Vollzug und bei der Gewährung von Vollzugslockerungen Vorsicht und Zurückhaltung bei den Gefangenen geübt wird, die vor der Inhaftierung ohne festen Wohnsitz oder ohne feste Arbeit waren, kriminell vorbelastet oder vollzugserfahren waren und keine mitmenschlichen Kontakte aufwiesen. In der begutachteten offenen Anstalt waren darüber hinaus ausländische Gefangene und ledige Verurteilte unterrepräsentiert.[471] Diese Studie zeigt exemplarisch, dass die Vollzugsbehörden Täter-

---

Verurteilte, die Ersatzfreiheitsstrafen zu verbüßen haben, unmittelbar in eine offene Vollzugseinrichtung geladen werden, sofern sie sich auf freiem Fuß befinden. Vgl. Schäfer, FS f. Böhm, S. 165 (165 ff.).

464 Nach der AV der Justizbehörde Hamburg zu § 10 StVollzG sollen Gefangene, die ausschließlich eine Ersatzfreiheitsstrafe verbüßen, grundsätzlich im offenen Vollzug untergebracht werden. Vgl. Justizbehörde Hamburg, Jahresauswertung 1997 zum Modellprojekt »Ersatzfreiheitsstrafen«, S. 31.

465 Dünkel/Drenkhahn, NK 2/2001, 16 (19).

466 Kritisch dazu: AK-StVollzG-Lesting, § 10 Rz. 4.

467 BT-Drs. 13/9329, S. 19.

468 So jedenfalls in Hessen, vgl. Schäfer, FS f. Böhm, S. 165 (173).

469 OLG Frankfurt, NStZ 1991, 55 (55); OLG Zweibrücken, ZfStrVo 1998, 179 (180); Müller-Dietz, ZfStrVo 1999, 279 (281); AK-StVollzG-Lesting, § 10 Rz. 5; Schwind/Böhm-Ittel, § 10 Rz. 4.

470 Böhm, NStZ 1986, 201 (204); Heghmanns, NStZ 1998, 279 (281).

471 Thomas, ZfStrVo 1985, 220 (220 ff.); Böhm, NStZ 1986, 201 (204).

gruppen mit unterschiedlichen Sozialisationschancen unterschiedliche Aussichten, in den offenen Vollzug zu gelangen, einräumen.[472] Die Gefangenen, die in den offenen Vollzug verlegt werden, stellen eine positive Auslese dar.[473] Angesichts der unterschiedlichen Handhabung der Verlegung in den offenen Vollzug bezüglich der sozial integrierten Täter und der Gefangenen mit Sozialisationsdefiziten wird von Teilen des Schrifttums eine sachlich nicht gerechtfertigte Ungleichbehandlung gerügt und gefordert, sozial desintegrierte Täter stärker als die sozial ohnehin gefestigten Insassen für den offenen Vollzug und Vollzugslockerungen vorzusehen.[474] Folgt man dieser Auffassung, spricht das Gebot der Gleichbehandlung dafür, die Ersatzfreiheitsstrafenverbüßer grundsätzlich in den offenen Vollzug zu verlegen und ihnen sonstige Lockerungen zu gewähren. Für die Unterbringung der Ersatzfreiheitsstrafler im offenen Vollzug ließe sich darüber hinaus anführen, dass bei ihnen fast durchweg Straftaten aus dem Bereich der Bagatellkriminalität vorliegen, die aus wirtschaftlicher Not heraus begangen worden sind, so dass die geringe Schwere der Taten und das geringe Gewicht der Schuld der Täter bei Entscheidungen, die die Gestaltung des Vollzuges betreffen, zu beachten sind. Eine solche Argumentation ist aber problematisch, weil nach herrschender Lehre die Berücksichtigung der Strafzwecke wie Schuldausgleich, Sühne oder Verteidigung der Rechtsordnung im Strafvollzug nicht zulässig ist.[475] Schuldschwereerwägungen dürfen danach bei Gestaltungsentscheidungen keine Rolle spielen, im Vollzug darf keine Rücksicht auf eine nach dem Richterspruch geringe Tatschuld genommen werden. Die Rechtsprechung hat gleichwohl u.a. bei zu lebenslanger oder zeitiger Freiheitsstrafe Verurteilten einer aus dem Statusurteil ersichtlichen schweren Schuld Einfluss auf die Gestaltung des Vollzuges eingeräumt, indem sie

---

472 Vgl. auch die Untersuchung von Freimund, Vollzugslockerungen - Ausfluss des Resozialisierungsgedankens?, S. 186 ff.

473 Dies ist auch bei der Bewertung der geringen Rückfallquote der aus dem offenen Vollzug entlassenen Gefangenen im Vergleich zu der höheren Rückfallquote der Gefangenen des geschlossenen Vollzuges zu berücksichtigen. Vgl. Müller/Wulf, ZfStrVo 1999, 3 (4).

474 Böhm, in: Busch/Krämer (Hrsg.), Strafvollzug und Schuldproblematik, 129 (132); Müller-Dietz, ZfStrVo 1988, 204 (205); Heghmanns, NStZ 1998, 279 (283 f.). *Heghmanns* spricht sogar von einer doppelten Benachteiligung sozial desintegierter Täter durch die Statusentscheidung des Gerichts einerseits und die Gestaltungsentscheidung der Vollzugsbehörde andererseits.

475 Peters, JR 1978, 177 (178 f.); Baumann, in: Schwind/Steinhilper/Böhm (Hrsg.), 10 Jahre Strafvollzugsgesetz, 69 (75 f.); Calliess, NJW 1989, 1338 (1338); Koepsel, ZfStrVo 1992, 46 (48); AK-StVollzG-Feest/Lesting, § 2 Rz. 2 ff.; Calliess/Müller-Dietz, § 2 Rz. 8 ff.; Kaiser/Schöch, § 6 Rz. 31 ff.; Laubenthal, Strafvollzug, Rz. 165 ff.; a.A. Arloth, GA 1988, 403 (416 ff.); ders., ZfStrVo 1990, 329 (330 f.)

die Versagung von Hafturlaub oder Vollzugslockerungen oder die Ablehnung der Unterbringung im offenen Vollzug wegen des hohen Unrechtsgehalts der Taten und die sich hieraus ergebende Schwere der Schuld für rechtsfehlerfrei erachtete.[476] Bei Zugrundelegung dieser Rechtsprechung erscheint es folgerichtig, dem Geldstrafenurteil Gewicht für den Vollzug der Ersatzfreiheitsstrafe beizumessen und den Vollzug von Ersatzfreiheitsstrafen wegen des geringen Schuldvorwurfs erleichtert und so zu gestalten, dass der mit der Geldstrafe im Vergleich zur Freiheitsstrafe geringere öffentliche Tadel im Auge bleibt.[477] Offener Vollzug und sonstige Lockerungen sollten daher bei Ersatzfreiheitsstrafengefangenen in dem Umfang erleichtert werden und nahe liegen, in dem sie in der Praxis bei schwerer Schuld erschwert werden und fernliegend erscheinen.[478] Zu diesem Ergebnis muss auch die Ansicht in der Lehre führen, die der schweren Schuld des Gefangenen in Extremfällen, nämlich bei lebenslänglicher Freiheitsstrafe, Einflussnahme auf die Gestaltungsentscheidungen gestattet.[479] Denn die Ersatzfreiheitsstrafenverbüßer stellen nach dem Gewicht des Schuldvorwurfs das andere Extrem der Gefängnispopulation.[480]

Zusammenfassend ist festzuhalten: Die Ersatzfreiheitsstrafenverbüßer sind nicht bloß arm, sie leben darüber hinaus in prekären sozialen und persönlichen Verhältnissen. Die Straftaten der Verbüßer von Ersatzfreiheitsstrafen sind in der Regel Ausdruck ihrer schlechten Lebenssituation, es handelt sich überwiegend um klassische Armutskriminalität in einem bagatellhaften Schwerebereich. Die in den Strafvollzug gelangten Geldstrafenschuldner verfügen außerdem regelmäßig über eine geringe soziale Handlungskompetenz, so dass sie die ihnen zustehenden Rechte im Strafverfahren (z.B. Einspruch gegen Strafbefehl) und im Vollstre-

---

476 OLG Karlsruhe, JR 1978, 213 (213); NStZ 1989, 247 (247); OLG Frankfurt, NJW 1979, 1173 (1173); NStZ 1981, 157 (157); StV 1985, 28 (29), 199 (200); ZfStrVo 1987, 111 (112); OLG Nürnberg, ZfStrVo 1980, 122 (122); NStZ 1984, 92 (93); OLG Hamm, NStZ 1981, 495 (495); OLG Stuttgart, NStZ 1984, 429 (429); OLG Celle, StV 1985, 333 (333). Vgl. auch BVerfGE 64, 261 (261 f., 274 ff.): »Es ist von Verfassungs wegen nicht zu beanstanden, wenn die Justizvollzugsanstalt bei der Entscheidung über die Gewährung von Urlaub aus der Haft für einen zu lebenslanger Freiheitsstrafe verurteilten Gefangenen auch die besondere Schwere der Tatschuld berücksichtigt.«

477 Seebode, FS f. Böhm, S. 519 (546).

478 Seebode, FS f. Böhm, S. 519 (546).

479 Böhm, Strafvollzug, S. 36; Schwind/Böhm-Böhm, § 2 Rz. 6; Freimund, Vollzugslockerungen - Ausfluss des Resozialisierungsgedankens?, S. 200 ff.

480 Seebode, FS f. Böhm, S. 519 (547).

ckungsverfahren (z.B. Antrag auf Gewährung von Zahlungserleichterungen) und die sich bietende Möglichkeit zur Abwendung der Vollstreckung der Ersatzfreiheitsstrafe durch Leistung gemeinnütziger Arbeit kaum wahrnehmen. Die handlungsinkompetenten und initiativlosen Delinquenten treffen auf einen personell und finanziell schlecht ausgestatteten Justizapparat, in dem die Verhängung und Vollstreckung von Geldstrafen ein Massengeschäft darstellt und in dem die Initiativpflicht auf die Verurteilten verlagert wird. Die Justizbehörden wissen wenig über die besonderen Lebenslagen und Einkommensverhältnisse der Beschuldigten. Es kommt daher regelmäßig zu Schätzungen des Einkommens, die oft die Festsetzung überhöhter Tagessätze zur Folge haben. Insbesondere das Strafbefehlsverfahren erweist sich für die hier in Rede stehenden Geldstrafenschuldner als folgenschwer. *Albrecht* spricht zu Recht von einem benachteiligenden Effekt des schriftlichen Verfahrens.[481] Die überhöht bemessenen Geldstrafen stellen sich für die wirtschaftlich und sozial schwachen Delinquenten von vornherein als »verkappte Freiheitsstrafen« dar.[482] Das weitgehend routinierte und formalisierte Vollstreckungsverfahren kann eine Korrektur der zu hoch bemessenen Geldstrafen bzw. einen Ausgleich dafür in Form von Zahlungserleichterungen nur selten leisten. Die Vollstreckungsbehörden werden regelmäßig nur auf Antrag tätig. Der Hinweis auf die Möglichkeit, die Vollstreckung der Ersatzfreiheitsstrafe durch Leistung gemeinnütziger Arbeit abzuwenden, erfolgt zudem lediglich schriftlich. Die Vorgaben und Möglichkeiten des geltenden Rechts werden in der Praxis nur unzureichend angewendet, ausgeschöpft und umgesetzt.

---

[481] Albrecht, Strafzumessung und Vollstreckung bei Geldstrafen, S. 274.

[482] Schall, NStZ 1985, 104 (104).

Vierter Teil: Reformbedürfnis

Die Antwort auf die Frage, ob Handlungsbedarf für die Vermeidung der Vollstreckung von Ersatzfreiheitsstrafen besteht, liegt auf der Hand. Der erste Teil der Arbeit hat gezeigt, dass die Ersatzfreiheitsstrafe gegen Art. 104 Abs. 2, S. 1 GG verstößt und damit verfassungsrechtlich nicht haltbar ist. Die aufgezeigten Unzulänglichkeiten der bestehenden Rechtslage, vor allem der in § 43, S. 2 StGB verankerte Umrechnungsmaßstab von 1:1, machen das zwingende Bedürfnis für Reformen im Bereich der Ersatzfreiheitsstrafe deutlich. Die Ersatzfreiheitsstrafe ist zudem unter straftheoretischen Gesichtspunkten fragwürdig. Das führt zu der Notwendigkeit, die Ersatzfreiheitsstrafe möglichst zu vermeiden. Aus der kriminologischen Erkenntnis von der Austauschbarkeit der Sanktionen im Zusammenspiel mit dem Verhältnismäßigkeitsprinzip ergibt sich sogar die Verpflichtung, verstärkt ambulante Sanktionen einzusetzen und die Vollstreckung der Ersatzfreiheitsstrafe weiter zu verringern.[483] Damit ist insbesondere das Institut der gemeinnützigen Arbeit angesprochen, dessen Ausbau und Erweiterung bei einer Reform des Sanktionensystems eine zentrale Rolle spielen sollte. Daher besteht Handlungsbedarf, Regelungen zur Vermeidung von Ersatzfreiheitsstrafen aufzustellen.

Auch wenn man der hier vertretenen Auffassung nicht folgt und die Ersatzfreiheitsstrafe unter verfassungsrechtlichen und straftheoretischen Gesichtspunkten für unbedenklich hält und demzufolge einen aus rechtlichen und strafzweckorientierten Aspekten folgenden Handlungsbedarf verneint, sind Änderungen des Sanktionensystem gleichwohl aus kriminalpolitischen Gründen erforderlich. Angesichts der Kapazitätsdefizite in den Vollzugsanstalten, der durch den Vollzug von Ersatzfreiheitsstrafen entstehenden hohen Kosten und vor allem angesichts der spezifischen Schädlichkeit des kurzen Freiheitsentzuges für die Betroffenen ist ein Reformbedürfnis zu bejahen.[484]

Ein Bedürfnis für eine Reform des Sanktionensystems ließe sich darüber hinaus möglicherweise unter Hinweis auf die Unzulänglichkeiten der bestehenden Rechtspraxis begründen. Der dritte Teil der Arbeit hat veranschaulicht, dass das

---

483 Weßlau, StV 1999, 278 (278).

484 So auch Boll, in: Abschlussbericht der Kommission zur Reform des strafrechtlichen Sanktionensystems, 46 (46).

geltende Recht nicht in vollem Umfang ausgeschöpft wird und die bestehenden Möglichkeiten zur Vermeidung der Vollstreckung von Ersatzfreiheitsstrafen nicht in ausreichendem Maße genutzt werden. Die Bestandsaufnahme hat deutlich werden lassen, welche Defizite bei der Anwendung und Umsetzung des geltenden Rechts in der Praxis bestehen. Sie hat gezeigt, dass bereits im Ermittlungsverfahren und bei der Verhängung der Geldstrafe die entscheidenden Weichenstellungen erfolgen, die die Geldstrafe für einige Verurteilte von Anfang an zu einer »verkappten Freiheitsstrafe«[485] machen.

Die Unzulänglichkeiten der bestehenden Rechtspraxis führen nicht zwingend zur Bejahung eines Reformbedürfnisses im Bereich der Geld- und/oder Ersatzfreiheitsstrafe. Der logisch vorrangige Schritt vor einer Reform wäre eine umfassende Analyse, warum die genannten Möglichkeiten zur Vermeidung von Ersatzfreiheitsstrafen nicht in dem gewünschten Maße angewendet werden.[486] Es wäre z.B. aufzuklären, warum die Gerichte den unteren Bereich der Tagessätze von 1,00 EUR bis 5,00 EUR kaum anwenden, warum die Vollstreckungsbehörden ein reaktives Verhaltensmuster aufweisen, warum die Möglichkeiten der gemeinnützigen Arbeit nicht genügend ausgeschöpft werden. Eine solche umfassende Ursachenanalyse kann hier nicht vorgenommen werden. Soweit im Rahmen der Bestandsaufnahme Gründe für die Mängel der aktuellen Straf- und Vollstreckungspraxis genannt worden sind, wird auf diese Erklärungsversuche verwiesen. Klar ist, dass die Mängel der Straf-, Vollstreckungs- und Vollzugspraxis behoben werden müssen. Im Folgenden werden daher einige zur Optimierung des vorhandenen Instrumentariums mögliche bzw. erforderliche Schritte und Maßnahmen kurz skizziert.

Es ist notwendig, dass bereits in der ersten polizeilichen Vernehmung im Ermittlungsverfahren die persönlichen und wirtschaftlichen Verhältnisse des Beschuldigten vollständig erfasst werden. Vor dem Hintergrund, dass dem Beschuldigten ein umfassendes Schweigerecht (§§ 163 a Abs. 4, 136 Abs. 1, S. 2 StPO) zusteht, erscheint es angebracht, ihm vor Augen zu führen, dass Angaben über seine wirt-

---

[485] Schall, NStZ 1985, 104 (104).

[486] Vgl. Strafrechtskommission der Richterinnen und Richter, Staatsanwältinnen und Staatsanwälte in der Gewerkschaft ver.di, Stellungnahme zum Entwurf eines Gesetzes zur Reform des Sanktionenrechts (Referentenentwurf des BMJ, Stand: 08.12.2000), S. 3, abrufbar im Internet unter: http://www.verdi.de.

schaftliche Situation im eigenen Interesse sinnvoll sind. Der Vernehmungsbeamte sollte ihm mitteilen, dass aus einem Schweigen zur Sache keine für ihn nachteiligen Schlussfolgerungen gezogen werden dürfen[487] und dass die Möglichkeit besteht, sich ausschließlich zu den wirtschaftlichen Verhältnissen einzulassen. Außerdem ist ihm klarzumachen, dass aus den Angaben zur ökonomischen Situation keine Rückschlüsse auf die Beteiligung an der vorgeworfenen Straftat gezogen werden, selbst wenn sich die Verhältnisse als desolat herausstellen sollten. Darüber hinaus sollte immer ein Hinweis auf die Möglichkeit der Schätzung (§ 40 Abs. 3 StGB) erfolgen[488] und auf die Gefahr einer Freiheitsstrafe bei Nichtzahlung der Geldstrafe, damit dem Beschuldigten unmissverständlich klar wird, dass eine Mitwirkung eigene Nachteile vermeiden könnte. Hinsichtlich des polizeilichen Fragebogens zur Beschuldigtenvernehmung, der für die wirtschaftlichen Verhältnisse nur wenig Raum bietet, der für Detailangaben nicht ausreicht, erscheint es sinnvoll, (bundeseinheitlich) eine Extrarubrik zu den wirtschaftlichen Verhältnissen einzuführen. Die Rubrik sollte einzelne vorformulierte Fragen enthalten, die den Vernehmungsbeamten dazu zwingen, diese Fragen in der Vernehmung auch zu stellen und im Formular auszufüllen.[489] Im Falle unzureichender Ermittlungen durch die Polizei sind die Staatsanwaltschaften angehalten, ihrerseits diese Ermittlungen nachzuholen. Nach der Empfehlung von *Fleischer* soll die Staatsanwaltschaft bereits dann, wenn ihr die Akte zum ersten Mal vorgelegt wird, an den Beschuldigten in schriftlicher Form herantreten und dazu Formschreiben verwenden.[490] Darin soll der Beschuldigte aufgefordert werden, zum Nachweis seiner aktuellen Einkommensverhältnisse u.a. eine Verdienstbescheinigung des Arbeitgebers oder bei Fehlen eines Arbeitsverhältnisses entsprechende Rentenbescheide oder Bewilligungsbescheide des Sozial- bzw. Arbeitsamtes vorzulegen.[491] Es ist allerdings zweifelhaft, ob den hier in Rede stehenden Beschul-

---

[487] BVerfG, NStZ 1995, 555 (555 f.); BGHSt 24, 365 (368); 32, 140 (144); 34, 324 (326); Meyer-Goßner, § 261 Rz. 16 m.w.N.

[488] Nr. 14 Abs. 1, S. 6 RiStBV enthält nur eine Kann-Bestimmung.

[489] So der Vorschlag der Großen Strafrechtskommission des Deutschen Richterbundes, Die Geldstrafe, S. 98; vgl. auch Kintzi, DRiZ 2001, 198 (201). Der Vorschlag von Schaeffer, Die Bemessung der Tagessatzhöhe unter Berücksichtigung der Hausfrauenproblematik, S. 208, 232 ff., dem Beschuldigten einen 60 Fragen umfassenden, selbständigen Fragebogen zur Einkommens- und Vermögenssituation beim ersten Kontakt mit der Polizei und Staatsanwaltschaft vorzulegen, ist praxisfremd und daher abzulehnen. So zu Recht Fleischer, Die Strafzumessung bei Geldstrafen, S. 255 ff.

[490] Fleischer, Die Strafzumessung bei Geldstrafen, S. 258.

[491] Fleischer, Die Strafzumessung bei Geldstrafen, S. 259.

digten mit derartigen Anschreiben beizukommen ist, denn, wie gesehen, erfassen sie oftmals nicht den Inhalt und die Bedeutung der an sie gerichteten Schreiben, reagieren aufgrund fehlender Sozialkompetenz nicht auf sie oder verdrängen sie. Ein Vorgehen auf schriftlichem Wege erscheint deswegen nur wenig erfolgversprechend. Empfehlenswert ist demgegenüber die (verstärkte) Einschaltung der Gerichtshilfe im Ermittlungsverfahren.[492] Nach § 160 Abs. 3, S. 1 StPO sollen sich die Ermittlungen der Staatsanwaltschaft auch auf die Umstände erstrecken, die für die Bestimmung der Rechtsfolgen der Tat von Bedeutung sind. Dazu kann sie sich gem. § 160 Abs. 3, S. 2 StPO der Gerichtshilfe bedienen. Die Aufgabe der Gerichtshilfe im Ermittlungsverfahren wird vornehmlich darin gesehen, der Staatsanwaltschaft ein klares Bild von der Persönlichkeit und dem sozialen Umfeld des Beschuldigten zu vermitteln.[493] Die Gerichtshilfe kann jedoch auch zur Ermittlung der wirtschaftlichen Verhältnisse des Beschuldigten eingeschaltet werden. Das folgt aus dem Wortlaut des § 160 Abs. 3 StPO und auch aus Nr. 14 Abs. 3, S. 1 und Nr. 15 Abs. 1 RiStBV.[494] Von der Möglichkeit des § 160 Abs. 3, S. 2 StPO wird in der Praxis wenig Gebrauch gemacht. Die Haupttätigkeit der Gerichtshilfe liegt im Vollstreckungs- und Gnadenverfahren.[495] Die Gerichtshilfe kommt erst bei der »Symptombehandlung vorausgegangener Fehlentscheidungen«[496] zum Einsatz.[497] Die Verlagerung des Tätigkeitsschwerpunktes der Gerichtshilfe auf die Ebene des Ermittlungsverfahrens ist insbesondere bei der vor-

---

492 Albrecht, Strafzumessung und Vollstreckung bei Geldstrafen, S. 324; Wolff, BewHi 1985, 138 (140); Dammer, BewHi 1985, 141 (143); Gerken/Henningsen, ZRP 1987, 386 (390); ablehnend: Fleischer, Die Strafzumessung bei Geldstrafen, S. 269 ff.

493 Schüler-Springorum, BewHi 1977, 224 (228); Schöch, FS f. Leferenz, S. 127 (135); KK-Wache, § 160 Rz. 33; LR-Rieß, § 160 Rz. 79 f.; AK-StPO-Schöch, § 160 Rz. 34; KMR-Plöd, § 160 Rz. 14.

494 Nr. 14 Abs. 3, S. 1 RiStBV lautet: »Bestehen gegen die Angaben des Beschuldigten über seine wirtschaftlichen Verhältnisse Bedenken oder wird vermutet, dass sie sich nachträglich wesentlich geändert haben, so kann sich der Staatsanwalt der Gerichtshilfe (§ 160 Abs. 3 StPO) bedienen.« Nr. 15 Abs. 1 RiStBV lautet: »Alle Umstände, die für die Strafbemessung, die Strafaussetzung zur Bewährung, die Verwarnung mit Strafvorbehalt, das Absehen von Strafe, die Nebenstrafe und Nebenfolgen oder die Anordnung von Maßregeln der Bessserung und Sicherung, des Verfalls oder sonstiger Maßnahmen (§ 11 Abs. 1 Nr. 8 StGB) von Bedeutung sein können, sind schon im vorbereitenden Verfahren aufzuklären. Dazu kann sich der Staatsanwalt der Gerichtshilfe bedienen.« Zur Aufklärung der für die Strafbemessung relevanten Umstände gehört auch die Ermittlung der Grundlagen für die Tagessatzhöhe, vgl. Fleischer, Die Strafzumessung bei Geldstrafen, S. 271.

495 Dammer, BewHi 1985, 141 (142); Hering, in: Kerner (Hrsg.), Straffälligenhilfe in Geschichte und Gegenwart, 137 (139), der allerdings auf starke regionale Unterschiede hinweist.

496 Wolff, BewHi 1985, 138 (140).

497 Wolff, BewHi 1985, 138 (141).

aussichtlichen Verhängung einer Geldstrafe notwendig, weil im Ermittlungsverfahren die Weichen für die Höhe des Tagessatzes und damit für die Einbringlichkeit bzw. Uneinbringlichkeit der Geldstrafe gestellt werden. Die Einschaltung der Gerichtshilfe erscheint erfolgversprechend, weil sie im Gegensatz zu den Strafverfolgungsbehörden als eher neutrales Ermittlungsorgan auftreten kann.[498] Die Justizministerien, die Generalstaatsanwälte und die Behördenleiter sollten detaillierte Anweisungen einsetzen, damit die Gerichtshilfe im Ermittlungsverfahren stärker herangezogen wird.[499] Es bietet sich an, bestimmte Täter- und Deliktsgruppen festzulegen, bei denen die Einschaltung der Gerichtshilfe den Regelfall darstellen soll.[500] Die Vorgehensweise des Gerichtshelfers bei seinen Ermittlungen ist nicht festgelegt. In der Regel wird sich der Gerichtshelfer zunächst um ein Gespräch mit dem Beschuldigten bemühen und diesem dazu einen Hausbesuch abstatten.[501] Der Sozialarbeiter der Gerichtshilfe sollte dem Beschuldigten bei der Kontaktaufnahme als Erstes mitteilen, dass die Gerichtshilfe nicht zur Überführung oder zur Nichtüberführung beizutragen, sondern nur bei der Gewinnung der Tatsachengrundlage für die richtige Rechtsfolgenentscheidung mitzuhelfen hat.[502] Er muss den Beschuldigten vor der Befragung nach § 136 Abs. 1, S. 2 StPO belehren[503] und ihm klarmachen, dass seine Angaben in dem Strafverfahren verwertet werden können und sollen.[504] Der Gerichtshelfer sollte dem Beschuldigten die Bedeutung und Tragweite der Einkommensangaben erklären. Es ist davon auszugehen, dass ein Sozialarbeiter aufgrund seiner besonderen Ausbildung eher als ein Polizeibeamter einen Zugang zu dem Beschuldigten findet und ihn davon überzeugen kann, seine (desolaten) wirtschaftlichen Verhältnisse im eigenen Interesse offen zu legen. Freilich darf auch der Gerichtshelfer keinen Druck auf den Beschuldigten ausüben, sondern muss dessen Entscheidungsfreiheit berücksichtigen. Darüber hinaus kann er ebensowenig wie die Staatsanwaltschaft, die ohne Einwilligung der Beschuldigten die Leistungsbescheide des Sozial- oder Arbeitsamtes

---

[498] KK-Wache, § 160 Rz. 33.

[499] Für eine bundesgesetzliche Regelung der Aufgaben der »Ambulanten Straffälligenhilfe«: Dünkel/Cornel, NK 2/2003, 42 (44).

[500] Hering, in: Kerner (Hrsg.), Straffälligenhilfe in Geschichte und Gegenwart, 137 (141).

[501] AK-StPO-Schöch, § 160 Rz. 41.

[502] Meyer-Goßner, § 160 Rz. 24.

[503] Meyer-Goßner, § 160 Rz. 25; KK-Wache, § 160 Rz. 34; LR-Rieß, § 160 Rz. 92; KMR-Plöd, § 160 Rz. 14; AK-StPO-Schöch, § 160 Rz. 42.

[504] KK-Wache, § 160 Rz. 34; LR-Rieß, § 160 Rz. 92.

wegen des Sozialgeheimnisses (§ 35 SGB I) nicht beiziehen kann[505] (es sei denn, es besteht eine gesetzliche Offenbarungspflicht der Sozialbehörden nach §§ 68-77 SGB X[506]), Auskünfte oder Unterlagen verlangen, die dem Sozialgeheimnis unterliegen, soweit nicht der Beschuldigte zustimmt.[507] Neben der Befragung des Beschuldigten kann der Gerichtshelfer auch Gespräche mit weiteren Auskunftspersonen führen (z.B. Angehörige, Nachbarn), die er aber zuvor über ein eventuelles Zeugnisverweigerungs- oder Auskunftsverweigerungsrecht zu belehren hat.[508]

Wenn die Gerichtshilfe nicht die erforderlichen Informationen gewinnen konnte, muss die Staatsanwaltschaft weitere Ermittlungen veranlassen bzw. durchführen. Weitere Ermittlungen dürfen nicht unter Hinweis auf die umständliche und zeitraubende Informationsgewinnung unterbleiben. Grund für die unzureichende Ermittlungstätigkeit der Staatsanwaltschaft bei den Delikten aus dem Bereich der leichten und mittleren Kriminalität ist das hohe Arbeitspensum der Amts- und Staatsanwälte. Aufgrund der mangelhaften personellen Ausstattung können die Staatsanwaltschaften die ihr gesetzlich auferlegten Pflichten im Ermittlungsverfahren nur unzureichend erfüllen[509] und sich nur selten an Nr. 14 Abs. 1 Nr. 1 RiStBV halten. Es müssen mithin die Voraussetzungen für eine sachgerechte und angemessene Ermittlungstätigkeit der Staatsanwaltschaften geschaffen werden. Liegen der Staatsanwaltschaft die erforderlichen Informationen zu den Einkommens- und Vermögensverhältnissen vor, braucht sie bei ihrem Strafbefehlsantrag nicht auf die Vorschrift des § 40 Abs. 3 StGB zurückzugreifen, sondern kann und muss die Höhe eines Tagessatzes entsprechend dem tatsächlich ermittelten Einkommen festsetzen, wobei sie insbesondere auch den unteren Tagessatzbereich ausschöpfen sollte, und sie muss darüber hinaus prüfen, ob Zahlungserleichterungen i.S.d. § 42 StGB zu gewähren sind.

---

505 Reiß, ZRP 1988, 143 (143).

506 § 69 Abs. 1 Nr. 1, 2 SGB X sieht für bestimmte Fälle die Offenbarung und Übermittlung von Sozialdaten an Strafverfolgungsbehörden vor. Voraussetzung ist allerdings, dass dies zur Erfüllung sozialgesetzlicher Aufgaben oder für die Durchführung eines damit zusammenhängenden Strafverfahrens erforderlich ist. Dazu gehört insbesondere die Unterstützung von Ermittlungsverfahren wegen Unterhaltspflichtverletzung, Vorenthaltung von Sozialbeiträgen und betrügerischer Schädigung der Arbeitsverwaltung. Vgl. dazu Kerl, NJW 1984, 2444 (2445 f.); Bittmann, NJW 1988, 3138 (3139).

507 LR-Rieß, § 160 Rz. 91.

508 KMR-Plöd, § 160 Rz. 14; AK-StPO-Schöch, § 160 Rz. 42.

509 Schoreit, ZRP 1982, 288 (290).

Wenn dem Gericht im Strafbefehlsverfahren die ihm vorliegenden Erkenntnisse zur finanziellen Leistungsfähigkeit des Beschuldigten nicht ausreichen, kann es gem. § 408 Abs. 3, S. 2 StPO ergänzende Ermittlungen anregen, bei deren Unterbleiben die Hauptverhandlung anberaumen und ggf. selbst die Gerichtshilfe mit entsprechenden Ermittlungen beauftragen.[510] Die Gerichte sollten bei gegebenem Anlass von diesen Möglichkeiten stärker als bisher Gebrauch machen.[511] Sie sind angehalten, die ihnen zur Verfügung stehenden Möglichkeiten zur sorgfältigen und umfassenden Ermittlung der Einkommensverhältnisse auszuschöpfen und das im Rahmen ihrer Arbeitsbelastung Mögliche zu unternehmen, um die tatsächliche Leistungsfähigkeit zu ermitteln.

Im Interesse der in der Wahrnehmung ihrer Rechte inkompetenten Beschuldigten ist die Ausgestaltung des Strafbefehls zu verbessern. Der Strafbefehl verweist darauf, dass ein begründeter Ratenzahlungsantrag bei der Staatsanwaltschaft (Angabe des Ortes und der Adresse) gestellt werden kann. Dieser Hinweis ist nicht ausreichend. Es ist empfehlenswert, den Namen des Sachbearbeiters, die Nummer des Dienstzimmers und dessen Durchwahl aufzuführen, damit der Verurteilte die Möglichkeit zur direkten telefonischen oder persönlichen Kontaktaufnahme hat. Außerdem sollte bereits im Strafbefehl auf die Möglichkeit der Beantragung von gemeinnütziger Arbeit zur Abwendung der Vollstreckung der Ersatzfreiheitsstrafe hingewiesen werden. Anzustreben ist die Abfassung der Rechtsmittelbelehrung in einer für juristische Laien verständlichen Weise.[512] Die Rechtsmittelbelehrung sollte zudem den Hinweis enthalten, dass der Einspruch auch auf die Höhe des Tagessatzes beschränkt werden kann[513], wenn der Beschuldigte meint, die festgelegte Tagessatzhöhe entspreche nicht seinen persönlichen und wirtschaftlichen Verhältnissen. Neben den Staatsanwaltschaften, die im Strafbefehlsantrag Anzahl und Höhe der Tagessätze angeben, sind auch die Gerichte bei Erlass von Strafbefehlen und Urteilen angehalten, bei der Bestimmung der Höhe des Tagessatzes den unteren Bereich von 1,00 EUR bis 5,00 EUR anzuwenden. Denn zu hohe Tagessätze können selbst durch großzügige Ratenzahlungsbewilligungen nicht bezahlbar gemacht werden, sondern machen die Geldstrafe von Anfang an unbezahlbar.

---

510 LR-Rieß, § 160 Rz. 82.

511 Seebode, FS f. Böhm, S. 519 (533).

512 Janssen, Die Praxis der Geldstrafenvollstreckung, S. 219.

513 Meyer-Goßner, § 410 Rz. 4.

Auf Vollstreckungsebene bietet sich zunächst an, in der schriftlichen Zahlungsaufforderung einen Hinweis auf die Möglichkeit der Gewährung von Zahlungserleichterungen aufzunehmen und kurz den weiteren Verlauf der Vollstreckung bei Nichtzahlung einschließlich der drohenden Freiheitsstrafe darzustellen. Wichtig ist, dass in dem Schreiben der Name des sachbearbeitenden Beamten und dessen Durchwahl genannt werden, um dem Verurteilten die Chance auf eine direkte telefonische oder persönliche Kontaktaufnahme zu eröffnen.[514] Auch die Mahnung, die in jedem Fall anzuraten ist, sollte die genannten Informationen und Hinweise enthalten. Da jedoch schriftliche und formularmäßige Informationen und Belehrungen nicht allein ausreichen, um die Geldstrafenschuldner zum Tätigwerden bzw. zum Ergreifen der Initiative anzuhalten, muss es im Lauf des Vollstreckungsverfahrens frühzeitig zu einem mündlichen (Beratungs-) Gespräch mit den Verurteilten kommen, sofern Zahlungsschwierigkeiten drohen. Dazu bietet sich die Einschaltung bzw. stärkere Einbeziehung der Gerichtshilfe an. Aus § 463 d StPO ergibt sich, dass die Gerichtshilfe vom Gericht und von der Vollstreckungsbehörde auch im Rahmen der Beitreibung der Geldstrafe herangezogen werden kann. Die Vollstreckungsbehörde muss ihren Verpflichtungen aus § 459 a StPO nachkommen und nicht nur auf Antrag, sondern auch von Amts wegen tätig werden, indem sie z.B. die Gerichtshilfe einschaltet. Aufgabe der Gerichtshilfe im Beitreibungsverfahren könnte sein, in einem Beratungsgespräch mit dem Verurteilten seine wirtschaftliche Situation zu erörtern und zu klären, ob in den ökonomischen Verhältnissen eine der Vollstreckungsbehörde nicht bekannte Änderung eingetreten ist. Bei einer solchen Situationsanalyse wäre zu überlegen, ob nicht Ratenzahlungen bzw. reduzierte Raten oder Stundungen in Betracht kommen. Ggf. kann mit dem Verurteilten festgelegt werden, in welcher Höhe er Ratenzahlungen leisten kann. Die Gerichtshilfe könnte die in ihrer Handlungskompetenz eingeschränkten Geldstrafenschuldner bei der Beantragung von Zahlungserleichterungen unterstützen, den Kontakt mit den Vollstreckungsbehörden vermitteln oder mit der Vollstreckungsbehörde einen angemessenen Zahlungsplan aushandeln oder auch sonst zwischen Vollstreckungsbehörde und Geldstrafenschuldner vermittelnd und krisenlösend tätig werden.[515] Außerdem sollte der Verurteilte be-

---

[514] Janssen, Die Praxis der Geldstrafenvollstreckung, S. 219 f.

[515] Albrecht, Strafzumessung und Vollstreckung bei Geldstrafen, S. 321 f.; Best, in: Steinhilper (Hrsg.), Soziale Dienste in der Strafrechtspflege, 209 (218); Villmow, FS f. Kaiser, S. 1291 (1322).

reits im Rahmen des ersten Beratungsgesprächs über die Möglichkeit, die Geldstrafe durch gemeinnützige Arbeit tilgen zu können, informiert werden.[516] Neben der Gerichtshilfe kann und sollte die Betreuung und Beratung der in Zahlungsschwierigkeiten befindlichen und in der Wahrnehmung ihrer Interessen inkompetenten Geldstrafenschuldner auch von anderen Beratungsstellen, insbesonderen Freien Trägern, die im Bereich der Straffälligenhilfe fachlich qualifiziert und erfahren sind, übernommen werden.[517] Es kommt entscheidend darauf an, den Kontakt zwischen den Geldstrafenschuldnern und der Gerichtshilfe sowie sonstigen Beratungsstellen herzustellen bzw. die Kontaktquote zu erhöhen. Daher erscheint es angebracht, bereits in der Zahlungsaufforderung und in der Mahnung entsprechende Hinweise auf diese Institutionen aufzunehmen, damit sich die Verurteilten rechtzeitig mit ihnen in Verbindung setzen können. Die Überprüfung der Vorschrift des § 459 a StPO auf ihre Anwendbarkeit und ggf. ihre Ausschöpfung liegt nicht nur im Interesse der Geldstrafenschuldner, sondern auch im Interesse einer ökonomisch arbeitenden Justiz und einer sozialstaatlichen Strafrechtspflege.[518] Nichts anderes gilt für die Vorschrift des § 459 f StPO. Die Gerichte können sich der Gerichtshilfe bedienen, um festzustellen, ob die Voraussetzungen des § 459 f StPO vorliegen (§ 463 d StPO).[519] Der Gerichtshelfer könnte in einem Gespräch mit dem Verurteilten dessen persönliche Verhältnisse erörtern und herausfinden, ob Anhaltspunkte für das Vorliegen einer unbilligen Härte i.S.d. § 459 f StPO gegeben sind, die entsprechenden Informationen an das Gericht weiterleiten oder ggf. dem Verurteilten bei einer entsprechenden Antragstellung behilflich sein. Die Gerichte sollten außerdem die Voraussetzungen für das Vorliegen einer unbilligen Härte überdenken. Es geht nicht an, die Anforderungen an das Vorliegen einer unbilligen Härte so hoch anzusetzen, dass für § 459 f StPO praktisch kein Anwendungsbereich mehr bleibt.[520] Zunächst ist auf das Erfordernis einer günstigen Täterprognose zu verzichten.[521] Die Frage, ob die Vollstreckung der Ersatzfreiheitsstrafe für den Verurteilten eine unbillige Härte wäre, hat nichts damit zu tun,

---

516 Villmow, FS f. Kaiser, S. 1291 (1322).

517 Krieg/Löhr/Lücke/Meissner/Rufert/Schumann, MschrKrim 1984, 25 (32); Dolde, ZfStrVo 1999, 330 (334); Villmow, FS f. Kaiser, S. 1291 (1322).

518 Vgl. Seebode, FS f. Böhm, S. 519 (533).

519 Janssen, Die Praxis der Geldstrafenvollstreckung, S. 220.

520 Volckart, Verteidigung in der Strafvollstreckung und im Vollzug, Rz. 121.

521 Ebenso Volckart, Verteidigung in der Strafvollstreckung und im Vollzug, Rz. 121; AK-StPO-Rössner, § 459 f Rz. 6.

ob ihm bei Unterbleiben der Vollstreckung der Ersatzfreiheitsstrafe eine günstige Prognose zu stellen ist.[522] Die Vorschrift des § 459 f StPO dient dazu, in bestimmten Fällen persönlicher und wirtschaftlicher Schwierigkeiten des Verurteilten die möglicherweise strafzweckfeindliche und ohnehin unerwünschte Vollstreckung von Ersatzfreiheitsstrafen zu vermeiden.[523] Es kann nicht sein, in Härtefällen nur die Täter, deren Lebensverhältnisse eine kriminoresistente Struktur aufweisen, von der Vollstreckung der Ersatzfreiheitsstrafe zu verschonen. Die Vermeidung unnötiger Desintegration durch Ersatzfreiheitsstrafe ist auch bei kriminell gefährdeten Tätern geboten.[524] Rückfallgefährdete Täter leiden unter den Notsituationen, die eine unbillige Härte begründen, ebenso wie nicht rückfallgefährdete Täter.[525] Schließlich ist zu bedenken, dass den Tätern bereits im Erkenntnisverfahren im Hinblick auf § 47 StGB eine günstige Prognose gestellt worden ist.[526] Außerdem ist bereits im Falle einer unverschuldeten Mittellosigkeit von einer unbilligen Härte auszugehen.[527] Die Vorschrift des § 459 f StPO ist daher häufiger als bisher anzuwenden.

Hinsichtlich des Beitreibungsverfahrens sollten die Rechtspfleger die restriktive Auslegung des § 459 c Abs. 2 StPO beachten und auch die Beitreibung kleinerer Geldbeträge (freilich unter Beachtung der Pfändungsfreigrenze) anstreben. Da in vielen Fällen die Ersatzfreiheitsstrafe angeordnet wird, weil der Aufenthaltsort des Verurteilten unbekannt ist[528], bietet sich an, mit Hilfe des Vorführungshaftbefehls den Aufenthaltsort des Verurteilten zu ermitteln und seine persönlichen und wirtschaftlichen Verhältnisse abzuklären.[529] Der Vorführungshaftbefehl des § 33 StVollStrO wird in der Praxis bisher nur als Haftbefehl für den Beginn der Vollstreckung der Ersatzfreiheitsstrafe genutzt. Wird von dem Vorführungshaftbefehl zu einem früheren Zeitpunkt Gebrauch gemacht, könnte dem Verurteilten die

---

522 Volckart, Verteidigung in der Strafvollstreckung und im Vollzug, Rz. 121.

523 Bringewat, § 459 f Rz. 2; LR-Wendisch, § 459 f Rz. 4.

524 AK-StPO-Rössner, § 459 f Rz. 6.

525 Volckart, Verteidigung in der Strafvollstreckung und im Vollzug, Rz. 121.

526 Volckart, Verteidigung in der Strafvollstreckung und im Vollzug, Rz. 121; AK-StPO-Rössner, § 459 f Rz. 6.

527 Ebenso Litwinski/Bublies, Strafverteidigung im Strafvollzug, S. 40; Seebode, FS f. Böhm, S. 519 (543); von Selle, NStZ 1990, 118 (119 f.); ders., Gerechte Geldstrafe, S. 153; Streng, Strafrechtliche Sanktionen, S. 54; Köhler, GA 1987, 145 (161).

528 Albrecht, Strafzumessung und Vollstreckung bei Geldstrafen, S. 78, 204; Janssen, Die Praxis der Geldstrafenvollstreckung, S. 158.

529 Hennig, ZRP 1990, 99 (103); Bublies, BewHi 1992, 178 (186).

Möglichkeit der Ratenzahlung und der Ableistung gemeinnütziger Arbeit (erneut) eröffnet werden. Daneben kann der Vorführungshaftbefehl dem Verurteilten zur Warnung dienen und ihn eindringlich auf die drohende Ersatzfreiheitsstrafe hinweisen.[530] In den übrigen Fällen empfiehlt sich die vorherige Androhung der Ersatzfreiheitsstrafe, um den Verurteilten den Ernst ihrer Lage, d.h. die drohende Freiheitsstrafe, vor Augen zu führen.

Die Geldstrafenschuldner sollten außerdem auf die Möglichkeit der Ableistung gemeinnütziger Arbeit nicht erst mit der Ladung zum Antritt der Ersatzfreiheitsstrafe hingewiesen werden, sondern die Belehrung über die gemeinnützige Arbeit sollte vorher - ohne eine Ladung zur Ersatzfreiheitsstrafe - versandt werden.[531] Eine solche Vorgehensweise hat sich in der Praxis bereits als erfolgreich i.S. einer höheren Antrags- und Erfolgsquote bei der Ableistung gemeinnützige Arbeit herausgestellt.[532] Mit der Ladung zum Strafantritt ist den Verurteilten nochmals ein entsprechendes Informationsblatt zur Verrichtung gemeinnütziger Arbeit zu übersenden. Nach Eingang eines entsprechenden Antrags sollte es zu einem Beratungsgespräch zwischen dem Verurteilten und der vermittelnden Stelle (Gerichtshilfe, Straffälligenhilfeverein) kommen, in dem der Verurteilte über die Sanktionsalternative der gemeinnützigen Arbeit umfassend aufgeklärt wird und seine praktischen Fähigkeiten sowie seine psychische und physische Verfassung festgestellt werden. Es ist anzustreben, dem Verurteilten entsprechend seinen Fähigkeiten, beruflicher Bildung bzw. Qualifikation und Neigungen möglichst wohnortnah eine Beschäftigungsstelle zu vermitteln, damit unter Berücksichtigung der persönlichen Voraussetzungen möglichst günstige Arbeitsbedingungen geschaffen werden.[533] Wichtig ist, dass während des gesamten Arbeitseinsatzes eine begleitende Beratung und Betreuung durch die Vermittlungsstelle stattfindet, um die Arbeitsmotivation zu stärken, um Arbeitsstörungen vorzubeugen, um bestehende Arbeitsstörungen durch persönliche Gespräche mit dem Betroffenen und dem Be-

---

530 Bublies, BewHi 1992, 178 (186 f.).

531 Feuerhelm, BewHi 1993, 200 (206 f.); Kawamura, BewHi 1998, 338 (341).

532 Feuerhelm, in: Jehle/Feuerhelm/Block, Gemeinnützige Arbeit statt Ersatzfreiheitsstrafe, 47 (74 f.); ders., Gemeinnützige Arbeit als Alternative in der Geldstrafenvollstreckung, S. 200 ff.; ders. BewHi 1993, 200 (204).

533 Best, in: Steinhilper (Hrsg.), Soziale Dienste in der Strafrechtspflege, 209 (218); Block, in: Jehle/Feuerhelm/Block, Gemeinnützige Arbeit statt Ersatzfreiheitsstrafe, 97 (122); Kawamura, in: Kawamura (Hrsg.), Gemeinnützige Arbeit in Bayern am Schnittpunkt von sozialer Arbeit und Justiz, 25 (30 f.); dies., BewHi 1998, 338 (341).

schäftigungsgeber zu beheben oder ggf. den Wechsel zu einer anderen Einsatzstelle vorzubereiten, wenn unüberbrückbare Schwierigkeiten zwischen dem Verurteilten und dem Beschäftigungsgeber auftreten.[534] Die soziale Betreuung ist nicht nur notwendig, um die gemeinnützige Arbeit erfolgreich abzuwickeln, sondern auch, um weitere Notlagen abzuwenden und eine Stabilisierung der Lebenssituation des Betroffenen zu erreichen (z.B. Schuldenberatung, Hilfe bei der Suche einer festen Arbeitsstelle etc.). Neben dem intensiven Kontakt zwischen der Vermittlungsstelle und dem Verurteilten ist auch eine enge Verbindung zwischen der Vermittlungsstelle und der Beschäftigungsstelle erforderlich, damit die Vermittlungsstelle dann, wenn der Verurteilte unentschuldigt fehlt oder vorzeitig seinen Arbeitseinsatz abbricht, nochmals einschreiten und vermitteln kann.[535] Eine enge Zusammenarbeit ist ebenfalls zwischen den Justizbehörden, den sozialen Diensten der Justiz und den freien Trägern notwendig. Die umfassende Beratungs-, Vermittlungs-, Motivations- und Schlichtungsarbeit sowie die sozialfürsorgerische Betreuung zur Stabilisierung der Lebensverhältnisse durch die Vermittlungsstellen sind freilich nicht ohne personelle Verstärkung und Bereitstellung zusätzlicher finanzieller Mittel möglich. Außerdem ist die Aufrechterhaltung der vorhandenen und die Einwerbung neuer Einsatzstellen erforderlich, um ein möglichst flächendeckendes Angebot an Einsatzstellen gewährleisten zu können, damit lange Anfahrtswege und Fahrtkosten vermieden werden.[536]

Außerdem sollten die Länder ihre Tilgungsverordnungen ändern und den derzeit vorgesehenen Umrechnungsmaßstab von sechs Stunden herabsetzen. Der Faktor von sechs Stunden für einen Tagessatz Geldstrafe ist übersetzt. Von einem Teil der Literatur wird seit längerer Zeit die Herabsetzung des Umrechnungsschlüssels auf zwei bis maximal fünf Stunden Arbeit pro Tagessatz gefordert.[537] Die Verringerung der Einsatzzeiten würde die Attraktivität der Leistung gemeinnütziger Arbeit erhöhen, dem Stundenlohndenken der Delinquenten entgegenwirken und die Motivation der Betroffenen steigern. In der Praxis hat sich herausgestellt, dass die

---

[534] Schädler, ZRP 1983, 5 (8); Best, in: Steinhilper (Hrsg.), Soziale Dienste in der Strafrechtspflege, 209 (218); Schall, NStZ 1985, 104 (105); Schneider, MschrKrim 2001, 273 (284).

[535] Best, in: Steinhilper (Hrsg.), Soziale Dienste in der Strafrechtspflege, 209 (227); Kawamura, BewHi 1998, 338 (341 f.).

[536] Kawamura, BewHi 1998, 338 (345); Schneider, MschrKrim 2001, 273 (284).

[537] Schöch, Gutachten C zum 59. DJT, S. 86; Seebode, FS f. Böhm, S. 519 (538); Albrecht, BewHi 1985, 121 (126).

Motivation derjenigen, die gemeinnützige Arbeit verrichten, mit zunehmender Dauer des Beschäftigungsverhältnisses erheblich nachlässt.[538]
Schließlich sollte die Unterbringung der Ersatzfreiheitsstrafengefangenen im offenen Vollzug zum Regelfall werden. Die Vollzugsbehörden sollten den Normbefehl des § 10 StVollzG stärker als bisher zur Handlungsmaxime machen und damit einhergehend die Eignungs- bzw. Einweisungskriterien für den offenen Strafvollzug überdenken. Es muss verhindert werden, dass sich die im Leben außerhalb des Strafvollzuges bestehende Benachteiligung der Verurteilten, die eine Ersatzfreiheitsstrafe verbüßen, im Strafvollzug manifestiert und fortsetzt. Die Unterbringung der Ersatzfreiheitsstrafengefangenen in offenen Justizvollzugsanstalten ist in allen Bundesländern anzustreben. Das liegt auch im Interesse der Länder, denn die Unterbringung in geschlossenen Anstalten ist im Gegensatz zu offenen aufgrund der personellen und technischen Sicherheitsvorkehrungen sehr kostenintensiv. Die Einweisung der Ersatzfreiheitsstrafengefangenen in den offenen Vollzug würde den geschlossenen Vollzug entlasten.[539]

Bei den vorstehend angesprochenen Schritten und Maßnahmen zur Ausschöpfung der gesetzlichen Vorgaben und zur Optimierung des vorhandenen Instrumentariums handelt es sich überwiegend um Maßnahmen, deren Realisierung seit Jahren von Teilen der Wissenschaft und Praxis gefordert wird. Die erhobenen Forderungen konnten sich bis heute nicht durchsetzen. Es ist daher wenig wahrscheinlich, dass in absehbarer Zeit Veränderungen bei den alten Strukturen, routinierten Abläufen und formalisierten Handhabungen eintreten werden. Die Pensenlast der Richter, Staatsanwälte und Rechtspfleger scheint im Massengeschäft der Geldstrafen eine Änderung der bisherigen Praxis nicht zuzulassen. Da nicht damit zu rechnen ist, dass die Defizite und Unzulänglichkeiten der bestehenden Rechtspraxis ausgeschaltet bzw. behoben werden, ist ein Bedürfnis für Reformen im normativen Bereich der Geld- und/oder Ersatzfreiheitsstrafe zu bejahen.[540]

---

538 Feuerhelm, Gemeinnützige Arbeit als Alternative in der Geldstrafenvollstreckung, S. 132.

539 Die Gefangenen würden in offenen Einrichtungen Haftplätze belegen, die insbesondere für Langzeitverbüßer gebraucht werden. In den Justizvollzugsanstalten der Länder stehen nicht ausreichend Plätze für den offenen Vollzug zur Verfügung. Vgl. Schott, ZfStrVo 2000, 90 (95); BT-Drs. 13/9329, S. 19.

540 So auch Frommel, NK 3/1999, 9 (10).

Fünfter Teil: Reformvorschläge

Die Überlegungen zur Vermeidung der Vollstreckung von Ersatzfreiheitsstrafen setzen zum Teil bereits bei der Geldstrafe an. Da die Verurteilung zu Geldstrafe bei wirtschaftlich schwachen Straftätern zu finanziellen Überlastungen führen kann und finanzielle Überforderungen nicht selten zum Vollzug von schädlichen Ersatzfreiheitsstrafen führen, wird dafür plädiert, die Geldstrafe als die Sanktionsform für leichtere Delikte für alle Bevölkerungsschichten zu erhalten.[541] Um dieses Ziel zu erreichen, werden beispielsweise die Änderung der Tagessatzhöhe nach Rechtskraft des Urteils bei einer unvorhersehbaren wirtschaftlichen Notlage und bei einem im Erkenntnisverfahren unzutreffend zugrundegelegten (überhöhten) Einkommen und die Aussetzung der Geldstrafe zur Bewährung für empfehlenswert gehalten. Außerdem gibt es Überlegungen, die Geldstrafe mit Zustimmung des Verurteilten durch ein anderes Sanktionsmittel, z.B. die gemeinnützige Arbeit, zu ersetzen. Andere Reformbestrebungen setzen bei der Surrogation der uneinbringlichen Geldstrafe an und sehen die gemeinnützige Arbeit als primäre Ersatzsanktion bei Uneinbringlichkeit der Geldstrafe vor. Schließlich gibt es Reformüberlegungen zur Ersatzfreiheitsstrafe, die z.B. eine Änderung des Umrechnungsmaßstabes in § 43, S. 2 StGB oder eine Strafrestaussetzung von Ersatzfreiheitsstrafen anstreben.

Im Folgenden werden ausgewählte Vorschläge, die bei der Frage nach Reformen im Bereich der Geld- und Ersatzfreiheitsstrafe diskutiert werden, vorgestellt und bewertet. Dabei werden zuerst die Vorhaben erörtert, die Änderungen unter Beibehaltung des geltenden Geldstrafensystems vorsehen und die die innere Ausrichtung des Geldstrafensystems unberührt lassen. Im Anschluss daran werden zwei Modelle vorgestellt, die eine grundlegende Änderung des jetzigen Geldstrafensystems anstreben. Die Bewertung der einzelnen Reformvorhaben erfolgt unter Berücksichtigung der Frage, ob und inwieweit sie geeignet sind, den Vollzug von Ersatzfreiheitsstrafen zu vermeiden. Dabei wird auch auf die im dritten Teil der Arbeit gewonnenen Erkenntnisse zur Klientel des Ersatzfreiheitsstrafenvollzuges zurückgegriffen und untersucht, ob die Vorschläge die Defizite der Geldstrafenschuldner bei der Wahrnehmung eigener Rechte und Interessen ausreichend beachten.

---

[541] Streng, ZStW 111 (1999), 827 (861); Laun, Alternative Sanktionen zum Freiheitsentzug und die Reform des Sanktionensystems, S. 285.

A. Vorschläge unter Beibehaltung des geltenden Geldstrafensystems

Zu den Reformvorschlägen, die Änderungen unter Beibehaltung des geltenden Geldstrafensystems vorsehen, gehören die nachträgliche Änderung der Tagessatzhöhe, die Aufwertung der gemeinnützigen Arbeit zur primären Ersatzsanktion einer uneinbringlichen Geldstrafe, die Änderung des in § 43, S. 2 StGB verankerten Umrechnungsmaßstabes und die Strafrestaussetzung von Ersatzfreiheitsstrafen.

I. Nachträgliche Änderung der Tagessatzhöhe

Das Gericht bestimmt im Rahmen der Geldstrafenverurteilung die Höhe des Tagessatzes nach den Einkommens- und Vermögensverhältnissen des Täters, wie sie sich am Ende der Hauptverhandlung bzw. nach dem Ergebnis des Ermittlungsverfahrens (Strafbefehl) darstellen. Dabei kann es aufgrund fehlender oder mangelhafter Ermittlung der Einkommens- und Vermögensverhältnisse des Angeklagten dazu kommen, dass ein unzutreffendes (überhöhtes) Einkommen zugrundegelegt wird. Auch kann sich die Einkommens- und Vermögenssituation des Verurteilten nachträglich, d.h. nach Rechtskraft des auf eine Geldstrafe lautenden Urteils oder Strafbefehls, verschlechtern, ohne dass den Verurteilten hieran ein Verschulden trifft (z.B. Arbeitslosigkeit infolge Krankheit oder Unfalls). Da das geltende Recht keine Vorschrift enthält, die nach Rechtskraft des auf eine Geldstrafe lautenden Urteils oder Strafbefehls eine Herabsetzung der Tagessatzhöhe erlaubt, können diese Umstände zur Nichterbringbarkeit der Geldstrafe und damit ggf. zur Ersatzfreiheitsstrafe führen. Nachtragsentscheidungen des erkennenden Gerichts oder der Vollstreckungsbehörde zur Tagessatzhöhe stehen seit längerer Zeit vor allem im Hinblick auf die erfolgreiche Vermeidung von Ersatzfreiheitsstrafen zur Diskussion.[542]

---

542 Bereits der Alternativ-Entwurf sah in § 51 AE die Möglichkeit einer nachträglichen Herabsetzung der Geldstrafe vor, und zwar für den Fall, dass die Geldstrafe ohne Verschulden des Verurteilten uneinbringlich ist oder die Tagessätze zu hoch bemessen sind. Vgl. Baumann u.a., Alternativ-Entwurf eines Strafgesetzbuches Allgemeiner Teil, S. 16.

1. Diskussion um die nachträgliche Änderung der Tagessatzhöhe

Im Folgenden sollen die wichtigsten Argumente, die für und wider die Einführung einer Regelung zur nachträglichen Änderung der Höhe des Tagessatzes sprechen, wiedergegeben und auf ihre Überzeugungskraft hin untersucht werden.

a) Argumente für die Einführung einer Regelung zur nachträglichen Änderung der Tagessatzhöhe

Da sich die Einkommensverhältnisse des Geldstrafenschuldners nicht nur infolge von Krankheit oder eines Unfalls, sondern vor allem angesichts der angespannten Arbeitsmarktlage täglich verschlechtern können, sei es ein Gebot materieller Gerechtigkeit, dass derjenige, der unverschuldet nicht in der Lage ist, die erkannte Geldstrafe zu zahlen, nicht die Reaktion einer Freiheitsstrafe erfahren dürfe.[543] Das mit der Geldstrafenendsumme durch das Urteil verhängte Strafübel solle für den Täter einen spürbaren Verlust bedeuten. Verringere sich das Einkommen des Verurteilten im Anschluss an die Urteilsfestsetzung, so verändere sich auch seine Strafempfindlichkeit entsprechend. Das bedeute, dass sich die Wirkungen eines Urteils potenzieren können, ohne dass das Gericht dieser qualitativen Veränderung des Urteils entgegenwirken könnte.[544] Bei nachträglicher Verschlechterung der wirtschaftlichen Verhältnisse des zu Geldstrafe Verurteilten gerate dieser in Gefahr, wegen Nichtbezahlung der Geldstrafe eine Ersatzfreiheitsstrafe verbüßen zu müssen. Die nachträgliche Änderungsmöglichkeit begegne letztlich auch der Gefahr, dass sich der Verurteilte die Mittel zur Bezahlung der Geldstrafe illegal zu verschaffen versucht.[545] Eine ernsthafte Kollision mit der Rechtskraftwirkung des Strafurteils sei nicht zu befürchten. Die Situation der nachträglichen Verschlechterung der wirtschaftlichen Verhältnisse sei den Fällen strukturell vergleichbar, die nach dem Gesetz eine Wiederaufnahme des Verfahrens rechtfertigen (§ 359 Nr. 5 StPO).[546] Außerdem könnten sich nach § 459 a StPO gewährte

543 Baumann, Beschränkung des Lebensstandards anstatt kurzfristiger Freiheitsstrafe, S. 72; Diskussion und Beschlüsse, in: Abschlussbericht der Kommission zur Reform des strafrechtlichen Sanktionensystems, 54 (54).

544 Schädler, ZRP 1985, 186 (191), der für die nachträgliche Anpassung der Tagessatzhöhe auch bei verbesserten wirtschaftlichen Verhältnissen plädiert.

545 BT-Drs. 13/4462, S. 8, 10.

546 Diskussion und Beschlüsse, in: Abschlussbericht der Kommission zur Reform des strafrechtlichen Sanktionensystems, 54 (55).

Zahlungserleichterungen ebenfalls wie eine Durchbrechung der Rechtskraft auswirken, wenn das den Zahlungen entgegenstehende Hindernis nicht vorübergehender, sondern dauernder Art ist.[547] Eine Relativierung der Rechtskraft ergebe sich auch aus der durch § 56 e StGB geschaffenen Möglichkeit zu nachträglichen Entscheidungen über Auflagen und Weisungen.[548]

b) Argumente gegen die Einführung einer Regelung zur nachträglichen Änderung der Tagessatzhöhe

Die Gegner der Schaffung einer Möglichkeit zur nachträglichen Änderung der Tagessatzhöhe bezweifeln den gesetzgeberischen Handlungsbedarf. Sie meinen, bei den Fällen, in denen Verurteilte im Nachhinein unverschuldet in Zahlungsschwierigkeiten geraten, handele es sich eher um Ausnahmefälle. Nach ihrer Auffassung enden meist nur solche Fälle mit einer Ersatzfreiheitsstrafe, in denen von vornherein dauerhafte wirtschaftliche Schwierigkeiten bestehen. In diesen Konstellationen seien Ansätze, die auf eine verbesserte Ermittlung der Einkommens- und Vermögensverhältnisse abzielen oder eine bessere Ausschöpfung der bestehenden Untergrenzen in Bezug auf die Tagessatzhöhe vorsehen, erfolgversprechender.[549] Die Kritiker machen geltend, die nachträgliche Änderung der vom erkennenden Gericht festgesetzten Höhe des Tagessatzes der Geldstrafe sei nicht mit dem Wesen der durch das 2. StRG geschaffenen Geldstrafe in Einklang zu bringen.[550] Der Gesetzgeber sei nicht den Vorstellungen des Alternativ-Entwurfs (§§ 49 ff. AE) gefolgt und habe sich bewusst gegen die Einführung der Laufzeitgeldstrafe entschieden. Das Tagessatzsystem verpflichte den Verurteilten grundsätzlich zur sofortigen Zahlung des Geldstrafenbetrages, woran auch die Bewilligung von Zahlungserleichterungen nichts ändere.[551] Es bestehe außerdem bei nachträglicher Korrektur der Tagessatzhöhe die Gefahr, dass bei unklaren und

---

[547] Diskussion und Beschlüsse, in: Abschlussbericht der Kommission zur Reform des strafrechtlichen Sanktionensystems, 54 (54).

[548] Streng, ZStW 111 (1999), 827 (846).

[549] Diskussion und Beschlüsse, in: Abschlussbericht der Kommission zur Reform des strafrechtlichen Sanktionensystems, 54 (54); Laun, Alternative Sanktionen zum Freiheitsentzug und die Reform des Sanktionensystems, S. 286.

[550] Bericht der Bundesregierung zur Beurteilung des strafrechtlichen Sanktionensystems, BT-Drs. 10/5828, S. 4.

[551] Bericht der Bundesregierung zur Beurteilung des strafrechtlichen Sanktionensystems, BT-Drs. 10/5828, S. 4.

wechselnden Vermögensverhältnissen nicht unerhebliche Manipulationsmöglichkeiten eröffnet würden, z.B. in der Weise, dass die Regelung als Mittel zur Hinauszögerung der Geldstrafenvollstreckung missbraucht werde.[552] Als Hauptargument gegen die nachträgliche Änderungsmöglichkeit wird die damit verbundene Durchbrechung der Rechtskraft angeführt.[553] Außerdem müssten konsequenterweise auch positive Veränderungen in der wirtschaftlichen Situation des Verurteilten nachträglich durch Heraufsetzung der Höhe der Tagessätze berücksichtigt werden; dem stehe jedoch das Verschlechterungsgebot entgegen.[554] Eine nur zugunsten des Verurteilten wirkende gesetzliche Regelung könnte die generalpräventive Wirkung der Geldstrafe nachhaltig beeinträchtigen.[555] Eine einseitige Durchbrechung der Rechtskraft des Urteils zugunsten des Straftäters sei auch deswegen problematisch, weil die Voraussetzungen für die Abänderung der Geldstrafe allenfalls in eine Generalklausel aufgenommen werden könnten, was im Interesse der Rechtssicherheit nicht unbedenklich sei.[556] Es verbiete sich auch ein Vergleich mit der die Rechtskraft durchbrechenden Wiederaufnahme des Verfahrens. Maßgebender Zeitpunkt für die Beurteilung der Neuheit von Tatsachen i.S.d. § 359 Nr. 5 StPO ist der Zeitpunkt des Urteilserlasses.[557] Neue Tatsachen sind nur solche, die bei Urteilserlass vorlagen, dem Gericht aber nicht bekannt waren. Demgegenüber gehe es hier um die Berücksichtigung nachträglicher Änderungen von Tatsachen. Im Übrigen sei die Wiederaufnahme mit dem Ziel einer Abänderung der verhängten Sanktion nicht zulässig. Sie ergreife immer den Schuldspruch.[558] Bei der Freiheitsstrafe sei die nachträgliche Herabsetzung selbst im Falle einer nachträglichen schweren und lebensverkürzenden Erkrankung nicht

---

[552] Antwort der Bundesregierung zur Weiterentwicklung des strafrechtlichen Sanktionensystems, BT-Drs. 12/3718, S. 15.

[553] Große Strafrechtskommission des Deutschen Richterbundes, Die Geldstrafe, S. 79; Boll, in: Abschlussbericht der Kommission zur Reform des strafrechtlichen Sanktionensystems, 46 (50); Schöch, Gutachten C zum 59. DJT, S. 85.

[554] Bericht der Bundesregierung zur Beurteilung des strafrechtlichen Sanktionensystems, BT-Drs. 10/5828, S. 4; Antwort der Bundesregierung zur Weiterentwicklung des strafrechtlichen Sanktionensystems, BT-Drs. 12/3718, S. 15.

[555] Große Strafrechtskommission des Deutschen Richterbundes, Die Geldstrafe, S. 80.

[556] Bericht der Bundesregierung zur Beurteilung des strafrechtlichen Sanktionensystems, BT-Drs. 10/5828, S. 4; Große Strafrechtskommission des Deutschen Richterbundes, Die Geldstrafe, S. 79.

[557] Meyer-Goßner, § 359 Rz. 28.

[558] Diskussion und Beschlüsse, in: Abschlussbericht der Kommission zur Reform des strafrechtlichen Sanktionensystems, 54 (55).

möglich.[559] Mit der Schaffung einer nachträglichen Änderungsmöglichkeit sei schließlich eine erhebliche Mehrbelastung der Justiz verbunden, weil auch unbegründete Anträge beschieden werden müssten.[560]

c) Stellungnahme

Die zuletzt genannte Ansicht vermag nicht zu überzeugen. Eine nachträgliche Herabsetzung der Höhe der Tagessätze ist zum einen für die Fälle in Betracht zu ziehen, in denen nachträglich eine unverschuldete Verschlechterung der ökonomischen Lage des Verurteilten eingetreten ist. Zum anderen ist die nachträgliche Änderung der Tagessatzhöhe für die Konstellationen vorzusehen, in denen im Erkenntnisverfahren ein unzutreffendes Einkommen zugrundegelegt wurde, die Tagessatzhöhe mithin von Anfang an überzogen war.[561] Die zu hohen Tagessätze machen die Geldstrafe von Anfang an unbezahlbar, nicht etwa erst durch spätere Einkommenseinbußen uneinbringlich.[562] Da es mit der Handlungskompetenz und Beschwerdemacht vieler Verurteilter nicht weit her ist, werden die Entscheidungen nur selten mit Rechtsmitteln angegriffen und die übersetzten Tagessätze bleiben weithin unkorrigiert.[563] Die Fälle, in denen die Höhe des Tagessatzes bereits im Zeitpunkt des Erlasses des Urteils bzw. des Strafbefehls nicht der finanziellen Leistungsfähigkeit des Täters entspricht, sind mit den Situationen vergleichbar, in denen sich die Tagessatzhöhe nachträglich aufgrund einer Änderung der wirtschaftlichen Lage als übersetzt erweist. In beiden Konstellationen übersteigt die festgesetzte Tagessatzhöhe die Leistungsfähigkeit des Täters. Da der Beschuldigte nicht verpflichtet ist, Angaben über seine wirtschaftlichen Verhältnisse zu machen, können ihm, wenn er schweigt, eine unzureichende oder fehlende Aufklärung seiner wirtschaftlichen Situation durch die Ermittlungsbehörden und eine damit in Zusammenhang stehende Schätzung seines Einkommens durch Staatsanwaltschaft oder Gericht nicht zum Vorwurf gemacht werden. Es mag sein, dass

559 Diskussion und Beschlüsse, in: Abschlussbericht der Kommission zur Reform des strafrechtlichen Sanktionensystems, 54 (55).

560 Bericht der Bundesregierung zur Beurteilung des strafrechtlichen Sanktionensystems, BT-Drs. 10/5828, S. 4; Große Strafrechtskommission des Deutschen Richterbundes, Die Geldstrafe, S. 80.

561 Baumann u.a., Alternativ-Entwurf eines Strafgesetzbuches Allgemeiner Teil, § 51 AE, S. 16; Streng, ZStW 111 (1999), 827 (846); Justizbehörde Hamburg, Stellungnahme zum Entwurf eines Gesetzes zur Reform des Sanktionenrechts vom 06.04.2001, S. 7 f.

562 Hennig, BewHi 1986, 314 (316).

563 Streng, ZStW 111 (1999), 827 (846).

die Festsetzung überhöhter Tagessätze häufiger vorkommt als die im Nachhinein unverschuldet eintretende Zahlungsunfähigkeit. Es kann aber nicht davon ausgegangen werden, dass sich die unverschuldet eintretende Zahlungsunfähigkeit auf Einzelfälle beschränkt. Vielmehr betrifft die unverschuldete Vermögenslosigkeit gerade in der heutigen Zeit eine Vielzahl von Fällen.[564] Da die Festsetzung überhöhter Tagessätze vor allem auf eine unzureichende Ermittlung des Einkommens des Beschuldigten zurückzuführen ist, muss vorrangig die Ermittlung der Einkommens- und Vermögensverhältnisse des Beschuldigten verbessert werden. Auch die verstärkte Berücksichtigung des unteren Bereichs der Tagessatzhöhe ist anzustreben. Bei realistischer Betrachtung sind jedoch die Aussichten für eine Änderung der Ermittlungspraxis angesichts der Belastungssituation der Justizbehörden als gering einzustufen. Dass die Gerichte von heute auf morgen ihre Praxis bei der Festlegung der Tagessatzhöhen ändern, ist ebenfalls nicht zu erwarten. Doch selbst wenn die genannten Verbesserungen und Änderungen eintreten würden, wäre damit die Gefahr der Festsetzung überhöhter Tagessatzhöhen zwar gemindert, aber nicht gebannt. Voraussichtlich würden in vielen Fällen trotzdem noch zu hohe Tagessätze festgelegt. Daher muss auch in den Fällen überhöhter Tagessatzhöhen die nachträgliche Herabsetzung der Tagessatzhöhe ermöglicht werden. Auch bei der Festsetzung überhöhter Tagessätze besteht die Notwendigkeit einer nachträglichen Korrektur der Tagessatzhöhe. Das geltende Recht enthält keine hinreichenden Möglichkeiten, nachträglich eintretenden wirtschaftlichen Notlagen des Verurteilten und der Festsetzung überhöhter Tagessätze Rechnung zu tragen. Verschlechtert sich nach Rechtskraft die Einkommenslage des Verurteilten kann die Vollstreckungsbehörde die Geldstrafenvollstreckung gem. § 459 a StPO lediglich mit Hilfe von Stundungen oder Ratenzahlungen strecken. Die Zahlung der Geldstrafe kann nur hinausgeschoben werden. Bei einer unerwarteten wirtschaftlichen Notlage nützen dem Verurteilten Zahlungsaufschub oder Ratenzahlung nichts, wenn der Zahlung ein dauerndes Hindernis (z.B. dauernde Arbeitsunfähigkeit) entgegensteht. Auch bei im Erkenntnisverfahren erfolgter Festsetzung überhöhter Tagessätze ist dem Delinquenten nicht mit der Bewilligung von Zahlungserleichterungen geholfen. Zudem ist zu berücksichtigen, dass in der Praxis Entscheidungen nach § 459 a StPO regelmäßig nur auf Antrag der Verur-

---

[564] Justizbehörde Hamburg, Stellungnahme zum Entwurf eines Gesetzes zur Reform des Sanktionenrechts vom 06.04.2001, S. 7 f.

teilten ergehen, und unterprivilegierte Geldstrafenschuldner mit geringer Sozialkompetenz nur selten einen Antrag stellen. Die Fälle überhöhter Tagessatzhöhen und nachträglicher Verschlechterung der Vermögensverhältnisse lassen sich ebensowenig durch die Regelung des § 459 f StPO lösen. Die restriktive Auslegung des Begriffs der unbilligen Härte durch die Rechtsprechung verleiht § 459 f StPO einen Ausnahmecharakter und ist für seine praktische Bedeutungslosigkeit verantwortlich.[565] Schließlich besteht die Wirkung der (widerruflichen) Anordnung lediglich in dem Aufschub der Vollstreckung der Ersatzfreiheitsstrafe. Sie lässt den Fortbestand der Ersatzfreiheitsstrafe und der ihr zugrundeliegenden Geldstrafe unberührt.[566] Die Norm des § 456 Abs. 1 StPO gilt zwar auch für Geldstrafen, doch haben die weitergehenden §§ 459 a-d StPO den § 456 StPO verdrängt, so dass § 456 StPO keine praktische Bedeutung zukommt.[567] Abgesehen davon stellt ein bloß viermonatiger Vollstreckungsaufschub bei einer lang anhaltenden und nicht nur vorübergehenden wirtschaftlichen Notlage des Verurteilten kein adäquates Mittel zur Abmilderung der Notsituation und Verhinderung der Uneinbringlichkeit der Geldstrafe dar. Genausowenig kann ein auf die Dauer von vier Monaten begrenzter Vollstreckungsaufschub in effektiver Weise den Folgen einer überhöht festgesetzten Geldstrafe entgegenwirken und die Uneinbringlichkeit vermeiden. Auch die Vorschrift des § 459 d StPO ist zu vernachlässigen. Sie kommt nur für die Täter in Betracht, die neben der Geldstrafe zu einer Freiheitsstrafe verurteilt worden sind. Darüber hinaus soll nach wohl vorherrschender Auffassung in Rechtsprechung und Literatur § 459 d StPO wegen des Eingriffs in eine rechtskräftige Entscheidung und des öffentlichen Interesses an der Strafvollstreckung

---

565 Siehe oben: Dritter Teil, B. IV. Vgl. auch OLG Bamberg, StV 1999, 493 (495); Heinz, ZStW 111 (1999), 461 (486); Eisenberg, Kriminologie, § 33 Rz. 14, Fn. 5; Lüderssen, FS f. Böhm, S. 553 (562); Seebode, FS f. Böhm, S. 519 (543).

566 LR-Wendisch, § 459 f Rz. 8; Bringewat, § 459 f Rz. 6.

567 OLG Schleswig, SchlHA 1976, 13 (13); Meyer-Goßner, § 456 Rz. 2; KK-Fischer, § 459 a Rz. 2a, § 456 Rz. 3; Pfeiffer, § 459 a Rz. 1; KMR-Paulus, § 456 Rz. 6; Heimann, StV 2001, 54 (55).

nur in außergewöhnlichen Ausnahmefällen Anwendung finden.[568] Die Praxis macht dementsprechend nur selten von der Vorschrift Gebrauch.[569]
Nach Ablehnung der Entscheidungen nach den §§ 459 a ff. StPO kann noch im Gnadenweg entschieden werden, um grob unbillige Ergebnisse zu verhindern.[570] Da Entscheidungen aufgrund gesetzlicher Bestimmungen stets den Vorrang haben, kommt der Gnadenweg erst in Betracht, wenn es an rechtlichen, im Gesetz verankerten Möglichkeiten für Vergünstigungen fehlt, wenn sie versagen oder wenn sie erschöpft sind.[571] Die Entscheidung im Gnadenweg ist auf außergewöhnliche atypische Härtefälle beschränkt. Die Verschlechterung der wirtschaftlichen Verhältnisse ohne Verschulden des Verurteilten und die Festsetzung von Tagessätzen, die der wirtschaftlichen Leistungsfähigkeit des Verurteilten nicht entsprechen, dürften nicht ausreichen, um einen Härtefall zu begründen. Der Gnadenweg bietet keine ausreichende Korrekturmöglichkeit, zumal auf die Entscheidung im Gnadenweg kein Rechtsanspruch besteht. Darüber hinaus haben in der Regel unterprivilegierte Täterkreise von dieser Möglichkeit keine Kenntnis und reichen daher kein Gnadengesuch ein.[572]
Das geltende Recht kann auf die Situation der nach Rechtskraft eintretenden Verschlechterung der Vermögensverhältnisse und die Festsetzung überhöhter Tagessätze nicht adäquat reagieren. Der Hinweis, dass in Zahlungsschwierigkeiten geratene Verurteilte die Möglichkeit haben, die Geldstrafe durch Leistung gemeinnütziger Arbeit zu tilgen[573], übersieht, dass die gemeinnützige Arbeit nach derzeitigem Recht die Anordnung der Ersatzfreiheitsstrafe voraussetzt, die Schaffung einer Möglichkeit zur Herabsetzung der Tagessatzhöhe aber gerade die Unein-

---

[568] OLG Hamm, JMBl.NW 1976, 107 (107); OLG Koblenz, Rpfleger 1978, 27 (27); LG Mainz, NStZ 1982, 47 (47); LR-Wendisch, § 459 d Rz. 9; KK-Fischer, § 459 d Rz. 4; Pfeiffer, § 459 d Rz. 3; Meyer-Goßner, § 459 d Rz. 6; HK-Krehl, § 459 d Rz. 1; a.A.: Volckart, NStZ 1982, 496 (499 f.); ders., Verteidigung in der Strafvollstreckung und im Vollzug, Rz. 107; Bublies, Die Aussetzung des Restes der Ersatzfreiheitsstrafe, S. 97 f.; Bublies/Litwinski, Strafverteidigung im Strafvollzug, S. 39 f.; SK-StPO-Paeffgen, § 459 d Rz. 2; KMR-Paulus, § 459 d Rz. 3; AK-StPO-Rössner, § 459 d Rz. 2; Bringewat, § 459 d Rz. 1; Zimmermann, BewHi 1993, 194 (196).

[569] Bublies, Die Aussetzung des Restes der Ersatzfreiheitsstrafe, S. 98.

[570] Zimmermann, BewHi 1993, 194 (199); KMR-Paulus, § 459 a Rz. 3, § 459 f Rz. 2; SK-StPO-Paeffgen, § 459 f Rz. 2; LR-Wendisch, § 459 f Rz. 10.

[571] Schätzler, Handbuch des Gnadenrechts, S. 36.

[572] Vgl. Meyer, in: Abschlussbericht der Kommission zur Reform des strafrechtlichen Sanktionensystems, 51 (53).

[573] Diskussion und Beschlüsse, in: Abschlussbericht der Kommission zur Reform des strafrechtlichen Sanktionensystems, 54 (55).

bringlichkeit der Geldstrafe und damit die Anordnung der Ersatzfreiheitsstrafe verhindern soll. Außerdem sind nicht alle Geldstrafenschuldner arbeitsfähig. Somit ist ein Bedürfnis für die Einführung der Möglichkeit, nachträglich die Tagessatzhöhe herabzusetzen, zu bejahen.

Gegen die ablehnende Meinung ist vorzubringen, dass sich die Geldstrafe bei Ratenzahlungen über einen Zeitraum von zwei Jahren de facto an eine Laufzeitgeldstrafe annähert.[574] Das Problem der Rechtskraftdurchbrechung ist zu vernachlässigen. Der Eingriff in das Straferkenntnis lässt die Tagessatzanzahl, die den Unrechts- und Schuldgehalt der Tat und des Täters zum Ausdruck bringt, unberührt, sondern betrifft allein die Tagessatzhöhe, die die wirtschaftliche und persönliche Belastung des Täters widerspiegelt und ihr Rechnung trägt.[575] Die eigentliche Strafzumessungstätigkeit ist die Festlegung der Anzahl der Tagessätze, die Festlegung der Höhe des Tagessatzes ist dagegen ein reiner Anpassungsvorgang an die jeweilige wirtschaftliche Leistungsfähigkeit des Täters, um eine in etwa gleiche Strafwirkung zu gewährleisten.[576] Die Zulassung der nachträglichen Änderung der Tagessatzhöhe würde den Strafausspruch also nicht in seinem Kern treffen.[577]

Der Bemessungsfaktor »wirtschaftliche Verhältnisse des Täters« kann sich nachträglich drastisch verschlechtern, so dass die Geldstrafe entsozialisierend wirkt. Das widerspricht dem Zweck der Geldstrafe, die keine konfiskatorische Wirkung haben darf, sondern zu einem vorübergehenden Konsumverzicht zwingen soll. Die Herabsetzung der Höhe des Tagessatzes mit dem Ziel, die Strafwirkung der Geldstrafe zu erreichen, ist in der Strafpraxis nicht unbekannt. Eine hohe Tagessatzanzahl (mehr als 90 Tagessätze) kann zu einer Senkung der Höhe des Tagessatzes Anlass geben, um einer wirtschaftlichen Überforderung des Täters und einer Steigerung seines Strafleidens entgegenzuwirken.[578] Außerdem kann das Rechtsmittel der Berufung bei der Geldstrafe auf die Höhe des Tagessatzes beschränkt und so eine Herabsetzung der Tagessatzhöhe erreicht werden. Die Situation der Festlegung einer Tagessatzhöhe, die auf einer unzutreffenden Einkom-

---

574 Kadel, Die Bedeutung des Verschlechterungsverbotes für Geldstrafenanerkenntnisse nach dem Tagessatzsystem, S. 108 m.w.N.

575 Streng, ZStW 111 (1999), 827 (846).

576 Zipf, ZStW 86 (1974), 513 (516).

577 Streng, ZStW 111, 827 (846).

578 BGHSt 26, 325 (331); 34, 90 (93); Tröndle/Fischer, § 40 Rz. 24 m.w.N.

mensermittlung basiert und nicht der wirtschaftlichen Leistungsfähigkeit des Täter entspricht, ist den Situationen strukturell vergleichbar, die nach dem Gesetz eine Wiederaufnahme des Verfahrens rechtfertigen. Der Wiederaufnahme liegen in der Regel Fallgestaltungen zugrunde, in denen die dem Urteil zugrundeliegenden Tatsachen erschüttert sind. Die Tatsachengrundlage ist ebenfalls erschüttert, wenn sich im Nachhinein herausstellt, dass das zur Bemessung der Geldstrafe zugrundegelegte Einkommen unrichtig war. Es ist nicht zu erwarten, dass sich eine den Verurteilten begünstigende Änderungsregelung negativ auf die generalpräventive Wirkung der Geldstrafe auswirkt. Vielmehr könnte eine solche Vorschrift das Vertrauen der Bevölkerung in eine soziale und einzelfallgerechte Ausrichtung und Abwicklung der Strafvollstreckung stärken. Bei der Freiheitsstrafe haben beispielsweise die Institute der Strafaussetzung und der Strafrestaussetzung zur Bewährung mit der Möglichkeit der nachträglichen Änderung von Auflagen und Weisungen auch keine Verringerung der generalpräventiven Wirkung zur Folge. Die Zulassung der nachträglichen Änderung der Tagessatzhöhe führt nicht zu Unstimmigkeiten im Verhältnis zur Freiheitsstrafe. Bei der Freiheitsstrafe kann durch die Vorschriften der §§ 455 ff. StPO (Strafaufschub, Strafunterbrechung) einer nachträglichen Änderung der persönlichen Verhältnisse des Inhaftierten Rechnung getragen werden. Die nachträgliche Herabsetzung der Tagessatzhöhe ist im Interesse der Strafgerechtigkeit wünschenswert. Einer entsprechenden Regelung stehen durchgreifende dogmatische Bedenken nicht entgegen.
Indessen könnten praktische Erwägungen gegen die Einführung einer solchen Vorschrift sprechen. Eine nachträgliche Änderung der Tagessatzhöhe kann bei Verschlechterung der wirtschaftlichen Verhältnisse nur in Betracht kommen, wenn diese ohne Verschulden des Verurteilten eingetreten ist. Die Feststellung, ob eine unverschuldete Notlage eingetreten ist, dürfte sich häufig als schwierig erweisen. Denn in der Praxis gibt es nicht nur eindeutige Fälle unverschuldeter (z.B. dauernde Arbeitsunfähigkeit, Arbeitsplatzverlust aufgrund der Insolvenz des Arbeitgebers) oder verschuldeter (z.B. Eigenkündigung des Arbeitsverhältnisses) Zahlungsunfähigkeit. Beispielsweise kann es im Fall des Arbeitsplatzverlustes fraglich sein, ob dieser unverschuldet (z.B. betriebsbedingte Kündigung) oder verschuldet (z.B. verhaltensgebundene Kündigung) eingetreten ist. Wenn die Entscheidung dem erstinstanzlichen Gericht vorbehalten bleibt, müsste dieses ggf. (durch Einschaltung der Gerichtshilfe) bei dem Arbeitgeber Erkundigungen einholen. Unter Umständen müsste über diese Frage sogar Beweis erhoben werden.

Außerdem sind Fälle denkbar, in denen die Verschlimmerung der Vermögenssituation sowohl eigen- als auch fremdverschuldet ist. Der Geldstrafenschuldner wird wahrscheinlich behaupten, unverschuldet in finanzielle Bedrängnis geraten zu sein. Um dem Missbrauch einer solchen Änderungsvorschrift entgegenzuwirken, stünden die Justizbehörden in der Tat vor einem beträchtlichen Ermittlungsaufwand. Dennoch kann ein Mehraufwand für die Justizbehörden nicht das »Totschlagsargument« schlechthin gegen eine neu einzuführende Änderungsvorschrift sein. Es kann nicht zum Nachteil der Geldstrafenschuldner gereichen, dass angesichts leerer Kassen die Justizbehörden nicht in der Lage sind, genügend Arbeitskräfte und Arbeitsmaterialien zu stellen. Straf- und Einzelfallgerechtigkeit können nicht wegen anhaltender finanzieller Missstände zurückstehen. Die Einführung einer Regelung zur nachträglichen Änderung der Tagessatzhöhe ist zu befürworten.

2. Ausgestaltung einer Norm zur nachträglichen Änderung der Tagessatzhöhe

Als Diskussionsbasis für eine Norm zur nachträglichen Änderung der Tagessatzhöhe bietet sich § 42 a StGB des Gesetzentwurfs der SPD-Fraktion vom 11.11.1993 zur Reform des strafrechtlichen Sanktionensystems an, der im Bundestag nicht abschließend beraten wurde.[579] § 42 a Abs. 1 StGB-E sieht vor, dass dem Verurteilten auf Antrag eine Zahlungsfrist oder Ratenzahlung zu bewilligen ist, wenn sich seine wirtschaftlichen Verhältnisse nach der Verhängung der Geldstrafe ohne sein Verschulden nachteilig verändert haben und er deshalb nicht in der Lage ist, die Geldstrafe zu bezahlen. Ist eine Verbesserung der wirtschaftlichen Verhältnisse nicht zu erwarten, kann die Tagessatzhöhe gem. § 42 a Abs. 2 StGB-E entsprechend den veränderten Verhältnissen herabgesetzt werden. Der SPD-Entwurf gestaltet die Änderungsvorschrift zu Recht als Norm des materiellen Rechts aus. Da die nachträgliche Änderung der Tagessatzhöhe einen Eingriff in die Rechtskraft des Straferkenntnisses bedeutet, sollte die tatrichterliche Entscheidung nicht durch die Vollstreckungsbehörde abgeändert werden, sondern in der Hand des erkennenden Gerichts bleiben. Voraussetzungen für die Herabsetzung der Tagessatzhöhe sind eine unverschuldete Verschlechterung der wirtschaftlichen Verhältnisse und die Erwartung, dass sich die wirtschaftlichen Ver-

[579] BT-Drs. 12/6141, S. 4.

hältnisse nicht verbessern. Letzteres soll nach der Entwurfsbegründung beispielsweise gegeben sein, wenn der Täter dauernd arbeitsunfähig geworden ist. Durch das einschränkende Kriterium der unverschuldeten Verschlechterung der wirtschaftlichen Verhältnisse soll verhindert werden, dass der Verurteilte sich willentlich (z.B. durch grundlose Kündigung eines Arbeitsverhältnisses oder Verschiebung von Vermögenswerten) in die Lage versetzt, die Geldstrafe nicht mehr aufbringen zu können.[580] Beide Tatbestandsmerkmale erscheinen sinnvoll. Entsprechend den obigen Ausführungen sollte die Herabsetzung aber nicht nur für die nachträglich eintretende unverschuldete Verschlechterung der Einkommensverhältnisse, sondern auch für den Fall einer im Erkenntnisverfahren unzutreffend unterstellten Einkommenssituation vorgesehen werden. Der Anwendungsbereich einer neu einzuführenden Änderungsvorschrift müsste daher entsprechend erweitert werden. Die Herabsetzung der Tagessatzhöhe stellt § 42 a Abs. 2 StGB-E in das richterliche Ermessen. Hier erscheint es vorzugswürdig, die Norm als zwingende Vorschrift auszugestalten. Die Entscheidung sollte das Gericht von Amts wegen treffen. Anknüpfend an den Gesetzentwurf der SPD-Fraktion wäre folgender Wortlaut denkbar:

§ 42 a

Nachträgliche Änderung der Tagessatzhöhe

(1) Haben sich nach der Verhängung der Geldstrafe die wirtschaftlichen Verhältnisse des Verurteilten ohne sein Verschulden nicht unerheblich verschlechtert und ist er deshalb nicht in der Lage, die Geldstrafe zu bezahlen, ist die Tagessatzhöhe entsprechend den veränderten Verhältnissen herabzusetzen, wenn eine Verbesserung der wirtschaftlichen Verhältnisse nicht zu erwarten ist.

(2) Ist bei der Bemessung der Geldstrafe ein Einkommen zugrundegelegt worden, das den Einkommensverhältnissen des Verurteilten zur Zeit der Verurteilung nicht entsprach, und ist er deshalb nicht in der Lage, die Geldstrafe zu bezahlen, ist nach der Verhängung der Geldstrafe die Tagessatzhöhe entsprechend den tatsächlich bestehenden Einkommensverhältnissen herabzusetzen.

3. Vermeidung der Vollstreckung von Ersatzfreiheitsstrafen

Mit der nachträglichen Herabsetzung der Tagessatzhöhe in den beiden genannten Fallgruppen ließe sich ein besonders nützliches Instrument zur Verhinderung der Uneinbringlichkeit der Geldstrafe und damit zur Vermeidung der Vollstreckung von Ersatzfreiheitsstrafen schaffen. Da die Höhe der verhängten Geldstrafe einen

580 BT-Drs. 13/4462, S. 10.

wesentlichen Einfluss auf den Verlauf der Vollstreckung hat, kann die nachträgliche Änderung der Tagessatzhöhe dazu beitragen, die Geldstrafe doch noch erbringbar zu machen.

II. Ausbau und Aufwertung der gemeinnützigen Arbeit

Ein wichtiges Mittel zur Vermeidung der Vollstreckung von Ersatzfreiheitsstrafen ist die gemeinnützige Arbeit nach Art. 293 EGStGB i.V.m. den Rechtsverordnungen der Länder. Der Schwerpunkt der reformpolitischen Bestrebungen liegt auf einer Vermeidung der Verbüßung von Ersatzfreiheitsstrafen durch Förderung der gemeinnützigen Arbeit als Alternativsanktion. Diesem Anliegen trägt der Gesetzentwurf der Bundesregierung zur Reform des Sanktionenrechts vom 17.03.2004 Rechnung, der eine Erweiterung des Anwendungsbereichs der gemeinnützigen Arbeit vorschlägt. Er sieht eine Neuregelung der Ersatzstrafen in § 43 StGB durch Einführung der gemeinnützigen Arbeit als primäre Ersatzstrafe bei Uneinbringlichkeit einer Geldstrafe und eine im Vergleich zur gegenwärtigen Situation deutlich attraktivere Gestaltung des Umrechnungsmaßstabes Geldstrafe : Arbeitsstunden vor. [581]

1. Gemeinnützige Arbeit als primäre Ersatzstrafe bei Uneinbringlichkeit der Geldstrafe

Nach § 43 Abs. 1, S. 1 StGB-E tritt an die Stelle einer uneinbringlichen Geldstrafe mit Zustimmung des Verurteilten gemeinnützige Arbeit. Einem Tagessatz entsprechen gem. § 43 Abs. 1, S. 2 StGB-E drei Stunden gemeinnützige Arbeit. Erteilt der Verurteilte die nach Absatz 1 erforderliche Zustimmung nicht oder wird die gemeinnützige Arbeit nicht in angemessener Zeit oder nicht in ordnungsgemäßer Weise erbracht, so tritt an die Stelle einer uneinbringlichen Geldstrafe die Ersatzfreiheitsstrafe, wobei zwei Tagessätze einem Tag Freiheitsstrafe entsprechen (§ 43 Abs. 2 StGB-E). Die Vorschrift des § 459 e StPO, die die Voraussetzungen für die Vollstreckung der Ersatzfreiheitsstrafe enthält, wird in Absatz 2 um die Regelung ergänzt, dass die Ersatzfreiheitsstrafe auch bei Uneinbringlichkeit der Geldstrafe nur dann vollstreckt werden darf, wenn entweder der Verurteilte seine Zustimmung gem. § 43 Abs. 1 StGB-E verweigert oder er die an die

---

[581] BT-Drs. 15/2725.

Stelle einer uneinbringlichen Geldstrafe getretene gemeinnützige Arbeit nicht ordnungsgemäß erbringt.

a) Der Stellenwert der gemeinnützigen Arbeit im Sanktionensystem

Nach der Begründung des Gesetzentwurfs soll die Neuregelung eine bundeseinheitliche Rechtsgrundlage schaffen und der gemeinnützigen Arbeit in diesem Bereich einen anderen Stellenwert geben. Sie sei nicht länger der Ersatz für die Ersatzfreiheitsstrafe, sondern der primär anstelle der uneinbringlichen Geldstrafe zu leistende Ersatz.[582]

Nach derzeitigem Recht ist die gemeinnützige Arbeit eine (Sanktions- bzw. Vollstreckungs-) Alternative zur Ersatzfreiheitsstrafe.[583] Die Vorschrift des Art. 293 EGStGB macht die gemeinnützige Arbeit zu einer der Ersatzfreiheitsstrafe vorgeschalteten Alternative.[584] Ist die Geldstrafe uneinbringlich und die Vollstreckung der Ersatzfreiheitsstrafe angeordnet, wird der Verurteilte in aller Regel mit der Mitteilung über die Anordnung der Vollstreckung der Ersatzfreiheitsstrafe, spätestens mit der Ladung zum Strafantritt über die Möglichkeit, die Vollstreckung der Ersatzfreiheitsstrafe durch gemeinnützige Arbeit abwenden zu können, belehrt. Die gemeinnützige Arbeit kommt demnach nur und erst dann in Betracht, wenn die Geldstrafe uneinbringlich ist und eine Vollstreckungsanordnung gem. § 459 e Abs. 1 StPO ergangen ist, wenn also sämtliche Voraussetzungen für eine Vollstreckung der Ersatzfreiheitsstrafe geprüft und erfüllt sind (insbesondere kein Absehen von der Vollstreckung gem. § 459 f StPO).[585] Lehnt der Verurteilte das Angebot zur Erbringung gemeinnütziger Arbeit ab, ist nunmehr die Ersatzfreiheitsstrafe zu verbüßen. Die Frage, »ob die Ersatzfreiheitsstrafe tatsächlich fällig und für den Verurteilten die zwingende Konsequenz seiner - ihm freigestellten - Ablehnung des Tilgungsangebotes ist, lässt sich erst beurteilen, wenn zuvor die Voraussetzungen der Vollstreckung der Ersatzfreiheitsstrafe geprüft und bejaht

---

[582] BT-Drs. 15/2725, S. 21.

[583] SK-StPO-Paeffgen, § 459 e Rz. 7; KMR-Paulus, § 459 e Rz. 15; Bringewat, § 459 e Rz. 12 (Sanktionsalternative); AK-StPO-Rössner, § 459 e Rz. 12; Jung, Sanktionensysteme und Menschenrechte, S. 169 (Vollstreckungsalternative).

[584] Schall, NStZ 1985, 104 (106).

[585] Siehe oben: Dritter Teil, B. IV.; vgl. auch Bringewat, § 459 e Rz. 12.

worden sind«.[586] Die gemeinnützige Arbeit ist mithin als Alternative zu einer bereits angeordneten Ersatzfreiheitsstrafe ausgestaltet.

Die gemeinnützige Arbeit ist trotz ihrer Ausgestaltung als Alternative zur Ersatzfreiheitsstrafe nicht lediglich ein »Ersatz für den Ersatz«, nämlich der Ersatzfreiheitsstrafe anstelle der ursprünglichen Geldstrafe[587], sondern sie ist, obwohl sie zwar im Ergebnis die Vollstreckung einer Ersatzfreiheitsstrafe vermeidet, von ihrer Zielsetzung und systematischen Stellung her in erster Linie ein Surrogat der Geldstrafe.[588] Die gemeinnützige Arbeit ist in dogmatischer Hinsicht gegenüber der Ersatzfreiheitsstrafe vorrangig[589], weil sie im Verhältnis zur Ersatzfreiheitsstrafe die mildere Sanktion ist. Der Verurteilte büßt nicht seine Freiheit ein, sondern erbringt (unentgeltlich) Arbeitsleistungen. Die Vorrangigkeit folgt auch daraus, dass die Ersatzfreiheitsstrafe und ihre gesetzliche Ausgestaltung, vor allem die Gleichsetzung eines Tagessatzes mit einem Tag Ersatzfreiheitsstrafe in § 43, S. 2 StGB, schwerwiegenden Bedenken ausgesetzt sind. Demgegenüber vermeidet die gemeinnützige Arbeit nicht nur die mit der Verbüßung einer Ersatzfreiheitsstrafe verbundenen Nachteile, sondern entfaltet auch sozial konstruktive Wirkung[590] und kann stärker als andere Sanktionen der Verwirklichung verschiedener Strafzwecke dienen.[591]

Von ihrer systematischen Stellung her ist die gemeinnützige Arbeit im derzeitigen Sanktionengefüge zwischen der Primärsanktion der Geldstrafe und der Ersatzsanktion der Ersatzfreiheitsstrafe anzusiedeln.[592] Diese Einordnung ist indes auf Kritik gestoßen: Sie übersehe, dass die Geldstrafe und die Abwendung der Ersatzfreiheitsstrafe auf zwei unterschiedlichen Ebenen angesiedelt seien. Gemeint sei damit nicht ihre Funktion als Primär- bzw. Sekundärsanktion, sondern die einseitige Entscheidung des Gerichts als Träger der staatlichen Strafhoheit bei der Geldstrafe einerseits und die Notwendigkeit einer Mitwirkung des Verurteilten zur

---

586 Schall, NStZ 1985, 104 (107); ebenso Bringewat, § 459 e Rz. 12.

587 Feuerhelm, Gemeinnützige Arbeit als Alternative in der Geldstrafenvollstreckung, S. 89; Bublies, Die Aussetzung des Restes der Ersatzfreiheitsstrafe, S. 95.

588 Schall, NStZ 1985, 104 (110).

589 Schall, NStZ 1985, 104 (107).

590 Schall, NStZ 1985, 104 (107); Rössner, BewHi 1985, 105 (108 f.); Pfohl, BewHi 1985, 110 (117); Albrecht, BewHi 1985, 121 (124); Schöch, Gutachten C zum 59. DJT, S. 86.

591 Roxin, JA 1980, 538 (550); ders., GS f. Zipf, S. 135 (147).

592 Schall, NStZ 1985, 104 (107); Bublies, Die Aussetzung des Restes der Ersatzfreiheitsstrafe, S. 95.

Abwendung der Ersatzfreiheitsstrafe durch gemeinnützige Arbeit andererseits.[593] Diese Argumentation vermag nicht zu überzeugen. Die Tatsache, dass die Geldstrafe verhängt wird, der gemeinnützigen Arbeit jedoch zugestimmt werden muss, spricht nicht gegen die Einordnung der gemeinnützigen Arbeit zwischen der Geldstrafe und der Ersatzfreiheitsstrafe. Die Geldstrafe wird unabhängig von der Akzeptanz des Täters verhängt und kann ohne seine aktive Mitwirkung vollstreckt werden. Demgegenüber muss der Verurteilte der gemeinnützigen Arbeit zustimmen und sie freiwillig verrichten, ihre Verwirklichung ist nicht erzwingbar. Die Ableistung gemeinnütziger Arbeit stellt keine vollstreckbare Strafe dar. Insofern handelt es sich bei der Geldstrafe und der gemeinnützigen Arbeit in Bezug auf die Vollstreckbarkeit nicht um gleichwertige Sanktionen. Es ist aber nicht recht einsehbar, warum eine Sanktion dem Täter stets aufgezwungen werden muss, um als Sanktion zu gelten. In einem modernen Strafrecht, das auf Ausgleich und die Übernahme von Verantwortung durch den Täter setzt, hat dieser Gedanke von vornherein keinen Raum. Das Zustimmungs- und Mitwirkungserfordernis rückt gerade den konstruktiven, die Eigenverantwortlichkeit des Täters betonenden Charakter der Sanktion in den Vordergrund.[594] Die gemeinnützige Arbeit ist zwischen der Geldstrafe und der Ersatzfreiheitsstrafe einzuordnen. Mit dieser Einordnung wird zugleich ein Stufenverhältnis hinsichtlich der Eingriffsstärke in die Rechtsgüter des Betroffenen ausgedrückt: Die Geldstrafe entzieht das Vermögen, die gemeinnützige Arbeit nimmt die Verfügung über den Einsatz der Arbeitskraft[595] und die Ersatzfreiheitsstrafe raubt die persönliche Freiheit. Die »Unannehmlichkeitssteigung« erstreckt sich von der Zahlung der Geldstrafe über die Leistung gemeinnütziger Arbeit bis hin zur Verbüßung der Ersatzfreiheitsstrafe. An der systematischen Stellung der gemeinnützigen Arbeit zwischen der Geldstrafe und der Ersatzfreiheitsstrafe würde sich durch die Neuregelung des § 43 StGB-E nichts ändern.

Nach dem Gesetzentwurf tritt erst dann, wenn der Verurteilte die erforderliche Zustimmung verweigert oder die gemeinnützige Arbeit nicht in angemessener Zeit oder nicht in ordnungsgemäßer Weise erbringt, an die Stelle der uneinbringlichen Geldstrafe die Ersatzfreiheitsstrafe (§ 43 StGB-E). Nunmehr ist die Anord-

---

[593] Neumayer-Wagner, Die Verwarnung mit Strafvorbehalt, S. 161 f.
[594] Schneider, MschrKrim 2001, 273 (282).
[595] von Selle, Gerechte Geldstrafe, S. 111.

nung der Ersatzfreiheitsstrafe davon abhängig, dass zuvor das Institut der gemeinnützigen Arbeit erfolglos ausgeschöpft worden ist. Die Anordnung der Ersatzfreiheitsstrafe setzt gem. § 459 e Abs. 2 StPO-E voraus, dass der Verurteilte der gemeinnützigen Arbeit nicht zugestimmt oder der Verurteilte die gemeinnützige Arbeit nicht fristgemäß oder nicht ordnungsgemäß verrichtet hat. Damit wäre auch konstruktiv die Vorrangigkeit der gemeinnützigen Arbeit gegenüber der Ersatzfreiheitsstrafe im Gesetz verankert und sichergestellt. Da die gemeinnützige Arbeit nicht mehr über den Umweg einer angeordneten Ersatzfreiheitsstrafe gestattet wird, ersetzt sie nunmehr ausdrücklich die (uneinbringliche) Geldstrafe. Die gemeinnützige Arbeit erhält somit auch formal die Stellung eines Surrogats der Geldstrafe. Insofern verschafft der Gesetzentwurf der gemeinnützigen Arbeit einen anderen Stellenwert. Damit ist eine Aufwertung der gemeinnützigen Arbeit als Sanktionsalternative verbunden, denn die Reihenfolge Geldstrafe - gemeinnützige Arbeit - Ersatzfreiheitsstrafe ist nicht nur im Sinne einer zeitlichen Abfolge, sondern auch im Sinne einer dogmatischen Rangfolge im Gesetz verankert.

Es ist festzuhalten, dass die gemeinnützige Arbeit bereits nach geltendem Recht ein Surrogat der Geldstrafe ist. Der Gesetzentwurf legt das ausdrücklich fest und gibt der gemeinnützigen Arbeit nunmehr auch formal die Stellung eines Geldstrafensurrogats.

b) Freiwilligkeit der Arbeitsleistung

Die beabsichtigte bundeseinheitliche Neuregelung der gemeinnützigen Arbeit sieht ebenso wie die Rechtsverordnungen der Bundesländer die Einwilligung des Straftäters vor. Das Erfordernis der Zustimmung des Betroffenen zur Ableistung der gemeinnützigen Arbeit ergibt sich bereits aus praktischen Erwägungen und der fehlenden Vollstreckbarkeit der Sanktion. Auch aus kriminalpädagogischer Sicht ist die gemeinnützige Arbeit nur sinnvoll, wenn sie freiwillig erbracht wird.[596] Darüber hinaus spielt die Einwilligung bei der Frage nach der Verfassungskonformität der gemeinnützigen Arbeit eine Rolle. Die gemeinnützige Arbeit muss sich auch als Sanktionsalternative an Art. 12 Abs. 2 und 3 GG (Verbot

---

[596] Baumann, MschrKrim 1979, 290 (294) unter Verweis auf die Begründung zu § 52 AE; Schall, NStZ 1985, 104 (108); Laun, Alternative Sanktionen zum Freiheitsentzug und die Reform des Sanktionensystems, S. 244 f.

des Arbeitszwanges und der Zwangsarbeit) messen lassen.[597] Die überwiegende Auffassung in der Literatur hält die gemeinnützige Arbeit i.S.d. Art. 293 EGStGB für mit Art. 12 Abs. 2 und 3 GG vereinbar.[598] Zur Begründung der Verfassungsmäßigkeit der gemeinnützigen Arbeit haben sich drei unterschiedliche Argumentationsschienen herausgebildet.[599]

Die erste kommt im Wege einer teleologischen Reduktion von Art. 12 Abs. 2 und 3 GG dazu, dass die gemeinnützige Arbeit nicht in den Schutzbereich des Art. 12 GG fällt.[600] Sie nimmt Bezug auf zwei Entscheidungen des BVerfG, das entschieden hat, dass die nach § 10 Abs. 1, S. 3 Nr. 4 JGG ausgesprochene Weisung, Arbeitsleistungen zu erbringen, und die Bewährungsauflage, gemeinnützige Leistungen zu erbringen (§ 56 b Abs. 2, S. 1 Nr. 3 StGB), den Schutzbereich des Art. 12 Abs. 2, 3 GG nicht berühren.[601] Erklärtes Ziel des Verfassungsgebers sei es gewesen, durch Art. 12 Abs. 2 und 3 GG eine Herabwürdigung der Person durch die Anwendung bestimmter Methoden des Arbeitseinsatzes, wie sie in totalitär beherrschten Staaten üblich sind, sicher auszuschließen.[602] Begrenzte Arbeitspflichten werden demnach vom Schutzbereich des Art. 12 Abs. 2 und 3 GG nicht erfasst, wenn bestimmte Rahmenbedingungen eingehalten werden.[603] Teilweise wird im Anschluss an diese Auslegung dennoch eine Einwilligung gefordert als »menschenrechtliche Absicherung, weil die Anforderung auf positive Leistungen einer Person gerichtet ist. Sozialkonstruktive Leistungen erfordern aber eine entsprechende Einbindung des Betreffenden, andernfalls tragen sie Züge von Manipulation und Dressur«.[604]

---

[597] Jung, JuS 1986, 741 (745); ders., Sanktionensysteme und Menschenrechte, S. 175.

[598] Schall, NStZ 1985, 104 (108); Blau, GS f. Kaufmann, S. 189 (206); Mrozynski, JR 1987, 272 (274); Jescheck/Weigend, Lehrbuch des Strafrechts, AT, § 73 III. 3.; Pfohl, Gemeinnützige Arbeit als strafrechtliche Sanktion, S. 149 ff; Heghmanns, ZRP 1999, 297 (300); Seebode, FS f. Böhm, S. 519 (539); a.A.: Köhler, GA 1987, 145 (148, 159 f.).

[599] Jung, Sanktionensysteme und Menschenrechte, S. 175 f.

[600] Schöch, Gutachten C zum 59. DJT, S. 98; Dölling, ZStW 104 (1992), 259 (282); Heghmanns, ZRP 1999, 297 (300); kritisch Weigend, GA 1992, 345 (359); Weßlau, StV 1999, 278 (285); Eisenberg, JuS 2000, 368 (369).

[601] BVerfGE 74, 102 (121 ff.); 83, 119 (126 ff.).

[602] BVerfGE 74, 102 (118); 83, 119 (126).

[603] BVerfGE 83, 119 (126); Jung, Sanktionensysteme und Menschenrechte, S. 178.

[604] Jung, Sanktionensysteme und Menschenrechte, S. 180; Vgl. auch Streng, ZStW 111 (1999), 827 (839); Weßlau, StV 1999, 278 (285); Roxin, GS f. Zipf, S. 135 (147); Schöch, Gutachten C zum 59. DJT, S. 98, der die Einwilligung darüber hinaus auch als Schutz gegen unverhältnismäßig lange oder unzumutbar belastende Arbeitseinsätze für geboten hält. Ebenso Schall, NStZ 1985, 104 (108).

Die Vertreter des zweiten Begründungsansatzes berufen sich auf die Zulässigkeit der Zwangsarbeit im Rahmen des Freiheitsentzuges nach Art. 12 Abs. 3 GG. Sie folgern aus dem Umstand, dass ein Arbeitszwang im Rahmen eines gerichtlich angeordneten Freiheitsentzuges zulässig ist, dass auch ein Arbeitszwang anstelle eines Freiheitsentzuges zulässig sein müsse. »Wenn das Grundgesetz schon Freiheitsstrafe plus Arbeitszwang zulasse, müsse erst recht Zwangsarbeit anstelle des Freiheitsentzuges zulässig sein, weil im letzteren Fall ein weitaus geringerer Eingriff vorliege«.[605]
Nach der dritten, sehr verbreiteten Ansicht sei die gemeinnützige Arbeit durch die Einwilligung des Betroffenen gerechtfertigt. Die Vertreter dieser Meinung verkennen nicht, dass die drohende Ersatzfreiheitsstrafe zumindest mittelbaren Zwang zur gemeinnützigen Arbeit ausübt und daher die Entscheidung des Geldstrafenschuldners nicht völlig frei ist.[606] Sie rechtfertigen den von der Ersatzfreiheitsstrafe ausgehenden Zwang unter dem von *Amelung* entwickelten Gesichtspunkt einer eingriffsmildernden Einwilligung.[607] Danach liegt eine wirksame Einwilligung vor, wenn der Betroffene durch seine Zustimmung legitimen staatlichen Zwang mildert und dadurch ein ihm wertvoller erscheinendes Rechtsgut (hier: Freiheit) auf Kosten eines anderen (hier: Verfügung über die Arbeitskraft) rettet.[608]

Von den genannten Begründungen vermag die zweitgenannte nicht zu überzeugen. Nach Art. 12 Abs. 3 GG ist Zwangsarbeit nur bei einer gerichtlich angeordneten Freiheitsentziehung zulässig. Die gemeinnützige Arbeit vermeidet zwar den Vollzug der Ersatzfreiheitsstrafe, sie ist aber ein Surrogat der Geldstrafe. Von der Verurteilung zu Geldstrafe ist in Art. 12 Abs. 3 GG jedoch keine Rede. Angesichts des klaren Wortlauts des Art. 12 Abs. 3 GG erscheint eine solche extensive

---

605 Pfohl, Gemeinnützige Arbeit als strafrechtliche Sanktion, S. 150 ff.; Leyendecker, (Re-) Sozialisierung und Verfassungsrecht, S. 307; Neumayer-Wagner, Die Verwarnung mit Strafvorbehalt, S. 160, die allerdings zu Recht darauf hinweist, dass eine rein zwangsweise angeordnete gemeinnützige Arbeit aus kriminalpädagogischen Gründen wenig sinnvoll ist. Zur Kritik an Pfohl vgl. Köhler, GA 1987, 145 (150).

606 Schall, NStZ 1985, 104 (108).

607 Schall, NStZ 1985, 104 (108); Feuerhelm, Stellung und Ausgestaltung der gemeinnützigen Arbeit im Strafrecht, S. 197; Seebode, FS f. Böhm, S. 519 (539); Böhm, ZRP 1998, 360 (362, Fn. 16).

608 Amelung, Die Einwilligung in die Beeinträchtigung eines Grundrechtsgutes, S. 105 ff., 109 ff.; ders., NStZ 1982, 38 (39).

Interpretation bedenklich.[609] Die Begründung ist daher lediglich im Hinblick auf eine originäre Freiheitsstrafe haltbar.[610]

Die sog. Einwilligungslösung erscheint auf den ersten Blick einleuchtend. Der Täter, der zu einer Geldstrafe verurteilt worden ist, kann bei deren Uneinbringlichkeit die drohende Ersatzfreiheitsstrafe, also einen intensiveren staatlichen Eingriff, durch gemeinnützige Arbeit abwenden. Der Verurteilte mildert durch seine Zustimmung legitimen staatlichen Zwang.[611] Vereinzelt wird indes die Auffassung vertreten, der von der Ersatzfreiheitsstrafe ausgehende Zwang sei nicht durch eine sog. eingriffsmildernde Einwilligung zu rechtfertigen, weil vorausgesetzt werde, dass der Geldstrafenschuldner durch seine Zustimmung *legitimen* staatlichen Zwang mildere. Eine eingriffsmildernde Einwilligung könne nur angenommen werden, wenn die Ersatzfreiheitsstrafe ihrerseits unbedenklich wäre.[612] Das sei jedoch nicht der Fall, vielmehr sei die Ersatzfreiheitsstrafe gleichheitswidrig.[613] Dieser Ansatz überzeugt. Hält man die Ersatzfreiheitsstrafe für verfassungswidrig[614], wobei dahingestellt bleiben kann, ob die Verfassungswidrigkeit wegen Verstoßes gegen Art. 3 Abs. 1 GG oder wegen Verletzung einer anderen Verfassungsnorm oder eines Verfassungsprinzips angenommen wird, so ist damit auch die Vorschrift des § 43 StGB, die die gesetzliche Grundlage der Ersatzfreiheitsstrafe bildet, mit dem Verdikt der Verfassungswidrigkeit belegt. Da nach *Amelung* aus dem Gesetzmäßigkeitsprinzip folge, dass die Wirksamkeit einer »Hauptfolgen vermeidenden« Einwilligung davon abhängt, ob der Eingriff, der durch sie abgewendet werden soll, eine gesetzliche Grundlage hat[615], wäre die eingriffsmildernde Einwilligung nicht wirksam. Denn die einfachgesetzliche Grundlage des § 43 StGB wäre wegen Verstoßes gegen höherrangiges Recht nichtig. Die Einwilligungslösung ist daher nicht haltbar.

Zustimmung verdient die Auffassung des BVerfG, dem zufolge begrenzte Arbeitspflichten vom Schutzbereich des Art. 12 Abs. 2 und 3 GG nicht erfasst werden, wenn bestimmte Rahmenbedingungen eingehalten werden.[616] Das BVerfG

---

[609] Blau, FS f. Kaufmann, S. 189 (207).

[610] von Selle, Gerechte Geldstrafe, S. 111; ders., JR 2002, 227 (228); vgl. auch Jung, Sanktionensysteme und Menschenrechte, S. 176.

[611] Schall, NStZ 1985, 104 (108); ders., BewHi 1988, 433 (442).

[612] von Selle, Gerechte Geldstrafe, S. 111; ders., JR 2002, 227 (228).

[613] von Selle, Gerechte Geldstrafe, S. 113; ders., JR 2002, 227 (228).

[614] Siehe oben: Erster Teil, A. II. 2. c) und A. IV.

[615] Amelung, Die Einwilligung in die Beeinträchtigung eines Grundrechtsgutes, S. 109.

[616] BVerfGE 83, 119 (126); Jung, Sanktionensysteme und Menschenrechte, S. 178.

hat im Rahmen seiner Entscheidung zu § 56 b Abs. 2 Nr. 3 StGB ausgeführt, dass die dort verankerten gemeinnützigen Leistungen zeitlich und sachlich begrenzt sowie an das Gebot der Zumutbarkeit und Verhältnismäßigkeit gebunden und daher nicht an Art. 12 Abs. 2, 3 GG zu messen sind.[617] Die von dem BVerfG genannten Rahmenbedingungen sind ebenfalls bei der Ausgestaltung der gemeinnützigen Arbeit als primäre Ersatzsanktion gegeben. Der Gesetzentwurf sieht vor, dass an die Stelle einer uneinbringlichen Geldstrafe mit Zustimmung des Verurteilten gemeinnützige Arbeit tritt und einem Tagessatz Geldstrafe drei Arbeitsstunden entsprechen. Die Vollstreckungsbehörde setzt dem Verurteilten eine Frist, innerhalb derer er die gemeinnützige Arbeit zu erbringen hat (§ 459 f StPO-E). Die ersatzweise zu erbringende gemeinnützige Arbeit ist damit sachlich und zeitlich begrenzt. Den Ausführungen des BVerfG in der Entscheidung zu § 56 b Abs. 2 Nr. 3 StGB sind auch Hinweise auf die Zulässigkeit der gemeinnützigen Arbeit als Sanktionsalternative zu entnehmen, obwohl es um hoheitlich gegen den Willen einer Person geforderte gemeinnützige Arbeit ging. Das BVerfG führt aus, dass eine Bewährungsauflage keinen Zwang zur Arbeit im Sinne einer Arbeitsstrafe begründe, sondern vielmehr einen Weg darstelle, die Vollstreckung der eigentlich verwirkten Strafe abzuwenden.[618] Ergänzend verweist das BVerfG auf die strafrechtliche Tradition von Möglichkeiten, durch Arbeit Strafen zu vermeiden, und nimmt u.a. ausdrücklich auf die Vorschrift des § 28 b StGB a.F. Bezug, die zur Zeit der Entstehung des Grundgesetzes in Kraft war.[619] Nach § 28 b StGB a.F. konnte die Vollstreckungsbehörde dem Verurteilten gestatten, eine uneinbringliche Geldstrafe durch freie Arbeit zu tilgen, um zu vermeiden, dass an die Stelle einer uneinbringlichen Geldstrafe bei Verbrechen und Vergehen Gefängnis, bei Übertretungen Haft traten.[620] Das BVerfG hat damit der Surrogatfunktion der gemeinnützigen Arbeit im Rechtsfolgensystem unmittelbare Verfassungsrelevanz eingeräumt.[621] Es hat festgestellt, dass jedenfalls eine subsidiäre, zum Zweck der Vermeidung der Vollstreckung einer Strafe zu leistende (zumutbare) gemeinnüt-

---

617 BVerfGE 83, 119 (127).

618 BVerfGE 83, 119 (127).

619 § 28 b wurde durch die »Verordnung über Vermögensstrafen und Bußen vom 06.02.1924« in das Reichstrafgesetzbuch übernommen. Vgl. RGBl. 1924, Teil I, S. 44. Die Vorschrift des § 28 b wurde im Jahr 1974 aus dem Strafgesetzbuch herausgenommen und als Art. 293 in das EGStGB eingestellt. Vgl. EGStGB vom 02.03.1974, BGBl. 1974 I, S. 639. Vgl. zur Geschichte des Instituts der gemeinnützigen Arbeit: Pfohl, BewHi 1985, 110 (112 f.).

620 BVerfGE 83, 119 (127 f.).

621 Jung, Sanktionensysteme und Menschenrechte, S. 179.

zige Arbeit keine Arbeitsstrafe ist. Durch die Bezugnahme auf § 28 b StGB a.F. hat es zudem deutlich gemacht, dass dies nicht nur bei originär verhängter Freiheitsstrafe, sondern auch bei der an die Stelle einer uneinbringlichen Geldstrafe tretende Freiheitsstrafe gilt, zumal dort der gemeinnützigen Arbeit ausdrücklich zugestimmt wird. Die Verfassungsmäßigkeit der gemeinnützigen Arbeit als Sanktionsalternative lässt sich folglich mit der auf der Rechtsprechung des BVerfG beruhenden Argumentation begründen.

Allerdings wird die Schutzbereichsbegrenzung im Schrifttum vereinzelt abgelehnt. Der Verfassungsgeber habe gerade nicht nur Handlungspflichten ausschließen wollen, die totalitären Praktiken und einer umfassenden Inanspruchnahme des Einzelnen gleichkommen. Ansonsten wären die Regelungen des Art. 12 Abs. 2 und 3 GG aus systematischen Gründen teilweise überflüssig, weil weder die allgemeine, für alle gleiche Dienstpflicht noch der Arbeitszwang im Vollzug einer Freiheitsstrafe den Schutzbereich des Art. 12 GG tangieren würden. Darüber hinaus käme Art. 12 Abs. 2 und 3 GG insgesamt kein eigenständiger Regelungsgehalt zu, sofern dieser nur herabwürdigende, schikanöse Arbeiten betreffen würde. Denn solche Formen der Arbeit würden stets gegen die Menschenwürde des Art. 1 Abs. 1 GG verstoßen, so dass es des Art. 12 Abs. 2, 3 GG nicht bedürfte.[622]

Dieser Ansicht kann nicht gefolgt werden. Art. 12 Abs. 2 und 3 GG verbürgen die nur unter besonderen Voraussetzungen einschränkbare Freiheit von Arbeitszwang und von Zwangsarbeit. Zuzugeben ist, dass die Freiheit von Arbeitszwang und von Zwangsarbeit systematisch eher zu Art. 2 Abs. 1 GG als zu Art. 12 Abs. 1 GG gehört. Denn es geht nicht um den Zwang, bestimmte Berufe oder Arbeitsplätze zu wählen oder nicht zu wählen, bestimmte berufliche Tätigkeiten auszuüben oder nicht auszuüben. Man kann zwar während der Zeit, in der man einem Arbeitszwang oder einer Zwangsarbeit unterliegt, nicht seinem Beruf nachgehen, doch ist man während der Zeit ebenso an allen anderen Betätigungen gehindert und ist außerhalb der Zeit zu allen beruflichen und nichtberuflichen Aktivitäten frei.[623] Die systematische Nähe zur allgemeinen Handlungsfreiheit ändert nichts daran, dass Normzweck des Art. 12 Abs. 2 GG der Ausschluss von im nationalsozialistischen System gängigen, die menschliche Persönlichkeit herabwürdigende Formen der Zwangsarbeit ist. Die Gegner der Schutzbereichsbegrenzung verkennen, dass

---

622 Laun, Alternative Sanktionen zum Freiheitsentzug und die Reform des Sanktionensystems, S. 240.

623 Pieroth/Schlink, Grundrechte, Staatsrecht II, Rz. 866.

in vielen Normen des Grundgesetzes die Bereiche der Gefährdung der Menschenwürde weiter ausgeformt und konkretisiert werden.[624] Das BVerfG bringt das immer wieder zum Ausdruck, wenn es zu einzelnen Folgerungen aus dem Rechtsstaatsprinzip oder aus Grundrechten sagt, sie seien auch in der Menschenwürde angelegt oder auf die Menschenwürde bezogen.[625] Art. 12 Abs. 2 und 3 GG konkretisieren den Grundsatz der Menschenwürde.[626] Die enge Beziehung zur verfassungsrechtlichen Gewährleistung der Achtung der Menschenwürde bedeutet keineswegs, dass ihnen kein eigenständiger Regelungsgehalt zukommt. Die Schutzbereichsbegrenzung des BVerfG ist mithin auch systematisch nachvollziehbar. Damit ist festzuhalten, dass die Zustimmung zur gemeinnützigen Arbeit aus verfassungsrechtlichen Gründen zwar nicht erforderlich ist, die Einwilligung des Delinquenten aber gleichwohl aus praktischen und kriminalpädagogischen Gründen unabdingbare Voraussetzung der gemeinnützigen Arbeit ist.

2. Umrechnungsfaktor Geldstrafe - gemeinnützige Arbeit

Ende der 80iger/Anfang der 90iger Jahre bestanden zwischen den auf der Grundlage des Art. 293 EGStGB erlassenen Regelungswerken der Bundesländer teilweise erhebliche Unterschiede in Bezug auf die Art der Rechtsgrundlage (Rechtsverordnung oder Gnadenregelung), die Beschränkung des Anwendungsbereichs auf einzelne Landgerichtsbezirke, das Antrags- und Gestattungsverfahren, die Ausestaltung einzelner Regelungen als Muss-, Soll- oder Ermessensvorschriften und den Anrechnungsfaktor. In einigen Bundesländern wurde ein Tagessatz der Geldstrafe durch sechs Stunden, in anderen durch acht Stunden freie Arbeit getilgt.[627] Die unterschiedlichen Umrechnungsmaßstäbe wurden insbesondere unter den Gesichtspunkten der Bestimmtheit der Rechtsfolge der Strafe und des Gleichheitsgrundsatzes kritisiert. Nicht zuletzt deswegen ist immer wieder die Forderung nach einer bundesgesetzlichen Regelung mit einem einheitlichen Umrechnungs-

---

[624] Pieroth/Schlink, Grundrechte, Staatsrecht II, Rz. 352.
[625] BVerfGE 50, 125 (133); 74, 102 (120).
[626] BVerfGE 74, 102 (120).
[627] Vgl. die Übersichten bei Krieg/Löhr/Lücke/Meissner/Rufert/Schumann, MschrKrim 1984, 25 (28) und Gerken/Henningsen, ZRP 1987, 386 (387).

faktor erhoben worden.[628] Mittlerweile sind die Regelungswerke der Bundesländer weitestgehend angeglichen, sie weichen aber immer noch in einigen Aspekten voneinander ab. Nach den Verordnungen der meisten Bundesländer wird ein Tagessatz durch sechs Stunden gemeinnützige Arbeit getilgt, lediglich in Bremen[629] und Baden-Württemberg[630] beträgt die Regelarbeitszeit pro Tagessatz vier Stunden. Unter Hinweis auf die weitgehend einheitlichen Regelungen in den Ländern hat die Kommission zur Reform des strafrechtlichen Sanktionensystems ein Bedürfnis für die Schaffung einer bundesgesetzlichen Regelung zur Festlegung eines bundeseinheitlichen Anrechnungsmaßstabes Arbeitsstunden : Tagessatz Geldstrafe verneint.[631] Der Gesetzentwurf vom 17.03.2004 strebt die Schaffung einer bundeseinheitlichen Rechtsgrundlage mit einem einheitlichen Anrechnungsfaktor von 1:3, d.h. einem Tagessatz entsprechen drei Stunden gemeinnützige Arbeit, an.

a) Verfassungsrechtliche Bedenken wegen Fehlens eines bundeseinheitlich festgelegten Umrechnungsfaktors

Die in den Tilgungsverordnungen der Bundesländer enthaltenen unterschiedlichen Umrechnungsmaßstäbe werden insbesondere als dem Bestimmtheitsgebot (Art. 103 Abs. 2 GG) und dem Gleichheitsgrundsatz (Art. 3 Abs. 1 GG) widersprechend kritisiert.[632] Die Berechtigung dieser Kritik soll im Folgenden untersucht werden.

---

628 Reiß, Rpfleger 1985, 133 (136); Krieg/Löhr/Lücke/Meissner/Rufert/Schumann, MschrKrim 1984, 25 (29); Schall, NStZ 1985, 104 (111); LR-Wendisch, § 459 e Rz. 17; Bringewat, § 459 e Rz. 14; Albrecht, BewHi 1985, 121 (126); vgl. auch die Beschlüsse des 59. DJT, Abteilung Strafrecht, VII. 5., NJW 1992, 3016 (3022).

629 Vgl. GBl. der Freien Hansestadt Bremen 1998, S. 205.

630 Vgl. AV des Justizministeriums v. 03.03.1998, Die Justiz 1998, 144 f.

631 Diskussion und Beschlüsse, in: Abschlussbericht der Kommission zur Reform des strafrechtlichen Sanktionensystems, 54 (61); ebenso die Große Strafrechtskommission des Deutschen Richterbundes, Die Geldstrafe, S. 91.

632 Krieg/Löhr/Lücke/Meissner/Rufert/Schumann, MschrKrim 1984, 25 (29); Reiß, Rpfleger 1985, 133 (136); Albrecht, BewHi 1985, 121 (126); Pfohl, BewHi 1985, 110 (117); Fuchs, Der Community Service als Alternative zur Freiheitsstrafe, S. 361; Schall, NStZ 1985, 104 (111); ders., BewHi 1988, 433 (441); ders., in: Deutsche Bewährungshilfe (Hrsg.), Die 13. Bundestagung, 339 (352); Dölling, in: Deutsche Bewährungshilfe (Hrsg.), Die 13. Bundestagung, 363 (372); ders., ZStW 104 (1992), 259 (276); Blau, FS f. Kaufmann, S. 189 (200); Schöch, Gutachten C zum 59. DJT, S. 86; LR-Wendisch, § 459 e Rz. 17; Bringewat, § 459 e Rz. 14.

aa) Verstoß gegen den Gleichheitsgrundsatz des Art. 3 Abs. 1 GG

Die verfassungsrechtlichen Bedenken im Hinblick auf den Gleichheitsgrundsatz sind unbegründet, soweit sie wegen der von Bundesland zu Bundesland divergierenden Umrechnungskurse geltend gemacht werden. Der Gleichheitssatz verbietet u.a. »wesentlich Gleiches willkürlich ungleich zu behandeln«.[633] Erste Voraussetzung für eine relevante, verfassungsrechtlicher Rechtfertigung bedürfender Ungleichbehandlung ist, dass die Ungleichbehandlung durch dieselbe Rechtsetzungsgewalt bzw. denselben Hoheitsträger erfolgt.[634] Auch wenn alle Hoheitsträger an Art. 3 Abs. 1 GG gebunden sind, gilt die Bindung nur für den jeweiligen Hoheitsträger innerhalb seines Kompetenzbereichs.[635] Der Erlass unterschiedlicher Gesetze und Normen durch verschiedene Hoheitsträger ist nicht gleichheitswidrig.[636] Ein Land verletzt mithin den Gleichheitssatz nicht deshalb, weil ein anderes Land den gleichen Sachverhalt anders behandelt.[637] Soweit die Bürger eines Bundeslandes durch ein Landesgesetz anders behandelt werden als die Bürger eines anderen Bundeslandes, das kein entsprechendes oder ein abweichendes Landesgesetz erlassen hat, fehlt daher von vornherein die wesentliche Gleichheit.[638] Diese Grundsätze gelten nicht nur für die im Rahmen der Gesetzgebungskompetenz der Länder erlassenen Landesgesetze, sondern auch für die exekutive Normsetzung durch Rechtsverordnungen. Nach Art. 80 Abs. 1, S. 1 GG können die Landesregierungen durch Gesetz ermächtigt werden, Rechtsverordnungen zu erlassen. Ein solches Gesetz stellt Art. 293 EGStGB dar. Die auf der Grundlage von Art. 293 EGStGB erlassenen Rechtsverordnungen sind nicht durch dieselbe Rechtsetzungsgewalt erlassen worden, sondern von den jeweiligen Landesregierungen bzw. den Landesjustizministerien, auf die die Ermächtigung zum Erlass von Rechtsverordnungen nach Art. 293 Abs. 1, S. 1 EGStGB übertragen worden ist. Deswegen können sich die Geldstrafenschuldner, die beispielsweise im Bundesland Niedersachsen sechs Stunden gemeinnützige Arbeit für einen Tagessatz leis-

---

[633] BVerfGE 1, 14 (52); 49, 148 (165); 76, 256 (329); 78, 249 (287).

[634] Pieroth/Schlink, Grundrechte, Staatsrecht II, Rz. 431.

[635] BVerfGE 10, 354 (371); 21, 54 (68); 76, 1 (73); 79, 127 (158); Dreier-Heun, Art. 3 Rz. 41; Schmidt-Bleibtreu/Klein, Art. 3 Rz. 21; Jarass/Pieroth-Jarass, Art. 3 Rz. 10; von Münch/Kunig-Gubelt, Art. 3 Rz. 60.

[636] BVerfGE 10, 354 (371); 12, 319 (324); 17, 319 (331); 21, 54 (68); 27, 175 (179); 32, 346 (360).

[637] BVerfGE 16, 6 (24); 42, 20 (27); 52, 42 (57 f.); 93, 319 (351); vgl. auch Stree, Deliktsfolgen und Grundgesetz, S. 12.

[638] Pieroth/Schlink, Grundrechte, Staatsrecht II, Rz. 431; Fastenrath, JZ 1987, 170 (173).

ten müssen, nicht auf eine ungleiche Behandlung gegenüber den Geldstrafenschuldnern, die im Bundesland Bremen vier Stunden gemeinnützige Arbeit pro Tagessatz verrichten müssen, berufen. Lediglich bei nicht landesweiter Geltung der Tilgungsverordnung innerhalb eines Bundeslandes könnte eine Verletzung des Gleichheitsgrundsatzes in Betracht kommen. Die Tilgungsverordnungen der Länder gelten heute jedoch landesweit, lediglich Anfang der 80iger Jahre während der Erprobungsphase des Instituts der gemeinnützigen Arbeit war der Geltungsbereich einzelner Tilgungsverordnungen auf bestimmte Landgerichtsbezirke beschränkt.[639]

bb) Verstoß gegen den Bestimmtheitsgrundsatz des Art. 103 Abs. 2 GG

Die verfassungsrechtlichen Bedenken im Hinblick auf das Bestimmtheitsgebot sind demgegenüber begründet. Die gemeinnützige Arbeit fällt als Ersatzsanktion in den Anwendungsbereich des Art. 103 Abs. 2 GG. Dieser erstreckt sich auf jede staatliche Maßnahme, die eine missbilligende hoheitliche Reaktion auf ein schuldhaftes Verhalten enthält.[640] Trotz der Einwilligung des Betroffenen handelt es sich bei der gemeinnützigen Arbeit um eine in die Rechte des Täters eingreifende staatliche Strafsanktion, die ihm ein Strafübel auferlegt und »die nicht mit dem Verurteilten ausgehandelt oder willkürlich von Fall zu Fall bestimmt werden kann«.[641] Die gemeinnützige Arbeit, die quasi nachträglich an die Stelle der verhängten Geldstrafe tritt, muss daher ebenso wie diese dem Bestimmtheitsgebot unterfallen. Das Gebot der gesetzlichen Bestimmtheit bezieht sich auch auf die Rechtsfolgen.[642] Das dient u.a. dem individuellen Schutz des Normadressaten durch Vorausberechenbarkeit des Rechts. Der Täter soll aufgrund entsprechender Fassung wissen, mit welcher Art von Sanktion er rechnen muss.[643] Der Satz »nulla poena sine lege« soll dem Täter die Berechenbarkeit und »Schwere«-Einschätzung der Sanktion, der er sich aussetzt, ermöglichen.[644] Dazu muss er wissen, welches Strafübel ihn erwartet. Der Vorschrift des Art. 293 EGStGB ist

---

[639] Vgl. GVBl. für das Land Hessen 1981, Teil I, S. 298. Die Verordnung aus dem Jahr 1981 galt nur für die Bezirke der Landgerichte Hanau und Kassel.

[640] BVerfGE 26, 186 (203 f.); 42, 261 (262); von Münch/Kunig-Kunig, Art. 103 Rz. 19; Pieroth/Schlink, Grundrechte, Staatsrecht II, Rz. 1085.

[641] Schall, NStZ 1985, 104 (109).

[642] Schönke/Schröder-Eser, § 1 Rz. 23; SK-StGB-Rudolphi, § 1 Rz. 15.

[643] Schönke/Schröder-Eser, § 1 Rz. 17.

[644] Blau, FS f. Kaufmann, S. 189 (209).

zwar die Art der Strafe (»Arbeitsstrafe«) zu entnehmen, nicht jedoch das Maß der Strafe. Für den Täter ist aus der Fassung des Art. 293 EGStGB nicht die Dauer der zu leistenden Arbeit ersichtlich oder berechenbar. Die Zustimmung des Verurteilten kann sich dementsprechend nur auf die Art der Sanktion beziehen, der Umfang der gemeinnützigen Arbeit ist von der Zustimmung nicht erfasst.[645] Der Täter kann das Strafübel, das auf ihn zukommt, wenn er sich für die gemeinnützige Arbeit entscheidet, erst einschätzen, wenn der Umrechnungsmaßstab zwischen der gemeinnützigen Arbeit und der Geldstrafe festgelegt ist.[646] Indes bedeutet das Erfordernis gesetzlicher Bestimmtheit nicht, dass die Rechtsfolge, die der Betroffene im Einzelfall zu erleiden hat, als feste Größe unmittelbar dem Gesetz zu entnehmen sein müsste. Es genügt, dass der Eingriff in gewissem Umfang berechenbar ist.[647] Der Gesetzgeber genügt dem Bestimmtheitsgebot in diesem Bereich in der Regel, indem er einen Rahmen für die Rechtsfolgenbemessung zur Verfügung stellt.[648] Der Gesetzgeber hätte in Art. 293 EGStGB nicht unbedingt einen exakten Umrechnungskurs vorgeben und die im Regel- und die im Ausnahmefall für einen Tagessatz Geldstrafe bzw. einen Tag Ersatzfreiheitsstrafe abzuarbeitende Stundenzahl festlegen müssen, er hätte jedoch das Mindest- und das Höchstmaß der für einen Tagessatz Geldstrafe bzw. einen Tag Ersatzfreiheitsstrafe abzuarbeitenden Stundenzahl einfügen müssen, um dem Täter die Berechenbarkeit der gemeinnützigen Arbeit in gewissem Umfang zu ermöglichen. Außerdem wäre es erforderlich gewesen, in Art. 293 EGStGB hinreichende gesetzliche Anhaltspunkte für die konkrete Rechtsanwendung aufzunehmen, d.h. vorzugeben, unter welchen Umständen ein Ausnahmefall vorliegt bzw. das Mindeststundenmaß in Betracht kommt. Nach der gültigen Fassung des Art. 293 EGStGB wird der Umfang der gemeinnützigen Arbeit nicht vom Gesetz, sondern von dem Verordnungsgeber bestimmt.

Eine ähnliche Problematik stellt sich im Rahmen der Vorschrift des § 56 b Abs. 2 Nr. 3 StGB, bei der die Rechtsfolge einer Straftat nicht vom Gesetz, sondern nach Qualität und Quantität vom Richter bestimmt wird.[649] Das BVerfG hat indes ent-

---

645 A.A.: Feuerhelm, Stellung und Ausgestaltung der gemeinnützigen Arbeit im Strafrecht, S. 197, der meint, dem Betroffenen sei schließlich bekannt, wie viele Tagessätze seiner Geldstrafe noch nicht bezahlt sind.

646 Schall, NStZ 1985, 104 (109 f.).

647 Stree, Deliktsfolgen und Grundgesetz, S. 147.

648 LK-Gribbohm, § 1 Rz. 60.

649 Schönke/Schröder-Stree, § 56 b Rz. 14.

schieden, dass § 56 b Abs. 2 Nr. 3 StGB in Einklang mit dem Bestimmtheitsgebot steht. Es hat ausgeführt: »Die Auflage, gemeinnützige Leistungen zu erbringen, ist in § 56 b StGB ausdrücklich aufgeführt. Voraussetzungen, Ziele und Begrenzungen der Auflage werden in den §§ 56, 56 a, 56 b Abs. 1, S. 1, 2 StGB so ausführlich geregelt, wie es in einem notwendig abstrakt formulierten Gesetz verfassungsrechtlich geboten ist.«[650] Die Ausführungen des BVerfG lassen sich nicht auf die Vorschrift des Art. 293 EGStGB übertragen, denn insbesondere Dauer und Begrenzungen der gemeinnützigen Arbeit werden in Art. 293 EGStGB nicht geregelt. Die Vorgabe des Art. 293 EGStGB kann mit der Vorschrift des § 56 b Abs. 2 Nr. 3 StGB nicht verglichen werden. Im Gegensatz zu § 56 b StGB handelt es sich bei Art. 293 EGStGB um eine Verordnungsermächtigung, es geht mithin um die Ausfüllung eines formellen Strafgesetzes durch die administrative Rechtssetzung. Für administrative Rechtsakte gilt, dass sie den Strafrahmen nicht selbständig festlegen können. Dieser Eckpunkt ist dem förmlichen Gesetz vorbehalten.[651] Der Gesetzgeber muss Inhalt, Zweck und Ausmaß der Ermächtigung so genau umreißen, dass Art und Maß der Strafe für den Bürger schon aus der Ermächtigung und nicht erst aus der auf sie gestützten Verordnung voraussehbar sind.[652] Dabei ist keine Festlegung aller Einzelheiten gefordert, vielmehr reicht es aus, wenn die Art und das Höchstmaß der Strafe hinreichend deutlich bestimmt werden können. Dem Verordnungsgeber dürfen lediglich gewisse Spezifizierungen überlassen werden.[653] Der Bundesgesetzgeber hat den verordnungsgebenden Landesregierungen indes nicht nur einige Spezifizierungen, sondern die Festlegung des Umrechnungskurses und damit die Entscheidung über das Maß der »Arbeitsstrafe« überlassen. Die strengen Anforderungen an die Bestimmtheit, die bei Verordnungsermächtigungen über das hinausgehen, was Art. 80 Abs. 1, S. 2 sonst fordert[654], werden nicht eingehalten.

---

[650] BVerfGE 83, 119 (128); vgl. auch BVerfGE 74, 102 (126).

[651] Maunz/Dürig-Schmidt-Aßmann, Art. 103 Rz. 209.

[652] st. Rspr. des BVerfG, vgl. BVerfGE 14, 174 (185 f.); 51, 60 (70 f.); 75, 329 (342); 78, 374 (382); vgl. auch Maunz/Dürig-Schmidt-Aßmann, Art. 103 Rz. 210; Leibholz/Rinck/Hesselberger, Art. 103 Rz. 1386 ff.; von Münch/Kunig-Kunig, Art. 103 Rz. 23; Schmidt-Bleibtreu/Klein, Art. 103 Rz. 9a; Sachs-Degenhart, Art. 103 Rz. 62.

[653] Maunz/Dürig-Schmidt-Aßmann, Art. 103 Rz. 210; Leibholz/Rinck/Hesselberger, Art. 103 Rz. 1388; Schmidt-Bleibtreu/Klein, Art. 103 Rz. 9a.

[654] Sachs-Degenhart, Art. 103 Rz. 62; Maunz/Dürig-Schmidt-Aßmann, Art. 103 Rz. 210; Jarass/Pieroth-Pieroth, Art. 103 Rz. 45.

Damit zeigt sich, dass die Einführung eines bundesweit einheitlichen Umrechnungsfaktors aus verfassungsrechtlichen Gründen geboten ist. Darüber hinaus ist die Einfügung des Umrechnungsschlüssels in das Strafgesetzbuch zur Wahrung der Einheitlichkeit von sanktionsrechtlichen Vorschriften zu begrüßen.[655] Der Gesetzentwurf sieht einen Umrechnungsmaßstab von 1:3 vor. Die Herabsetzung des Kurses auf 1:3 würde in den meisten Bundesländern zu einer Halbierung der Einsatzzeiten führen. Der Umrechnungsfaktor von 1:3 ist nicht zuletzt deswegen auf starke Kritik gestoßen.[656]

b) Argumente für den Umrechnungsmaßstab von 1:3

Nach der Begründung des Gesetzentwurfs sind für die Bemessung des Umrechnungsmaßstabes folgende Überlegungen ausschlaggebend gewesen: Nach § 40 Abs. 2 StGB geht das Gericht bei der Bestimmung der Höhe des Tagessatzes in der Regel von dem Nettoeinkommen aus, das der Täter durchschnittlich an einem Tag hat oder haben kann. Um den Tagessatz zahlen zu können, muss der Täter danach grundsätzlich einen Tag arbeiten. Unter Zugrundelegung einer 38-Stunden-Arbeitswoche wird der Arbeitslohn eines Tages bei Berücksichtigung von Wochenenden, Feiertagen und Urlaubszeiten durchschnittlich mit viereinhalb bis fünf Arbeitsstunden verdient.[657] Die gegenüber diesem Vergleichswert günstigere Bemessung des Umrechnungsmaßstabes zwischen einem Tagessatz Geldstrafe und den ersatzweise zu leistenden Arbeitsstunden trägt zum einen dem Umstand Rechnung, dass die Leistung gemeinnütziger Arbeit gegenüber der Zahlung einer Geldstrafe mit einer erheblich stärkeren Freiheitsbeschränkung verbunden ist. Denn die Zahlung einer Geldstrafe zwingt den Betroffenen faktisch eben nicht, einen Tag einzusetzen. Wenn der Betroffene zur Aufbringung der Geldstrafe keinen zusätzlichen Tag arbeiten muss, sondern z.B. auf vorhandene Mittel zurückgreifen kann, lässt sich die Einbuße auch weniger belastend, nämlich durch bloßen Konsumverzicht, erwirtschaften, wobei der Betroffene zudem den Verzicht wählen kann, der ihn subjektiv am wenigsten stört. Eine solche »Dispositionsfreiheit« genießt derjenige nicht, der mangels hinreichender Mittel die Geldstrafe nicht zahlen kann und deshalb einen Tag fremdbestimmt arbeiten muss. Mit

655 Wolters, ZStW 114 (2002), 63 (84).

656 Helgert/Krauß, ZRP 2001, 281 (283); Bittmann, NJ 2001, 509 (510); Arloth, ZfStrVo 2002, 3 (6 f.).

657 BT-Drs. 15/2725, S. 21.

der Halbierung der bisher in den meisten Bundesländern vorgesehenen Einsatzzeiten wird für die Betroffenen die Attraktivität der Leistung gemeinnütziger Arbeit deutlich erhöht, so dass mit einer stärkeren Bereitschaft zur Übernahme dieser Tilgungsform zu rechnen ist. Gleichzeitig wird auf die begrenzten Kapazitäten an Einsatzstellen Rücksicht genommen.[658] Unter Hinweis darauf, dass ein Arbeitstag als Freiheitsentzug deutlich schwerer wiegt als die Einbuße eines Tageseinkommens[659], spricht sich auch ein Teil der Literatur aus Gründen der Strafgerechtigkeit für die Reduzierung der Arbeitszeit pro Tagessatz von sechs auf drei Stunden aus.[660]

c) Argumente gegen den Umrechnungsmaßstab von 1:3

Nach Ansicht der Kommission zur Reform des strafrechtlichen Sanktionensystems bestünde bei einer Verbesserung des Anrechnungsfaktors das Problem, dass gemeinnützige Arbeit möglicherweise so attraktiv würde, dass sich die Zahlungsmoral der Geldstrafenschuldner verschlechtern würde. Daher sollte nach ihrer Auffassung das »Unannehmlichkeitsgefälle« Geldstrafe - gemeinnützige Arbeit - Ersatzfreiheitsstrafe für den Verurteilten nicht verändert werden.[661] Durch die Herabsetzung des Umrechnungsfaktors auf 1:3 werde die Geldstrafe erheblich entwertet. Ein derartiger Anrechnungsfaktor werde dem richterlichen Urteil nicht gerecht. Denn eine Arbeitsleistung von lediglich drei Stunden stelle regelmäßig kein angemessenes Äquivalent für einen Tagessatz Geldstrafe dar.[662] Der Faktor von 1:3 entspreche auch nicht der Arbeitsleistung eines Arbeitnehmers

---

658 BT-Drs. 15/2725, S. 21.

659 Streng, ZStW 111 (1999), 825 (840); von Selle, JR 2002, 227 (228).

660 Schöch, Gutachten C zum 59. DJT, S. 87; Böhm, ZRP 1998, 360 (363 ff.); Seebode, FS f. Böhm, S. 519 (538); Schneider, MschrKrim 2001, 273 (284); von Selle, JR 2002, 227 (228); Cornel, Der Beitrag der Sozialarbeit zur Abwendung der Vollstreckung von Ersatzfreiheitsstrafen durch Vermittlung und Organisation gemeinnütziger Arbeit, S. 11, veröffentlicht im Internet unter: http://www.ibs-networld.de/ferkel/h12.shtml (Das gepfefferte Ferkel - Oneline-Journal für systemisches Denken und Handeln, Januar 2002).

661 Diskussion und Beschlüsse, in: Abschlussbericht der Kommission zur Reform des strafrechtlichen Sanktionensystems, 54 (61). *König* weist zu Recht darauf hin, dass es sich in Wahrheit nicht um ein »Gefälle«, sondern um eine »Steigung« handelt. Vgl. König, DRiZ 2003, 267 (271, Fn. 35).

662 Arbeitskreis Juristen der CSU, Thesenpapier zum Referentenentwurf des Bundesministeriums der Justiz zur Reform des Sanktionenrechts vom 13.02.2002, These 2, veröffentlicht im Internet unter: http://www.csu.de/ajk/subpage47.

in der modernen Arbeitswelt.[663] Für die Erwirtschaftung eines Tagessatzes müsse der Verurteilte regelmäßig wesentlich mehr Zeit als drei Stunden aufwenden. Die Regelung bzw. die geringe Stundenzahl führe zu einer Privilegierung zahlungsunfähiger und zahlungsunwilliger Verurteilter[664] und laufe auf eine Ungleichbehandlung derjenigen hinaus, die die ausgeurteilte Geldstrafe zahlen. Das in der Entwurfsbegründung für notwendig erachtete »Unannehmlichkeitsgefälle« von der Geldstrafe über die gemeinnützige Arbeit zur Freiheitsstrafe werde durch den gewählten Umrechnungsmaßstab gerade nicht gewährleistet. Eine grundlegende Besserstellung der gemeinnützige Arbeit Leistenden gegenüber denen, die die Geldstrafe bezahlen, und denen, die Ersatzfreiheitsstrafe verbüßen, sei nicht gerechtfertigt.[665] Die mangelnde Arbeitsdisziplin und das nicht vorhandene Durchhaltevermögen vieler Geldstrafenschuldner in Bezug auf die Ableistung gemeinnütziger Arbeit könnten für die Senkung des Anrechnungsfaktors nicht ausschlaggebend sein.[666] Der niedrige Umrechnungsfaktor sei darüber hinaus auch deswegen zu missbilligen, weil er für die rechtstreue Bevölkerung nicht nachvollziehbar sei.[667] Denn zum einen bringen die in der Entwurfsbegründung enthaltenen Formulierungen »stärkere Freiheitsbeschränkung« und »Unannehmlichkeitsgefälle« eine Missachtung der Arbeit zum Ausdruck, die bei den Bürgern, die ehrliche Arbeit leisten und darin keine gravierende und unangenehme Freiheitsbeschränkung sehen, nicht auf Zustimmung stoßen könne.[668] Zum anderen könne derjenige, der 40 Stunden dafür arbeiten muss, dass er seine Familie gerade so durchbringt, es nur als Hohn empfinden, wenn ein Straftäter mit gerade mal der Hälfte - so werde es trotz rechnerischer Unrichtigkeit empfunden werden - seine Strafe abarbeiten dürfe.[669]

---

663 Deutscher Richterbund, Stellungnahme zur Reform des Sanktionenrechts von März 2001, S. 1, abrufbar im Internet unter: http://www.drb.de.

664 Arloth, ZfStrVo 2002, 3 (6 f.).

665 Boll, in: Abschlussbericht der Kommission zur Reform des strafrechtlichen Sanktionensystems, 46 (48).

666 Böhm, ZRP 1998, 360 (363).

667 Bittmann, NJ 2001, 509 (510); Helgerth/Krauß, ZRP 2001, 281 (283); König, DRiZ 2003, 267 (271).

668 Helgerth/Krauß, ZRP 2001, 281 (283); Deutscher Richterbund, Stellungnahme zum Gesetzentwurf der Bundesregierung eines Gesetzes zur Reform des Sanktionenrechts (Stand: Juni 2003) von September 2003, S. 1, abrufbar im Internet unter: http://www.drb.de/pages/ html/stellung/st-sanktionenrecht_03.html.

669 Bittmann, NJ 2001, 509 (510).

d) Stellungnahme

Die gemeinnützige Arbeit steht als Ersatzsanktion einer uneinbringlichen Geldstrafe (§ 43 StGB-E) für einen »an sich geschuldeten« Tagessatz Geldstrafe. Bei der Festlegung des Umrechnungsschlüssels ist daher zu berücksichtigen, wie viel gemeinnützige Arbeit einem Tagessatz entspricht.[670] Nach dem bestehenden Tagessatzsystem entspricht einem Tagessatz das auf einen Arbeitstag entfallende durchschnittliche Nettoeinkommen. Insofern kommt es für die Bestimmung des Anrechnungsfaktors darauf an, mit wie vielen Stunden Arbeit ein Tagesnettoeinkommen erzielt wird. Demgegenüber gibt es Stimmen in der Literatur, nach denen für die Bemessung der gemeinnützigen Arbeit nicht der Wert der gewöhnlichen Arbeit bzw. die für die Gewinnung der Geldstrafe aufzuwendende Arbeit entscheidend sei.[671] Sie gehen nicht vom Einkommenswert der Arbeit, sondern von ihrem Freizeitwert aus und fragen bei der Bestimmung des Umrechnungsverhältnisses, welche über die gewöhnliche Arbeit hinausgehende Freizeitbelastung möglich und sinnvoll, d.h. wie viel Arbeit einem in Arbeit stehenden Verurteilten zusätzlich zumutbar ist.[672] Die zumutbare zusätzliche Arbeit wird bei Zugrundelegung einer Arbeitswoche von fünf Arbeitstagen je acht Stunden überwiegend mit zwei Stunden pro Tag angegeben[673], darüber hinaus wird Wochenendarbeit teilweise von acht Stunden[674], teilweise von 15 Stunden[675] für zumutbar erachtet. Die zumutbare Freizeitbeschränkung wird demnach zwischen zwei und vier Stunden pro Tag angesiedelt, so dass zwei, drei oder vier Stunden gemeinnützige Arbeit einem Tagessatz entsprächen.[676] Dieser Ansatz ist abzulehnen. Er ist nicht sachgerecht, weil er die Funktion und systematische Einordnung der gemeinnützigen Arbeit als Surrogat der Geldstrafe verkennt.[677] Die gemeinnützige Arbeit ist

---

[670] Böhm, ZRP 1998, 360 (363).

[671] Albrecht, BewHi 1985, 121 (126); Pfohl, Gemeinnützige Arbeit als strafrechtliche Sanktion, S. 171.

[672] Albrecht, BewHi 1985, 121 (126); Pfohl, Gemeinnützige Arbeit als strafrechtliche Sanktion, S. 171; vgl. auch Fuchs, Der Community Service als Alternative zur Freiheitsstrafe, S. 359.

[673] Albrecht, BewHi 1985, 121 (126); Pfohl, Gemeinnützige Arbeit als strafrechtliche Sanktion, S. 171; Jung, Sanktionensysteme und Menschenrechte, S. 173 f.; Schöch, Gutachten C zum 59. DJT, S. 87.

[674] Schöch, Gutachten C zum 59. DJT, S. 87.

[675] Albrecht, BewHi 1985, 121 (126).

[676] Vgl. Albrecht, BewHi 1985, 121 (126); Schöch, Gutachten C zum 59. DJT, S. 87.

[677] Schall, NStZ 1985, 104 (110, Fn. 71).

als Surrogat der Geldstrafe auch an dieser auszurichten[678], denn es ist nicht sinnvoll, die gegenüber der Ersatzfreiheitsstrafe als vorrangig erkannte gemeinnützige Arbeit an ihrer eigenen Ersatzreaktion, der Ersatzfreiheitsstrafe, auszurichten.[679] Die gemeinnützige Arbeit ist kein Surrogat der Ersatzfreiheitsstrafe und hat sich daher auch nicht an einer Freiheitsentziehung in Form des Freizeitentzugs zu orientieren. Bei der gemeinnützigen Arbeit als Sanktionsalternative geht es nicht um Sühne durch Freizeitverlust, sondern um Sühne durch die zu erbringende Arbeitsleistung. Das Übel liegt in der unentgeltlichen Zurverfügungstellung und den Einsatz der eigenen Arbeitskraft. Deswegen ist bereits die Prämisse des Umrechnungsverfahrens nicht richtig gesetzt. Da sich die gemeinnützige Arbeit an der Geldstrafe zu orientieren hat und für diese das Nettoeinkommensprinzip gilt, erscheint es wenig sinnvoll, bei der Bestimmung des Anrechnungsfaktors quasi ein Einbußeprinzip zugrundezulegen und zu fragen, wie viel zusätzliche Arbeit unter Berücksichtigung der normalen Arbeitszeit, der Feiertagsruhe oder anderer sozialer Verpflichtungen zumutbar ist.[680] Das bestehende Tagessatzsystem geht vom Nettoeinkommensprinzip und nicht vom Einbußeprinzip[681] aus, deswegen kann ein »Quasi-Einbußeprinzip« auch nicht bei der Festlegung der Arbeitsstunden herangezogen werden. Der Gesetzentwurf wählt den richtigen Ansatzpunkt, indem er von dem zur Bestimmung der Tagessatzhöhe relevanten Tagesnettoeinkommen ausgeht und fragt, mit wie vielen Arbeitsstunden der Arbeitslohn eines Tages verdient wird. Allerdings geht der Entwurf bei der Berechnung der für das Tageseinkommen aufzuwendenden täglichen Arbeitszeit zu Unrecht von einer 38-Stunden-Arbeitswoche aus. Denn - auf diesen Aspekt hat bereits *Schall*[682] hingewiesen - der Arbeitstag der überwiegenden Mehrheit der Berufstätigen liegt üblicherweise bei acht Stunden. Auch das Arbeitszeitgesetz geht von einem achtstündigen Arbeitstag aus.[683] Es erscheint daher sachgerecht, eine tägliche Arbeitszeit

---

678 Schall, NStZ 1985, 104 (110).

679 Schall, NStZ 1985, 104 (110, Fn. 67).

680 So aber Schöch, Gutachten C zum 59. DJT, S. 87.

681 Definiert man den Tagessatz auf der Grundlage des sog. Einbußeprinzips ist Tagessatz derjenige als Bewertungseinheit gedachte Geldbetrag, »dessen Einbuße dem Täter aufgrund seiner erzielbaren Einkünfte, seines verwertbaren Vermögens und seines tatsächlichen Lebenszuschnitts unter Berücksichtigung seiner Unterhalts- und sonstigen angemessenen Zahlungsverpflichtungen sowie seiner persönlichen Verhältnisse im Durchschnitt täglich zuzumuten ist». Vgl. dazu den Zweiten Schriftlichen Bericht des Sonderausschusses für die Strafrechtsreform, BT-Drs. V/4095, S. 20.

682 Schall, NStZ 1985, 104 (110, Fn. 70).

683 Vgl. § 3 ArbZG.

von acht Stunden und damit eine Wochenarbeitszeit von 40 Stunden zugrundezulegen. Unabhängig von der zugrundezulegenden Wochenstundenzahl steht fest, dass der in den Verordnungen der meisten Bundesländer enthaltene Anrechnungsschlüssel von sechs Stunden Arbeit für einen Tag Ersatzfreiheitsstrafe bzw. einen Tagessatz der Geldstrafe zu hoch angesetzt ist. Denn ein durchschnittliches Tagesnettoeinkommen wird mit weniger als sechs Stunden Arbeit erzielt. Das haben einige der Autoren, die sich mit dem Umrechnungsmaßstab zwischen einem Tagessatz Geldstrafe und gemeinnütziger Arbeit beschäftigt haben, nachgewiesen. *Schall* geht davon aus, dass zur Erzielung eines Monatseinkommens durchschnittlich 21 Arbeitstage erbracht werden müssen. Bei Zugrundelegung einer täglichen Arbeitszeit von acht Stunden ergeben sich im Monat 168 Stunden Arbeit und damit 168 : 30 = 5,6 Stunden = 5 Stunden und 36 Minuten Arbeit pro Tag.[684] *Zimmermann* und *Schöch* meinen dagegen, dass das monatliche Nettoeinkommen mit 22 Arbeitstagen verdient wird und kommen auf eine monatliche Arbeitsleistung von 176 Stunden (22 x 8 Stunden).[685] *Schöch* ermittelt eine tägliche Arbeitszeit von 5,86 Stunden (176 : 30) = 5 Stunden und 52 Minuten.[686] Nach *Heghmanns* muss ein Vollzeitbeschäftigter zur Erzielung eines Netto-Monatseinkommens (entspricht 30 Tagessätzen) rund 170 Stunden Arbeitszeit im Monat aufwenden[687], somit 5 Stunden und 40 Minuten Arbeit pro Tag. Demgegenüber geht *Böhm* ebenso wie der Entwurf von den pro Jahr zu verrichtenden Arbeitstagen unter Berücksichtigung von Wochenenden, Feiertagen und Urlaubszeiten aus und ermittelt sodann die monatliche und die tägliche Arbeitszeit. Nach *Böhm* erhält ein durchschnittlicher Verurteilter, der in einem Arbeitsverhältnis mit 40 Wochenarbeitsstunden an fünf Tagen steht, sein Geld für 234 Tage (365 weniger 52 Sonntage, 52 Samstage, 7 gesetzliche Feiertage im Jahr, 20 Tage Urlaub) x 8 Stunden Arbeit = 1.872 Stunden Arbeit im Jahr. Damit entfallen auf einen Monat 156 Stunden Arbeitszeit (1.872 : 12) und damit 5,2 Stunden (156 : 30) = 5 Stunden und 12 Minuten tägliche Arbeitszeit.[688] Bei der Geldstrafe ermittelt das Gericht zur Bestimmung der Tagessatzhöhe im Regelfall den monatlichen Nettover-

---

[684] Schall, NStZ 1985, 104 (110).
[685] Zimmermann, BewHi 1982, 113 (122); Schöch, Gutachten C zum 59. DJT, S. 87.
[686] Schöch, Gutachten C zum 59. DJT, S. 87.
[687] Heghmanns, ZRP 1999, 297 (301, Fn. 50).
[688] Böhm, ZRP 1998, 360 (363).

dienst und dividiert diesen durch 30 (Tage).[689] Auch wenn die Praxis die etwas handlichere Berechnungsweise auf der Grundlage des Monatseinkommens vorzieht, ist es ebenso sachgerecht und vertretbar, auf das durchschnittliche Jahreseinkommen abzustellen.[690] Deswegen ist es nicht zu bemängeln, wenn der Entwurf die Arbeitstage pro Jahr unter Einbeziehung von Urlaubs- und Feiertagen errechnet. Allerdings sind neben den 52 Sonntagen und 52 Samstagen 9 gesetzliche Feiertage[691] und 24 Urlaubstage[692] anzurechnen, so dass sich 228 (365 weniger 137) Arbeitstage und damit 1.824 (228 x 8 Stunden) Arbeitsstunden pro Jahr ergeben. Die monatliche Arbeitszeit beträgt daher 152 Stunden (1.824 : 12), die tägliche Arbeitszeit 5,06 Stunden (152 : 30), mithin 5 Stunden und 4 Minuten. Festzuhalten ist, dass die dargestellten Berechnungen - unabhängig von den verschiedenen Methoden und Abweichungen bei den zugrundegelegten Daten - übereinstimmend zeigen, dass das Tageseinkommen mit weniger als sechs Stunden Arbeit pro Tag erwirtschaftet wird und daher die Regelarbeitszeit von sechs Stunden für einen Tagessatz Geldstrafe zu hoch ist. Nach *Böhm*[693] ist in diesem Zusammenhang noch folgendes zu bedenken: Bei der Berechnung des Tagessatzes wird nur der Teil des Einkommens berücksichtigt, den der Täter »netto« tatsächlich zur Verfügung hat. Vom Einkommen sind daher abzuziehen die laufenden Steuern und die Sozialversicherungsbeiträge (Unselbständige) bzw. die Versicherungsleistungen, die der Sozialversicherung vergleichbar sind (Selbständige) sowie ggf. Unterhaltsverpflichtungen.[694] Angesichts dieser Abzüge vom Einkommen ist davon auszugehen, dass der durchschnittliche Verdiener allenfalls 60 % seines Arbeitseinkommens »netto« zur Verfügung hat und nur dieser Teil seines Einkommens wird bei der Berechnung des Tagessatzes berücksichtigt. Hierfür arbeitet der Durchschnittsverdiener aber auch nur drei Stunden, die restliche Zeit

---

[689] BGH, bei Holtz, MDR 1979, 454 (454); OLG Hamm, NJW 1980, 1534 (1534); Grebing, in: Jescheck/Grebing (Hrsg.), Die Geldstrafe im deutschen und ausländischen Recht, 13 (102); Albrecht, Strafzumessung und Vollstreckung bei Geldstrafen, S. 207; Schall, NStZ 1985, 104 (110); Böhm, ZRP 1998, 360 (363).

[690] Maurach/Gössel/Zipf, Strafrecht, AT 2, § 59 III Rz. 54; Grebing, in: Jescheck/Grebing (Hrsg.), Die Geldstrafe im deutschen und ausländischen Recht, 13 (102).

[691] Gesetzliche Feiertage in allen Bundesländern: Neujahr, Karfreitag, Ostermontag, Maifeiertag, Christi Himmelfahrt, Pfingstmontag, Tag der Deutschen Einheit, 1. Weihnachtstag, 2. Weihnachtstag.

[692] Nach § 3 Abs. 1 BUrlG beträgt der Urlaub jährlich mindestens 24 Werktage.

[693] Böhm, ZRP 1998, 360 (363); vgl. auch den Hinweis von Albrecht, BewHi 1985, 121 (126).

[694] Tröndle/Fischer, § 40 Rz. 13 f.; Lackner/Kühl-Lackner, § 40 Rz. 7; Schönke/Schröder-Stree, § 40 Rz. 9.

arbeitet er für den Fiskus, seine eigene soziale Sicherung oder die Erfüllung von Unterhaltspflichten. Da bei der Ableistung der gemeinnützigen Arbeit keine Steuerschuld entsteht, und der Verurteilte auch insoweit nicht sozialversichert ist, entspricht sie in voller Höhe dem für den Nettoverdienst Geleisteten, also höchstens drei Stunden gemeinnützige Arbeit einem Tagessatz.[695]
Der Ansatz dieser Berechnungsmethode überzeugt[696], gleichwohl bedarf der nach dieser Methode errechnete Umrechnungsschlüssel der Korrektur. Die Berechnungsmethode zeigt, dass der Maßstab von 1:3 aus der konsequenten Berücksichtigung des Nettoeinkommensprinzips folgt. Damit ist widerlegt, dass der Verurteilte für die Erwirtschaftung eines Tagessatzes mehr Zeit als drei Stunden aufwenden muss und ein Faktor von 1:3 nicht der Arbeitsleistung eines Arbeitnehmers in der modernen Arbeitswelt entspricht. Aufgrund der konsequenten Umsetzung des Nettoeinkommensprinzips kann auch nicht behauptet werden, dass die Geldstrafe entwertet und der Faktor von 1:3 dem Geldstrafenurteil nicht gerecht wird. Es kann auch nicht die Rede davon sein, dass die zahlungsunfähigen Geldstrafenschuldner, die gemeinnützige Arbeit verrichten, gegenüber den Geldstrafenschuldnern, die die Geldstrafe zahlen, privilegiert werden. Für die Herabsetzung des Umrechnungsschlüssels spricht die unterschiedliche Strafwirkung von Geld- und Arbeitsstrafe. Der Umrechnungsschlüssel von 1:3 trägt der begrenzten Motivierbarkeit und dem eingeschränkten Durchhaltevermögen der Betroffenen, die gemeinnützige Arbeit verrichten, Rechnung. Nach der Entwurfsbegründung soll durch die einheitliche Halbierung der Einsatzzeiten die Attraktivität der Leistung gemeinnütziger Arbeit und damit auch die Motivation zur erfolgreichen Ableistung deutlich erhöht werden. Die bisherigen Modellversuche und Studien haben ergeben, dass mit zunehmender Dauer der Verrichtung gemeinnütziger Arbeit ein steigender Motivationsverlust des Arbeitsleistenden festzustellen ist.[697] Diesbezüglich ist jedoch anzumerken, dass auch den Ersatzfreiheitsstrafengefangenen und den ratenzahlenden Geldstrafenschuldnern Durchhaltevermögen und Selbstdisziplin abverlangt werden. Es gibt keine Überlegungen, die Höhe von Raten nachträglich herabzusetzen oder Raten gar zu erlassen oder die Dauer der Ersatzfreiheitsstrafe deswegen zu verkürzen, weil im Laufe der Zeit die Motivation der Betroffenen gesunken ist. Ebensowenig kann die begrenzte Anzahl der Einsatz-

[695] Böhm, ZRP 1998, 360 (363).
[696] So auch Cornel, FS f. Lüderssen, S. 821 (832).
[697] Schall, NStZ 1985, 104 (111).

stellen die Herabsetzung des Umrechnungsfaktors auf 1:3 rechtfertigen. Die Gefangenen, die eine Ersatzfreiheitsstrafe verbüßen, werden in der Regel trotz fehlender Haftplatzkapazitäten in den Justizvollzugsanstalten nicht eher freigelassen. Lediglich in einigen Bundesländern werden sie wegen der dramatischen Überbelegung der Strafanstalten auf dem Gnadenweg vorzeitig entlassen. Die Motivation der Täter dürfte auch bei einem Anrechnungsfaktor von vier Arbeitsstunden pro Tagessatz erhalten bleiben. Ein höherer Schlüssel als drei Stunden Arbeit pro Tagessatz erscheint auch deswegen vorzugswürdig, weil die gemeinnützige Arbeit nicht mit einem Beschäftigungsverhältnis vergleichbar ist: Es gibt keinen Leistungsdruck, keine Sorge um eine Dauerstellung, keine Einarbeitungszeit, keine vollwertige Ausschöpfung der Arbeitskraft und keinen Ehrgeiz sich hochzuarbeiten und zu qualifizieren.[698] Die gemeinnützige Arbeit ist insofern nicht so belastend wie »normale« Berufsarbeit, so dass eine höhere Anzahl als drei Stunden pro Tagessatz sachgerecht ist. Unter Berücksichtigung aller Umstände erscheint ein Umrechnungsfaktor von vier Stunden gemeinnütziger Arbeit pro Tagessatz Geldstrafe angemesssen.[699] Bei diesem Umrechnungsmaßstab bliebe die »Unannehmlichkeitssteigerung« Geldstrafe - gemeinnützige Arbeit - Ersatzfreiheitsstrafe für den Verurteilten bestehen und der Strafgerechtigkeit würde hinreichend Rechnung getragen.

3. Änderungen im Vollstreckungsrecht

Die Verankerung der gemeinnützigen Arbeit als primäre Ersatzstrafe bei Uneinbringlichkeit der Geldstrafe bringt notwendige Änderungen des Vollstreckungsverfahrens mit sich.

Da die Anordnung der Vollstreckung der Ersatzfreiheitsstrafe gem. § 459 e Abs. 2 StPO-E voraussetzt, dass der Verurteilte die Zustimmung zur gemeinnützigen Arbeit nicht erteilt oder die gemeinnützige Arbeit nicht ordnungsgemäß verrichtet hat, muss erst an den Schuldner einer uneinbringlichen Geldstrafe herangetreten werden, um zu erfahren, ob dieser die Zustimmung zur Ableistung gemeinnützi-

---

698 Böhm, Überlegungen zur Reform des Sanktionenrechts, S. 4, abrufbar im Internet unter: http:// www.bayrv.de/RStPol/SanktionenR/RStP_ SanktR_Boehm.asp?ID=.

699 Ebenso Albrecht, BewHi 1985, 121 (126); Boll, in: Abschlussbericht der Kommission zur Reform des strafrechtlichen Sanktionensystems, 46 (48); Meyer, Abschlussbericht der Kommission zur Reform des strafrechtlichen Sanktionensystems, 51 (53).

ger Arbeit erteilt oder nicht. Die Zustimmung des Verurteilten ist im Vollstreckungsverfahren einzuholen.[700] Das ist insofern zu begrüßen, als nunmehr auch die Straftäter, die das der Ladung zum Strafantritt der Ersatzfreiheitsstrafe beigefügte Merkblatt zur gemeinnützigen Arbeit ungelesen beiseite gelegt oder nicht verstanden hätten, von der Möglichkeit der gemeinnützigen Arbeit Kenntnis erlangen. Es ist aber nicht zu verkennen, dass die geplante Neuregelung eine erhebliche Mehrarbeit für die Vollstreckungsbehörden mit sich bringt, denn sie müssen nunmehr (mit u.U. großem Aufwand) ermitteln, ob der Verurteilte seine Zustimmung erteilt oder nicht. Die Beibringung dieser Zustimmung könnte in der Praxis zu einer Verlängerung des Vollstreckungsverfahrens führen.[701] Deswegen ist der Vorschlag unterbreitet worden, die Erteilung der Zustimmung als »Bringschuld« des Verurteilten auszugestalten[702], d.h. der Verurteilte müsste mit der Vollstreckungsbehörde in Kontakt treten und ihr gegenüber die Zustimmung erklären. Dagegen spricht jedoch, dass dann - wie nach den derzeit geltenden Verordnungen und der bisherigen Praxis - die Initiativlast bei den Verurteilten läge. Es ist bereits ausgeführt worden, dass viele Delinquenten, deren Geldstrafe uneinbringlich ist, über keine bzw. nur über eine sehr beschränkte Handlungskompetenz verfügen, unbekümmert und passiv sind und eine Scheu vor dem Justizapparat aufweisen. Bei Ausgestaltung der Zustimmungserteilung als »Bringschuld« kann daher nicht damit gerechnet werden, dass sich ein größerer Kreis von Verurteilten als bisher für die Ableistung gemeinnütziger Arbeit entscheidet. Die Einholung der Zustimmung durch die Vollstreckungsbehörde ist erforderlich, um entsprechend der Zielsetzung des Gesetzentwurfs den Anwendungsbereich der gemeinnützigen Arbeit zu erweitern und die Vollstreckung von Ersatzfreiheitsstrafen zu vermeiden.

Eine andere Möglichkeit besteht darin, § 459 e StPO-E dahingehend zu ergänzen, dass eine Vollstreckung der Ersatzfreiheitsstrafe auch dann möglich ist, wenn eine Zustimmung nicht innerhalb einer bestimmten Frist und nach Durchführung hinlänglicher Schritte zur Erlangung der Erklärung beigebracht werden kann. Die Vollstreckungsbehörde müsste zunächst ausreichende Bemühungen anstellen, um beispielsweise von Verurteilten ohne festen Wohnsitz die Zustimmung zu erlan-

---

700 BT-Drs. 15/2725, S. 21.

701 Deutscher Richterbund, Stellungnahme zur Reform des Sanktionenrechts von März 2001, S. 1, abrufbar im Internet unter: http://www.drb.de.

702 Böhm, Überlegungen zur Reform des Sanktionenrechts, S. 3, abrufbar im Internet unter: http:// www.bayrv.de/RStPol/SanktionenR/RStP_ SanktR_Boehm.asp?ID=.

gen. In diesen Fällen erscheint die Einschaltung der Sozialen Dienste der Justiz erwägenswert. Erst wenn der Vollstreckungsbehörde die Einholung der Erklärung innerhalb einer bestimmten Frist nicht gelänge, wäre der Weg frei für die Anordnung der Ersatzfreiheitsstrafe. Bei dieser Frist dürfte es sich aber nicht um eine Ausschlussfrist handeln, die den Verurteilten nach ihrem Ablauf von der Wahlmöglichkeit abschneidet. Der Verurteilte müsste vielmehr die Zustimmung jederzeit nachholen können.[703] Für diese Möglichkeit haben sich auch die Entwurfsverfasser entschieden. Nach der Entwurfsbegründung soll die Ersatzfreiheitsstrafe nur dann vollstreckt werden, wenn entweder der Verurteilte seine Zustimmung verweigert »oder sie trotz entsprechender Bemühungen der Vollstreckungsbehörde innerhalb einer angemessenen Frist nicht erklärt«.[704] Es wäre wünschenswert gewesen, wenn diese Alternative nicht nur Erwähnung in der Begründung gefunden hätte, sondern auch mit in die Fassung des § 459 e Abs. 2 Nr. 1 StPO-E aufgenommen worden wäre. Die Formulierung »innerhalb einer angemessenen Frist« erscheint indes für die Praxis wenig geeignet, sinnvoller ist, eine bestimmte Frist zu benennen. Denn der Verurteilte ist auch nach Fristablauf nicht von der Möglichkeit, sich für gemeinnützige Arbeit zu entscheiden, ausgeschlossen.

Erteilt der Verurteilte seine Zustimmung, tritt gem. § 43 Abs. 1 StGB-E gemeinnützige Arbeit an die Stelle der Geldstrafe. Für diese Fälle bestimmt § 459 f, S. 1 StPO-E, dass die Vollstreckungsbehörde dem Verurteilten eine Frist von höchstens 18 Monaten setzt, innerhalb derer er die an die Stelle der Geldstrafe getretene gemeinnützige Arbeit zu leisten hat. Die Vollstreckungsbehörde kann dem Verurteilten weitere Fristen setzen, innerhalb derer er festgelegte Teilleistungen zu erbringen hat (§ 459 f, S. 2 StPO-E). § 459 f, S. 3 StPO-E lässt bei nachweisbar aus entschuldbaren Gründen nicht fristgerecht erbrachter gemeinnütziger Arbeit in beiden Fällen eine Fristverlängerung zu.
Die gesetzliche Festlegung einer Höchstgrenze für die Leistungsfrist ist grundsätzlich zu begrüßen. Sie gewährleistet, dass der Zeitraum, in dem die gemeinnützige Arbeit abzuschließen ist, für den Verurteilten überschaubar ist und somit die Grundmotivation für die Arbeitsleistung erhalten bleibt. Die Möglichkeit, dem Verurteilten Fristen für die Erbringung von Teilleistungen zu setzen, ermöglicht

---

[703] Justizbehörde Hamburg, Stellungnahme zum Entwurf eines Gesetzes zur Reform des Sanktionenrechts vom 06.04.2001, S. 3 f.
[704] BT-Drs. 15/2725, S. 31.

insbesondere bei einer umfangreichen Anzahl zu leistender Arbeitsstunden eine engmaschige Steuerung und Kontrolle der Arbeitsleistung.[705] Die Änderungen tragen dem Gebot beschleunigter Vollstreckung (§ 2 Abs. 1 StVollstrO) Rechnung und sind zur Verhinderung eines »unendlichen« Vollstreckungsverfahrens zweckmäßig. Fraglich ist, ob die Frist von 18 Monaten zu kurz oder zu lang bemessen ist. Die Frist von 18 Monaten könnte einerseits unter dem Gesichtspunkt der Strafzwecke als zu lang erscheinen. Es ist davon auszugehen, dass allein zwischen dem Tag der Verurteilung und dem Tag der Feststellung der Uneinbringlichkeit der Geldstrafe durchschnittlich ca. zehn bis zwölf Monate vergehen. Bei Hinzurechnung weiterer 18 Monate ergibt sich ein Zeitraum von fast 2 ½ Jahren. Die lange Verfahrensdauer lässt an den spezialpräventiven Effekten der Verrichtung gemeinnütziger Arbeit einige Zweifel aufkommen, denn eine innere Auseinandersetzung mit der Tat dürfte nach dieser Zeit nicht mehr zu erwarten sein. Die 18-monatige Frist könnte andererseits mit Blick auf die Vorlaufzeit für die Vermittlung einer Einsatzstelle und das Arbeitsverhalten der Schuldner uneinbringlicher Geldstrafen sowie die durch Betreuung zu überwindenden Probleme im Rahmen der Ableistung der zugewiesenen Arbeit zu kurz bemessen sein. Die für die Erbringung der gemeinnützigen Arbeit vorgesehene Frist von 18 Monaten setzt eine zügige Vermittlung der Einsatzstelle voraus. Gegenwärtig wird nach der Bewilligung der gemeinnützigen Arbeit von der Gerichtshilfe eine Bearbeitungsdauer von drei bis fünf Monaten benötigt, bis eine Arbeitsstelle vermittelt werden kann. Hier besteht im Widerspruch zu dem Gebot beschleunigter Vollstreckung (§ 2 Abs. 1 StVollstrO) die Gefahr einer Vollstreckungslücke.[706] Neben dem Zeitraum für die Vermittlung spielt auch das Arbeitsverhalten der Geldstrafenschuldner für die Dauer der Abarbeitung eine nicht unwesentliche Rolle. Die bisherigen Untersuchungen haben gezeigt, dass ein großer Teil der Verurteilten (langzeit-) arbeitslos oder im Sozialhilfebezug und damit nicht an einen regelmäßigen Arbeitsprozess gewöhnt ist.[707] Viele Verurteilte werden den mit der Ableistung gemeinnütziger Arbeit verbundenen Anforderungen nicht gerecht, so dass es zu Arbeitsstörungen, dem Wechsel der Einsatzstelle oder zum Abbruch des Arbeitseinsatzes kommt. Diese Probleme können nur durch intensive sozialarbeiterische

[705] Referentenentwurf eines Gesetzes zur Reform des Sanktionenrechts, Begründung, S. 25 (zu § 55 a Abs. 4 StGB-E).

[706] Justizbehörde Hamburg, Stellungnahme zum Entwurf eines Gesetzes zur Reform des Sanktionenrechts vom 06.04.2001, S. 2.

[707] Kawamura, BewHi 1998, 338 (343).

Betreuung der Verurteilten und durch Vermittlung der Sozialarbeiter zwischen dem Verurteilten und dem Beschäftigungsgeber gelöst werden. Aufgrund der im Rahmen der Ableistung gemeinnütziger Arbeit zu überwindenden Probleme kommt es zu einer verzögerten Abarbeitung. Diesen Umständen kann durch die Möglichkeit der Fristverlängerung Rechnung getragen werden. Die Fristgebundenheit macht es dennoch erforderlich, die Vermittlungsstellen (Gerichtshilfe, Rechtspfleger) personell zu verstärken, nicht nur damit eine Einsatzstelle möglichst schnell vermittelt, sondern auch damit die erforderliche sozialarbeiterische Betreuung gewährleistet werden kann.

Der Gesetzentwurf sieht vor, dass die Ersatzfreiheitsstrafe auch bei Uneinbringlichkeit der Geldstrafe nur dann angeordnet werden darf, wenn entweder nicht gem. § 43 Abs. 1 StGB-E gemeinnützige Arbeit an die Stelle der Geldstrafe tritt (§ 459 e Abs. 2 Nr. 1 StPO-E) oder der Verurteilte die an die Stelle einer uneinbringlichen Geldstrafe getretene gemeinnützige Arbeit nicht innerhalb der nach § 459 f StPO-E festgelegten Fristen erbringt, gröblich oder beharrlich gegen ihn im Rahmen der Durchführung der gemeinnützigen Arbeit erteilte Anordnungen verstößt, seinen Beschäftigungsgeber vorsätzlich schädigt oder im Zusammenhang mit seinem Arbeitseinsatz eine Straftat begeht (§ 459 e Abs. 2 Nr. 2 StPO-E). Hinsichtlich der in § 459 e Abs. 2 Nr. 2 StPO-E enthaltenen Konkretisierung der nicht ordnungsgemäß erbrachten gemeinnützigen Arbeit ergeben sich insofern Bedenken, als der Betroffene bestreiten kann und voraussichtlich bestreiten wird, gröblich oder beharrlich gegen Anordnungen verstoßen, seinen Beschäftigungsgeber vorsätzlich geschädigt oder im Zusammenhang mit dem Arbeitseinsatz eine Straftat begangen zu haben. Die Vollstreckungsbehörden, die die gesetzlichen Voraussetzungen für die Anordnung der Vollstreckung der Ersatzfreiheitsstrafe zu prüfen haben, werden sich bei der Feststellung dieser Vorausssetzungen nicht einfach auf die Auskunft des Beschäftigungsgebers verlassen dürfen.[708] Unklar ist, wie weit eine Pflicht zur Sachverhaltsaufklärung besteht, ob ggf. sogar Zeugen gehört werden müssen. Fraglich ist auch, ob der Verurteilte nunmehr vor der Anordnung der Ersatzfreiheitsstrafe gehört werden muss. Für die Vollstreckungsbehörden könnte sich insofern ein Mehraufwand ergeben. Das Vollstreckungsverfahren dürfte sich durch die zu erwartenden Einwände gegen die Annahme dieser

[708] Vgl. Helgert/Krauß, ZRP 2001 281 (282) für die im Referentenentwurf enthaltene, aber nicht in den Gesetzentwurf aufgenommene Vorschrift des § 55 a StGB-E.

Wertungen verkomplizieren und verlängern.[709] Ungeklärt ist außerdem das Verhältnis von § 459 e Abs. 2 und Abs. 4 StPO-E. Nach § 459 e Abs. 4, S. 1 StPO-E wird die Ersatzfreiheitsstrafe u.a. nicht vollstreckt, soweit der Verurteilte die an die Stelle der uneinbringlichen Geldstrafe getretene gemeinnützige Arbeit erbringt. Hat der Verurteilte beispielsweise während seines Arbeitseinsatzes einen Diebstahl begangen oder seinen Beschäftigungsgeber vorsätzlich geschädigt, mit der Konsequenz, dass die Vollstreckung der Ersatzfreiheitsstrafe angeordnet worden ist, muss nach dem Wortlaut des § 459 e Abs. 4, S. 1 StPO-E die Vollstreckung der Ersatzfreiheitsstrafe gleichwohl unterbleiben, wenn die Arbeitsleistung erbracht wurde. Gleiches würde gelten, wenn der Verurteilte die festgelegte Frist zur Erledigung der Arbeit nicht einhält, aber noch vor dem tatsächlichen Antritt seiner Ersatzfreiheitsstrafe die Arbeit dann doch vollendet. Es ist insofern unverständlich, dass in Absatz 4 keine »Wohlverhaltensklausel« wie bei Absatz 2 Nr. 2 vorgesehen ist, zumal das Bekanntwerden einer Schädigung oder Straftat ebenso wie der Zeitpunkt der Vollendung der Arbeitsleistung eher von Zufälligkeiten abhängt.

Der vorstehend skizzierte Vollstreckungsablauf führt zu einer anderen Prüfungsreihenfolge als bisher. Da die Ersatzfreiheitsstrafe erst dann an die Stelle einer uneinbringlichen Geldstrafe tritt bzw. erst dann angeordnet wird, wenn der Verurteilte die Zustimmung zur gemeinnützigen Arbeit nicht erteilt oder die gemeinnützige Arbeit nicht ordnungsgemäß verrichtet hat (vgl. § 459 e Abs. 2 Nr. 1 und Nr. 2 StPO-E), müssen auch erst dann die Voraussetzungen für die Vollstreckung der Ersatzfreiheitsstrafe geprüft werden. Die Frage, ob die Ersatzfreiheitsstrafe fällig und für den Geldstrafenschuldner die zwingende Konsequenz der Ablehnung des Arbeitsangebotes oder der mangelhaften Arbeitsleistung ist, lässt sich somit erst nach erfolgloser Ausschöpfung des Instituts der gemeinnützigen Arbeit beantworten. Die Prüfung des § 459 f StPO (§ 459 e Abs. 5 StPO-E), d.h. der Frage, ob die Vollstreckung der Ersatzfreiheitsstrafe für den Verurteilten eine unbillige Härte darstellt, hat erst nach der Verweigerung der Zustimmung oder der mangelhaften Arbeitsleistung zu erfolgen.

---

[709] Deutscher Richterbund, Stellungnahme zur Reform des Sanktionenrechts von März 2001, S. 1; abrufbar im Internet unter: http://www.drb.de.

4. Vermeidung der Vollstreckung von Ersatzfreiheitsstrafen

Bevor die Vollstreckungsbehörde die Vollstreckung der Ersatzfreiheitsstrafe anordnen kann, muss sie in Erfahrung bringen, ob der Verurteilte gemeinnützige Arbeit ableisten möchte. Es ist nicht möglich, dem Verurteilten ein Formblatt zu übersenden, das ihn über die gemeinnützige Arbeit aufklärt und eine Frist zur Antragstellung enthält, und nach Fristablauf die Ersatzfreiheitsstrafe anzuordnen. Vielmehr ist den Fällen, in denen auf eine schriftliche Mitteilung nicht reagiert wird, ein persönlicher Kontakt zu dem Verurteilten herzustellen. Mithin werden auch die Geldstrafenschuldner, die nach der geltenden Rechtslage durch das Raster der gemeinnützigen Arbeit fallen, weil sie die Merkblätter aufgrund mangelhafter Deutschkenntnisse nicht verstehen oder den Inhalt des Merkblattes nicht erfassen, über die gemeinnützige Arbeit informiert. Abgesehen von den praktischen Schwierigkeiten, die bei der Einholung der Zustimmung im Einzelfall auftreten können, werden nunmehr alle Geldstrafenschuldner von der Möglichkeit der gemeinnützigen Arbeit unterrichtet, so dass mit einer Zunahme der Erbringung von Arbeitsleistungen zu rechnen ist. Auch die mangelnde Antriebskraft vieler Verurteilter dürfte sich nunmehr wesentlich geringer auswirken als das bisher der Fall ist. Der Betroffene muss zwar nach wie vor seine Zustimmung erklären. Doch bedarf es keiner grundlegenden Initiative, um gemeinnützige Arbeit leisten zu können, wenn diese als primäre Ersatzsanktion vorgesehen ist.[710] Die Herabsetzung des Umrechnungsfaktors könnte das »Stundenlohndenken« der Geldstrafenschuldner beseitigen und die Bereitschaft der Verurteilten zur Ableistung gemeinnütziger Arbeit wesentlich erhöhen. Untersuchungen haben gezeigt, dass durch die Herabsetzung des Anrechnungsmaßstabes die Akzeptanz der gemeinnützigen Arbeit gestiegen ist. Im Bundesland Bayern wurde mit Wirkung vom 01.05.1995 die je Tagessatz der uneinbringlichen Geldstrafe zu erbringende Arbeitsleistung von acht auf sechs Stunden herabgesetzt. Im Jahr 1995 waren es noch 717 Verurteilte, die das Angebot, gemeinnützige Arbeit zu leisten, angenommen haben, im Jahr 1999 waren es bereits 1.760 Verurteilte.[711] Es ist zu erwarten, dass die beabsichtigte Herabsetzung des Umrechnungskurses ebenso positive Auswirkungen hat. Die geplanten Neuregelungen setzen auch die Bereitstellung zusätzlicher ge-

---

710 Laun, Alternative Sanktionen zum Freiheitsentzug und die Reform des Sanktionensystems, S. 225.

711 Fischer, in: Kawamura (Hrsg.), Gemeinnützige Arbeit in Bayern am Schnittpunkt von Sozialer Arbeit und Justiz, 13 (17).

eigneter Einsatzstellen voraus. Die Zurverfügungstellung weiterer Arbeitsmöglichkeiten könnte sich deswegen als schwierig erweisen, weil bereits jetzt ein Wettbewerb mit Sozialhilfeempfängern im Rahmen der §§ 18 ff. BSHG um gemeinnützige Tätigkeiten besteht.[712] Darüber hinaus verknappen zunehmende Privatisierungen kommunaler Dienste die Beschäftigungsplätze für gemeinnützige Arbeit zusätzlich und erschweren die Aquisition von Arbeitsplätzen auf dem gemeinnützigen Sektor weiter.[713] Die gemeinnützige Arbeit konkurriert auch mit dem Bereich der Arbeitsbeschaffungsmaßnahmen und geht immer mehr in den Bereich hinein, in dem auch privatwirtschaftliche Betriebe arbeiten, beispielsweise im Landschaftsschutz.[714] Hier sind die Vorbehalte des privaten Gewerbes zu berücksichtigen, das um Aufträge fürchtet. Es werden jedoch nicht nur zusätzliche Einsatzstellen benötigt, sondern auch zusätzliches Personal, das die Delinquenten betreut und überwacht. Nach den bisherigen Erfahrungen wird die gemeinnützige Arbeit nur greifen, wenn sie durch eine begleitende Organisation von Rechtspflegern und Sozialarbeitern unterstützt wird, die die Einsatzstellen vermitteln, die Arbeitseinsätze vorbereiten, betreuen und bei Schwierigkeiten helfend eingreifen. Es gibt jedoch keine aufgrund ihrer fachlichen Qualifikation hierfür in Frage kommenden Bediensteten in der Justiz, die nicht jetzt schon voll ausgelastet sind.[715] Eine wichtige Rolle wird auch den freien Trägern zukommen. Sie haben ebenfalls drei Funktionen zu erfüllen: die Beschaffung bzw. Vermittlung der Einsatzstellen, die Überwachung der gemeinnützigen Arbeit und die Betreuung der Verurteilten. Es kann bei gewährleisteter sozialarbeiterischer Betreuung damit gerechnet werden, dass die Erweiterung des Anwendungsbereichs der gemeinnützigen Arbeit gelingt und in vielen Fällen die Vollstreckung von Ersatzfreiheitsstrafen verhindert wird.

---

[712] Siehe oben: Dritter Teil, B. VI.; vgl. auch Weigend, GA 1992, 345 (360); Kawamura, BewHi 1998, 338 (349 f.); Böhm, Überlegungen zur Reform des Sanktionenrechts, S. 2, abrufbar im Internet unter: http://www.bayrv.de/ RStPol/SanktionenR/RStP_ SanktR_Boehm.asp?ID=.

[713] Kawamura, BewHi 1998, 338 (350).

[714] van Essen, BT-Plenarprotokoll 14/245, S. 24699 (C).

[715] Vgl. die Rede des nordrhein-westfälischen Justizministers Diekmann auf der Mitgliederversammlung der Landesarbeitsgemeinschaft der Bewährungshelfer/innen NRW am 24.10. 2001 in Dortmund zum Thema: Neue Entwicklungen und Tendenzen in der Strafrechtspolitik, abrufbar im Internet unter: http://www.justiz.nrw.de/IndexSeite/Presse/reden/20011024. html.

5. Zusammenfassende Beurteilung

Die Einführung der gemeinnützigen Arbeit als primäre Ersatzstrafe einer uneinbringlichen Geldstrafe ist zu befürworten, weil damit endlich die Vorrangigkeit der gemeinnützigen Arbeit gegenüber der Ersatzfreiheitsstrafe im Gesetz verankert wird. Der Ansicht von *Meier*, die Einführung sei eher symbolischer Natur, weil bereits nach geltendem Recht die Möglichkeit der Abwendung einer Ersatzfreiheitsstrafe durch gemeinnützige Arbeit bestehe[716], kann nicht gefolgt werden. Wie bereits erörtert, sind wesentliche Gründe für die unzureichende Zurückdrängung von Ersatzfreiheitsstrafen durch gemeinnützige Arbeit, dass ein Teil der Betroffenen über die Möglichkeit der gemeinnützigen Arbeit nicht informiert wird und ein Großteil der Geldstrafenschuldner trotz erfolgter Belehrung aufgrund geringer Handlungskompetenz und mangelnder Antriebskraft die Chance zur Verrichtung gemeinnütziger Arbeit nicht wahrnimmt. *Laun* ist beizupflichten, dass diese Faktoren durch die Verankerung der gemeinnützigen Arbeit als primäre Ersatzreaktion ausgeschaltet werden könnten.[717] Ein Selektionsprozess durch die Vollstreckungsbehörde wäre ausgeschlossen. Die Einführung eines bundesweit einheitlichen Umrechnungsfaktors ist aus Gründen der Bestimmtheit zwingend erforderlich. Die im Vergleich zur gegenwärtigen Situation deutlich attraktivere Gestaltung des Umrechnungsmaßstabs Geldstrafe : Arbeitsstunden ist im Grundsatz zu befürworten, auch wenn hier ein Maßstab von 1:4 für vorzugswürdig gehalten wird. Die geplanten vollstreckungsrechtlichen Regelungen sind ergänzungs- bzw. verbesserungsbedürftig.

Die Gefahr von »Strafarten-Shopping«[718], d.h. dass der Täter die Strafe frei wählen könne und selbst entscheide, ob er die Geldstrafe zahlen will, ob er gemeinnützige Arbeit leisten will oder ins Gefängnis geht, besteht nicht.[719] Der Verurteilte kann nicht zwischen Geldstrafe und Arbeitsstrafe wählen, denn die Möglichkeit der gemeinnützigen Arbeit eröffnet sich erst bei Uneinbringlichkeit der Geldstrafe. Der Einwand, der Gesetzgeber lade dazu ein, die Geldstrafe nicht zu bezahlen

---

716 Meier, Strafrechtliche Sanktionen, S. 351.

717 Laun, Alternative Sanktionen zum Freiheitsentzug und die Reform des Sanktionensystems, S. 225.

718 Stellungnahme des Deutschen Juristinnenbundes zum Entwurf eines Gesetzes zur Reform des Sanktionsrechts, S. 35, abrufbar im Internet unter: http://www.djb.de/content.php.stellungnahmen.html.

719 A.A.: Geis, Redebeitrag, 1. Lesung des Entwurfs eines Gesetzes zur Refom des Sanktionenrechts, S. 2, abrufbar im Internet unter: http://www.norbert-geis.de/politik/rede_sanktion. htm.

und erst einmal abzuwarten, was passiere, so dass der geschickte Straffällige ein bisschen arbeite, sich krank melde und auf diese Weise das Vollstreckungsverfahren geraume Zeit hinauszögern könne[720], greift nicht durch. Die befürchtete Missbrauchsgefahr ist zwar nicht völlig von der Hand zu weisen, doch dürfte sie nur im Hinblick auf wenige Täter berechtigt sein. Es kann nicht generell unterstellt werden, dass die Täter das Vollstreckungsverfahren in die Länge ziehen wollen. Wenn für die Verurteilten eine wohnortnahe und geeignete, d.h. auf ihre Fähigkeiten und Wünsche zugeschnitte Einsatzstelle gefunden und eine Betreuung und Führung durch Sozialarbeiter gewährleistet wird, dürfte damit zu rechnen sein, dass die gemeinnützige Arbeit von den Verurteilten als sinnvolle Sanktion erkannt und akzeptiert wird. Schließlich verhindert der Umstand, dass dem Verurteilten eine Frist zur Ableistung der gemeinnützigen Arbeit gesetzt wird, dass das Vollstreckungsverfahren zur »unendlichen Geschichte« wird. Ein enger Kontakt zwischen Vollstreckungsbehörde und Arbeitgeber kann zudem sicherstellen, dass bei offensichtlicher Arbeitsunwilligkeit sofort reagiert wird.

III. Änderung des Umrechnungsfaktors in § 43, S. 2 StGB

Obgleich im ersten Teil der Arbeit die Verfassungswidrigkeit des § 43, S. 2 StGB festgestellt worden und die Änderung des Umrechnungsschlüssels somit aus verfassungsrechtlichen Gründen geboten ist, soll im Folgenden die Diskussion über die Beibehaltung des Umrechnungsmaßstabes von 1:1 bzw. die Änderung des Umrechnungsfaktors in ein Verhältnis von 2:1 dargestellt und dazu Stellung genommen werden, weil die Änderung des § 43, S. 2 StGB Gegenstand vieler und auch aktueller Reformvorhaben ist. Die erkannte Verfassungswidrigkeit des § 43, S. 2 StGB bleibt nachfolgend außer Betracht.
Die Vorschrift des § 43, S. 2 StGB steht seit ihrer Einführung angesichts dessen, dass die mit einer Geldstrafe verbundene Beeinträchtigung der Lebensführung weniger schwer wiegt als die durch eine Freiheitsstrafe bewirkte, im Kreuzfeuer der Kritik. Einwendungen gegen die Gleichsetzung eines Tagessatzes mit einem Tag Freiheitsstrafe wurden bereits von den Sachbearbeitern des Bundesjustizministeriums im Sonderausschuss für die Strafrechtsreform erhoben und eine Relation von zwei Tagessätzen gleich einem Tag Ersatzfreiheitsstrafe vorgeschlagen.[721]

[720] König, DRiZ 2003, 267 (271).
[721] Vgl. die Nachweise bei Grebing, in: Grebing/Jescheck, Die Geldstrafe im deutschen und ausländischen Recht, 13 (149).

Die Mehrheit im Ausschuss sprach sich jedoch gegen ein Umrechnungsverhältnis von 2:1 aus.[722] Bei der Diskussion des Entwurfs zum EGStGB hätte nochmals die Möglichkeit bestanden, den Umrechnungsfaktor von 1:1 zu revidieren und einen Maßstab von 2:1 einzuführen. Stattdessen hat der Gesetzgeber das nach dem 2. StrRG ursprünglich vorgesehene Einbußeprinzip[723] durch das Nettoeinkommensprinzip[724] ersetzt, um die bisherige Geldstrafenpraxis bzw. die Höhe der bisher verhängten Geldstrafen zu erhalten.[725] Heutzutage dürfte klar sein, dass auch der auf der Grundlage des Nettoeinkommensprinzips errechnete Tagessatz und damit der durch den zu zahlenden Geldstrafenbetrag erlittene Vermögensverlust bei dem Umrechnungsfaktor von 1:1 in einem augenscheinlichen Widerspruch zu der schwereren Wirkung der Freiheitsstrafe steht. Der Entzug der gesamten täglichen Einkünfte schafft keine annähernde Gleichheit zwischen Geld- und Ersatzfreiheitsstrafe. Die (strikte) Anwendung des Nettoeinkommensprinzips vermag die angestrebte Gleichheit der Strafübel Geldstrafe und Ersatzfreiheitsstrafe nicht zu gewährleisten.[726] Darauf hat *Tröndle* frühzeitig aufmerksam gemacht und betont, dass das im deutschen Recht verankerte Nettoeinkommensprinzip einen Umrechnungsfaktor von 2:1 nahelege.[727] Die Änderung des § 43, S. 2 StGB in ein Verhältnis von 2:1 stellt bis heute die in der Literatur am häufigsten erhobene Forderung dar[728], ein Teil des Schrifttums plädiert sogar für eine Relation von 3:1[729]. Der Gesetzentwurf des Bundesrates vom 14.01.1998 sah eine Änderung des § 43, S. 2 StGB in ein Verhältnis von 2:1 (sowie entsprechende Folgeänderungen in

---

722 Zweiter Schriftlicher Bericht des Sonderausschusses für die Strafrechtsreform, BT-Drs. V/4095, S. 22.

723 Zweiter Schriftlicher Bericht des Sonderausschusses für die Strafrechtsreform, BT-Drs. V/4095, S. 20.

724 Nach dem Nettoeinkommensprinzip geht das Gericht bei der Bemessung der Tagessatzhöhe in der Regel von dem Nettoeinkommen aus, das der Täter durchschnittlich an einem Tag hat oder haben könnte. Vgl. § 40 Abs. 2, S. 2 StGB.

725 BT-Drs. 7/1261, S. 4 f.; Seib, DAR 1975, 104 (106); Frank, JA 1976, 235 (240); Tröndle/Fischer, 49. Aufl., § 40 Rz. 6.

726 von Selle, Gerechte Geldstrafe, S. 126.

727 Tröndle, ZStW 86 (1974), 545 (578).

728 Grebing, ZStW 88 (1976), 1049 (1069); Jescheck, FS f. Würtenberger, S. 257 (270); ders., FS f. Gallas, S. 27 (43); Hamdorf/Wölber, ZStW 111 (1999), 929 (948).

729 Tröndle, ZStW 86 (1974), 545 (578); Burgstaller/Császár, ÖJZ 1985, 1, (6); 417 (418 f.); NK-Albrecht, § 43 Rz. 5; Albrecht, Strafzumessung bei schwerer Kriminalität, S. 336; Hörnle, Tatproportionale Strafzumessung, S. 172; Heghmanns, ZRP 1999, 297 (301, Fn. 50); Seebode, FS f. Böhm, S. 519 (549); von Selle, JR 2002, 227 (229).

§§ 51 Abs. 4, S. 1 und 54 Abs. 3 StGB) vor.[730] Der Entwurf wurde nicht abschließend beraten. Die Bundesregierung hat in ihrer Stellungnahme zu dem Entwurf zu bedenken gegeben, dass mit einer Umstellung des Umrechnungsmaßstabes das Verhältnis der beiden wichtigsten Sanktionen des Strafrechts im Grundsatz berührt sei. Nach ihrer Ansicht sollte vor tiefgreifenden Änderungen in diesem Kernbereich des Sanktionensystems eine eingehende Prüfung unter praktischen und systematischen Gesichtspunkten durch die Kommission zur Reform des strafrechtlichen Sanktionensystems erfolgen.[731] Die eingesetzte Kommission hat die Änderung des Umrechnungsmaßstabes des § 43, S. 2 StGB in 2:1 abgelehnt.[732] Demgegenüber sieht der von der Bundesregierung vorgelegte Gesetzentwurf zur Reform des Sanktionenrechts vom 17.03.2004 einen Umrechnungsschlüssel vor, nach dem zwei Tagessätze einem Tag Freiheitsstrafe entsprechen (§ 43 Abs. 2 StGB-E).[733]

1. Argumente für den Umrechnungsfaktor 2:1

Entscheidend für eine Änderung des Umrechnungsschlüssels spricht zunächst die unterschiedliche Schwere von Geld- und Freiheitsstrafe.[734] Der Täter wird durch das schwerere Übel der Entziehung der Freiheit getroffen und verliert zusätzlich seine gesamten Tageseinkünfte, so dass ein Tag Freiheitsstrafe gegenüber der Einbuße eines Tageseinkommens immer ein Plus ist.[735] Es ist zu bedenken, dass die Konsumfreiheit nur ein Teilbereich aus den umfassenden Gestaltungsmöglichkeiten des Menschen ist, die durch die Freiheitsstrafe ausgeschlossen werden.[736] Bei Beachtung der Totalität des Freiheitsentzuges sowie des Verlustes aller räumlich-gegenständlichen, sozialen und emotionalen Bezugspunkte während der Inhaftierung ist ein Maßstab von 1:1 nicht haltbar.[737] Nicht nur die gegenwärtigen Auswirkungen der Freiheitsstrafe im Verhältnis zur Geldstrafe, son-

---

[730] BT-Drs. 13/9612; BT-Drs. 14/761.

[731] BT-Drs. 13/9612, S. 8.

[732] Diskussion und Beschlüsse, in: Abschlussbericht der Kommission zur Reform des strafrechtlichen Sanktionensystems, 54 (57 f., 60).

[733] BT-Drs. 15/2725, S. 7.

[734] Siehe oben: Erster Teil, A. II. 1. b); vgl. auch Blei, Strafrecht, AT, S. 402; Schott, JR 2003, 315 (320).

[735] Siehe oben: Erster Teil, A. II. 1. b); vgl. auch Tröndle, ZStW 86 (1974), 545 (576).

[736] von Selle, Gerechte Geldstrafe, S. 101 f.

[737] Hörnle, Tatproportionale Strafzumessung, S. 171 f.

dern überdies die zukünftigen Folgen der Geldstrafe einerseits und der Freiheitsstrafe andererseits legen ein Verhältnis von 2:1 nahe. Mit dem Vollzug der (Ersatz-) Freiheitsstrafe können für das zukünftige Leben katastrophale Folgen verbunden sein, die wesentlich länger andauern können als es der eigentlichen Verbüßungsdauer entspricht.[738] Es ist möglich, dass der Verurteilte aufgrund der Inhaftierung seinen Arbeitsplatz verliert, seine Wohnung aufgeben muss und seine sozialen Kontakte und Beziehungen verkümmern. Nach Absitzen der Ersatzfreiheitsstrafe wird er versuchen, die alten Lebensumstände und -bedingungen wiederherzustellen, was in der Regel ein schwieriges Unterfangen darstellen dürfte. Da mit der Freiheitsstrafe ein zusätzlicher fühlbarer Nachteil verbunden ist, verwirklicht die Umstellung des Umrechnungsmaßstabes eher den Grundsatz der Schuldangemessenheit (§ 46 StGB) und das Prinzip der Strafgerechtigkeit. Mit einem 2:1-Maßstab würden unterschiedlicher Strafempfindlichkeit Rechnung getragen werden können über das bisherige gesetzliche Maß hinaus.[739] Über eine Umstellung des § 43 StGB tritt außerdem eine Halbierung der Dauer der Ersatzfreiheitsstrafen ein, was zu einer Entlastung des Strafvollzuges führen könnte. Dies ist insbesondere in den Fällen erwünscht, in denen die Verbüßung von Freiheitsstrafen von den Gerichten gerade nicht für notwendig erachtet wurde.[740]

2. Argumente gegen den Umrechnungsfaktor von 2:1

Die Gegner der Änderung des Umrechnungsschlüssels machen geltend, mit der Änderung des Umrechnungsmaßstabes würde ein Eingriff vorgenommen, der dem Strafzumessungsvorgang zuwiderlaufe und sich im Grunde gegen das Tagessatzsystem als solches richte.[741] Sie geben zu bedenken, dass die vorgeschlagene Gesetzesänderung als Minderung des Stellenwertes der Sanktion Geldstrafe verstanden werden könnte, was sich bei den sogenannten Massendelikten negativ aus-

---

[738] Hörnle, Tatproportionale Strafzumessung, S. 172.

[739] Große Strafrechtskommission des Deutschen Richterbundes, Die Geldstrafe, S. 89.

[740] BT-Drs. 15/2725, S. 21 f.; BT-Drs. 14/9358, S. 14.

[741] Tröndle/Fischer, § 43 Rz. 4a; König, DRiZ 2003, 267 (271); Deutscher Richterbund, Stellungnahme zum Gesetzentwurf der Bundesregierung eines Gesetzes zur Reform des Sanktionenrechts (Stand: Juni 2003) von September 2003, S. 1, abrufbar im Internet unter: http://www.drb.de/pages/html/stellung/st-sanktionenrecht_03.html.

wirken würde.[742] Sie befürchten außerdem, ein Anrechnungsmaßstab von 2:1 werde zu einer veränderten gerichtlichen Sanktionspraxis, nämlich zu Zuschlägen bei der Tagessatzanzahl führen. Es sei naheliegend, dass der Richter schon bei der Geldstrafenverhängung den Umrechnungsfaktor berücksichtigen und daher die Tagessatzanzahl für die Geldstrafe so erhöhen werde, dass bei Nichtbezahlung dann in der »richtigen« Höhe Ersatzfreiheitsstrafe verbüßt werde.[743] Die Halbierung der Vollzugsdauer der Ersatzfreiheitsstrafen birge die Gefahr, dass sich der vom Vollzug einer Ersatzfreiheitsstrafe ausgehende Tilgungsdruck verringere. Als wichtigstes Argument gegen eine Änderung des Umrechnungsmaßstabes werden dogmatische Ungereimtheiten angeführt. Bei Beachtung des Grundsatzes der Strafgerechtigkeit sei eine Umstellung in § 47 Abs. 2, S. 2 StGB als Folge der Änderung des § 43 StGB nur konsequent, was jedoch auf eine Verdoppelung der Geldstrafe hinauslaufen würde.[744] Auch ohne Umstellung des Umrechnungsmaßstabes in § 47 Abs. 2, S. 2 StGB müssten die Geldstrafen verdoppelt werden, um das bisherige Sanktionengefüge nicht aus dem Lot zu bringen. Bei Straftaten mit einer Mindeststrafe von drei Monaten Freiheitsstrafe müsse die Geldstrafe nunmehr nicht 90 Tagessätze, sondern 180 Tagessätze betragen, weil das Mindestmaß der Ersatzfreiheitsstrafe dem Mindeststrafrahmen von drei Monaten Freiheitsstrafe entsprechen müsse.[745] Außerdem führe die Folgeänderung in § 54 Abs. 3 StGB in den Fällen zu Schwierigkeiten, in denen nachträglich aus einer nach § 47 Abs. 2 StGB gebildeten Geldstrafe und einer oder mehreren Freiheitsstrafen eine Gesamtstrafe gebildet werden soll. Dann würde es praktisch zu einer Halbierung der Einsatzstrafe kommen, obwohl § 47 Abs. 2, S. 2 StGB eine Umrechnung des Mindestmaßes der angedrohten Geldstrafe im Verhältnis 30 Tagessätze zu einem Monat Freiheitsstrafe vorsieht.[746]

---

[742] Stellungnahme der Bundesregierung zum Gesetzentwurf des Bundesrates zum Entwurf eines Gesetzes zur Verbesserung des strafrechtlichen Sanktionensystems vom 14.01.1998, BT-Drs. 13/9612, S. 8; Diskussion und Beschlüsse, in: Abschlussbericht der Kommission zur Reform des strafrechtlichen Sanktionensystems, 54 (57).

[743] Streng, ZStW 111 (1999), 827 (842).

[744] Diskussion und Beschlüsse, in: Abschlussbericht der Kommission zur Reform des strafrechtlichen Sanktionensystems, 54 (58).

[745] Große Strafrechtskommission des Deutschen Richterbundes, Die Geldstrafe, S. 90.

[746] Stellungnahme der Bundesregierung zum Gesetzentwurf des Bundesrates zum Entwurf eines Gesetzes zur Verbesserung des strafrechtlichen Sanktionensystems vom 14.01.1998, BT-Drs. 13/9612, S. 8.

3. Stellungnahme

Fakt ist, dass die Einbuße der Freiheit eine härtere Sanktion darstellt als der Zwang zum Konsumverzicht durch Beeinträchtigung des Einkommens. Die Einbußen, die der Verurteilte durch den Freiheitsentzug hinnehmen muss, sind derart komplex, dass eigentlich eine Umrechnung nicht möglich ist. Daher kann es allein darum gehen, einen gerechteren Umrechnungsfaktor als den bisherigen zu finden.[747] Die gegen eine Änderung des Umrechnungsmaßstabes vorgebrachten Erwägungen erweisen sich nicht als schlagkräftig. Eine Minderung des Stellenwertes der Sanktion Geldstrafe steht nicht zu befürchten. Die Geldstrafe ist die mit Abstand am häufigsten verhängte Hauptstrafe im Erwachsenenstrafrecht, sie ist als eigenständige Sanktion im Sanktionengefüge fest etabliert. Zu bedenken ist, dass etwa zwei Drittel aller verhängten Geldstrafen auf Straßenverkehrsdelikte entfallen.[748] Bei Verkehrsdelinquenten handelt es sich in der Regel um leistungsfähige und -willige Täter, die die gegen sie verhängten Geldstrafen letztlich bezahlen. Sie laufen nicht Gefahr, eine Ersatzfreiheitsstrafe verbüßen zu müssen, und kommen daher mit dem Umrechnungsfaktor von 2:1 überhaupt nicht in Berührung. Angesichts des eher geringen Anteils von vollzogenen Ersatzfreiheitsstrafen an der Gesamtzahl der Geldstrafenverurteilungen - im Jahr 1999 mussten in den alten Bundesländern ca. 9 % aller zu Geldstrafe Verurteilten diese wegen Uneinbringlichkeit im Wege der Ersatzfreiheitsstrafe absitzen - ist nicht davon auszugehen, dass der Umrechnungsschlüssel von 2:1 das Gewicht der Geldstrafe als Sanktion und ihre Anerkennung als fühlbarer Denkzettel in der Bevölkerung beeinträchtigt. Der Befürchtung, es drohe eine Änderung der gerichtlichen Sanktionspraxis, die auf eine höhere Bemessung der Tagessatzzahlen hinauslaufen könnte, ist entgegenzuhalten, dass sich im Bereich der Straßenverkehrskriminalität und damit für die Mehrzahl der mit Geldstrafe geahndeten Delikte stabile Sanktionsroutinen entwickelt haben, an denen sich wohl kaum etwas ändern würde.[749] Darüber hinaus wäre eine »Inflationierung« der Anzahl der Tagessätze nur zu besorgen, wenn das Gericht in einem ersten Strafzumessungsschritt die Strafhöhe bestimmt und erst in einem zweiten über die Art der Strafe entscheidet.[750]

---

[747] Siehe oben: Erster Teil, A. II. 1. b) und 2. c); vgl. auch Laun, Alternative Sanktionen zum Freiheitsentzug und die Reform des Sanktionenrechts, S. 264.

[748] Große Strafrechtskommission des Deutschen Richterbundes, Die Geldstrafe, S. 2.

[749] Diskussion und Beschlüsse, in: Abschlussbericht der Kommission zur Reform des strafrechtlichen Sanktionensystems, 54 (57).

[750] von Selle, JR 2002, 227 (228 f.); Wolters, ZStW 114 (2002), 63 (84 f.).

Hielte sich der Richter - den 2:1-Maßstab vor Augen - an den Rat, bei der Bemessung der Anzahl der Tagessätze die hypothetische Überlegung anzustellen, wie viele Tage Freiheitsstrafe die abzuurteilende Tat wert wäre, so könnte er geneigt sein, künftig stets doppelt so viele Tagessätze Geldstrafe zu verhängen wie er Freiheitsstrafe verhängen würde.[751] Wie bereits erwähnt[752], stellt der Richter eine solche hypothetische Überlegung tatsächlich jedoch nicht an. Der Vorschlag, die Geldstrafe von der Ersatzfreiheitsstrafe aus festzusetzen, lässt sich nach der beabsichtigten Neuregelung auch nicht mehr aufrechterhalten, denn die Neuregelung wäre durch diese zweiaktige Strafhöhenbemessung neutralisiert und damit der erstrebte Effekt der Verkürzung der Dauer entsozialisierender Ersatzfreiheitsstrafen dahin.[753] Es ist unwahrscheinlich, dass durch die Halbierung der Vollzugsdauer der Ersatzfreiheitsstrafe der vom Vollzug der Ersatzfreiheitsstrafe ausgehende Druck, die Geldstrafe doch noch zu bezahlen, beeinträchtigt wird. Zu Recht wird darauf hingewiesen, dass derjenige, der zur Abwendung der Vollstreckung der Ersatzfreiheitsstrafe zahlt, in erster Linie den Gefängnisaufenthalt und den damit verbundenen Freiheitsentzug an sich und nicht seine Dauer im Blick hat.[754] Die dogmatischen »Unebenheiten« aus dem Verzicht auf eine Anpassung auch in § 47 Abs. 2, S. 2 StGB sind geringfügiger Natur und können hingenommen werden. Eine entsprechende Umstellung des § 47 Abs. 2, S. 2 StGB ist nicht angezeigt. Aufgrund der verdoppelten Tagessatzanzahlen würde das Risiko des Vollzuges der Ersatzfreiheitsstrafe steigen. Das würde dem Gesetzeszweck des § 47 StGB widersprechen, der die Vollstreckung kurzer Freiheitsstrafen gerade verhindern will.[755] Eine Umstellung des § 47 Abs. 2, S. 2 StGB kommt auch nicht unter dem Aspekt der konsequenten Umsetzung des Prinzips der Strafgerechtigkeit in Betracht. Unter § 47 Abs. 2, S. 2 StGB fallen sowohl Fälle, in denen das angedrohte Mindestmaß drei Monate beträgt, als auch solche, in denen sich erst nach § 49 StGB ein erhöhtes Mindestmaß von unter sechs Monaten ergibt.[756] Die einzelnen Strafgesetze sehen eine Geldstrafe gar nicht vor, trotzdem wird eine solche ver-

---

751 Wolters, ZStW 114 (2002), 63 (84 f.).

752 Siehe oben: Erster Teil, A. II. 2. c).

753 Wolters, ZStW 114 (2002), 63 (85).

754 Boll, in: Abschlussbericht der Kommission zur Reform des strafrechtlichen Sanktionensystems, 46 (47); Laun, Alternative Sanktionen zum Freiheitsentzug und die Reform des Sanktionensystems, S. 265.

755 BT-Drs. 15/2725, S. 22; BT-Drs. 14/9358, S. 14.

756 Tröndle/Fischer, § 47 Rz. 14.

hängt, weil kurze Freiheitsstrafen möglichst weit zurückgedrängt und auf die Fälle beschränkt werden sollen, in denen die Verhängung einer Freiheitsstrafe unerlässlich ist. Der Rechtsbrecher wird mit der milderen Geldstrafe belegt, die sich jedoch nach der im Strafgesetz angedrohten Freiheitsstrafe insofern zu richten hat, als dass je Monat 30 Tagessätze zugrundegelegt werden müssen. Der Straftäter wird durch die Regelung des § 47 Abs. 2 StGB jedenfalls der Strafart nach gewissermaßen privilegiert. Anders hingegen bei der Vorschrift des § 43 StGB, die die Art der Strafe zum Nachteil des Täters abändert und in die schwerere Freiheitsstrafe verwandelt. Strafgerechtigkeitserwägungen stehen daher der Beibehaltung des § 47 Abs. 2, S. 2 StGB in seiner derzeitigen Fassung nicht entgegen. § 47 Abs. 2, S. 2 StGB will verhindern, dass eine Geldstrafe verhängt wird, die nicht dem erhöhten Mindestmaß der Freiheitsstrafe angemessen ist.[757] Dieser Gedanke bleibt auch ohne Umstellung des Umrechnungsmaßstabes in § 47 Abs. 2 StGB erhalten.[758]

Schließlich lassen sich auch die »Ungereimtheiten«, die aufgrund des Umrechnungsschlüssels von 2:1 bei der Gesamtstrafenbildung auftreten, auflösen, wenn die Einheitsstrafe eingeführt wird. *Schott* hat zu Recht darauf hingewiesen, dass ein Ausweichen auf die Einheitsstrafe den Austausch der 1:1-Umrechnung gegen einen neuen Faktor ermöglicht, ohne dass komplizierte und ggf. undurchschaubare Änderungen des § 54 StGB erforderlich wären. Mit der Einführung der Einheitsstrafe wäre zugleich das Problem der zweiaktigen Strafzumessung - Einzel- und Gesamtstrafe - und der entsprechenden »doppelten« Urteilsbegründung behoben.[759] Entscheidet sich der Gesetzgeber für die Beibehaltung der Gesamtstrafenbildung, könnte im Fall angeblich unüberwindbarer Schwierigkeiten ein Vorschlag *Grebings* aus dem Jahr 1976 in Erwägung gezogen werden. Danach soll die Gesamtstrafenbildung zwischen Freiheitsstrafe und Geldstrafe grundsätzlich ausgeschlossen werden und nur ausnahmsweise im Falle zur Vollstreckung gelan-

---

[757] Tröndle/Fischer, 49. Auf., § 47 Rz. 8.

[758] BT-Drs. 15/2725, S. 22; BT-Drs. 14/9358, S. 14. Nach *Fleischer* soll es sich bei § 47 Abs. 2, S. 2 StGB gar nicht um einen Umrechnungsmaßstab handeln. Da ebenso wie in § 47 Abs. 1 StGB in § 47 Abs. 2 StGB die Geldstrafe Priorität habe, sei § 47 Abs. 2, S. 2 StGB kein Umrechnungsschlüssel für an und für sich gedachte Freiheitsstrafe, sondern begrenze lediglich den weiten Strafrahmen des § 40 Abs. 1, S. 2 StGB von bis zu 360 Tagessätze auf bis zu 179 Tagessätze. Bei Straftatbeständen mit einem angedrohten Mindestmaß von drei Monaten Freiheitsstrafe sei eine Verdopplung der Anzahl der Tagessätze von 90 auf 180 nicht geboten. Vgl. Fleischer, Die Strafzumessung bei Geldstrafen, S. 26.

[759] Schott, JR 2003, 315 (319).

gender Freiheitsstrafe, falls nicht mit der Bezahlung der Geldstrafe zu rechnen ist, die Geldstrafenverurteilung als straferhöhender Faktor für die Freiheitsstrafe zu Buche schlagen.[760] Für die Änderung des Maßstabes in § 43, S. 2 StGB sprechen nicht zuletzt die zwischen der Geldstrafe bzw. der bei Uneinbringlichkeit an ihre Stelle tretende Ersatzfreiheitsstrafe und der originären Freiheitsstrafe bestehenden Vollstreckungsunterschiede. Die Geldstrafe wird nicht nur stets, sondern auch stets in ihrem gesamten Umfang vollstreckt.[761] Demgegenüber ist es bei der Freiheitsstrafe angesichts des § 56 Abs. 1 StGB möglich, dass sie gar nicht zur Vollstreckung gelangt. Kommt es doch zur Vollstreckung, so kann zumindest das Vollstreckungsquantum über § 57 StGB deutlich gesenkt werden.[762] Bei Uneinbringlichkeit der Geldstrafe und nach Ausschöpfung des Instituts der gemeinnützigen Arbeit wird die Geldstrafe zwingend durch die Freiheitsstrafe ersetzt. Da nach wohl herrschender Meinung in der Rechtsprechung die §§ 56 und 57 StGB nicht auf die Ersatzfreiheitsstrafe anwendbar sein sollen[763], wirkt sich die Verhängung einer Geldstrafe bei einer Ersetzung durch Freiheitsstrafe im Hinblick auf die entzogene Freiheit des Verurteilten schon nach geltendem Recht regelmäßig viel gravierender aus als eine gleich hoch bemessene Freiheitsstrafe. Deswegen kann nicht verlangt werden, dass ein Tag verhängter Geldstrafe durch einen Tag vollstreckter Freiheitsstrafe ersetzt werden muss, wenn doch selbst ein Tag verhängter Freiheitsstrafe letztlich nur selten einen Tag vollstreckter Freiheitsstrafe nach sich zieht.[764]

4. Vermeidung der Vollstreckung von Ersatzfreiheitsstrafen

Bei einer Änderung des Umrechnungsfaktors in ein Verhältnis von 2:1 würde sich die Dauer der Ersatzfreiheitsstrafen halbieren, so dass Ersatzfreiheitsstrafen in erheblichem Umfang vermieden und die Strafvollzugsanstalten entlastet würden.

---

[760] Grebing, ZStW 88 (1976), 1049 (1114).
[761] Wolters, ZStW 114 (2002), 63 (85).
[762] Wolters, ZStW 114 (2002), 63 (85).
[763] Siehe dazu nachfolgend unter IV. 1.
[764] Wolters, ZStW 114 (2002), 63 (86).

IV. Die Strafrestaussetzung von Ersatzfreiheitsstrafen

Ein wirksames Mittel zur Vermeidung der Vollstreckung von Ersatzfreiheitsstrafen könnte die Aussetzung des Strafrestes bei Ersatzfreiheitsstrafen sein.

1. Die Aussetzung des Strafrestes zur Bewährung de lege lata

Über die Strafrestaussetzung von Ersatzfreiheitsstrafen auf der Grundlage des § 57 Abs. 1 StGB wird seit Anfang der 70iger Jahre in der Rechtsprechung und im Schrifttum gestritten.[765] Die ganz überwiegende Zahl der Oberlandesgerichte ist der Auffassung, dass die Vollstreckung einer restlichen Ersatzfreiheitsstrafe nicht in unmittelbarer oder analoger Anwendung des § 57 Abs. 1, S. 1 Nr. 1 StGB zur Bewährung ausgesetzt werden kann.[766] Eine klärende Entscheidung des BGH ist im Hinblick auf § 121 Abs. 2 GVG nicht zu erwarten.[767] Die Mehrheit in der Literatur erachtet eine Strafrestaussetzung von Ersatzfreiheitsstrafen für zulässig.[768]

---

[765] Die Strafaussetzung der Ersatzfreiheitsstrafe gem. § 56 StGB wird allgemein abgelehnt. Vgl. Tröndle/Fischer, § 56 Rz. 2; LK-Gribbohm, § 56 Rz. 4; Schönke/Schröder-Stree, § 43 Rz. 2, § 56 Rz. 4; Lackner/Kühl-Lackner, § 56 Rz. 4; Mitsch, Jura 1994, 449 (454); a.A.: NK-Albrecht, § 43 Rz. 6.

[766] OLG Hamm, MDR 1977, 422 (422 f.); StV 1999, 495 (495); OLG Celle, NJW 1977, 308 (308 f.); StV 1999, 492 (492); OLG München, NJW 1977, 309 (309); KG, GA 1977, 237 (237 f.); KG, Beschluss v. 19.04.1999, Az: 1 AR 254/99, 256/99 und 258/99 - 5 Ws 155-158/99, veröffentlicht in juris, Dokument Nr.: KORE408849900; OLG Oldenburg, JurBüro 1977, 520 (520 f.); MDR 1988, 1071 (1071); OLG Stuttgart, MDR 1978, 331 (332); MDR 1986, 1043 (1043 f.); OLG Karlsruhe, Die Justiz 1978, 146 (146 ff.); OLG Düsseldorf, NJW 1980, 250 (250 f.); OLG Schleswig, SchlHA 1997, 173 (174); OLG Jena, StV 1999, 491 (491 f.); OLG Bamberg, StV 1999, 493 (493 f.); OLG Zweibrücken, ZfStrVo 2002, 186 (186); OLG Koblenz, JustizBl. Rhld.-Pfalz 2002, 149 (149). Vgl. auch LG Lüneburg, Rpfleger 1973, 436 (436); AG Berlin-Tiergarten, NJW 1972, 457 (457).

[767] Die für die sofortige Beschwerde gegen Beschlüsse der Strafvollstreckungskammern über die Aussetzung der Vollstreckung des Restes einer Freiheitsstrafe zur Bewährung gem. §§ 454 Abs. 3, S. 1 StPO, 121 Abs. 1 Nr. 2 GVG zuständigen Oberlandesgerichte sind bei divergierenden Entscheidungen nicht zur Vorlage an den BGH verpflichtet. Denn die Entscheidungen nach § 121 Abs. 1 Nr. 2 GVG fallen nicht unter die Vorlegungspflicht des § 121 Abs. 2 GVG.

[768] NK-Albrecht, § 43 Rz. 5; Schönke/Schröder-Stree, § 43 Rz. 2, § 57 Rz. 4; Tröndle/Fischer, 49. Aufl., § 57 Rz. 2a; Preisendanz, § 57 Rz. Anm. 2.c); ders. JR 1976, 467 (468 f.); LR-Wendisch, § 462 a Rz. 4; Blei, JA 1972, 309 (309 f.); Doller, NJW 1977, 288 (288); Zipf, JR 1977, 122 (122); Weber, GS f. Schröder, S. 175 (181 ff.); Dölling, NStZ 1981, 86 (87); ders., ZStW 104 (1992), 259 (276); Weigend, GA 1992, 345 (356 f.); Seebode, FS f. Böhm, S. 519 (544 f.); ders., NStZ 1999, 318 (318); Hamdorf/Wölber, ZStW 111 (1999), 929 (948); Eisenberg, Kriminologie, § 33 Rz. 20.

Der Frage der Restaussetzung von Ersatzfreiheitsstrafen ist eine nicht unerhebliche Bedeutung beizumessen[769], vor allem, wenn man bedenkt, dass in den Justizvollzugsanstalten der Länder im Jahr 2002 der Zugang wegen Ersatzfreiheitsstrafen 56.187 Gefangene umfasste.[770] Kürzlich hat auch das OLG Zweibrücken die Restaussetzung von Ersatzfreiheitsstrafen als äußerst praxisrelevantes Problem bezeichnet.[771]

a) Die unmittelbare Anwendung des § 57 Abs. 1 StGB

Bei der gebotenen Auslegung ist vom Wortlaut des § 57 Abs. 1, S. 1 Nr. 1 StGB auszugehen, der voraussetzt, dass es sich bei der auszusetzenden Strafe um eine »Freiheitsstrafe« handelt. Nach dem allgemeinen Sprachgebrauch wird zwischen Freiheitsstrafe und Ersatzfreiheitsstrafe unterschieden.[772] Das Gesetz differenziert in § 454 b StPO ebenfalls ausdrücklich zwischen Freiheitsstrafe und Ersatzfreiheitsstrafe. Demgegenüber fällt die Ersatzfreiheitsstrafe in anderen Vorschriften unter den Begriff der Freiheitsstrafe, was auf § 455 StPO[773], § 462 a StPO[774] und § 1 StVollzG[775] zutrifft. Ausgerechnet in § 57 Abs. 2 StGB ist jedoch nach allgemeiner Auffassung unter einer Freiheitsstrafe nicht auch eine Ersatzfreiheitsstrafe zu verstehen.[776] Es wird angeführt, dass der Begriff »Freiheitsstrafe« in anderen

---

[769] Ebenso Weber, GS f. Schröder, S. 175 (180); Zipf, JR 1977, 122 (122); Maurach/Gössel/ Zipf, Strafrecht, AT 2, § 65 III Rz. 76; Frank, NJW 1978, 141 (141); Dölling, NStZ 1981, 86 (86); Bublies, Die Aussetzung des Restes der Ersatzfreiheitsstrafe, S. 11; Seebode, FS f. Böhm, S. 519 (544).

[770] Statistisches Bundesamt, Rechtspflege, Strafvollzug - Anstalten, Bestand und Bewegung der Gefangenen 2002, S. 16 f.

[771] OLG Zweibrücken, ZfStrVo 2002, 186 (186). Die Bedeutung der Reststrafaussetzung von Ersatzfreiheitsstrafen könnte sich aber im Hinblick auf die beabsichtigte Änderung des Umrechnungsfaktors zwischen Geldstrafe und Ersatzfreiheitsstrafe in ein Verhältnis von 2:1 verringern, weil der Umrechnungsmaßstab von 2:1 eine Halbierung der zu verbüßenden Ersatzfreiheitsstrafen bewirkt.

[772] Bublies, Die Aussetzung des Restes der Ersatzfreiheitsstrafe, S. 32.

[773] LG Frankfurt, StV 1983, 292 (292); LR-Wendisch, § 455 Rz. 33.

[774] BGHSt 30, 223 (224); OLG Hamburg, JR 1976, 519 (519); OLG München, NStZ 1984, 238 (238); LR-Wendisch, § 462 a Rz. 4; Meyer-Goßner, § 462 a Rz. 4; KK-Fischer, § 462 a Rz. 7; KMR-Müller, § 462 a Rz. 10; Bringewat, § 462 a Rz. 7; a.A: Peters, JR 1976, 519 (520).

[775] Schwind/Böhm-Böhm, § 1 Rz. 2; Calliess/Müller-Dietz, § 1 Rz. 1.

[776] OLG Zweibrücken, MDR 1988, 984 (984); OLG Stuttgart, MDR 1986, 1043 (1044); StV 1994, 250 (251); Maatz, MDR 1985, 797 (800); Wagner, Rpfleger 1997, 421 (423); Schönke/Schröder-Stree, § 57 Rz. 23a; Tröndle/Fischer § 57 Rz. 23; Lackner/Kühl-Lackner, § 57 Rz. 15; LR-Wendisch, § 454 b Rz. 21; KK-Fischer, § 454 b Rz. 14; KMR-Paulus, § 454 b Rz. 27; Meyer-Goßner, § 454 b Rz. 2a.

gesetzlichen Bestimmungen zwar auch die Ersatzfreiheitsstrafe erfassen, er aber in ein und derselben Vorschrift nicht zwei verschiedene Bedeutungen haben könne.[777] Dagegen lässt sich argumentieren, dass maßgeblich ist, dass das Gesetz in einigen Vorschriften, in denen es von »Freiheitsstrafen« spricht, auch Ersatzfreiheitsstrafen meint. Daher kann der in einigen Normen anzutreffenden Differenzierung zwischen Ersatzfreiheitsstrafen und Freiheitsstrafen keine entscheidende Bedeutung für die Auslegung zukommen.[778]
Nach dem Wortlaut des § 57 StGB kann nur der Rest einer »zeitigen Freiheitsstrafe« zur Bewährung ausgesetzt werden. Die Frage, ob die Ersatzfreiheitsstrafe eine zeitige Freiheitsstrafe ist, erscheint zweifelhaft, weil § 38 Abs. 2 StGB für die zeitige Freiheitsstrafe ein Höchstmaß von 15 Jahren und ein Mindestmaß von einem Monat festlegt. Das Mindestmaß der Ersatzfreiheitsstrafe beträgt einen Tag (§ 43, S. 3 StGB), das Höchstmaß beläuft sich auf 360, bei einer Gesamtstrafenbildung auf 720 Tage (§§ 43, S. 2, 40 Abs. 1, S. 2, 54 Abs. 2, S. 2 StGB). Daraus wird teilweise gefolgert, dass die Ersatzfreiheitsstrafe keine zeitige Freiheitsstrafe ist.[779] Gemäß § 38 Abs. 1 StGB ist die Freiheitsstrafe zeitig, wenn das Gesetz nicht lebenslange Freiheitsstrafe androht. Diese Formulierung legt nahe, dass der Begriff »zeitige Freiheitsstrafe« lediglich der Abgrenzung zur lebenslangen Freiheitsstrafe dient.[780] Obwohl das Mindestmaß in § 38 Abs. 2 StGB nicht für die Ersatzfreiheitsstrafe gilt, ist es daher möglich, die Ersatzfreiheitsstrafe neben der primären Freiheitsstrafe als Unterfall der zeitigen Freiheitsstrafe zu begreifen.[781]
Die Freiheitsstrafe kennt verschiedene Ausprägungen, nämlich die lebenslange Freiheitsstrafe, die zeitige Freiheitsstrafe und die Ersatzfreiheitsstrafe. Das Verhältnis dieser Untergruppen zueinander ist nicht einfach zu bestimmen, da die Kriterien für die Differenzierung nicht dieselben sind. Lebenslange und zeitige Freiheitsstrafe lassen sich durch die Strafhöhe voneinander abgrenzen, Kriterium für die Unterscheidung zwischen Ersatzfreiheitsstrafe und Freiheitsstrafe ist die originär verhängte Strafart. Es ist daher keineswegs zwingend, allein aus der Formulierung »zeitige Freiheitsstrafe« zu schlussfolgern, dass Ersatzfreiheitsstrafen

---

[777] Wagner, Rpfleger 1997, 421 (423).
[778] Seebode, NStZ 1999, 318 (318).
[779] LG Lüneburg, Rpfleger 1973, 436 (436); OLG Oldenburg, JurBüro 1977, 520 (520); MDR 1988, 1071 (1071); OLG Düsseldorf, NJW 1980, 250 (250).
[780] Dölling, NStZ 1981, 86 (87).
[781] Dölling, NStZ 1981, 86 (87); LG Gera, ZfStrVo 1998, 304 (304).

davon nicht erfasst werden können.[782] § 57 Abs. 1, S. 1 Nr. 1 StGB spricht weiterhin davon, dass zwei Drittel der verhängten Strafe verbüßt sein müssen. Die Ersatzfreiheitsstrafe als »verhängte Strafe« anzusehen, ist äußerst fragwürdig. Da das Strafgesetzbuch den Begriff »verhängt« in Bezug auf die vom Gericht im Urteil festgesetzte Strafe verwendet[783], ist es folgerichtig, anzunehmen, dass in § 57 StGB lediglich die originär verhängte Strafe, also die Freiheitsstrafe, gemeint ist.[784] Demgegenüber meint das OLG Koblenz, es sei nicht zwingend, allein daraus, dass das Gesetz von der »verhängten Strafe« spreche, zu schlussfolgern, dass nur die im Urteilsspruch ausgesprochene Freiheitsstrafe für eine Aussetzung des Strafrestes in Betracht komme. Denn die Restaussetzung einer Freiheitsstrafe sei unstreitig auch dann möglich, wenn diese auf einem Gesamtstrafenbeschluss gem. § 460 StPO beruhe.[785] Dem ist entgegenzuhalten, dass es sich bei den Einzelstrafen um originäre Freiheitsstrafen handelt, die lediglich durch den Gesamtstrafenbeschluss nachträglich zusammengezogen werden. Deswegen kommt es nicht in erster Linie auf den Beschluss, sondern darauf an, dass ihm primär verhängte Freiheitsstrafen zugrundeliegen.[786] Auch in den Fällen der nachträglichen Gesamtstrafenbildung sind originäre Freiheitsstrafen Grundlage für die Entscheidung über die Restaussetzung, so dass es naheliegt, die Ersatzfreiheitsstrafe nicht als »verhängte Strafe« anzusehen.

Einige Autoren halten es für vertretbar anzunehmen, dass der zu Geldstrafe Verurteilte von vornherein auch zu Ersatzfreiheitsstrafe verurteilt ist.[787] Die Ersatzfreiheitsstrafe werde bereits mit der Verurteilung zu Geldstrafe durch das Gericht mit verhängt, sie existiere wie die Geldstrafe von Anfang an, trete im Falle der Uneinbringlichkeit der Geldstrafe - bereits vorhanden - in Erscheinung und an deren Stelle[788] und brauche nur infolge des klaren Umrechnungsmaßstabes in § 43

[782] Groß, StV 1999, 508 (508).
[783] Vgl. §§ 40 Abs. 1, 41, 47 Abs. 1, 51 Abs. 2, 52 Abs. 2, 53 Abs. 2, 58 Abs. 2 StGB.
[784] Bublies, Die Aussetzung des Restes der Ersatzfreiheitsstrafe, S. 35.
[785] OLG Koblenz, MDR 1977, 423 (423).
[786] OLG Düsseldorf, NJW 1980, 250 (250); Frank, NJW 1978, 141 (142); Bublies, Die Aussetzung des Restes der Ersatzfreiheitsstrafe, S. 37.
[787] Weber, GS f. Schröder, S. 175 (181); Dölling, NStZ 1981, 86 (87).
[788] OLG Koblenz, NStZ 1995, 254 (254).

StGB nicht im Urteil ausgesprochen zu werden.[789] Die Ersatzfreiheitsstrafe könne daher als »verhängte Strafe« aufgefasst werden. Diese Ansicht überzeugt nicht. Die Ersatzfreiheitsstrafe ergibt sich unmittelbar aus dem Gesetz und tritt von Gesetzes wegen an die Stelle der uneinbringlichen Geldstrafe (§ 43 StGB).[790] Die Ersatzfreiheitsstrafe ist weder als richterlich zugemessen noch als i.S.d. Art. 104 Abs. 2, S. 1 GG verhängt anzusehen, weil der Richter weder über das »Ob« noch über das »Wie« der Ersatzfreiheitsstrafe entscheidet.[791] »Verhängte Strafe« ist nur die in dem zu vollstreckenden Erkenntnis festgesetzte Geldstrafe.[792] Trotzdem meint *Seebode*, es sei nach dem Sinnzusammenhang des § 57 StGB nicht ausgeschlossen, die Ersatzfreiheitsstrafe wegen des zugrundeliegenden Geldstrafenurteils als richterlich »verhängte Strafe« gem. § 57 Abs. 1, S. 1, Nr. 1 StGB zu verstehen. Auch unterscheide das Gesetz hier nicht zwischen unmittelbar richterlicher und unmittelbar gesetzlicher Anordnung.[793] Gegen diese Ansicht spricht, dass es widersprüchlich ist, die Ersatzfreiheitsstrafe generell nicht als richterlich verhängte Strafe aufzufassen, sie aber im Rahmen des § 57 StGB als solche zu verstehen. Die Ersatzfreiheitsstrafe als verhängte Strafe zu begreifen, erscheint konstruiert und mit dem Wortsinn nicht vereinbar. Schließlich ist mit dem möglichen Wortsinn nicht zu vereinbaren, als »verhängte Strafe« jeweils die Strafe anzusehen, die der Verurteilte zu einem bestimmten Zeitpunkt zu verbüßen hat, was nach Anordnung ihrer Vollstreckung gem. § 459 e Abs. 1 StPO die Ersatzfreiheitsstrafe ist.[794] Gemeinhin ist als »verhängte Strafe« nur eine bestimmte, fest umrissene Strafe zu verstehen, nicht eine Strafe, die sich täglich durch Zahlungen auf die Geldstrafe verändern kann.[795] Mithin kann die Ersatzfreiheitsstrafe nicht

---

789 OLG Bremen, NJW 1975, 1524 (1525); OLG Koblenz, NStZ 1995, 254 (254); Tröndle/Fischer, § 43 Rz. 4; MK-Radtke, § 43 Rz. 10; LK-Häger, § 43 Rz. 5; Schönke/Schröder-Stree, § 43 Rz. 3; Lackner/Kühl-Lackner, § 43 Rz. 2; Preisendanz, § 43 Anm. 2; Schäfer, Praxis der Strafzumessung, Rz. 98; a.A., SK-StGB-Horn, § 40 Rz. 16, § 43 Rz. 3.

790 KG, GA 1977, 237 (238).

791 Siehe oben: Erster Teil, A. IV.

792 Frank, NJW 1978, 141 (142).

793 Seebode, NStZ 1999, 318 (318).

794 So aber Dölling, NStZ 1981, 86 (87).

795 Bublies, Die Aussetzung des Restes der Ersatzfreiheitsstrafe, S. 37; vgl. auch LG Lüneburg, Rpfleger 1973, 436 (436). Das OLG Koblenz wendet unter Hinweis auf § 459 e Abs. 4, S. 1 StPO, wonach die Ersatzfreiheitsstrafe nicht vollstreckt wird, soweit die Geldstrafe entrichtet wird, ein, dass Teilzahlungen die Höhe der Ersatzfreiheitsstrafe als solche nicht verändern, sondern mit der Zahlung von Teilbeträgen lediglich ein Vollstreckungshindernis entsteht. Vgl. OLG Koblenz, NStZ 1995, 254 (255). Dazu ist anmerken, dass sich rein faktisch durch Teilzahlungen nach Anordnung der Vollstreckung der Ersatzfreiheitsstrafe oder Entrichtung von Teilbeträgen nach Straf-

als verhängte Strafe i.S.d. § 57 Abs. 1, S. 1 Nr. 1 StGB begriffen werden. Da sich der Wortsinn des § 57 Abs. 1, S. 1 Nr. 1 StGB nicht auf Ersatzfreiheitsstrafen ausdehnen lässt, ist eine unmittelbare Anwendung der Vorschrift nicht möglich.

b) Die analoge Anwendung des § 57 Abs. 1 StGB

Da der Wortlaut des § 57 Abs. 1 StGB nicht auf Ersatzfreiheitsstrafen passt, stellt sich die Frage einer analogen Anwendung des mit § 57 StGB geschaffenen Instituts auf Ersatzfreiheitsstrafen.

aa) Planwidrige Regelungslücke

Voraussetzung einer Analogie ist zunächst das Vorliegen einer planwidrigen Regelungslücke. Eine solche ist gegeben, wenn es für eine Frage keine Rechtsnorm gibt, weder eine Rechtsnorm mit positiver Rechtsfolge noch eine Regelung, wonach eine Rechtsfolge nicht eintreten soll, die Frage regelungsbedürftig ist und nicht angenommen werden kann, dass der Gesetzgeber den Fall bewusst ohne Rechtsfolge lassen wollte.[796] Viele Gerichte und Autoren verneinen das Bestehen einer Regelungslücke. Einige vertreten die Ansicht, der Gesetzgeber habe mit den §§ 459 ff. StPO abschließende Sonderregelungen für die Geld- und Ersatzfreiheitsstrafenvollstreckung geschaffen und damit zum Ausdruck gebracht, dass die Anwendung der allgemeinen Vorschrift des § 57 Abs. 1 StGB ausgeschlossen sei.[797] Aus den Gesetzesmaterialien geht aber nur hervor, dass der Gesetzgeber die sachlich-rechtliche und die vollstreckungsrechtliche Seite der Ersatzfreiheitsstrafe getrennt behandeln wollte. Während die sachlich-rechtliche Seite Eingang in das Strafgesetzbuch finden sollte (§ 55 StGB-E 1962), sollte die vollstreckungsrechtliche Seite entweder in der Strafprozessordnung, in einem Strafvollzugsgesetz

---

antritt die Dauer der Ersatzfreiheitsstrafe verkürzt. Vgl. SK-StPO-Paeffgen, § 459 e Rz. 6; LR-Wendisch, § 459 e Rz. 10; Bringewat, § 459 e Rz. 9; KMR-Paulus, § 459 e Rz. 12; Meyer-Goßner, § 459 e Rz. 5.

796 Schmalz, Methodenlehre für das juristische Studium, Rz. 383 ff.; Larenz, Methodenlehre der Rechtswissenschaft, S. 191 ff.

797 OLG Celle, NJW 1977, 308 (308); KG, GA 1977, 237 (238); OLG Oldenburg, MDR 1988, 1071 (1071); OLG Bamberg, StV 1999, 493 (494); OLG Jena, StV 1999, 491 (492); SK-StGB-Horn, § 57 Rz. 3; Bringewat, § 459 e Rz. 16; KK-Fischer, § 459 e Rz. 8; Isak/Wagner, Strafvollstreckung, Rz. 278.

oder in einem Vollstreckungsgesetz geregelt werden.[798] Der Gesetzgeber hat die Vollstreckung der Geld- und Ersatzfreiheitsstrafe schließlich in den §§ 459 ff. StPO geregelt, die eine Aussetzung der Ersatzfreiheitsstrafe zur Bewährung nicht vorsehen. Das bedeutet jedoch nicht, dass es sich um abschließende Sonderregelungen handelt, denn nicht alle Vorschriften, die die Vollstreckung der Geldstrafe und die Ersatzfreiheitsstrafen betreffen, sind in die StPO aufgenommen worden, z.B. der Komplex »Vollstreckungsreihenfolge«, der in § 43 StVollstrO geregelt ist. Andere meinen unter Hinweis auf § 454 b Abs. 2, S. 1 StPO, der für mehrere Freiheitsstrafen oder für Freiheitsstrafe und Ersatzfreiheitsstrafe, nicht aber für mehrere Ersatzfreiheitsstrafen die Strafunterbrechung zur Ermöglichung der späteren Strafrestaussetzung anordnet, dass der Gesetzgeber, wenn er Ersatzfreiheitsstrafen für restaussetzungsfähig i.S.d. § 57 StGB gehalten hätte, die Unterbrechungsregel des § 454 b Abs. 2 StPO auch auf mehrere Ersatzfreiheitsstrafen erstreckt hätte, weil es für eine Unterscheidung keinen Anlass gegeben hätte.[799] Dazu ist anzumerken, dass bei den gesetzgeberischen Beratungen zu § 43 Abs. 3 StVollstrO a.F., nach dem die Vollstreckung der einzelnen Freiheitsstrafen zu unterbrechen war, damit nach Teilverbüßung der letzten Strafe über die Aussetzung für alle Strafen einheitlich entschieden werden konnte, zwar erörtert wurde, ob eine Unterbrechung der Ersatzfreiheitsstrafe zum Zwecke einer Restaussetzung erfolgen sollte. Eine Entscheidung wurde jedoch nicht getroffen, weil die Aussetzung der Ersatzfreiheitsstrafe nach § 57 Abs. 1 StGB umstritten und von OLG-Bezirk zu OLG-Bezirk unterschiedlich war.[800] Bei der Einführung des § 454 b StPO, mit dem der Absatz 3 des früheren § 43 StVollstrO, wenn auch in teilweise abgeänderter Form, in die StPO übernommen wurde[801], hat der Gesetzgeber die Frage, ob auch mehrere Ersatzfreiheitsstrafen von § 454 b Abs. 2 StPO erfasst sein sollen, nicht erörtert.[802] Deswegen lassen sich aus der unterlassenen Erwähnung »mehrerer Ersatzfreiheitsstrafen« in § 454 b Abs. 2 StPO keine Rückschlüsse ziehen. Schließlich wird die Auffassung vertreten, aus den Gesetzesmaterialien werde ersichtlich, dass dem Gesetzgeber die Problematik seit langem bekannt sei

---

798 Vgl. E 1962, BT-Drs. IV/650, S. 174; Zweiter Schriftlicher Bericht des Sonderausschusses für die Strafrechtsreform, BT-Drs. V/4095, S. 22.

799 Greger, JR 1986, 353 (357); Groß, StV 1999, 508 (508).

800 Jabel, MDR 1980, 718 (719); Bublies, Die Aussetzung des Restes der Ersatzfreiheitsstrafe, S. 64.

801 LR-Wendisch, § 454 b Rz. 5a.

802 Bublies, Die Aussetzung des Restes der Ersatzfreiheitsstrafe, S. 64.

und er dennoch an der bisherigen Regelung festgehalten und keine Regelung für die Restaussetzung der Ersatzfreiheitsstrafe getroffen habe.[803] Der Gesetzgeber habe weder beim 23. StÄG vom 13.04.1986[804] noch bei der letzten Änderung des § 57 StGB durch das Gesetz zur Bekämpfung von Sexualdelikten und anderen gefährlichen Straftaten vom 26.01.1998 Anlass gesehen, Ersatzfreiheitsstrafen in den Anwendungsbereich des § 57 StGB einzubeziehen.[805] Diese Argumentation überzeugt nicht. *Groß* weist zu Recht darauf hin, dass man den Gesetzgeber, dem der Streit um die Anwendbarkeit des § 57 StGB auf Ersatzfreiheitsstrafen geläufig ist, der aber dennoch schweigt, nicht einfach mit den Worten »er habe an der bisherigen Regelung festgehalten« einer bestimmten Meinung zuordnen und die Lücke als gefüllt ansehen kann.[806] Bezeichnenderweise kommt das OLG Koblenz im Hinblick auf das Schweigen des Gesetzgebers beim 23. StÄG genau zum gegenteiligen Ergebnis.[807] Da im Gesetz nicht ausdrücklich festgelegt ist, dass eine Strafrestaussetzung bei Ersatzfreiheitsstrafen nicht möglich ist, ist das Vorliegen einer Regelungslücke zu bejahen. Die Frage der Restaussetzung von Ersatzfreiheitsstrafen stellt auch eine regelungsbedürftige Frage dar. Zur Planwidrigkeit ist anzumerken, dass bei den gesetzgeberischen Beratungen im Rahmen der Großen Strafrechtsreform das Problem der Restaussetzung von Ersatzfreiheitsstrafen nicht angesprochen wurde.[808] Daher ist naheliegend, dass dieses Problem nicht bedacht wurde.[809]

bb) Vergleichbarkeit der Interessenlage

Der Analogieschluss hat weiter zur Voraussetzung, dass eine vergleichbare Interessenlage vorliegt.[810] Es kann nicht zweifelhaft sein, dass ein Ersatzfreiheitsstrafengefangener dasselbe Interesse wie der Verbüßer einer »echten« Freiheitsstrafe an einer vorzeitigen Entlassung hat. Der zu einer Geldstrafe Verurteilte erlebt die

---

[803] OLG Stuttgart, MDR 1986, 1043 (1044); OLG Bamberg, StV 1999, 493 (494); OLG Celle, StV 1999, 492 (492).

[804] OLG Stuttgart, MDR 1986, 1043 (1044).

[805] OLG Celle, StV 1999, 492 (492).

[806] Groß, StV 1999, 508 (509).

[807] Groß, StV 1999, 508 (509) unter Verweis auf OLG Koblenz, NStZ 1987, 120 (120 f.).

[808] Dölling, NStZ 1981, 86 (87); Bublies, Die Aussetzung des Restes der Ersatzfreiheitsstrafe, S. 39.

[809] Dölling, NStZ 1981, 86 (87).

[810] Larenz, Methodenlehre der Rechtswissenschaft, S. 202; Schmalz, Methodenlehre für das juristische Studium, Rz. 389.

Bedingungen des Strafvollzuges in der gleichen Weise wie der zu einer »echten« Freiheitsstrafe Verurteilte. Man wird sogar sagen können, dass die Ersatzfreiheitsstrafengefangenen die Verhältnisse im Strafvollzug nachteiliger erleben, weil die Gefangenen mit Sozialisationsdefiziten viel seltener als die sozial integrierten Täter für den offenen Vollzug und Vollzugslockerungen vorgesehen werden. Die Befürworter einer Strafrestaussetzung von Ersatzfreiheitsstrafen weisen zu Recht darauf hin, dass der Täter, der wegen der Uneinbringlichkeit der Geldstrafe eine Ersatzfreiheitsstrafe verbüße, nicht schlechter stehen dürfe als ein Täter, der zu einer Freiheitsstrafe verurteilt worden sei. Denn bei Geldstrafe handele es sich im Vergleich zur originären Freiheitsstrafe um die mildere Strafart. Die einer Geldstrafe zugrundeliegende Tat liege ihrem Unrechts- und Schuldgehalt nach in aller Regel unter dem Schweregrad einer Tat, für die eine originäre Freiheitsstrafe für tat- und schuldangemessen erachtet werde. Die Verbüßer von Ersatzfreiheitsstrafen seien in Anbetracht des geringen Unrechtsgehaltes der von ihnen begangenen Kleindelikte und der geringen Tatschuld eigentlich besser zu stellen als die zu einer Freiheitsstrafe Verurteilten, zumindest dürfen sie nicht schlechter stehen.[811] Demgegenüber meinen die Gegner, eine Schlechterstellung sei nicht gegeben, weil der Geldstrafenschuldner es nach § 42 StGB, §§ 459 a, 459 f StPO weitgehend selbst in der Hand habe, die Ersatzfreiheitsstrafe zu vermeiden, und dies gelte umso mehr, als ihm die Möglichkeit eingeräumt sei, gemeinnützige Arbeit (Art. 293 EGStGB) als Surrogat zu erbringen.[812] Die letztgenannte Argumentation überzeugt nicht. Im Hinblick auf § 42 StGB ist daran zu erinnern, dass in ca. 75 % der Fälle die Geldstrafe im Wege des Strafbefehlsverfahren verhängt wird und die Staatsanwälte die Vorschrift des § 42 StGB so gut wie gar nicht berücksichtigten[813], vermutlich wegen der unzureichenden polizeilichen Ermittlung der wirtschaftlichen Verhältnisse und weil Zahlungserleichterungen gem. § 459 a StPO noch nach Rechtskraft gewährt werden können.[814] Die Bewilligung von Zahlungserleichterungen nach Eintritt der Rechtskraft erfolgt aber nur auf Antrag. Wer die Restaussetzung bei Ersatzfreiheitsstrafen unter Hinweis auf die Möglichkeit des § 459 a StPO verneint, der lässt den Geldstrafenschuldner für dessen

---

811 LG Gera, ZfStrVo 1998, 304 (305).

812 OLG Celle, NJW 1977, 308 (308); StV 1999, 492 (492 f.); KG, GA 1977, 237 (238 f.); OLG Karlsruhe, Die Justiz 1978, 146 (147 f.); OLG Jena, StV 1999, 491 (492); OLG Bamberg, StV 1999, 493 (494 f.); vgl. auch OLG Zweibrücken, ZfStrVo 2002, 186 (186).

813 Siehe oben: Dritter Teil, B. I.

814 NK-Albrecht, § 42 Rz. 1; Seebode, FS f. Böhm, S. 519 (533).

mangelnde soziale Handlungskompetenz mit Freiheitsentzug büßen. Das ist einer dem Sozialstaatsprinzip verpflichteten Strafrechtspflege nicht würdig.[815] Verfehlt ist auch der Hinweis auf § 459 f StPO, weil die Härteklausel als ausreichendes Regulativ nicht zur Verfügung steht[816] und es deshalb auf ihre angeblich prinzipielle Tauglichkeit für diesen Zweck nicht ankommen kann.[817] Der Verweis auf die Möglichkeit der Ableistung gemeinnütziger Arbeit geht ebenfalls fehl. Nicht alle Geldstrafenschuldner werden über diese Möglichkeit informiert (z.B. Wohnsitzlose) und nicht alle Geldstrafenschuldner können von dem Angebot Gebrauch machen (Arbeitsunfähige, ältere und kranke Menschen). Maßgeblich aber ist, dass es dem Verurteilten frei steht, das Angebot zur Abarbeitung der Geldstrafe anzunehmen. Lehnt er das staatliche Angebot ab, macht er von einem verfassungsmäßigen Recht Gebrauch. Das darf ihm weder vorgehalten werden noch zum Nachteil gereichen.[818] Im Übrigen passt die Argumentation, der Schuldner einer uneinbringlichen Geldstrafe habe es in der Hand, es gar nicht erst zur Ersatzfreiheitsstrafe kommen zu lassen, nicht, weil sie die Möglichkeit der Reststrafenaussetzung mit dem Grund der Verbüßung der Ersatzfreiheitsstrafe, der Nichtzahlung der Geldstrafe, verknüpft. Die Möglichkeit der Strafrestaussetzung ist unabhängig davon, aus welchem Grund es zur Vollstreckung der Freiheitsstrafe kommt.[819] Außerdem hatte es doch auch der zu einer Freiheitsstrafe Verurteilte, bei dem die Strafe zunächst gem. § 56 StGB ausgesetzt und die Aussetzung nach § 56 f StGB widerrufen wurde, selbst in der Hand, es gar nicht erst zu einer Verbüßung der Freiheitsstrafe kommen zu lassen.[820] Trotzdem gilt für ihn die Vorschrift des § 57 StGB.[821] Die Gegner machen außerdem geltend, dass bei Zulassung der Restaussetzung von Ersatzfreiheitsstrafen die Geldstrafenschuldner, die die Geldstrafe sogleich bezahlen, in Raten abstottern oder durch gemeinnützige Arbeit ableisten, benachteiligt würden.[822] Dagegen spricht jedoch, dass die Ersatzfreiheitsstrafengefangenen teilweise Strafhaft verbüßen und den Bedingungen und Gefahren des Strafvollzuges ausgesetzt sind. Die Erfahrung des vollständigen Abarbeitens oder

---

[815] Seebode, NStZ 1999, 318 (318).
[816] OLG Koblenz, MDR 1977, 423 (424).
[817] So aber OLG Bamberg, StV 1999, 493 (495).
[818] Seebode, NStZ 1999, 318 (319); ders., FS f. Böhm, S. 519 (540, 546).
[819] Dölling, NStZ 1981, 86 (90); Groß, StV 1999, 508 (509).
[820] Groß, StV 1999, 508 (509).
[821] Tröndle/Fischer, § 57 Rz. 8.
[822] SK-StGB-Horn, § 57 Rz. 3; Wagner, Rpfleger 1997, 421 (423).

der vollständigen Ratenzahlung kommen dem Erleben des Strafvollzuges nicht gleich.[823] Eine vergleichbare Interessenlage ist mithin zu bejahen.

cc) Vereinbarkeit mit dem Normzweck

Schließlich verlangt der Analogieschluss, dass der Normzweck der Vorschrift auch die regelungsbedürftige Frage erfasst.[824] Es ist demgemäß zu prüfen, ob Sinn und Zweck der Strafrestaussetzung auf Ersatzfreiheitsstrafen passen. Mit der Aussetzung des Strafrestes soll der Verurteilte, unterstützt von den Hilfsmaßnahmen nach den §§ 56 a ff. StGB, aber unter dem Druck der Vollstreckung der ausgesetzten Strafe, dazu gebracht werden, künftig in Straffreiheit zu leben.[825] Im Hinblick auf Weisungen und Bewährungsaufsicht dient das Institut in erster Linie der Resozialisierung des Verurteilten.[826] Der Übergang in die Freiheit soll auf diese Weise erleichtert und kontinuierlicher gestaltet werden.[827] Der Druck, der mit einem möglichen Widerruf der Aussetzung verbunden ist, soll den Verurteilten in der Bewährungszeit dabei unterstützen, zu einem straftatenfreien Leben in der Freiheit zurückzufinden.[828] Dem liegt der Gedanke zugrunde, dass die drohende Vollstreckung den Verurteilten zumindest mit zu straftatenfreiem Verhalten motivieren kann. Das Institut der bedingten Aussetzung ist darüber hinaus noch auf die Verwirklichung weiterer Ziele gerichtet. Es soll Vollzugsschäden, z.B. die kriminelle Infektion durch Mitgefangene und den Verlust der sozialen Bindungen, die eine Wiedereingliederung des Verurteilten erschweren, verhindern.[829] Schließlich dient es auch der Entlastung der Strafvollzugsanstalten.[830]

Die Gegner einer Reststrafaussetzung von Ersatzfreiheitsstrafen berufen sich darauf, dass der Ersatzfreiheitsstrafe ebensowenig wie der Geldstrafe ein Resozialisierungsgehalt zukomme und daher nicht zur Restaussetzung verbunden mit Bewährungsmaßnahmen, die auf eine Wiedereingliederung gerichtet sei, passe.[831]

---

[823] LG Gera, ZfStrVo 1998, 304 (305).

[824] Schmalz, Methodenlehre für das juristische Studium, Rz. 389.

[825] SK-StGB-Horn, § 57 Rz. 2.

[826] Kaiser, Kriminologie, § 93 Rz. 23.

[827] Preisendanz, § 57 Anm. 1; Frisch, ZStW 102 (1990), 707 (717).

[828] Schönke/Schröder-Stree, § 57 Rz. 1.

[829] Entwurf des 23. StÄG, BT-Drs. 10/2720, S. 11; Frisch, ZStW 102 (1990), 707 (717).

[830] Maatz, MDR 1985, 797 (797 f.); Tröndle/Fischer, 49. Aufl., § 57 Rz. 1a; Kaiser, Kriminologie, § 93 Rz. 23.

[831] Bublies, Die Aussetzung des Restes der Ersatzfreiheitsstrafe, S. 45 ff., 54 f.

Sie meinen, die Entscheidung nach § 57 StGB hänge in sachlicher Hinsicht davon ab, ob es zur resozialisierenden Einwirkung auf den Verurteilten weiter des Vollzuges der Freiheitsstrafe bedürfe oder ob die Probe einer Bewährung in der Freiheit gewagt werden könne. § 57 StGB setze somit voraus, dass die Verhängung und der Vollzug der Freiheitsstrafe zur Einwirkung auf den Täter notwendig seien. Diese Zweckbestimmung sei jedoch bei der Ersatzfreiheitsstrafe nicht denkbar. Geldstrafe und Ersatzfreiheitsstrafe würden nur dann verhängt, wenn es zur Einwirkung auf den Täter der Freiheitsstrafe und ihres Vollzuges nicht bedürfe. Das habe zur Folge, dass in den Fällen der Verhängung von Geldstrafe die Sozialprognose des Täters regelmäßig in dem Sinne günstig sei, dass der Verurteilte gerade nicht durch den Freiheitsentzug von weiteren Straftaten abgehalten zu werden brauche.[832] Dagegen bringen die Befürworter vor, dass sich auch unter den zu Freiheitsstrafe Verurteilten eine Reihe von Personen befinden, bei denen die Verhängung und der Vollzug der Freiheitsstrafe nicht zur Einwirkung auf sie erforderlich sind, weil ihnen von vornherein eine günstige Sozialprognose gestellt werden kann. Dabei handelt es sich um Täter, gegen die allein zur Verteidigung der Rechtsordnung, z.B. wegen schwerer Schuld, eine Freiheitsstrafe verhängt worden ist.[833] Trotz des fehlenden Einwirkungsbedarfes gilt für sie § 57 StGB.
Die Argumentation der Gegner erweist sich als geradezu widersinnig: Sie bescheinigen den zu einer Geldstrafe Verurteilten, dass sie keiner resozialisierenden Einwirkung durch den Vollzug der Freiheitsstrafe bedürfen, weil ihnen mit dem Geldstrafenurteil gerade eine günstige Sozialprognose gestellt worden sei. Trotzdem wollen sie diese von vornherein prognostisch günstig zu beurteilenden Täter, denen nach ihrer Ansicht wohl auch nach Teilverbüßung der Ersatzfreiheitsstrafe am ehesten und zuverlässigsten eine günstige Sozialprognose zu stellen ist, von der Reststrafenaussetzung ausschließen. Das strikte Festhalten an dem Einwirkungserfordernis mit der Folge, dass der nicht resozialisierungsbedürftige Täter im Gegensatz zum resozialisierungsbedürftigen seine Strafe bis zum letzten Tag absitzen muss, ist weder nachvollziehbar noch der Bevölkerung oder der Gefängnispopulation vermittelbar.[834]

---

832 KG, GA 1977, 237 (239); OLG Karlsruhe, Die Justiz 1978, 146 (147 f.); OLG Jena, StV 1999, 491 (492); OLG Bamberg, StV 1999, 493 (493 f.); Hinze, Rpfleger 1976, 422 (423); SK-StGB-Horn, § 57 Rz. 3.

833 Dölling, NStZ 1981, 86 (89).

834 Seebode, NStZ 1999, 318 (318).

Hierzu ist anzumerken, dass der Ersatzfreiheitsstrafenverbüßer, der »nur« zu einer Geldstrafe verurteilt worden ist, schließlich auch eine Straftat begangen hat. Auf ihn könnte mit einer bedingten Entlassung eingewirkt werden, sich nach Verbüßung eines Teils der Strafe in Freiheit zu bewähren und sich so den Erlass des ausgesetzten Strafrestes zu verdienen. Die Chancen für künftiges Legalverhalten könnten so erhöht und damit erneuter Straffälligkeit vorgebeugt werden.[835] Es liegt im Interesse der Allgemeinheit, dass diese Täter künftig straffrei bleiben.[836] Außerdem ist einem Teil der zu Geldstrafe verurteilten Tätern eine günstige Sozialprognose nicht zu stellen und daher eine resozialisierende Einwirkung besonders notwendig. Bei den den Geldstrafen zugrundeliegenden Delikten handelt es sich zum größten Teil um Eigentums- und Vermögensdelikte, die im Bagatellbereich liegen. Es lässt sich für viele Fälle sagen, dass die Tat aufgrund der vergleichsweise geringen Schuld lediglich mit einer Geldstrafe geahndet worden ist, obwohl es zur Einwirkung auf den Täter und zur Steuerung seiner kriminellen Neigungen an sich einer Freiheitsstrafe bedurft hätte.[837] Untersuchungen zur Praxis der Strafrestaussetzung gem. § 57 Abs. 1 StGB haben zudem ergeben, dass sich die Gesamtbewertung der Sozialprognose aus den Erkenntnissen zu den Lebensverhältnissen zur Zeit der Tat[838], dem Verhalten im Strafvollzug und den zu erwartenden Lebensumständen nach der Haftentlassung[839] zusammensetzt.[840] Bei vielen Ersatzfreiheitsstrafenverbüßern liegen Belastungsmerkmale vor, die als Indikator für Rückfälligkeit gelten (Arbeitslosigkeit, Wohnungslosigkeit, fehlende soziale Bindungen, Vorstrafen). Die von ihnen begangene Eigentums- und Vermögenskriminalität wird häufig mit einer ungünstigen Prognose verbunden. Der

---

835 Schatz, ZRP 2002, 438 (440).

836 Groß, StV 1999, 508 (510).

837 LG Gera, ZfStrVo 1998, 304 (305).

838 Bei der Situation des Verurteilten vor der Inhaftierung wird insbesondere den Merkmalen soziale Beziehungen, berufliche Position und Vorstrafenbelastung ein prognostischer Aussagewert für die zukünftige Legalbewährung beigemessen. Vgl. Ohle, KrimPäd 1984, 12. Jahrgang, Heft 18, 16 (21).

839 Bei den Gründen für die Aussetzung des Strafrestes erwähnten die Strafvollstreckungskammern häufig das Vorhandensein eines Arbeitsplatzes, einer Wohnmöglichkeit und stabiler sozialer Beziehungen für die Zeit nach der Entlassung. Vgl. Aufsattler/Oswald/Geisler/Graßhoff, Mschr Krim 1982, 305 (316); Eisenberg/Ohder, Aussetzung des Strafrestes zur Bewährung, S. 66; Eisenberg, BewHi 1990, 131 (141).

840 Aufsattler/Oswald/Geisler/Graßhoff, MschrKrim 1982, 304 (307 ff.); Böhm/Erhard, Mschr Krim 1984, 365 (374 f.); Ohle, KrimPäd 1984, 12. Jahrgang, Heft 18, 16 (21); Dünkel/Ganz, MschrKrim 1985, 157 (166 ff.); Eisenberg/Ohder, Aussetzung des Strafrestes zur Bewährung, S. 65 ff.; Görres, KrimPäd 1989, 17. Jahrgang, Heft 29, 23 (26); Eisenberg, BewHi 1990, 131 (141).

Dieb wird in der Praxis eher als rückfallgefährdet angesehen als der Körperverletzer.[841] Die Strafrestaussetzung könnte bei diesen Tätern die ihr zukommende Resozialisierungsfunktion erfüllen. Die soziale Integration der Verurteilten ließe sich durch Weisungen und die Kontrolle und Lebenshilfe durch die Bewährungshilfe erreichen. Die Funktion der Weisungen und Bewährungsaufsicht entspricht in gewisser Weise dem Vollzugsziel des § 2, S. 1 StVollzG, denn auch sie dienen dem Zweck, den Delinquenten von der Begehung weiterer Straftaten abzuhalten. Insofern verbindet die Aufgabe der Rückfallprophylaxe den stationären und den »ambulanten Strafvollzug« miteinander.[842] Da der stationäre Strafvollzug bei der Ersatzfreiheitsstrafe diese Aufgabe nicht erfüllt (Stichwort: Verwahrvollzug), erscheint die »ambulante Behandlung« notwendig, um die Wiedereingliederung zu ermöglichen und weitere Straftaten zu verhüten.
Nach den Befürwortern könnte der mögliche Widerruf der Restaussetzung auch die Täter, die eine Ersatzfreiheitsstrafe verbüßen, zu einem straftatenfreien Leben anhalten. Ein Bewährungsdruck könnte auch von der drohenden Vollstreckung der ausgesetzten Ersatzfreiheitsstrafe ausgehen. Tatsächlich kann jedoch ein nicht unerheblicher Teil der Ersatzfreiheitsstrafenverbüßer mit Bewährungsdruck nicht erreicht werden.[843] Dazu gehören die Delinquenten, für die die Lebensbedingungen im Strafvollzug besser sind als »draußen«, weil sie ein Dach über dem Kopf haben, regelmäßig warmes Essen bekommen und notwendige ärztliche Versorgung erhalten[844], aber auch die Täter, die immer wieder mit Armutsdelikten auffällig werden. Gleichwohl muss das nicht dazu führen, einer ganzen Verurteiltengruppe die Möglichkeit zur Legalbewährung vorzuenthalten.[845] Die Vertreter der Gegenauffassung meinen, bei einer Aussetzung des Strafrestes könnte der Verurteilte den ihm erteilten Weisungen zuwiderhandeln oder sogar erneut straffällig werden und den Widerruf der Aussetzung durch Zahlung der restlichen Geldstrafe unterlaufen, was dem Sinn und Zweck der Bewährung widerspreche.[846] Dass mit der Zahlung des rückständigen Betrages das Bewährungsverfahren gegenstandslos wird, spricht nicht gegen die Anwendung des § 57 StGB auf Ersatzfreiheitsstra-

---

[841] Ohle, KrimPäd 1984, 12. Jahrgang, Heft 18, 16 (18).
[842] Müller-Dietz, Grundfragen des strafrechtlichen Sanktionensystems, S. 59.
[843] Schatz, ZRP 2002, 438 (440).
[844] Villmow, FS f. Kaiser, S. 1291 (1313); Dolde, FS f. Böhm, S. 581 (596).
[845] Schatz, ZRP 2002, 438 (440).
[846] Vgl. KG, GA 1977, 237 (239); OLG Hamm, MDR 1977, 422 (423); OLG Stuttgart, MDR 1978, 331 (332); OLG Bamberg, StV 1999, 493 (494); Isak/Wagner, Strafvollstreckung, Rz. 278.

fen. Die Ersatzfreiheitsstrafe wird durch Zahlung der restlichen Geldstrafe zu Fall gebracht, auch wenn mit der Vollstreckung der Ersatzfreiheitsstrafe bereits begonnen worden ist. Das ist keine Besonderheit, die nur bei der zur Bewährung ausgesetzten Ersatzfreiheitsstrafe auftritt.[847] Im Übrigen kann es auch bei »echten« Freiheitsstrafen aufgrund einer nachträglichen Gesamtstrafenbildung dazu kommen, dass eine zur Bewährung ausgesetzte Freiheitsstrafe während der Bewährungszeit obsolet wird und sich das Bewährungsverfahren erledigt.[848] Das Ziel der Reststrafaussetzung, den Täter vor Vollzugsschäden zu bewahren, passt auch auf die eine Ersatzfreiheitsstrafe verbüßenden Gefangenen. Die Restaussetzung ist ein geeignetes Instrument, um diesen Schäden entgegenzuwirken.[849] Die Einbeziehung der Ersatzfreiheitsstrafe in den Anwendungsbereich des § 57 Abs. 1 StGB ist zudem geeignet, die Strafvollzugsanstalten zu entlasten. Nach alledem steht die Restaussetzung von Ersatzfreiheitsstrafen mit den Zielen und Zwecken des § 57 StGB in Einklang.

dd) Folgenbetrachtung

Auch bei einer Analogie kann es erforderlich sein, die weiteren Folgen einer analogen Anwendung der Vorschrift zu bedenken (Folgenbetrachtung). Wären diese Folgen unerträglich, lässt sich die Analogie ablehnen.[850] Es wird geltend gemacht, dass mit der Anwendung des § 57 Abs. 1 StGB auf Ersatzfreiheitsstrafen eine Vielzahl von Ungereimtheiten und Systemwidrigkeiten verbunden seien, die die dogmatische Imkompatibilität der Restaussetzung und der Ersatzfreiheitsstrafe verdeutlichen und zur Nichtaussetzbarkeit einer restlichen Ersatzfreiheitsstrafe führen.[851]

Die Schwierigkeiten beginnen bei der Mindestverbüßungszeit. § 57 Abs. 1, S. 1 Nr. 1 StGB setzt voraus, dass der Täter zwei Drittel der verhängten Strafe, mindestens jedoch zwei Monate, verbüßt haben muss. Die Mindestverbüßungszeit von zwei Monaten macht nur Sinn bei der originären Freiheitsstrafe, die als solche zunächst einmal auf den Täter einwirken soll. Sie passt nicht zu einer Ersatzfrei-

---

[847] Weber, GS f. Schröder, S. 175 (186).

[848] LG Gera, ZfStrVo 1998, 304 (305).

[849] Dölling, NStZ 1981, 86 (88).

[850] Schmalz, Methodenlehre für das juristische Studium, Rz. 400.

[851] OLG Hamm, MDR 1977, 422 (423); OLG Düsseldorf, NJW 1980, 250 (251); OLG Jena, StV 1999, 491 (492); OLG Bamberg, StV 1999, 493 (494); AG Berlin-Tiergarten, NJW 1972, 457 (457).

heitsstrafe, die der Delinquent jederzeit durch Zahlung des ausstehenden Restbetrages beenden kann.[852] Die Mindestverbüßungszeit führt außerdem dazu, dass für eine Restaussetzung nur Ersatzfreiheitsstrafen in Betracht kommen, denen ein Geldstrafenurteil von über 60 Tagessätzen zugrunde liegt, also eine Dauer von über 60 Tagen aufweisen.[853] Damit wären die meisten Ersatzfreiheitsstrafen von der Restaussetzung ausgeschlossen, weil die tatsächliche Vollzugsdauer durchschnittlich 30 Tage beträgt[854] und somit unter der Mindestverbüßungszeit von zwei Monaten liegt. Angesichts dessen könnte man auf die Idee kommen, bei der analogen Anwendung auf die 2-Monatsgrenze zu verzichten. *Groß* wendet ein, dass das zu Aussetzungen im Minimalbereich bis hinab zu zwei Tagen führen würde, was im Hinblick auf den Resozialisierungszweck des § 57 StGB sinnlos sei. Nach *Groß* solle das auszusetzende Drittel mindestens 10 bis 15 Tage betragen.[855] Allerdings können die Gerichte eine solche Grenze bei der analogen Anwendung nicht einfach festlegen, denn die Grenze der gesetzesübersteigenden Rechtsfortbildung durch die Gerichte liegt dort, wo eine Antwort im Rahmen der geltenden Rechtsordnung mit spezifisch rechtlichen Erwägungen allein nicht gefunden werden kann, insbesondere daher dort, wo es vorwiegend um Fragen der Zweckmäßigkeit geht.[856] Hier wäre demnach eine detaillierte Regelung erforderlich, die nur der Gesetzgeber treffen kann.

Problematisch ist auch die Berechnung des Zwei-Drittel-Zeitpunktes. Fraglich ist, ob die ursprünglich verhängte Geldstrafe oder die unter Berücksichtigung von Teilzahlungen tatsächlich noch zu vollstreckende Ersatzfreiheitsstrafe zugrundezulegen ist. Bei der Berücksichtigung von Teilzahlungen vor oder während der Vollstreckung der Ersatzfreiheitsstrafe stellt sich das Problem, dass sich durch die Zahlung eines Teilbetrages die Dauer der restlichen Ersatzfreiheitsstrafe derart verkürzen kann, dass die Mindestverbüßungsfrist nicht erreicht wird und wegen des jetzt zu kleinen Strafrestes eine Zwei-Drittel-Aussetzung nicht mehr in Frage

---

852 Groß, StV 1999, 508 (509).

853 Nach allgemeiner Ansicht müssen zwei Drittel der verhängten Strafe nicht zwei Monate betragen. Die verhängte Mindeststrafe muss nur zwei Monate betragen. Vgl. OLG Köln, NJW 1959, 783 (783); LK-Gribbohm, § 57 Rz. 9; SK-StGB-Horn, § 57 Rz. 5; Tröndle/Fischer, § 57 Rz. 6; Schönke/Schröder-Stree, § 57 Rz. 3.

854 Dolde, FS f. Böhm, S. 581 (586); dies., ZfStrVo 1999, 330 (332, 335, Fn. 14); Janssen, Die Praxis der Geldstrafenvollstreckung, S. 175; Seebode, FS f. Böhm, S. 519 (530); NK-Albrecht, § 43 Rz. 2; Heinz, ZStW 94 (1982), 632 (657).

855 Groß, StV 1999, 508 (509).

856 Larenz, Methodenlehre der Rechtswissenschaft, S. 245.

kommen kann. Dann wäre der zahlende gegenüber dem nichtzahlenden Geldstrafenschuldner schlechter gestellt. Um diese Unbilligkeit zu vermeiden, erscheint es sachgerecht, für die Berechnung von der ursprünglich verhängten Anzahl der Tagessätze auszugehen und Teilzahlungen unberücksichtigt zu lassen.[857] Dabei ist aber nicht zu verkennen, dass einige Geldstrafenschuldner im Hinblick auf die mögliche Entlassung zum Zwei-Drittel-Zeitpunkt davon absehen könnten, Teilzahlungen zu erbringen.

Funktionslos ist die Prognoseklausel in § 57 Abs. 1, S. 1 Nr. 2 StGB. Unzutreffend ist zwar, dass den Schuldnern einer uneinbringlichen Geldstrafe stets eine günstige Sozialprognose bescheinigt werden müsse, weil das Gericht mit der Verhängung der Geldstrafe zum Ausdruck gebracht habe, dass gegenüber dem Täter keine Sicherheitsbedenken bestehen und zur Einwirkung auf ihn im Sinne künftig gesetzestreuen Verhaltens die Verhängung und auch die Vollstreckung einer Freiheitsstrafe nicht erforderlich sei. Einem Teil der Ersatzfreiheitsstrafenverbüßer dürfte eine positive Sozialprognose zu versagen sein. Maßgeblich aber ist, dass es auf das Ergebnis der Prognose wegen der Regelung des § 459 e Abs. 4 StPO nicht ankommen kann, weil der Verurteilte die Vollstreckung der Ersatzfreiheitsstrafe jederzeit durch Zahlung abwenden kann. Es wäre widersinnig, wenn die vorzeitige Entlassung mangels günstiger Sozialprognose abzulehnen wäre, die Entlassung aber wegen Zahlung der restlichen Geldstrafe dennoch zu erfolgen hätte.[858] Konsequenterweise müsste bei der analogen Anwendung auf das Prognoseerfordernis verzichtet werden.[859]

Problematisch ist auch die Frage, was mit der nicht bezahlten Geldstrafe nach einer Bewährungsbewilligung hinsichtlich der Ersatzfreiheitsstrafe geschieht, insbesondere, ob die Geldstrafe während der Bewährungszeit beigetrieben werden darf. Klar ist, dass nur die restliche Ersatzfreiheitsstrafe, nicht aber die noch ausstehende Geldstrafe zur Bewährung ausgesetzt wird, weil eine Geldstrafe nach geltendem Recht nicht zur Bewährung ausgesetzt werden kann.[860] Teilweise wird die Beitreibung der Geldstrafe für zulässig erachtet. Die Geldstrafe falle nicht mit der Anordnung bzw. dem Beginn der Vollstreckung der Ersatzfreiheitsstrafe fort,

---

[857] OLG Zweibrücken, MDR 1987, 782 (782); OLG Koblenz, NStZ 1995, 254 (255); Lackner/Kühl-Lackner, § 57 Rz. 2; Groß, StV 1999, 508 (509); Tröndle/Fischer, 49. Aufl., § 57 Rz. 2a.

[858] Groß, StV 1999, 508 (508); Schatz, ZRP 2002, 438 (440).

[859] Groß, StV 1999, 508 (509).

[860] Teilweise wird aber dafür plädiert, sowohl die Restgeldstrafe als auch die restliche Ersatzfreiheitsstrafe auszusetzen. Vgl. Schatz, ZRP 2002, 438 (441, Fn. 31).

sondern bleibe weiterhin bestehen und könne daher auch bezahlt oder beigetrieben werden.[861] Die Vollstreckungsbehörde könne bis zum Ablauf der Verjährungsfrist (§ 79 StGB) trotz Vollzuges der Ersatzfreiheitsstrafe versuchen, die - bis dahin noch nicht ersatzweise verbüßte - Geldstrafe noch beizutreiben. Das ergebe sich aus § 459 e Abs. 4, S. 1 StPO.[862] Da die Geldstrafe während der Vollstreckung der Ersatzfreiheitsstrafe noch beigetrieben werden könne, müsse entsprechend auch die Beitreibung der Geldstrafe nach Aussetzung der restlichen Ersatzfreiheitsstrafe zulässig sein.[863] Eine gesetzliche Grundlage für ein Vollstreckungsverbot sei nicht ersichtlich.[864] Die Möglichkeit der Beitreibbarkeit der Geldstrafe widerspricht aber einem Wesensmerkmal der Strafaussetzung, dass nämlich während ihrer Dauer beide Seiten passiv bleiben: Der Betroffene begeht keine Straftaten und die Vollstreckung der Reststrafe unterbleibt.[865] Es erscheint daher angezeigt, auf die Beitreibung der Geldstrafe in der Bewährungszeit zu verzichten.[866]

Die meisten Schwierigkeiten bereitet die Frage nach dem Schicksal der Geldstrafe nach Ablauf der Bewährungszeit. Es kommen im Grunde vier Möglichkeiten in Betracht. Es ist vorstellbar, nur die Ersatzfreiheitsstrafe als erlassene Strafe i.S.d. §§ 57 Abs. 3, S. 1, HS 1 StGB i.V.m. 56 g Abs. 1, S. 1 StGB anzusehen. Die Geldstrafe bleibt bestehen. Das Fortleben der weiterhin beitreibbaren Geldstrafe widerspricht jedoch der Bewährungsidee, nach der die Strafe nach guter Führung erlassen wird. Es geht nicht an, dass der Proband trotz erfolgreicher Bewährung bis zur Vollstreckungsverjährung die Beitreibung der Geldstrafe fürchten muss.[867] Diese untragbare Konsequenz verhindern die anderen Varianten. Es ist möglich,

---

[861] OLG Düsseldorf, NJW 1980, 250 (250); Bublies, Die Aussetzung des Restes der Ersatzfreiheitsstrafe, S. 84 f.

[862] OLG Bamberg, StV 1999, 493 (493); LR-Wendisch, § 459 f Rz. 9; Dölling, NStZ 1981, 86 (88).

[863] AG Berlin-Tiergarten, NJW 1972, 457 (457); LG Lüneburg, Rpfleger 1973, 436 (436); OLG Zweibrücken, JR 1976, 466 (467); OLG Koblenz, MDR 1977, 423 (424); OLG Oldenburg, MDR 1988, 1071 (1071); Blei, JA 1972, 309 (310); Hinze, Rpfleger 1976, 422 (423); Preisendanz, § 57 Anm. 2c); ders., JR 1976, 467 (469); Dölling, NStZ 1981, 86 (88); Bublies, Die Aussetzung des Restes der Ersatzfreiheitsstrafe, S. 85; Schönke/Schröder-Stree, § 57 Rz. 4; Groß, StV 1999, 508 (510); a.A.: Zipf, JR 1977, 122 (123); Tröndle/Fischer, 49. Auf., § 57 Rz. 2a.

[864] Bublies, Die Aussetzung des Restes der Ersatzfreiheitsstrafe, S. 86.

[865] Groß, StV 1999, 508 (510).

[866] Nach *Stree* soll das Unterbleiben der Beitreibung entsprechend § 459 d Abs. 1 Nr. 1 StPO angeordnet werden. Vgl. Schönke/Schröder-Stree, § 57 Rz. 4.

[867] Bublies, Die Aussetzung des Restes der Ersatzfreiheitsstrafe, S. 90; Groß, StV 1999, 508 (510).

dass nur die Ersatzfreiheitsstrafe erlassen wird, die Geldstrafe fortbesteht, aber mit dem Erlass der Ersatzfreiheitsstrafe die Zulässigkeit der Beitreibung der Geldstrafe entfällt.[868] Diese Variante lässt, ebenso wie die zuvor genannte Möglichkeit, die Abhängigkeit zwischen der Geld- und der Ersatzfreiheitsstrafe außer Acht. Die Zahlung oder die Beitreibung der Geldstrafe führen faktisch zum Wegfall der Ersatzfreiheitsstrafe, denn der Verurteilte muss sofort aus dem Vollzug der Ersatzfreiheitsstrafe entlassen werden.[869] Die vollständige Verbüßung der Ersatzfreiheitsstrafe hat die Erledigung der Geldstrafe zur Folge.[870] Geld- und Ersatzfreiheitsstrafe können demnach nicht isoliert bestehen bleiben. Die dritte Möglichkeit besteht darin, dass die Geldstrafe bzw. die Geldstrafe und die Ersatzfreiheitsstrafe am Ende der Bewährungszeit erlassen werden. Diese Variante ist nicht bereits deswegen zu verwerfen, weil dem Gesetz der Erlass einer Geldstrafe fremd ist. Richtig ist zwar, dass das Gesetz einen Erlass der Geldstrafe im rechtstechnischen Sinne nicht vorsieht. Das Gesetz kennt aber ein Institut, dem rechtstatsächlich Erlasswirkung zukommt. Die rechtskräftige Unterbleibensanordnung gem. § 459 d Abs. 1 StPO entspricht in ihrer Wirkung einem Erlass der Geldstrafe.[871] Ein Erlass der Geldstrafe am Ende der Bewährungszeit erscheint daher nicht von vornherein gesetzeswidrig. Der Wortlaut des § 56 g StGB scheint einem Erlass der Geldstrafe nicht entgegenzustehen, weil er allgemein von »Strafe« spricht. Da neben der Ersatzfreiheitsstrafe noch die Geldstrafe vorhanden ist, umfasst der Begriff der Strafe eben auch die Geldstrafe. Allerdings ist die Vorschrift des § 56 g StGB so zu verstehen, dass nur die ausgesetzte Strafe erlassen wird. Die Geldstrafe ist aber nicht zur Bewährung ausgesetzt worden. Diese Möglichkeit ist daher abzulehnen. Nach der vierten Variante wird nur die Ersatzfreiheitsstrafe erlassen, der Erlass der Ersatzfreiheitsstrafe umfasst aber auch die noch offen stehende Restgeldstrafe.[872] Der Erlass der Ersatzfreiheitsstrafe steht in seinen Rechtsfolgen der vollständigen Verbüßung der Ersatzfreiheitsstrafe gleich.

---

868 So Schönke/Schröder-Stree, § 57 Rz. 4.

869 Meyer-Goßner, § 459 e Rz. 5.

870 RGSt 45, 332 (333); OLG Koblenz, MDR 1977, 423 (424); Tröndle/Fischer, § 43 Rz. 3.

871 OLG Hamm, JMBl.NW 1976, 107 (107); Bringewat, § 459 d Rz. 3; KMR-Paulus, § 459 d Rz. 3; KK-Fischer, § 459 d Rz. 4; LR-Wendisch, § 459 d Rz. 10; Pfeiffer, § 459 d Rz. 3; SK-StPO-Paeffgen, § 459 d Rz. 2.

872 OLG Zweibrücken, MDR 1988, 1071 (1071); Blei, JA 1972, 309 (310); Zipf, JR 1977, 122 (124); Maurach/Gössel/Zipf, Strafrecht, AT 2, § 65 III Rz. 77; Weber, GS f. Schröder, S. 175 (185 f.); Preisendanz, § 57 Anm. 2.c); ders., JR 1976, 467 (469); Dölling, NStZ 1981, 86 (88). Ablehnend: Mitsch, Jura 1994, 449 (454).

Die Ersatzfreiheitsstrafe ist damit vollständig abgegolten. Der staatliche Straf- bzw. Vollstreckungsanspruch ist erloschen.[873] Da bei der vollständigen Verbüßung der Ersatzfreiheitsstrafe die Erledigung der Geldstrafe eintritt[874], muss auch der Erlass der Ersatzfreiheitsstrafe die Erledigung der Geldstrafe zur Folge haben. Die gegen diese Konstruktion erhobene Kritik, bei einer Erledigung auch der Geldstrafe werde das Abhängigkeitsverhältnis zwischen Ersatzfreiheitsstrafe und Geldstrafe in systemwidriger Weise umgekehrt[875], geht fehl, weil die Geldstrafe auch bei vollständiger Verbüßung der Ersatzfreiheitsstrafe wegfällt.[876]

Die vorstehenden Ausführungen belegen, dass die Aussetzung des Restes einer Ersatzfreiheitsstrafe mit Schwierigkeiten und dogmatischen Friktionen verbunden ist, die eine in sich widerspruchsfreie Lösung der Problematik nicht zulassen.[877] Dass möglicherweise, worauf das LG Gera hinweist, die Ursache der Friktionen nicht darin liegt, dass sich das Rechtsinstitut der Strafaussetzung zur Bewährung nicht mit dem Wesen der Ersatzfreiheitsstrafe verträgt, sondern in der Entscheidung des Gesetzgebers, an die Stelle einer uneinbringlichen Geldstrafe eine Freiheitsstrafe und damit eine völlig andere Sanktion treten zu lassen[878], führt hier nicht weiter. Die Entscheidung für oder gegen die analoge Anwendung des § 57 Abs. 1 StGB auf Ersatzfreiheitsstrafen hängt letztlich davon ab, ob man den formaljuristischen und dogmatischen Erwägungen oder den berechtigten Interessen und Grundrechten der Ersatzfreiheitsstrafenverbüßer den Vorrang einräumt und im letzteren Fall die Friktionen im Interesse einer sozialstaatlichen und gerechten Strafrechtspflege hinnimmt. Beides erscheint vertretbar, wenngleich hier eine analoge Anwendung für vorzugswürdig gehalten wird. Die beste Lösung wäre, wenn der Gesetzgeber im Interesse von Rechtseinheitlichkeit, Rechtssicherheit und Rechtsklarkeit endlich tätig und die Strafrestaussetzung von Ersatzfreiheitsstrafen ausdrücklich positiv regeln würde.

---

[873] Vgl. SK-StGB-Horn, § 56 g Rz. 5.

[874] Jescheck/Weigend, Lehrbuch des Strafrechts, AT, § 73 III. 2.

[875] OLG Oldenburg, JurBüro 1977, 520 (521); AG Berlin-Tiergarten, NJW 1972, 457 (457).

[876] Dölling, NStZ 1981, 86 (88).

[877] Doller, NJW 1977, 288 (288); Seebode, NStZ 1999, 318 (318); OLG Hamm, StV 1998, 151 (151); OLG Bamberg, StV 1999, 493 (494); OLG Zweibrücken, ZfStrVo 2002, 186 (186).

[878] LG Gera, ZfStrVo 1998, 304 (305).

2. Die Aussetzung des Strafrestes zur Bewährung de lege ferenda

Da sich eine analoge Anwendung des § 57 Abs. 1 StGB auf Ersatzfreiheitsstrafen auch verneinen lässt, soll kurz auf eine mögliche de lege ferenda vorzusehende Ausgestaltung einer Aussetzungsregelung für Ersatzfreiheitsstrafen eingegangen werden. Die Regelung müsste wie § 57 StGB im materiellen Recht verankert werden, weil sie in die materiell-rechtlichen Rechtsfolgen der Tat eingreift und daher dem materiellen Recht zuzuordnen ist. Die einzuführende Regelung sollte eine Mindestverbüßungszeit, eine Prognose, eine Einwilligung und eine gerichtliche Entscheidung über die Restaussetzung zur Bewährung nicht vorsehen.[879] Die Ersatzfreiheitsstrafe sollte nach Verbüßung von zwei Dritteln ohne weitere Bedingungen und ohne weiteren richterlichen Akt von Gesetzes wegen zur Bewährung ausgesetzt werden.[880] Dabei könnte auf die Erteilung von Weisungen und Auflagen verzichtet werden. Die Bewährungszeit könnte einheitlich auf ein Jahr festgelegt werden.[881] Der Widerruf wäre vorzusehen, wenn der Verurteilte in der Bewährungszeit eine Straftat begeht. Ebensowenig wie über die Aussetzung müsste über den Widerruf eine richterliche Entscheidung getroffen werden. Das Gesetz sollte vorschreiben, dass bei Straffälligkeit des Verurteilten die restliche Ersatzfreiheitsstrafe zu vollstrecken ist. Wenn der Verurteilte während der Bewährungszeit ohne Straftaten bleibt, wird die Strafe erlassen, wobei der Erlass auch die nicht erledigte Restgeldstrafe umfassen müsste.

Die Kommission zur Reform des strafrechtlichen Sanktionensystems hat ein solches Modell für Ersatzfreiheitsstrafen, allerdings nur bezogen auf die Halbstrafenaussetzung, als Alternative zur Änderung des Umrechnungsmaßstabes in § 43 StGB erörtert, im Ergebnis aber abgelehnt. Sie ist der Ansicht, das Modell sei weder mit dem Gleichbehandlungsgrundsatz noch der Strafgerechtigkeit in Einklang zu bringen. Bei Beibehaltung des Umrechungsfaktors von 1:1 würde derjenige, der seiner Zahlungsverpflichtung gerade nicht nachkomme, durch eine reguläre Halbstrafenaussetzung unangemessen privilegiert.[882] Diese Meinung vermag

---

[879] Vgl. Schatz, ZRP 2002, 438 (440 f.), der sich allerdings für die Festschreibung einer Mindestverbüßungszeit ausspricht.

[880] Vgl. Diskussion und Beschlüsse, in: Abschlussbericht der Kommission zur Reform des strafrechtlichen Sanktionensystems, 54 (58); Schatz, ZRP 2002, 438 (440 f.).

[881] So auch der Vorschlag von Schatz, ZRP 2002, 438 (441).

[882] Diskussion und Beschlüsse, in: Abschlussbericht der Kommission zur Reform des strafrechtlichen Sanktionensystems, 54 (58 f.).

nicht zu überzeugen. Eine ungerechtfertigte Ungleichbehandlung liegt nicht vor, weil es sich bei der Freiheitsstrafe im Vergleich zur Geldstrafe um eine anders geartete und schwerere Sanktion handelt. Die Geldstrafenschuldner, die eine Ersatzfreiheitsstrafe verbüßen, erleiden ein schwereres Übel als die, die die Geldstrafe sofort oder ratenweise bezahlen. Sie erdulden auch im Vergleich zu den Verurteilten, die gemeinnützige Arbeit gem. Art. 293 EGStGB verrichten, ein schwereres Übel. Während jene in Freiheit bleiben und »nur« ihre Arbeitskraft einsetzen, werden sie ihrer Freiheit beraubt. Diese Umstände rechtfertigen es, sie gegenüber den übrigen Geldstrafenschuldnern besser zu stellen. Außerdem ist zu berücksichtigen, dass die Strafrestaussetzung keinen Erlass der Strafe bedeutet, sondern einen an Bedingungen geknüpften Verzicht auf die Strafvollstreckung, der zudem widerrufbar ist.[883] Der Erlass des Strafrestes setzt eine Leistung des Verurteilten, eine Legalbewährung voraus. Der Zwang zur Legalbewährung kann als eigenständige Beschwer angesehen werden, die den Vorwurf einer unangemessenen Besserstellung entkräftet.[884] Auch die Strafgerechtigkeit verlangt keineswegs, die Ersatzfreiheitsstrafe in vollem Umfang zu vollstrecken. Denn schon die Ersatzfreiheitsstrafe an sich ist mit der Strafgerechtigkeit kaum zu vereinbaren, weil den vermögenslosen Verurteilten eine härtere Strafe trifft.
Die Kommission erhebt darüber hinaus gegen die Reststrafenaussetzung von Ersatzfreiheitsstrafen folgende Einwände: Mit dem Modell würde eine neue, dem Strafgesetzbuch unbekannte, Art der Bewährung eingeführt, die keine positive Sozialprognose verlangt. Dadurch würden die Ersatzfreiheitsstrafenverbüßer zum einen gegenüber den zu einer Freiheitsstrafe Verurteilten privilegiert, die grundsätzlich eine positive Prognose aufweisen müssen. Die Verbüßer von Ersatzfreiheitsstrafen würden zum anderen gegenüber den zu Freiheitsstrafe Verurteilten benachteiligt, weil die Kriterien für den Widerruf der Bewährung strenger wären. Der Bewährungswiderruf müsste bei Aussetzung der Ersatzfreiheitsstrafe mangels eines Prognoseerfordernisses bei jeder neuen Straftat erfolgen und nicht nur bei solchen, die zeigen, dass die der Strafaussetzung zugrundeliegende Erwartung sich nicht erfüllt hat (§ 56 f Abs. 1 Nr. 1 StGB).[885] Auch diese Bedenken erweisen sich als ungerechtfertigt. Eine Bestimmung, wonach jede Ersatzfreiheitsstrafe

---

[883] Eisel, StV 1986, 312 (314).
[884] Dölling, NStZ 1981, 86 (89); Schatz, ZRP 2002, 438 (442).
[885] Diskussion und Beschlüsse, in: Abschlussbericht der Kommission zur Reform des strafrechtlichen Sanktionensystems, 54 (59).

ohne jede Prognoseprüfung von Gesetzes wegen nach Verbüßung der Hälfte oder zwei Dritteln der Strafe zur Bewährung ausgesetzt würde, würde dem Umstand Rechnung tragen, dass das zugrundeliegende Erkenntnis auf Geldstrafe lautet und es wegen der Möglichkeit, den noch ausstehenden Geldstrafenbetrag zu bezahlen, auf das Ergebnis der Prognose nicht ankommt. Der Verzicht auf das Prognoseerfordernis bedeutet keine unangemessene Privilegierung der Ersatzfreiheitsstrafenverbüßer. Denn eine solche wäre durch den geringen Unrechtsgehalt und die geringe Sozialschädlichkeit der Straftaten, bei denen Geldstrafen verhängt werden, bzw. durch das geringe Unwerturteil, das in der Geldstrafe seinen Ausdruck findet, gerechtfertigt. Es liegt auch keine unangemessene Schlechterstellung der Ersatzfreiheitsstrafenverbüßer vor, wenn der Bewährungswiderruf bei jeder neuen Straftat erfolgt. Die zu einer Freiheitsstrafe Verurteilten haben Straftaten im oberen Schwerebereich begangen. Die einschränkende Formel des § 56 f Abs. 1 Nr. 1 StGB macht deutlich, dass Taten geringen Gewichts einer neuerlichen günstigen Prognose bei Vorliegen neuer tatsächlicher Umstände nicht stets entgegenstehen.[886] Das bedeutet, dass die günstige Prognose eines zu einer Freiheitsstrafe Verurteilten nicht automatisch durch die Begehung eines leichten Delikts zu Fall gebracht wird. Da die Ersatzfreiheitsstrafenverbüßer in der Regel Bagatellstraftaten verübt haben, muss der Widerruf auch bei Taten geringen Gewichts erfolgen, weil zwischen der früheren Tat und der neuen Verfehlung eine Diskrepanz hinsichtlich des Gewichts nicht besteht, so dass der Widerruf nicht unverhältnismäßig erscheinen kann. Außerdem ist zu bedenken, dass das hier vorgeschlagene Bewährungsmodell die Erteilung von Auflagen und Weisungen nicht vorsieht, dem Ersatzfreiheitsstrafenverbüßer demnach nur Straffreiheit abverlangt wird und er nicht noch zusätzlich belastet ist.

Nach Ansicht der Kommission soll sich außerdem das Grundsatzproblem stellen, dass mit der automatischen Halbstrafenaussetzung der Anreiz zur Leistung gemeinnütziger Arbeit anstelle der Verbüßung von Ersatzfreiheitsstrafen verringert würde. Es sei daher auch fraglich, ob das mit der Halbstrafenaussetzung verfolgte Ziel der Entlastung des Strafvollzuges überhaupt erreicht würde.[887] Hierzu ist anzumerken, dass angesichts der mit dem Strafvollzug verbundenen Einbußen und

---

886 OLG Stuttgart, NStZ-RR 2002, 106 (106); OLG Hamm, StV 1982, 262 (262); OLG Düsseldorf, StV 1983, 338 (338); 1998, 215 (215); Tröndle/Fischer, § 56 f Rz. 8 m.w.N.

887 Diskussion und Beschlüsse, in: Abschlussbericht der Kommission zur Reform des strafrechtlichen Sanktionensystems, 54 (59).

Unannehmlichkeiten die wenigsten Verurteilten lieber die Teilverbüßung der Ersatzfreiheitsstrafe in Kauf nehmen als von der Möglichkeit der Ableistung gemeinnütziger Arbeit Gebrauch zu machen.[888] Das Ziel, durch die Reststrafenaussetzung eine Entlastung des Strafvollzuges zu bewirken, würde erreicht. Die Delinquenten, deren Lebensbedingungen im Strafvollzug nicht schlechter sind als »draußen«, ziehen sowohl bei vollständiger als auch bei teilweiser Verbüßung der Ersatzfreiheitsstrafe das Absitzen der Strafe der gemeinnützigen Arbeit vor.
Die oben skizzierte Aussetzungsregelung wäre nicht nur verfassungskonform, sondern im Rahmen der Ersatzfreiheitsstrafe auch systemkonform: »Während bei § 57 StGB der gerichtliche Entscheidungzwang der richterlich verhängten Freiheitsstrafe korreliert, vertritt nach § 43, S. 1 StGB die Ersatzfreiheitsstrafe eine uneinbringliche Geldstrafe unmittelbar von Gesetzes wegen. Ihre Vollstreckung kann daher systemkonform unmittelbar vom Gesetz suspendiert werden.«[889]

Dass die Reststrafaussetzung von Ersatzfreiheitsstrafen bei Verzicht auf eine Mindestverbüßungszeit und auf ein Prognoseerfordernis im großen Umfang zur Vermeidung der Vollstreckung von Ersatzfreiheitsstrafen beiträgt, bedarf eigentlich keiner besonderen Erwähnung.

B. Vorschläge unter Änderung des Geldstrafensystems

Neben Reformvorschlägen, die Änderungen unter Aufrechterhaltung des bestehenden Geldstrafensystems vorsehen und das Geldstrafensystem im Kern unberührt lassen, gibt es auch Überlegungen, die eine grundlegende Änderung des geltenden Geldstrafensystems anstreben. Zu diesen Reformvorhaben gehört die Einführung der Geldstrafe zur Bewährung und das von der Kommission zur Reform des strafrechtlichen Sanktionensystems an Stelle der Geldstrafe zur Bewährung befürwortete sog. Geldstrafen-Ersetzungsmodell, das dem Verurteilten ermöglichen soll, die Geldstrafe durch Ersatzleistungen zu tilgen.

I. Die Aussetzung von Geldstrafen zur Bewährung

Das geltende Recht sieht die Aussetzung der Geldstrafe zur Bewährung nicht vor. Das Gericht hat anders als bei den zu einer Freiheitsstrafe verurteilten Straftätern

---

888 Vgl. die Argumentation von Schatz, ZRP 2002, 438 (441).

889 Schatz, ZRP 2002, 438 (441).

bei den zu Geldstrafe Verurteilten nicht die Möglichkeit, die Vollstreckung der Strafe zur Bewährung auszusetzen. Lediglich die Gnadenordnungen der Bundesländer eröffnen die Möglichkeit, die Vollstreckung von Geldstrafen und Restgeldstrafen ganz oder teilweise mit Bewährungszeit auszusetzen.[890] Die Einführung der Möglichkeit, Geldstrafen zur Bewährung auszusetzen, steht bereits seit der Jahrhundertwende zur Diskussion.[891] Auch bei den Beratungen der Großen Strafrechtskommission war die Aussetzung der Geldstrafe zur Bewährung angesprochen worden.[892] Später hatte der Sonderausschuss für die Strafrechtsreform erwogen, in Anlehnung an die Vorbilder einzelner früherer Entwürfe[893] die Strafaussetzung zur Bewährung auch auf Geldstrafen auszudehnen.[894] Die Befürworter konnten sich jedoch nicht durchsetzen, was ihnen auch in der Folgezeit nicht gelang. Der 59. Deutsche Juristentag lehnte die Aussetzung der Geldstrafe bzw. eines Teils der Geldstrafe zur Bewährung in Verbindung mit Auflagen und Weisungen ab[895], billigte aber immerhin den Antrag von *Rieß*, die Möglichkeit, auch die Geldstrafe zur Bewährung auszusetzen, dann in Erwägung zu ziehen, wenn sie bewirken kann, den Vorrang der Entschädigung des Verletzten zu ermöglichen und hierzu die Möglichkeiten der Verwarnung mit Strafvorbehalt nicht ausreichen.[896] Die SPD-Fraktion hat in der 13. Legislaturperiode den Entwurf eines Gesetzes zur Reform des strafrechtlichen Sanktionensystems im Bundestag eingebracht, der eine Aussetzung zur Bewährung bei Geldstrafen vorsah.[897] Der Entwurf wurde jedoch nicht abschließend beraten. Die Kommission zur Reform des strafrechtlichen Sanktionensystems diskutierte ebenfalls die Einführung der Geldstrafe zur Bewährung, allerdings weniger unter dem Blickwinkel der Förderung der Schadenswiedergutmachung denn als Maßnahme zur Vermeidung der Vollstreckung von Ersatzfreiheitsstrafen. Sie lehnte die Aussetzung jedoch ab und

---

[890] Vgl. § 17 Abs. 1 Nr. 5 der Hessischen Gnadenordnung, GVBl. für das Land Hessen 2000, Teil I, S. 497.

[891] von Liszt, ZStW 10 (1890), 51 (75), der im Rahmen seines Kreuzzuges gegen die kurze Freiheitsstrafe für die bedingte Verurteilung auch bei der Geldstrafe plädierte.

[892] Niederschriften über die Sitzungen der Großen Strafrechtskommission, S. 191 f.

[893] § 35 E 1922; § 35 E 1925; § 40 E 1927; § 40 E 1930.

[894] Erster Schriftlicher Bericht des Sonderausschusses für die Strafrechtsreform, BT-Drs. V/4094, S. 10; vgl. auch Sturm, JZ 1970, 81 (84).

[895] Beschlüsse des 59. DJT, Abteilung Strafrecht, VII. Geldstrafe, 2. 1. Alt., 2. 2. Alt., NJW 1992, 3016 (3022).

[896] Beschlüsse des 59. DJT, Abteilung Strafrecht, VII. Geldstrafe, 2. 3. Alt., NJW 1992, 3016 (3022).

[897] BT-Drs. 12/6141 und BT-Drs. 13/4462.

befürwortete stattdessen das sog. Geldstrafen-Ersetzungsmodell.[898] Der auf die Arbeit der Kommission folgende Referentenentwurf des Bundesjustizministeriums für ein Gesetz zur Reform des strafrechtlichen Sanktionensystems vom 08.12.2000 und auch der auf diesem Referentenentwurf basierende Gesetzentwurf der Regierungsfraktionen vom 11.06.2002 sowie der Gesetzentwurf vom 17.03.2004 sehen die Aussetzung der Geldstrafe zur Bewährung (und auch das Geldstrafen-Ersetzungsmodell) nicht vor. Das bedeutet aber nicht, dass die Geldstrafe zur Bewährung damit »vom Tisch ist«. Die Regierungsparteien haben im Koalitionsvertrag vom 16.10.2002 vereinbart, das strafrechtliche Sanktionensystem zu überarbeiten. Kurzfristige Freiheits- und Ersatzfreiheitsstrafen sollen so weit wie möglich durch andere Sanktionsmöglichkeiten, z.B. gemeinnützige Arbeit, Fahrverbot, Geldstrafe auf Bewährung, ersetzt werden.[899]

Im Folgenden sollen die für und wider die Geldstrafe zur Bewährung vorgebrachten Argumente dargestellt und auf ihre Stichhaltigkeit überprüft werden, und es soll untersucht werden, ob sich die Aufnahme der Geldstrafe zur Bewährung in das strafrechtliche Sanktionensystem empfiehlt und ob das Institut ein wirksames Mittel zur Reduzierung von Ersatzfreiheitsstrafen sein kann.

1. Argumente für die Aussetzung der Geldstrafe zur Bewährung

Nach den Befürwortern[900] einer Geldstrafe zur Bewährung ist es widersprüchlich und ungerecht, dass das Gericht bei der schwereren Sanktion der Freiheitsstrafe die Möglichkeit hat, sie zur Bewährung auszusetzen, während es diese Alternative

---

[898] Diskussion und Beschlüsse, in: Abschlussbericht der Kommission zur Reform des strafrechtlichen Sanktionensystems, 91 (91 ff.).

[899] Koalitionsvertrag zwischen SPD und Bündnis 90/Die Grünen vom 16.10.2002, VII. Sicherheit, Toleranz und Demokratie, S. 56, abrufbar im Internet unter: http://www.spd.de.; vgl. auch Bündnis 90/Die Grünen Bundestagsfraktion, Neue Wege in der Kriminalpolitik, S. 1, abrufbar im Internet unter: http://www.gruene-fraktion.de/rsvgn/rs_dok/0,,12275,00.htm.; Stünker, ZRP 2003, 17 (18).

[900] Siekmann, ZfStrVo 1986, 215 (217); Hirsch, ZStW 102 (1990), 534 (551); Krainz, in: Verhandlungen des 59. DJT, Teil O, S. 62 f.; Caesar, in: Verhandlungen des 59. DJT, Teil O, S. 66; Meyer, in: Verhandlungen des 59. DJT, Teil O, S. 73; Prellwitz, in: Verhandlungen des 59. DJT, Teil O, S. 118; Schmidt-Hieber, NJW 1992, 2001 (2003); Kawamura, Theorie und Praxis der sozialen Arbeit 1995 (46) Nr. 1, 27 (32); Kunz, Kriminologie, § 38 Rz. 11; Rautenberg, NJ 1999, 449 (450); Hamdorf/Wölber, ZStW 111 (1999), 929 (948); Walther, ZStW 111 (1999), 123 (141); Groß, StV 1999, 508 (510); Wolters, ZStW 114 (2002), 63 (82 f.). Für die Aussetzung nur eines Teils der Geldstrafe: Dölling, JZ 1992, 493 (499); ders., ZStW 104 (1992), 259 (274 f.).

bei der Geldstrafe nicht hat.[901] Wenn von zwei Komplizen einer als Wiederholungstäter mit zur Bewährung ausgesetzter Freiheitsstrafe bestraft wird, während der andere nicht vorbestrafte Mittäter zu Geldstrafe verurteilt wird, die er ohne Möglichkeit auf zukünftige Legalbewährung bezahlen muss[902], sei eine solche Sanktionenverhängung vor allem für die unmittelbar Betroffenen schwer nachvollziehbar. Der Täter, der Geld bezahlen muss, fühlt sich bestraft. Dem Täter, dem die Vollstreckung der Freiheitsstrafe zur Bewährung ausgesetzt wird, fühlt sich - wenn auch zu Unrecht - befreit.[903] Die Angleichung der Vollstreckung von Geldstrafen an die in der Strafrechtspraxis bewährte Struktur der Vollstreckung von Freiheitsstrafen würde die Systematik des Gesetzes unterstreichen und die Gestaltungsmöglichkeiten der Gerichte erweitern.[904] Die Einführung der Aussetzung der Geldstrafe zur Bewährung verliehe dem Strafrecht ein menschliches Antlitz und ermöglichte es, auf die persönliche und soziale Lage des Täters einzugehen und die Interessen des Opfers zu berücksichtigen.[905] Die Einführung der Geldstrafe zur Bewährung biete sich gerade unter dem Gesichtspunkt der Schadenswiedergutmachung an.[906] Denn in dem in der Alltagspraxis bedeutsamen Geldstrafenbereich sei eine Konzeption erforderlich, mit der die durch die alte Anspruchskonkurrenz zwischen Staat und Opfer entstehende Gefahr einer finanziellen Überforderung des Straftäters zugunsten seiner Resozialisierungschancen und zugunsten der Wiedergutmachungsinteressen des Opfers überwunden werden könne.[907] Die Aussichten des Opfers auf Befriedigung seiner Schadensersatzansprüche werden verbessert, weil dem Täter mehr finanzielle Mittel bleiben, wenn er sich in der Bewährungszeit wohlverhält und daher keine Geldstrafe bezahlen muss.[908] Die dem Täter mit der Aussetzung der Geldstrafe zur Bewährung eingeräumte Chance könne ihn warnen und zugleich motivieren, keine weiteren Strafta-

---

901 Hirsch, ZStW 102 (1990), 534 (551); Schmidt-Hieber, NJW 1992, 2001 (2003); Caesar, in: Verhandlungen des 59. DJT, Teil O, S. 66; Meyer, in: Verhandlungen des 59. DJT, Teil O, S. 73; Meyer, in: Abschlussbericht der Kommission zur Reform des strafrechtlichen Sanktionensystems, 51 (52), 88 (88).

902 Vgl. BT-Drs. 13/4462, S. 9.

903 Hassemer, Einführung in die Grundlagen des Strafrechts, S. 302.

904 Wolters, ZStW 114 (2002), 63 (82 f.).

905 Maelicke, NK 2/1989, 36 (38), für alle ambulanten Sanktionen.

906 Rieß, Gutachten C zum 55. DJT, S. 98; Hirsch, GS f. Kaufmann, S. 699 (710); ders., ZStW 102 (1990), 534 (551); Siekmann, ZfStrVo 1986, 215 (217 f.); Schmidt-Hieber, NJW 1992, 2001 (2003).

907 Walther, ZStW 111 (1999), 123 (141).

908 BT-Drs. 13/4462, S. 8.

ten zu begehen.[909] Die Aussetzung einer Geldstrafe unter Auflagen und Weisungen könnte die Möglichkeiten der spezialpräventiven Einwirkung auf den Täter erweitern.[910] Kriminologische Erfahrungen hätten gezeigt, dass Straftaten häufig aus Hilflosigkeit und fehlender sozialer Handlungskompetenz heraus begangen würden. Auf diese Verurteilten könnte durch eine Betreuungsweisung eingewirkt werden.[911] Darüber hinaus könnte die Aussetzung der Geldstrafe zur Bewährung unter Auflagen und Weisungen insbesondere in Bezug auf Verkehrsdelikte, die in der Praxis eine erhebliche Rolle spielen, nutzbar gemacht werden. Bei den Verkehrsdelikten beschränke sich die spezialpräventive Wirkung im wesentlichen auf das als Nebenstrafe verhängte Fahrverbot oder die angeordnete Maßregel der Entziehung der Fahrerlaubnis. Bei einer Geldstrafe zur Bewährung könnte rücksichtslosen Tätern die Teilnahme an einem Verkehrsunterricht auferlegt werden.[912] Die Geldstrafe zur Bewährung könnte entscheidend zur Reduzierung von Ersatzfreiheitsstrafen beitragen. Vermögenslose Täter könnten durch eine zur Bewährung ausgesetzte Geldstrafe schuldangemessen und spürbar sanktioniert werden. Gerade im unteren Deliktsbereich und bei Ersttätern könne die Verurteilung als solche sowie die bei einer Verletzung der Aussetzungsbedingungen drohende Zahlungspflicht zur Vermeidung künftiger Straffälligkeit ausreichend sein.[913] Schließlich werde das Rechtsinstitut in anderen europäischen Staaten erfolgreich praktiziert, so dass dessen Einführung auch unter dem Aspekt der Rechtsangleichung zu begrüßen sei.[914]

2. Argumente gegen die Aussetzung der Geldstrafe zur Bewährung

Die Gegner vertreten die Auffassung, es bestehe kein Bedürfnis für eine Geldstrafe zur Bewährung, weil bereits die bestehende Gesetzeslage die Möglichkeit biete, mit ähnlich milden Sanktionen auf begangenes Unrecht zu reagieren. Die Einstel-

---

909 Schmidt-Hieber, NJW 1992, 2001 (2003); Kintzi, in: Abschlussbericht der Kommission zur Reform des strafrechtlichen Sanktionensystems, 82 (85).

910 Zipf, FS f. Jescheck, S. 977 (980); Dölling, ZStW 104 (1992), 259 (275).

911 Streng, ZStW 111 (1999), 827 (843); Laun, Alternative Sanktionen zum Freiheitsentzug und die Reform des Sanktionensystems, S. 287. Vgl. zur Betreuungsweisung auch Schöch, Gutachten C zum 59. DJT, S. 102 f.

912 Große Strafrechtskommission des Deutschen Richterbundes, Die Geldstrafe, S. 39 f.

913 Meyer, in: Abschlussbericht der Kommission zur Reform des strafrechtlichen Sanktionensystems, 51 (52).

914 Meyer, in: Abschlussbericht der Kommission zur Reform des strafrechtlichen Sanktionensystems, 51 (52); Rautenberg, NJ 1999, 449 (450).

lung des Verfahrens gem. §§ 153, 153 a StPO und die Verwarnung mit Strafvorbehalt gem. § 59 StGB eröffnen ausreichende Möglichkeiten zur Einwirkung auf diejenigen Täter, die (noch) keiner Geldstrafe bedürfen. Diese Vorschriften erfassen bereits die Fälle, an die bei einer Strafaussetzung zur Bewährung gedacht werden könnte.[915] Den Kritikern zufolge entfalle bei Geldstrafen ein wichtiger Gesichtspunkt, der bei Freiheitsstrafen für die Aussetzung spricht, nämlich der Gedanke, den Vollzug von kurzen, im Einzelfall nutzlosen oder gar schädlichen Freiheitsstrafen zu verhindern. Sie meinen, im Bereich der Geldstrafe sei kein Raum für eine Strafaussetzung zur Bewährung und berufen sich auf die Zielsetzungen beider Rechtsinstitute. Die Geldstrafe habe in erster Linie Denkzettelfunktion. Ihre primäre Aufgabe bestehe nicht darin, den Täter zu resozialisieren oder die Gesellschaft zu sichern, sondern auf den Täter spezialpräventiv abschreckend einzuwirken. Demgegenüber stehe bei dem Rechtsinstitut der Strafaussetzung zur Bewährung der Gedanke der Resozialisierung des Täters im Vordergrund. Die unterschiedlichen Funktionen der Geldstrafe und des Rechtsinstituts der Strafaussetzung zur Bewährung lassen es insofern nicht als Wertungswiderspruch erscheinen, dass die schwerer wiegende Freiheitsstrafe zur Bewährung ausgesetzt werden könne, die Geldstrafe hingegen nicht.[916] Die Aussetzung von Geldstrafen zur Bewährung führe vielmehr zu Spannungen mit dem Gesetz über Ordnungswidrigkeiten, das die Aussetzung von Geldbußen nicht kennt.[917] Die Geldstrafe könnte ihre Funktion als Alternative für die kurze Freiheitsstrafe verlieren, weil die spezialpräventive Wirkung einer ausgesetzten Geldstrafe - anders als die des drohenden Strafvollzuges bei der ausgesetzten Freiheitsstrafe - in vielen Fällen gering sein dürfte.[918] Die Gerichte könnten stärker dazu neigen, statt einer wenig spürbaren ausgesetzten Geldstrafe eine Freiheitsstrafe mit Bewährung zu verhängen.[919] Da von einer ausgesetzten Geldstrafe kaum eine ins Gewicht fallende Wirkung, die den Verurteilten künftig zu einem straffreien Leben anhalten könnte, ausgehe,

---

[915] Schöch, Gutachten C zum 59. DJT, S. 84; Diskussion und Beschlüsse, in: Abschlussbericht der Kommission zur Reform des strafrechtlichen Sanktionensystems, 91 (91).

[916] Diskussion und Beschlüsse, in: Abschlussbericht der Kommission zur Reform des strafrechtlichen Sanktionensystems, 91 (92).

[917] BT-Drs. 10/5828, S. 5; Sturm, JZ 1970, 81 (84); Zipf, JuS 1974, 137 (146); Schöch, Gutachten C zum 59. DJT, S. 84; von Bülow, in: Verhandlungen des 59. DJT, Teil O, S. 118; LK-Häger, vor § 40 Rz. 48a.

[918] BT-Drs. 10/5828, S. 4; Schöch, Gutachten C zum 59. DJT, S. 84.

[919] Schöch, Gutachten C zum 59. DJT, S. 84; von Bülow, in: Verhandlungen des 59. DJT, Teil O, S. 117 f.; LK-Häger, vor § 40 Rz. 48a.

bestehe die Gefahr, dass die zur Bewährung ausgesetzte Geldstrafe vom Verurteilten nicht ernst genommen wird.[920] Außerdem seien negative Auswirkungen auf die Generalprävention zu befürchten. Die Täter, die für eine Geldstrafe in Betracht kommen, seien überwiegend nicht resozialisierungsbedürftig, weil ihnen eine gute Sozialprognose zu stellen sei. Beispielsweise handele es sich bei zwei Drittel aller von Geldstrafe Betroffenen um Straftäter im Straßenverkehr, die aufgrund ihrer Lebenssituation und der oft erstmaligen Bestrafung keine Gefahren für einen Rückfall erkennen lassen. Angesichts der regelmäßig günstigen Prognose der zu einer Geldstrafe verurteilten Straftäter würde die Strafaussetzung zur Bewährung zur Regel werden. Es sei zu vermuten, dass ca. die Hälfte aller verhängten Geldstrafen, etwa 350.000 Geldstrafen pro Jahr, zur Bewährung ausgesetzt würde.[921] Damit würde ein großer Täterkreis nach verbreiteter - wenn auch unzutreffender - Auffassung »ungestraft davonkommen«, was unerwünschte negative Auswirkungen auf das Rechtsbewusstsein der Bevölkerung haben könnte.[922] Schließlich sei fraglich, ob mit der Einführung der Geldstrafe mit Bewährung Ersatzfreiheitsstrafen vermieden werden könnten, da bei denjenigen, die eine Geldstrafe nicht zahlen, in der Regel auch keine günstige Prognose getroffen werden kann.[923] Gegen die Einführung machen die Kritiker zudem eine zu befürchtende erhebliche Arbeitsmehrbelastung der Strafjustiz geltend.[924]

3. Stellungnahme

Die letztgenannte Auffassung ist vorzugswürdig. Da nicht alle der gegen die Geldstrafe zur Bewährung vorgebrachten Argumente überzeugen, wird als Erstes dargestellt, welche Argumente gegen die Geldstrafe zur Bewährung sich als nicht

---

920 Erster Schriftlicher Bericht des Sonderausschusses für die Strafrechtsreform, BT-Drs. V/4094, S. 10; Sturm, JZ 1970, 81 (84); ders., FS f. Dreher, S. 513 (529); LK-Häger, vor § 40 Rz. 48a.

921 Große Strafrechtskommission des Deutschen Richterbundes, Die Geldstrafe, S. 61; Kintzi, DRiZ 2001, 198 (203); LK-Häger, vor § 40 Rz. 48a.

922 Diskussion und Beschlüsse, in: Abschlussbericht der Kommission zur Reform des strafrechtlichen Sanktionensystems, 91 (92).

923 Diskussion und Beschlüsse, in: Abschlussbericht der Kommission zur Reform des strafrechtlichen Sanktionensystems, 91 (92).

924 Erster Schriftlicher Bericht des Sonderausschusses für die Strafrechtsreform, BT-Drs. V/4094 S. 10; Robra, in: Verhandlungen des 59. DJT, Teil O, S. 15; Große Strafrechtskommission des Deutschen Richterbundes, Die Geldstrafe, S. 62; Kintzi, in: Abschlussbericht der Kommission zur Reform des strafrechtlichen Sanktionensystems, 82 (85); LK-Häger, vor § 40 Rz. 48a.

stichhaltig erweisen, und als Zweites werden die überzeugenden Argumente, die letztlich gegen die Geldstrafe zur Bewährung sprechen, erörtert.

Dass für die Geldstrafe zur Bewährung angesichts der Vorschrift des § 59 StGB und der Regelungen der §§ 153, 153 a StPO kein Bedürfnis bestehen soll, ist nicht nachvollziehbar. Die Verwarnung mit Strafvorbehalt[925], die mildeste Sanktion des Strafgesetzbuches, führt in der strafgerichtlichen Praxis ein Schattendasein.[926] Die Zahl der Verwarnungen mit Strafvorbehalt ist zwar im Laufe der Jahre kontinuierlich gestiegen. Während im Jahr 1989 insgesamt 3.388 Verwarnungen mit Strafvorbehalt ausgesprochen wurden, waren es im Jahr 1999 bereits 5.194.[927] Dieser Anstieg der absoluten Zahlen fällt allerdings prozentual nicht ins Gewicht.[928] Wurde im Jahr 1989 in 0,5 % aller Verurteilungen eine Verwarnung mit Strafvorbehalt ausgesprochen, so waren es im Jahr 1999 ca. 0,7 %, so dass in diesem Zeitraum ein Anstieg von lediglich 0,2 % zu verzeichnen war.[929] Im Jahr 2001 wurden 4.206 Personen gem. § 59 StGB verwarnt, während es insgesamt 622.027 Verurteilungen - davon 498.293 zu Geldstrafe - gab.[930] Der Anteil der Verwarnung mit Strafvorbehalt an der Zahl der Gesamtverurteilungen betrug im Jahr 2001 damit unter 0,7 %. Die Daten lassen indes die Vermutung zu, dass es zwischen der Verfahrenseinstellung gem. § 153 a StPO und der Geldstrafe einer Sanktion bedarf.[931] Die Stagnation der Verwarnung bei unter 5.000 Entscheidungen jährlich und der Anteil von unter 0,7 % an der Zahl der Gesamtverurteilungen lassen den Schluss zu, dass die Verwarnung mit Strafvorbehalt das ihr in der derzeitigen Gesetzesfassung mögliche Ausmaß erlangt hat. Sie stellt in ihrer jetzigen gesetzlichen Ausgestaltung keine ausreichende Möglichkeit zur Einwirkung auf Täter in dem Be-

---

925 Die Verwarnung mit Strafvorbehalt wird häufig mit der Geldstrafe zur Bewährung verglichen oder als deren Ersatz angesehen. Beide Rechtsinstitute enden mit einem Schuldspruch und der Festsetzung eines konkreten Strafausspruchs. Bei der Verwarnung mit Strafvorbehalt erfolgt jedoch keine Verurteilung. Der Täter kann durch Wohlverhalten die Bestrafung überhaupt vermeiden und darf sich trotz der Verwarnung als unbestraft bezeichnen.

926 Neumayer-Wagner, Die Verwarnung mit Strafvorbehalt, S. 74 ff.; Heinz, ZStW 111 (1999), 461 (495).

927 Vgl. die Tabelle bei Neumayer-Wagner, Die Verwarnung mit Strafvorbehalt, S. 74; Statistisches Bundesamt, Fachserie 10, Reihe 3: Strafverfolgung 1989, S. 54; 1999, S. 56.

928 Vgl. Dankert, in: Verhandlungen des 59. DJT, Teil O, S. 47.

929 Statistisches Bundesamt, Fachserie 10, Reihe 3: Strafverfolgung 1989, S. 42; 1999, S. 44.

930 Statistisches Bundesamt, Fachserie 10, Reihe 3: Strafverfolgung 2001, S. 44, 52, 56.

931 Dölling, ZStW 104 (1992), 259 (269); vgl. auch Zipf, FS f. Göppinger, 463 (467).

reich unterhalb der Geldstrafe dar.[932] Sie ist aufgrund des extrem geringen Anwendungsbereichs keine Alternative zur Aussetzung von Geldstrafen zur Bewährung.[933]

Die Verwarnung mit Strafvorbehalt wäre nur dann eine echte Alternative zur Geldstrafe mit Bewährung, wenn § 59 StGB so ausgestaltet und in seinem Anwendungsbereich so erweitert würde, dass eine häufigere Anwendung der Verwarnung mit Strafvorbehalt erfolgte und diese Sanktion »aus dem Schatten in das Licht der Strafrechtspraxis«[934] rückte.[935] Der Ausbau des Anwendungsbereichs der Verwarnung mit Strafvorbehalt ist Gegenstand jüngerer Reformdiskussionen gewesen und ist auch in dem Gesetzentwurf der Regierungsfraktionen vom 17.03.2004 vorgesehen. Nach dem Gesetzentwurf soll die Verwarnung in »Verurteilung mit Strafvorbehalt« umbenannt werden, um ihren Sanktionscharakter zu kennzeichnen. Außerdem soll § 59 StGB in eine Muss-Regelung umgewandelt werden. Die Anforderungen der Würdigkeitsklausel in § 59 Abs. 1, S. 1 Nr. 2 StGB sollen dahingehend herabgesetzt werden, dass nach der Gesamtwürdigung von Tat und Persönlichkeit des Täters besondere Umstände vorliegen müssen, die eine Verhängung von Strafe entbehrlich machen. Der bisherige § 59 Abs. 2 StGB

---

932 So aber Weigend, GA 1992, 345 (355); Schöch, Gutachten C zum 59. DJT, S. 84; Wittstamm, ZfStrVo 1997, 3 (10); Dölling, ZStW 104 (1992), 259 (274).

933 Das »Dornröschendasein« der Verwarnung mit Strafvorbehalt basiert auf verschiedenen Gründen. Eine Ursache für die zurückhaltende Anwendung in der Praxis sind die strengen Voraussetzungen des § 59 StGB. Die geringe Anwendungshäufigkeit beruht auf der doppelten Einschränkung durch die Formeln von der »Verteidigung der Rechtsordnung« und den »besonderen Umständen«. Bei den Gerichten herrscht zudem Unklarheit über die Auslegung der sog. Würdigkeitsklausel (§ 59 Abs. 1, S. 1 Nr. 2 StGB). Sie sehen § 59 StGB überwiegend als Ausnahmebestimmung an. Ein weiterer Grund für die restriktive Handhabung des Rechtsinstituts ist der gleichzeitig mit ihm eingeführte § 153 a StPO. Der Unrechtsgehalt der von § 59 StGB erfassten Taten erlaubt in der Regel auch eine Einstellung des Verfahrens nach der verfahrensökonomischeren und weniger aufwendigen sowie für alle Beteiligten vorteilhafteren prozessualen Parallele des § 153 a StPO. Das Gericht erspart sich die Urteilsverkündung und die schriftliche Urteilsbegründung. Die Staatsanwaltschaft erspart sich bei einem Vorgehen nach § 153 a Abs. 1 StPO die Abfassung der Anklageschrift. Der Beschuldigte gilt nicht als vorbestraft, er wird weder mit einem Eintrag ins Bundeszentralregister noch mit Verfahrenskosten belastet. Vgl. Cremer, NStZ 1982, 449 (451); Dencker, StV 1986, 399 (399 ff.); Neumayer-Wagner, Die Verwarnung mit Strafvorbehalt, S. 86 f.

934 Wolters, ZStW 114 (2002), 63 (81).

935 So auch Prellwitz, in: Verhandlungen des 59. DJT, Teil O, S. 118; Streng, in: Jehle (Hrsg.), Täterbehandlung und neue Sanktionsformen, 207 (221); Wilkitzki, in: Jehle (Hrsg.), Täterbehandlung und neue Sanktionsformen, 447 (451); Laun, Alternative Sanktionen zum Freiheitsentzug und die Reform des Sanktionensystems, S. 289 f.

soll gestrichen, und die Begründungserfordernisse beim Urteil (§ 267 Abs. 4, S. 1 StPO) sollen eingeschränkt werden.[936]

Es erscheint zweifelhaft, ob die geplanten Änderungen die gewünschte erweiterte Anwendung in der Praxis bewirken können. Die Umwandlung in eine Muss-Vorschrift hat *Wolters* zu Recht als »Akt symbolischer Gesetzgebung ohne jeden Einfluss auf die Verurteilungspraxis« bezeichnet.[937] Die überwiegende Meinung interpretiert bereits heute zu Recht die Kann-Bestimmung des § 59 StGB als Muss-Vorschrift.[938] Wenn sämtliche in § 59 Abs. 1, S. 1 Nr. 1-3 StGB enthaltenen Voraussetzungen erfüllt sind, besteht keine Notwendigkeit, die Strafe zu verhängen. Es kann keine mit den Zwecken des Strafrechts vereinbaren Ermessenserwägungen mehr geben, die eine vorbehaltlose Bestrafung erfordern würden.[939] Mithin ist nicht zu erwarten, dass die Verwarnung mit Strafvorbehalt durch die Muss-Regelung zur breiteren Anwendung gelangt. Die Neufassung der Würdigkeitsklausel lässt eine Ausdehnung der Verwarnung mit Strafvorbehalt ebenfalls nicht zu. Die Streichung der sog. Indizierung (» ... angezeigt ist ...«) ist zwar zu begrüßen, weil damit eine zusätzliche Einschränkung der Würdigkeitsklausel[940] entfällt. Mit der Beibehaltung der Anknüpfung an die »besonderen Umstände« bleibt aber der Ausnahmecharakter des § 59 StGB erhalten.[941] Es müssen nach wie vor bestimmte Besonderheiten vorliegen, die das deliktische Geschehen von vergleichbaren, gewöhnlich vorkommenden Durchschnittstaten deutlich abheben und ihnen gegenüber das Tatunrecht, die Schuld und die Strafbedürftigkeit wesentlich mindern sowie einen bedingten Verzicht auf die Verurteilung rechtfertigen.[942] Da die Würdigkeitsklausel die größte Hürde bei der Anwendung des § 59 StGB darstellt,

---

936 BT-Drs. 15/2725, S. 9 f.; vgl. auch BT-Drs. 14/9358, S. 4, 11.

937 Wolters, ZStW 114 (2002), 63 (81).

938 BGH, NStZ 2001, 324 (327); OLG Celle, StV 1988, 109 (109); SK-StGB-Horn, § 59 Rz. 14; Schönke/Schröder-Stree, § 59 Rz. 16; Lackner/Kühl-Lackner, § 59 Rz. 10; LPK-StGB-Kindhäuser, § 59 Rz. 8; Jescheck/Weigend, Lehrbuch des Strafrechts, AT, § 80 III. 5.; Schäfer, Praxis der Strafzumessung, Rz. 65; Neumayer-Wagner, Die Verwarnung mit Strafvorbehalt, S. 196; a.A.: Tröndle/Fischer, § 59 Rz. 2; LK-Gribbohm, § 59 Rz. 18.

939 Schönke/Schröder-Stree, § 59 Rz. 16; Lackner/Kühl-Lackner, § 59 Rz. 10; Jescheck/ Weigend, Lehrbuch des Strafrechts, AT, § 80 III. 5.

940 LK-Gribbohm, § 59 Rz. 8, 14.

941 Niedersächsisches Justizministerium, Stellungnahme zum Referentenentwurf eines Gesetzes zur Reform des Sanktionenrechts v. 26.04.2001, S. 14; Justizbehörde Hamburg, Stellungnahme zum Entwurf eines Gesetzes zur Reform des Sanktionenrechts v. 06.04.2001, S. 13; Wolters, ZStW 114 (2002), 63 (82).

942 Schönke/Schröder-Stree, § 59 Rz. 11; LPK-StGB-Kindhäuser, § 59 Rz. 6.

kann allein ihre ersatzlose Streichung zu einer Erhöhung der Verwarnungsquote führen.[943] Das Festhalten an dem Tatbestandsmerkmal »Verteidigung der Rechtsordnung« in § 59 Abs. 1, S. 1 Nr. 3 StGB ist der erweiterten Anwendung ebenfalls abträglich. Dieses Kriterium stellt eine verzichtbare Hürde dar. Die beabsichtigte Beseitigung der Ausschlussregel des § 59 Abs. 2 StGB ist zu befürworten[944], doch kann sie angesichts der nach wie vor strengen materiellen Voraussetzungen nicht zur Ausweitung des Anwendungsbereichs beitragen. Solange der Gesetzgeber an der Würdigkeitsklausel festhält, ist nicht zu erwarten, dass das Institut der Verwarnung mit Strafvorbehalt zu einer wirksamen ambulanten Sanktion erstarkt. Die Verwarnung mit Strafvorbehalt stellt somit auch bei Implementierung der geplanten Änderungen in das Strafgesetzbuch keine Alternative zur Geldstrafe zur Bewährung dar.

Auch die Verfahrenseinstellung gem. §§ 153, 153 a StPO ist keine Alternative zu einer Bewährungssanktion im Bereich der Geldstrafe. *Laun* weist zu Recht darauf hin, dass die Verfahrenseinstellung gem. § 153 a StPO zwar auch die Möglichkeit bietet, Auflagen und Weisungen zu verhängen. Doch anders als Bewährungssanktionen eröffnet sie nicht die Möglichkeit, lenkend und betreuend auf den Beschuldigten einzuwirken.[945] Dem Delinquenten wird zur Erfüllung der Auflagen und Weisungen lediglich eine Frist gesetzt (§ 153 a Abs. 1, S. 3, Abs. 2, S. 2 StPO). Es besteht keine Verpflichtung, den Beschuldigten zur Erfüllung der Auflagen oder Weisungen anzuhalten.[946] Darin kann keine echte Alternative zu einer zur Bewährung ausgesetzten Geldstrafe gesehen werden.

Die Befürchtung, die Gerichte könnten bei Einführung der Geldstrafe zur Bewährung stärker dazu neigen, zur Bewährung ausgesetzte kurze Freiheitsstrafen zu verhängen, ist unbegründet. Das Gericht, das die Aussetzung der Geldstrafe zur

---

[943] Für Streichung des § 59 Abs. 1, S. 1 Nr. 2 StGB schon Horn, ZStW 89 (1977), 546 (563); Schall, in: Deutsche Bewährungshilfe (Hrsg.), Die 13. Bundestagung, 339 (350); ders., BewHi 1988, 433 (440); vgl. auch BT-Drs. 13/9612, BT-Drs. 14/761.

[944] Vgl. Schall, in: Deutsche Bewährungshilfe (Hrsg.), Die 13. Bundestagung, 339 (350); ders., BewHi 1988, 433 (440); Dölling, ZStW 104 (1992), 259 (270).

[945] Laun, Alternative Sanktionen zum Freiheitsentzug und die Reform des Sanktionensystems, S. 290.

[946] LR-Beulke, § 153 a Rz. 80; KK-Schoreit, § 153 a Rz. 32; KMR-Plöd, § 153 a Rz. 40; HK-Krehl, § 153 a Rz. 28.

Bewährung allein für nicht ausreichend erachtet, könnte dem Täter zusätzlich eine Auflage erteilen. Es ist außerdem nicht daran gehindert, eine unbedingte Geldstrafe zu verhängen. Die Gerichte haben daher keinen Anlass, zur Verhängung zur Bewährung ausgesetzter kurzer Freiheitsstrafen überzugehen.

Der Einwand, dass die Einführung der Aussetzung der Geldstrafe zur Bewährung zu gewissen Spannungen zum Ordnungswidrigkeitengesetz führt, ist zurückzuweisen. Es mag schwer nachvollziehbar sein, wenn von zwei Kraftfahrern, die einen Verkehrsunfall verursachen, der eine wegen einer Verkehrsstraftat zu einer Geldstrafe von 20 Tagessätzen zu je 15 EUR (= 300 EUR) verurteilt wird, deren Vollstreckung zur Bewährung ausgesetzt wird, der andere hingegen wegen einer Verkehrsordnungswidrigkeit eine Geldbuße in Höhe von 100 EUR erhält. Bleibt der erstere während der Bewährungszeit straffrei, muss er die Geldstrafe nicht bezahlen. Er bekommt keine Eintragung in sein Führungszeugnis (§ 32 Abs. 2 Nr. 5 a) BZRG), sondern nur einen Eintrag in das Verkehrszentralregister (§ 28 Abs. 3 Nr. 1 StVG). Der letztgenannte muss demgegenüber die Geldbuße bezahlen und erhält ebenfalls einen Eintrag in das Verkehrszentralregister (§ 28 Abs. 3 Nr. 3 StVG). Bei dieser Folgenbetrachtung darf nicht außer Acht gelassen werden, dass es sich bei Straftaten um kriminelles Unrecht handelt, wohingegen Ordnungswidrigkeiten bloßes Verwaltungsunrecht darstellen und sozialethisch neutral sind.[947] Ihre Auferlegung bringt keine ins Gewicht fallende Beeinträchtigung des Ansehens und des Leumunds des Betroffenen mit sich.[948] Bei einer Geldstrafenverurteilung von über 90 Tagessätzen ist der Täter vorbestraft und allen damit zusammenhängenden Nachteilen beruflicher, familiärer und sozialer Art ausgesetzt. Entscheidend ist, dass es sich bei dem (Verkehrs-) Strafrecht und dem Ordnungswidrigkeitenrecht um zwei unterschiedliche Rechtsbereiche mit verschiedenen Tatbeständen und Rechtsfolgen handelt.[949] Das Ordnungswidrigkeitenrecht ist einer Bewährung gerade nicht zugänglich, weil die Geldbuße einen spürbaren Pflichtenappell an den Betroffenen darstellt und mit ihr die Durchsetzung einer bestimmten Ordnung erstrebt wird.[950]

---

[947] KK-OWiG-Steindorf, § 17 Rz. 6, 8; Göhler, vor § 1 Rz. 9.
[948] BVerfGE 27, 18 (33); KK-OWiG-Steindorf, § 17 Rz. 8; Göhler, vor § 1 Rz. 9.
[949] Buschbell, DAR 1991, 168 (169 f.).
[950] BVerfGE 27, 18 (33); BayObLG, JA 1977, 93 (94); OLG Schleswig, SchlHA 1978, 59 (59); KK-OWiG-Steindorf, § 17 Rz. 8; Göhler, vor § 1 Rz. 9; Schall, NStZ 1986, 1 (6).

Die Aussetzung der Geldstrafe zur Bewährung bringt sicher eine Mehrbelastung der Justiz mit sich. Es ist zu vermuten, dass die Geldstrafe zur Bewährung im Laufe der Zeit einen beträchtlichen Anwendungsbereich erlangen wird. Die Geldstrafe zur Bewährung macht im Falle der Verbindung mit Auflagen oder Weisungen eine Bewährungsaufsicht erforderlich. Der Arbeitsaufwand bei Bewährungsaufsicht von Geldstrafen ist nicht mit dem Aufwand bei Bewährungsaufsicht von Freiheitsstrafen vergleichbar, weil es sich um unterschiedliche Täterkreise handelt. Der Arbeitsaufwand bei den zu einer Geldstrafe auf Bewährung Verurteilten dürfte deutlich geringer sein als bei den zu einer Freiheitsstrafe Verurteilten.[951] Letztlich ist ein Mehraufwand für die Justizbehörden kein taugliches Argument gegen die Einführung einer Sanktion. Die Frage nach der Erweiterung der Sanktionenskala darf nicht von knappen Kassen und anhaltenden finanziellen Misständen abhängen.

Weiterhin ist die exklusive Zuordnung der Denkzettelfunktion zur Geldstrafe und der Resozialisierungsfunktion zur Strafaussetzung zur Bewährung nicht nachvollziehbar und im Übrigen durch die Entwicklung des Sanktionenrechts überholt. Auflagen und Weisungen sind im Rahmen des § 153 a StPO und des § 59 a StGB vorgesehen, sie sind von ihrem engen Bezug zur Strafaussetzung zur Bewährung bei der Freiheitsstrafe gelöst.[952] Das Institut der Strafaussetzung zur Bewährung erscheint geeignet, viele Nachteile der unbedingten Geldstrafe auszugleichen. Eine gewisse Schwäche der Geldstrafe liegt darin, dass sie nur eine Denkzettelfunktion hat. Sie kann weder zur Resozialisierung des Täters beitragen noch lassen sich mit ihr Sicherungszwecke erfüllen.[953] Sie ist also nur eingeschränkt in der Lage, das Feld unterschiedlicher Strafzwecke abzudecken.[954] Dieses Defizit ließe sich möglicherweise durch die Geldstrafe zur Bewährung, die mit Auflagen und Weisungen kombiniert werden könnte, beseitigen. Ein weiteres Manko der Geldstrafe, die (potentielle) Konkurrenz zwischen dem staatlichen Anspruch auf die Geldstrafe und dem Schadensersatzanspruch des Opfers, könnte durch eine Auflage zur Wiedergutmachung ausgeglichen werden. Ein Schwachpunkt der Geld-

---

[951] Große Strafrechtskommission des Deutschen Richterbundes, Die Geldstrafe, S. 63.

[952] Zipf, FS f. Jescheck, S. 977 (983); ders., FS f. Göppinger, S. 463 (467).

[953] Zipf, ZStW 86 (1974), 513 (531); Bems, Die Geldstrafe nach dem Tagessatzsystem und das Verbot der reformatio in peius, S. 50; Kintzi, in: Abschlussbericht der Kommission zur Reform des strafrechtlichen Sanktionensystems, 82 (83).

[954] Große Strafrechtskommission des Deutschen Richterbundes, Die Geldstrafe, S. 6 f.

strafe ist außerdem ihre Abwälzbarkeit. Es ist nicht zu verhindern, dass Dritte die Geldstrafe für den Täter zahlen oder der Gewerbetreibende die Geldstrafe auf Preise oder auf Betriebskosten verteilt.[955] Durch die Verbindung der Geldstrafe zur Bewährung mit Auflagen wäre es möglich, die Höchstpersönlichkeit des Straferleidens zu erreichen. Zugleich könnte dadurch die ungleiche Strafempfindlichkeit bzw. die mangelnde Leidensgleichheit vermögender und armer Täter, die bei der unbedingten Geldstrafe beklagt wird[956], kompensiert werden. Die unerwünschte Nebenfolge der Geldstrafe, dass die Personen, die mit dem Täter in einer Konsumgemeinschaft zusammenleben, von der Geldstrafe mitbetroffen werden[957], könnte ebenfalls durch die zur Bewährung ausgesetzte Geldstrafe vermieden werden. Angesichts dessen erscheint es nahe zu liegen, die Strafaussetzung zur Bewährung auch bei der Geldstrafe zuzulassen und sie mit Auflagen und Weisungen zu verbinden.

Gleichwohl ist die Geldstrafe zur Bewährung aus mehreren Gründen abzulehnen. Zu bedenken ist, dass die Geldstrafe die Hauptstrafe im Erwachsenenstrafrecht und damit tragende Säule des Sanktionensystems ist.[958] Würde die Möglichkeit eingeführt, die Vollstreckung der Geldstrafe zur Bewährung auszusetzen, hätte dies weitreichende Konsequenzen. Bei Aussetzung der Geldstrafe zur Bewährung besteht die Gefahr, dass sie vom Täter nicht ernst genommen wird. Derjenige, der die Geldstrafe nicht bezahlen muss, fühlt sich befreit. Die Geldstrafe zur Bewährung könnte zwar mit Auflagen kombiniert werden, so dass die Wirkung der Geldstrafe aufrechterhalten bleiben und ein Effizienzverlust der Geldstrafe als Strafmittel verhindert werden könnte. Doch die Erteilung von Auflagen ist kein Selbstzweck. Auflagen dienen der Genugtuung für das begangene Unrecht. Es kann nicht davon ausgegangen werden, dass jedem Täter Auflagen erteilt werden. Zudem ist der Verhältnismäßigkeitsgrundsatz zu beachten. Er verbietet dem Gericht, anlässlich eines geringfügigen Fehlverhaltens einschneidende und die bishe-

---

[955] Zipf, ZStW 86 (1974), 513 (529 f.); LK-Tröndle, 10. Aufl., vor § 40 Rz. 58; Mitsch, JA 1993, 304 (304); Jescheck/Weigend, Lehrbuch des Strafrechts, AT, § 73 I. 4.

[956] Würtenberger, ZStW 64 (1952), 17 (21); Jescheck/Weigend, Lehrbuch des Strafrechts, AT, § 73 I. 4.; Schöch, Gutachten C zum 59. DJT, S. 83; Mitsch, JA 1993, 304 (305).

[957] Würtenberger, ZStW 64 (1952), 17 (21); Zipf, ZStW 86 (1974), 513 (529); LK-Tröndle, 10. Aufl., vor § 40 Rz. 58; Mitsch, JA 1993, 304 (305).

[958] Große Strafrechtskommission des Deutschen Richterbundes, Die Geldstrafe, S. 60.

rige Lebensführung erheblich beeinträchtigende Auflagen anzuordnen.[959] Die auch bei der Geldstrafe zur Bewährung vorzusehende Einschränkung, dass an die Lebensführung des Verurteilten keine unzumutbaren Anforderungen gestellt werden dürfen, verhindert ebenfalls eine übermäßige Erteilung von Auflagen. Zudem wäre zu überlegen, welche Auflagen überhaupt mit der Geldstrafe zur Bewährung zulässigerweise verbunden werden könnten. Eine entsprechende Geltung des Auflagenkataloges des § 56 b StGB kommt jedenfalls nicht in Betracht. Die Geldstrafe zur Bewährung ist mit der Auflage, gemeinnützige Leistungen zu erbringen (§ 56 b Abs. 2, S. 1 Nr. 3 StGB) und der Zahlungsauflage zugunsten der Staatskasse (§ 56 b Abs. 2, S. 1 Nr. 4 StGB) nicht vereinbar. Eine Auflage muss immer der Tatschuld angemessen sein, und sie darf in ihrer Schwere einer Strafe nicht gleichkommen.[960] Die Auflage, gemeinnützige Leistungen zu erbringen, hat repressiven Charakter. Sie führt zu einem Entzug der Freiheit in Form der Freizeit und greift somit in die Persönlichkeitssphäre und die Lebensführung des Verurteilten ein. Sie hat sanktionsähnliche Auswirkungen zur Folge, die den Täter stärker belasten als die eigentliche Strafe. Eine Geldauflage zugunsten der Staatskasse nähert sich in ihrer Schwere so stark der unbedingten Geldstrafe an, dass sie sanktionsähnliche Wirkungen entfaltet. Als mögliche Auflagen könnten daher nur die Geldzahlungsauflagen zugunsten einer gemeinnützigen Einrichtung und zur Schadenswiedergutmachung in Betracht gezogen werden. Diese führen zwar ebenfalls zu finanziellen Belastungen des Verurteilten, wirken aber wegen der außerhalb des Staatsapparates angesiedelten Zahlungsempfänger weniger sanktionsähnlich und weisen keine funktionale Ähnlichkeit zur Geldstrafe auf.[961]

Der Verweis auf österreichische Untersuchungen[962], die die Vermutung zulassen, dass die spezialpräventive Wirkung der Geldstrafe bei Aussetzung ihrer Vollstre-

---

[959] Große Strafrechtskommission des Deutschen Richterbundes, Die Geldstrafe, S. 46.

[960] BVerfGE 83, 119 (127); Jescheck/Weigend, Lehrbuch des Strafrechts, AT, § 79 I.8.b.

[961] Vgl. zu der ähnlichen Problematik bei der Verwarnung mit Strafvorbehalt: Neumayer-Wagner, Die Verwarnung mit Strafvorbehalt, S. 204 f.

[962] Eine Rückfallstudie von *Pilgram* bezogen auf bedingte und unbedingte Geldstrafen kam zu dem Ergebnis: Je gelinder die Strafe, desto seltener ein Rückfall. 79 % aller zu bedingten Geldstrafen und 68 % zu unbedingten Geldstrafen Verurteilten blieben straffrei. Bemerkenswert ist der Umstand, dass das Legalverhalten nach bedingter Geldstrafe, deren Anwendung zwischen 2 % (Wien) und 51 % (Innsbruck) variierte, gleichmäßig hoch war und überall zwischen 77 % und 79 % betrug. Vgl. Pilgram, ÖJZ 1991, 577 (579 f.).

ckung erhalten bleibt[963], führt nicht weiter. Die Erfolge der Strafaussetzung zur Bewährung bei Geldstrafen im europäischen Ausland sind nur bedingt aussagekräftig, weil die Rahmenbedingungen und Rechtstraditionen dieser Länder anders als in der Bundesrepublik Deutschland sind.[964] Auch die gegen die Geldstrafe zur Bewährung bestehenden Bedenken generalpräventiver Art lassen sich unter Hinweis auf österreichische Erfahrungen, nach denen mit der bedingten Geldstrafe keine Einbußen im Rahmen der Generalprävention einhergehen[965], nicht ausräumen. Es ist zu vermuten, dass die Aussetzung von Geldstrafen zur Bewährung negative Auswirkungen auf die generalpräventive Effektivität der Strafe zur Folge hat. Adressaten der Generalprävention sind die sog. Durchschnittsbürger.[966] Für die Wirksamkeit einer Strafe im Hinblick auf die positive Generalprävention kommt es maßgeblich auf die Signalwirkung für die Allgemeinheit an. Auch wenn der Delinquent durch die Geldstrafe zur Bewährung in Verbindung mit der Erteilung von Auflagen möglicherweise nicht ohne Strafübel bleibt, wird die Bevölkerung in erster Linie wahrnehmen, dass der Delinquent die verhängte Geldstrafe nicht bezahlen muss, sondern mit Bewährung »davon kommt«. Die zur Bewährung ausgesetzte Freiheitsstrafe wird oftmals als eine Art Freispruch wahrgenommen. Dieser Effekt würde bei einer zur Bewährung ausgesetzten Geldstrafe noch stärker eintreten. Selbst wenn die Allgemeinheit auch die dem Täter erteilten Auflagen wahrnehmen sollte, wäre nicht davon auszugehen, dass der Effekt wesentlich vermindert wäre, weil die Auflagen von geringerer Intensität sein müssten, als dies bei ausgesetzten Freiheitsstrafen der Fall ist. Denn Auflagen dürfen den Täter nicht stärker belasten als die eigentliche Strafe. Es ist zu befürchten, dass die zur Bewährung ausgesetzte Geldstrafe fälschlicherweise als eine Art Straffreiheit verstanden wird.[967] Die Einführung eines Sanktionsmittels, dessen generalpräventive Wirksamkeit zweifelhaft ist, ist nicht anzuraten, obschon sich die Berechtigung des Einwandes des Effizienzverlustes der Geldstrafe letztlich erst bei der Rechtsanwendung entscheidet.[968] Hinzu kommt, dass die Bewäh-

---

963 Krainz, in: Verhandlungen des 59. DJT, Teil O, S. 62 f.

964 Kintzi, in: Abschlussbericht der Kommission zur Reform des strafrechtlichen Sanktionensystems, 82 (84).

965 Zipf, FS f. Jescheck, S. 977 (985).

966 Schöch, Gutachten C zum 59. DJT, S. 38.

967 Laun, Alternative Sanktionen zum Freiheitsentzug und die Reform des Sanktionenrechts, S. 289.

968 Zipf, FS f. Jescheck, S. 977 (985).

rungsaussetzung bei Geldstrafen von der Bevölkerung als Aufweichen des Sanktionensystems missverstanden und als Verschiebung des Sanktionensystems »nach unten« angesehen werden könnte.

Problematisch ist weiterhin, dass der Gesetzgeber die Strafaussetzung von Geldstrafen zur Bewährung von einer günstigen Sozialprognose abhängig machen müsste.[969] Obwohl die Geldstrafe ein aliud gegenüber der Freiheitsstrafe ist und eigenen Zumessungsregeln folgt[970], also eine autonome Sanktion darstellt, mit der Folge, dass sich die Ausgestaltung der Geldstrafe zur Bewährung nicht bzw. nicht zwingend an der Ausgestaltung der Freiheitsstrafe zur Bewährung zu orientieren hat[971], würde die Systematik des Gesetzes nur bewahrt, wenn die Aussetzung von Geldstrafen der Aussetzung von Freiheitsstrafen angeglichen und das Erfordernis einer positiven Prognose hinsichtlich der Legalbewährung beibehalten würde. Fraglich ist aber, ob die Sozialprognose bei der Geldstrafe zur Bewährung überhaupt in Übereinstimmung mit der Prognose des § 56 Abs. 1 StGB bestimmt werden könnte. Immerhin handelt es sich bei den den Geldstrafen zugrunde liegenden Taten um solche, die im Vergleich zu den den Freiheitsstrafen zugrunde liegenden Taten in der Regel einen geringeren Unrechtsgehalt aufweisen und die Gesellschaft weniger schädigen, so dass möglicherweise zu verlangen wäre, die Anforderungen an die Prognoseentscheidung gegenüber denen des § 56 Abs. 1 StGB herabzusetzen und einen geringeren Grad an Wahrscheinlichkeit für das Vorliegen einer im Sinn einer neuen Vorschrift günstigen Sozialprognose genügen zu lassen.[972]

Angesichts der Abhängigkeit der Geldstrafe zur Bewährung von einer Prognose ist zweifelhaft, ob die Geldstrafe zur Bewährung die Vollstreckung von Ersatzfreiheitsstrafen in nennenswertem Umfang vermeiden kann. Zwar droht bei Aussetzung der Geldstrafe zur Bewährung die Uneinbringlichkeit der Geldstrafe nicht. Die Gefahr einer Ersetzung durch Freiheitsstrafe wird damit schon im Keim erstickt.[973] Erst das Versagen des Verurteilten in der laufenden Bewährung führt

---

969 Große Strafrechtskommission des Deutschen Richterbundes, Die Geldstrafe, S. 61.
970 Bruns, Strafzumessungsrecht, S. 77; LK-Häger, vor § 40 Rz. 2.
971 Neumayer-Wagner, Die Verwarnung mit Strafvorbehalt, S. 147.
972 Vgl. Große Strafrechtskommission des Deutschen Richterbundes, Die Geldstrafe, S. 45.
973 Wolters, ZStW 114 (2002), 63 (81).

zur Vollstreckung der Geldstrafe und erst deren Uneinbringlichkeit hat die Anordnung der Ersatzfreiheitsstrafe zur Folge. Doch dürfte einem Teil derjenigen, die eine Geldstrafe nicht bezahlen können und eine Ersatzfreiheitsstrafe verbüßen, eine gute Prognose zu versagen sein. Das Abstellen auf das Merkmal der günstigen Prognose führt dazu, dass für nicht wenige Ersatzfreiheitsstrafenverbüßer durch die Geldstrafe zur Bewährung keine Alternative zur Geldstrafe geschaffen würde.[974]
Die von einer wie auch immer gearteten Prognose abhängige Geldstrafe zur Bewährung würde in der Praxis zu erheblichen Schwierigkeiten führen. Ungefähr drei Viertel aller Geldstrafen werden im Wege des Strafbefehlsverfahrens verhängt. Eine Prognose über zukünftiges straffreies Verhalten des Delinquenten kann im Strafbefehlsverfahren schlechterdings nicht getroffen werden.[975] Da keine Hauptverhandlung stattfindet, in der die Lebensverhältnisse des Täters aufgeklärt werden könnten, ist es nahezu unmöglich, die Lebensumstände des Täters so zu ermitteln, dass darauf eine Prognoseentscheidung gestützt werden kann.[976] Dass die Ermittlungsbehörden die für die Prognoseentscheidung relevanten Umstände erforschen und zur Ermittlung der Täterpersönlichkeit und der sozialen Situation des Täters die Gerichtshilfe einschalten würden, ist bei realistischer Betrachtung nicht zu erwarten. Zu bedenken ist auch, dass im schriftlichen Strafbefehlsverfahren dem Täter der Sinn und die Funktion einer Bewährung nicht vor Augen geführt werden kann. Das wäre nur der Fall, wenn der Täter gegen den Strafbefehl Einspruch einlegt und es zur Hauptverhandlung kommt.[977]

Weiterhin ist zu bedenken, dass Geldstrafen vielfach gegen Delinquenten verhängt werden, die in geordneten sozialen Verhältnissen leben und aufgrund ihrer Lebenssituation und der oft erstmaligen Bestrafung keine Gefahren für einen Rückfall erkennen lassen. Mithin wäre einem großen Teil der Täter eine gute Prognose zu stellen. Diese Täter sind jedoch überwiegend nicht resozialisierungsbedürftig und bedürfen keiner Weisungen, um nicht wieder straffällig zu werden. Es entstünde die paradoxe Situation, dass ein Ersttäter eine Geldstrafe zur Bewäh-

---

974 Neumayer-Wagner, Die Verwarnung mit Strafvorbehalt, S. 145.
975 Große Strafrechtskommission des Deutschen Richterbundes, Die Geldstrafe, S. 61.
976 Große Strafrechtskommission des Deutschen Richterbundes, Die Geldstrafe, S. 61; Kintzi, in: Abschlussbericht der Kommission zur Reform des strafrechtlichen Sanktionensystems, 82 (85 f.)
977 Große Strafrechtskommission des Deutschen Richterbundes, Die Geldstrafe, S. 62.

rung erhalten und unter Bewährungsaufsicht gestellt würde, während ein Wiederholungstäter eine Geldstrafe ohne Bewährung erhalten würde, obwohl es erforderlich wäre, zur Verhinderung der Verfestigung kriminellen Verhaltens positiv auf ihn einzuwirken, seine Lebensführung durch entsprechende Weisungen spezialpräventiv zu beeinflussen und eine Bewährungsaufsicht anzuordnen.[978] Außerdem ist zu beachten, dass auch bei der Erteilung von Weisungen der Verhältnismäßigkeitsgrundsatz gewahrt bleiben muss und an die Lebensführung des Verurteilten keine unzumutbaren Anforderungen gestellt werden und zudem die Weisungen zur Bedeutung der vom Täter begangenen Tat nicht außer Verhältnis stehen dürfen. Die Weisung, an einem Verkehrsunterricht teilzunehmen, ist keineswegs unproblematisch. Sie stellt einen nicht unerheblichen Eingriff in die Lebensführung des Verurteilten dar und ist ohne Einwilligungsvorbehalt zugunsten des Verurteilten mit der Geldstrafe zur Bewährung wohl kaum vereinbar.[979]

Die Einführung der Geldstrafe zur Bewährung ist nicht empfehlenswert.

II. Geldstrafen-Ersetzungsmodell

Kernstück der von der Kommission zur Reform des strafrechtlichen Sanktionensystems vorgeschlagenen Änderungen des strafrechtlichen Sanktionensystems ist ein sog. Geldstrafen-Ersetzungsmodell, das nicht - wie die Aussetzung der Geldstrafe zur Bewährung - an prognostische Erwägungen anknüpft. Die Kommission, die sich mehrheitlich gegen die Aussetzung der Geldstrafe zur Bewährung ausgesprochen hat, vertritt die Auffassung, dass das Modell die positiven Ansätze einer Strafaussetzung zur Bewährung bei Geldstrafen nutzbar macht und die Nachteile vermeidet, die mit einer Strafaussetzung zur Bewährung verbunden wären. Sie ist außerdem der Ansicht, dass mit diesem Modell auch das wichtige Ziel einer Zurückdrängung von Ersatzfreiheitsstrafen erreicht werden kann.[980] Nach dem Ersetzungsmodell kann das Gericht dem Angeklagten gestatten, die Geldstrafe durch eine von ihm zu erbringende Ersatzleistung zu begleichen. Als Ersatzleis-

---

[978] Große Strafrechtskommission des Deutschen Richterbundes, Die Geldstrafe, S. 61.

[979] Vgl. zu der ähnlichen Problematik bei der Verwarnung mit Strafvorbehalt: Neumayer-Wagner, Die Verwarnung mit Strafvorbehalt, S. 209.

[980] Diskussion und Beschlüsse, in: Abschlussbericht der Kommission zur Reform des strafrechtlichen Sanktionensystems, 54 (60), 91 (92 f., 94).

tungen hat die Kommission die Teilnahme an ambulanten Therapiemaßnahmen, die Erbringung gemeinnütziger Arbeit und die Zahlung eines Schadenswiedergutmachungsbetrages an das Opfer erörtert.

1. Grundkonzeption

Das Gericht soll dem Verurteilten bereits im Erkenntnisverfahren gestatten können, die Geldstrafe durch die Erbringung einer Ersatzleistung zu tilgen. Dabei handelt es sich um eine Ermessensentscheidung des Gerichts, ob es dem Täter ein solches Angebot unterbreitet oder davon absieht. Das Angebot der alternativen Begleichung der Geldstrafe wird im Strafbefehl bzw. im Urteil gemacht und ist damit Teil der richtlichen Entscheidung im Hauptverfahren. Die Nichteinräumung eines solchen Angebots braucht nicht begründet werden und soll unanfechtbar sein. Wenn dem Täter ein solches Angebot z.B. im Strafbefehlsverfahren nicht unterbreitet worden ist, soll er die Möglichkeit haben, noch im Vollstreckungsverfahren einen entsprechenden Antrag zu stellen. Die Entscheidung über einen solchen Antrag soll das Gericht im Vollstreckungsverfahren treffen. Die Ersatzleistung ist als eine Art »Bringschuld« ausgestaltet, d.h. der Verurteilte muss sich selbst um die Ersatzleistung kümmern und nachweisen, dass er sie erbracht hat. Dabei sollen ihn aber die Vollstreckungsbehörden, die Gerichtshilfe oder die sozialen Dienste unterstützen. Im Gegensatz zur Geldstrafe mit Bewährung, bei der im Fall der Auflagenerteilung für die Strafjustiz durch Überwachung der Auflage, Androhung des Bewährungswiderrufs, Widerruf und Rechtsmittel gegen den Bewährungswiderruf ein nicht unerheblicher Aufwand entstehen kann, entfallen für die Strafjustiz sämtliche Bewährungs- und Überwachungsarbeiten. Da dem Verurteilten keine Auflage erteilt, sondern ein Angebot gemacht wird, entsteht im Ergebnis eine Art Beweislastumkehr. Die Vollstreckungsbehörde stellt lediglich fest, ob der »Erfolg eingetreten ist«, also die Geldstrafe in der einen oder der anderen Form beglichen worden ist. Erbringt der Verurteilte die Ersatzleistung nicht oder nicht fristgerecht, wird die Geldstrafe vollstreckt. Es spielt keine Rolle, ob die Nichtleistung verschuldet oder unverschuldet war. Das soll auch dann gelten, wenn der Verurteilte bei der gemeinnützigen Arbeit eine Einsatzstelle nicht gefunden hat.[981]

---

981 Diskussion und Beschlüsse, in: Abschlussbericht der Kommission zur Reform des strafrechtlichen Sanktionensystems, 91 (92 ff.); Große Strafrechtskommission des Deutschen Richterbundes, Die Geldstrafe, S. 56 ff., 66 ff.

2. Ausgestaltung des Modells

Grundlage des Ersetzungsmodells ist das von der Großen Strafrechtskommission des Deutschen Richterbundes entwickelte Verbüßungsmodell. Der Deutsche Richterbund schlug die Einführung einer Vorschrift zwischen § 40 und § 43 StGB mit nachfolgendem Wortlaut vor:

Das Gericht kann dem Verurteilten gestatten, bis zur Hälfte einer verhängten Geldstrafe die Strafe dadurch zu begleichen, dass er eine bestimmte Genugtuungszahlung an das Opfer leistet bzw., falls dies zu Vermeidung weiterer Straftaten dienen kann, sich einer Beratung, einer Therapie, einem sozialen Trainingskurs oder einer Frühberatung bei einer Drogenhilfestelle bzw. der Teilnahme an einem Verkehrsunterricht unterzieht und dies gegenüber der Vollstreckungsbehörde nachweist.[982]

Die Kommission zur Reform des strafrechtlichen Sanktionensystems befürwortete das Verbüßungsmodell im Grundsatz, änderte es jedoch in ein Ersetzungsmodell um und empfahl die Einführung eines § 40 a StGB mit folgendem Wortlaut:

§ 40 a StGB

(1) Das Gericht kann dem Verurteilten gestatten, die Vollstreckung einer Geldstrafe

a) dadurch abzuwenden, dass er gemeinnützige Arbeit leistet oder

b) ganz oder zum Teil dadurch abzuwenden, dass er zur Wiedergutmachung des durch die Tat verursachten Schadens eine Geldleistung an den Verletzten erbringt.

(2) Das Gericht bestimmt mit der Anordnung nach Abs. 1 Buchst. a) zugleich die für einen Tagessatz Geldstrafe zu leistende Anzahl von Arbeitsstunden.

(3) Eine Anordnung nach Absatz 1 Buchst. b) darf nur in Fällen ergehen, in denen die Durchsetzung des Schadensersatzanspruches des Verletzten durch die Vollstreckung der Geldstrafe erheblich gefährdet wäre.

(4) Das Gericht setzt dem Verurteilten mit der Anordnung nach Absatz 1 zugleich eine Frist für die Leistung der gemeinnützigen Arbeit oder der Wiedergutmachung und den vom Verurteilten zu führenden Nachweis der Leistungserbringung. Es kann für bestimmte Teilleistungen und ihren Nachweis auch jeweils gesonderte Fristen setzen, namentlich dann, wenn dies mit Rücksicht auf den Gesamtumfang der Ersatzleistung geboten erscheint.[983]

---

982 Große Strafrechtskommission des Deutschen Richterbundes, Die Geldstrafe, S. 58.

983 Abschlussbericht der Kommission zur Reform des strafrechtlichen Sanktionensystems, Anhang 3, S. 2.

Grundlegender Unterschied zwischen beiden Entwürfen, und das kommt bereits in den verschiedenen Bezeichnungen als Verbüßungsmodell einerseits und als Ersetzungsmodell andererseits zum Ausdruck, ist, dass nach dem erstgenannten Vorschlag nur eine teilweise Ersetzung der Geldstrafe durch Ersatzleistungen - beschränkt auf maximal die Hälfte der verhängten Geldstrafe - vorgesehen ist, während der letztgenannte Vorschlag eine vollständige Ersetzung ausweist. Ein weiterer Unterschied besteht im Hinblick auf die vorgesehenen Ersatzleistungen. Der Entwurf des Deutschen Richterbundes nennt als Verbüßungsalternativen neben der Zahlung eines Schadenswiedergutmachungsbetrages an das Opfer die Teilnahme an Therapien, Beratungsgesprächen, Trainingskursen und am Verkehrsunterricht. Die Kommission zur Reform des strafrechtlichen Sanktionensystems entschied sich demgegenüber gegen ambulante Therapiemaßnahmen als Ersatzleistung und nahm in ihr Ersetzungsmodell als Ersatzsanktionen nur die Schadenswiedergutmachung und die gemeinnützige Arbeit auf. Nach dem Ersetzungsmodell darf das Gericht eine Wiedergutmachungsleistung nur in den Fällen gestatten, in denen die Durchsetzung des Schadensersatzanspruchs des Opfers durch die Geldstrafe und deren Vollstreckung gefährdet wäre. Zudem setzt das Gericht dem Verurteilten eine angemessene Frist für die Erbringung und den von ihm zu führenden Nachweis der Ersatzleistung.

3. Rechtsdogmatische und systematische Einordnung des Modells

Auf den ersten Blick mag es dogmatisch befremdlich erscheinen, dass die Geldstrafe nicht nur durch Bezahlung der Geldstrafe, sondern auch durch eine bestimmte Ersatzleistung beglichen werden kann. Die Große Strafrechtskommission des Deutschen Richterbundes verweist jedoch darauf, dass ein solches Modell nur die Fortentwicklung des bisherigen Systems der Vollstreckung von Geldstrafen darstellt. Auf der Ebene der Geldstrafenvollstreckung, genauer der Verbüßung der Ersatzfreiheitsstrafe, habe der Gesetzgeber bereits eine rechtsdogmatisch vergleichbare Regelung geschaffen. Gemeint sei die Vorschrift des Art. 293 EGStGB i.V.m. mit den Rechtsverordnungen der Länder, wonach die Vollstreckungsbehörde dem Verurteilten gestatten kann, die Vollstreckung einer Ersatzfreiheitsstrafe durch gemeinnützige Arbeit abzuwenden. Nimmt der Verurteilte das staatliche Angebot an und leistet die erforderliche Stundenzahl gemeinnütziger Arbeit, ist damit die Ersatzfreiheitsstrafe erledigt und die Geldstrafe getilgt. Die Vollstreckung der Geldstrafe kommt nicht mehr in Betracht. Das Verbüßungs- und das

Ersetzungsmodell kommen demgegenüber nicht erst im Vollstreckungsverfahren, sondern bereits im Erkenntnisverfahren zum Tragen. Sie übertragen den Grundgedanken der Anrechnungsregelung, nach der ein Tag Ersatzfreiheitsstrafe durch eine bestimmte Stundenanzahl gemeinnütziger Arbeit als erledigt gilt, auf die Bezahlung der Geldstrafe und fragen, durch welche Leistungen die Geldstrafe als beglichen/erledigt/verbüßt angesehen werden kann. Es erfolge quasi eine Vorverlagerung der alternativen Begleichung der Geldstrafe.[984] Diese Argumentation begegnet keinen Bedenken.

Nach Auffassung der Großen Strafrechtskommission des Deutschen Richterbundes passe sich das Modell auch ein in das justizpolitisch erwünschte Ziel, von strafprozessualen Überwachungsstrategien wegzuführen und zu einer Art »Bringschuld« des Täters zu gelangen. Nicht die Justiz habe die Initiative zu entfalten, sondern es bleibe dem Verurteilten überlassen, eigenverantwortlich seinerseits aktiv zu werden und diese Aktivität gegenüber der Justiz nachzuweisen. Gegenüber dem bisherigen System der Geldstrafenbezahlung ändere sich systematisch nichts: Auch nach bisherigem Recht habe der Verurteilte die Zahlung der Geldstrafe gegenüber der Vollstreckungsbehörde nachzuweisen; gleiches würde für die alternative Begleichung durch Schadenswiedergutmachung oder andere Ersatzleistungen gelten.[985] Dazu ist anzumerken, dass die Einforderung der Geldstrafe durch Übersendung einer Zahlungsaufforderung erfolgt und in den Fällen, in denen innerhalb der Zahlungsfrist grundlos keine Zahlung geleistet wird, der Verurteilte vor der Anordnung der Beitreibung in der Regel zunächst gemahnt wird.[986] Das Modell sieht demgegenüber nicht vor, dass der Verurteilte nach Ablauf der ihm eingeräumten Frist zur Erbringung der Ersatzleistung angehalten wird. Vielmehr wird die Geldstrafe vollstreckt, wenn der Verurteilte die Ersatzleistung nicht oder nicht fristgerecht leistet. Das Modell stellt demnach strengere Anforderungen an den Geldstrafenschuldner. Darüber hinaus ist fraglich, ob es nicht im Hinblick auf die Ersatzleistung »gemeinnützige Arbeit« einen systematischen Bruch bedeutet, wenn diese auf Ebene des Erkenntnisverfahrens als eine Art Bringschuld ausgestaltet würde, sie aber auf Ebene des Vollstreckungsverfahrens (Art. 293 EGStGB) weiterhin in ihrer bisherigen Gestalt verbliebe. Nach den Rechtsverordnungen der meisten Bundesländer wird für den Arbeitswilligen eine (geeignete)

---

[984] Große Strafrechtskommission des Deutschen Richterbundes, Die Geldstrafe, S. 57 f., 69.

[985] Große Strafrechtskommission des Deutschen Richterbundes, Die Geldstrafe, S. 69 f.

[986] Meyer-Goßner, § 459 Rz. 3.

Beschäftigungsstelle bestimmt, dieser wird in die Stelle eingewiesen, und die Durchführung der gemeinnützigen Arbeit wird überwacht. Der gemeinnützige Arbeit Leistende muss lediglich gegenüber der Vollstreckungsbehörde den Nachweis der Arbeitsleistung - in der Regel durch Vorlage einer Bescheinigung seines Beschäftigungsgebers - erbringen. Demgegenüber soll sich der Täter nach dem Modell selbst einen Einsatzort suchen, wobei er allerdings Unterstützung durch die Vollstreckungsbehörde, die Gerichtshilfe oder die sozialen Dienste der Justiz erhalten soll. Kann eine Einsatzstelle innerhalb der Frist nicht gefunden werden, wird die Geldstrafe vollstreckt. Nach dem Modell soll eine Kontrolle der gemeinnützigen Arbeit nicht stattfinden. Jegliche Überwachungsarbeiten für die Strafjustiz sollen entfallen. Es ist zweifelhaft, dass sich die Ausgestaltung als »Bringschuld« in das bestehende System einfügt.

Dass dem Verurteilten eine Frist zur Erbringung der (Ersatz-) Leistung gesetzt wird, kommt im geltenden Recht in ähnlicher Weise vor. Bei der Einstellung des Verfahrens gem. § 153 a StPO setzen die Staatsanwaltschaft (§ 153 a Abs. 1, S. 3 StPO) oder das Gericht (§ 153 a Abs. 2, S. 2 StPO) dem Beschuldigten zur Erfüllung der ihm erteilten Auflagen und Weisungen eine Frist. Auch im Rahmen der Verwarnung mit Strafvorbehalt (§ 59 a StGB) und der zur Bewährung ausgesetzten Freiheitsstrafe (§§ 56 b, c StGB) kann das Gericht Fristen zur Erfüllung von Auflagen und Weisungen, insbesondere Zahlungsfristen, bestimmen.[987] Die vorgesehene Fristsetzung fügt sich in das bestehende Strafsystem ein.

Nach der Großen Strafrechtskommission des Deutschen Richterbundes soll dann, wenn dem Täter das Angebot der alternativen Begleichung der Geldstrafe z.B. im Strafbefehlsverfahren nicht unterbreitet worden ist, er aber später im Vollstreckungsverfahren beispielsweise den Antrag stellt, die Geldstrafe durch Wiedergutmachung an das Opfer zu bezahlen, das Gericht und nicht die Vollstreckungsbehörde über den Antrag entscheiden. Das Angebot der alternativen Bezahlung der Geldstrafe sei Teil der richtlichen Entscheidung im Hauptverfahren. Deswegen sei dem Gericht auch später im Vollstreckungsverfahren die Entscheidung über den Antrag vorbehalten. Hier könne eine Anlehnung an § 459 d StPO bzw. § 459 f StPO erfolgen, so dass sich auch diese Anträge systematisch in das bisherige Recht einordnen lassen.[988] Dagegen ließe sich einwenden, dass nach geltendem Recht für die Vollstreckung der Geldstrafe einschließlich der Ersatzfreiheits-

---

[987] Tröndle/Fischer, § 56 b Rz. 10.

[988] Große Strafrechtskommission des Deutschen Richterbundes, Die Geldstrafe, S. 71.

strafe und deren Abwendung durch gemeinnützige Arbeit die Vollstreckungsbehörde zuständig ist, so dass es naheliegend erscheinen könnte, die Zuständigkeiten in der Hand der Vollstreckungsbehörde zu vereinen. Allerdings bedeutet die nachträgliche Gestattung der alternativen Bezahlung der Geldstrafe einen Eingriff in das Straferkenntnis. Daher sollte die tatrichterliche Entscheidung nicht durch die Vollstreckungsbehörde abgeändert werden, sondern in der Hand des erkennenden Gerichts verbleiben.

4. Ersatzreaktionen

Die Modelle erwähnen als Zahlungsalternativen zum Teil die Teilnahme an Beratungen, Therapien, sozialen Trainingskursen etc., die Verrichtung gemeinnütziger Arbeit und eine Wiedergutmachungszahlung. Im Folgenden ist der Frage nachzugehen, ob die genannten Alternativen geeignete und sinnvolle Ersatzreaktionen für die Geldstrafe darstellen. Dabei ist zu erörtern, ob im System der Geldstrafe überhaupt ein Bedürfnis für die genannten Ersatzreaktionen besteht, d.h. ob jeweils eine entsprechende Lücke im Bereich der Geldstrafensanktion vorhanden ist. Weiter ist zu fragen, ob die Ersatzleistungen die herkömmlichen Strafzwecke zu erfüllen in der Lage sind. Schließlich geht es um das Problem des vollständigen oder teilweisen Ersatzes der Geldstrafe durch die Ersatzleistung und nicht zuletzt um die Frage, ob mittels des Ersetzungsmodells die Vollstreckung von Ersatzfreiheitsstrafen vermieden werden kann.

a) Teilnahme an ambulanten Therapien, Beratungen, sozialen Trainingskursen, am Verkehrsunterricht

Die in dem Formulierungsvorschlag des Deutschen Richterbundes aufgeführten ersatzweise zu erbingenden Leistungen, sich einer Beratung, einer Therapie, einem sozialen Trainingskurs oder einer Frühberatung bei einer Drogenhilfestelle zu unterziehen oder an einem Verkehrsunterricht teilzunehmen, sind im geltenden Recht nicht unbekannt. Sie begegnen uns dort allerdings nicht als Surrogate für Strafen, sondern in Form von Weisungen als selbständige Sanktion im Jugendstrafrecht, als Begleitmaßnahmen bei der Aussetzung einer Freiheitsstrafe zur Bewährung (§ 56 c StGB, § 23 JGG), entsprechend bei der Aussetzung des Strafrestes bei zeitiger Freiheits- oder Jugendstrafe (§ 57 Abs. 2 StGB, § 57 JGG), bei der Anordnung von Führungsaufsicht (§ 68 b StGB) und bei der Verwarnung mit

Strafvorbehalt (§ 59 a StGB) sowie als nichtstrafrechtliche Sanktion bei der Verfahrenseinstellung durch Staatsanwaltschaft oder Gericht nach § 153 a StPO. Die Teilnahme an stationären oder ambulanten (Drogen-) Therapien ist außerdem im Rahmen der Zurückstellung der Strafvollstreckung nach §§ 35 ff. BtMG anzutreffen.

aa) Therapiemaßnahmen im geltenden Recht

Das Jugendgerichtsgesetz sieht in § 10 die Erteilung von Weisungen als selbständige Sanktion vor. Das Gericht kann dem Jugendlichen auferlegen, an einem sozialen Trainingskurs (§ 10 Abs. 1 Nr. 6 JGG) oder an einem Verkehrsunterricht teilzunehmen (§ 10 Abs. 1 Nr. 9 JGG). Das Gericht kann dem Jugendlichen auch andere, nicht in Absatz 1 aufgeführte Weisungen erteilen, denn der Katalog von Weisungen ist nicht abschließend.[989] Der Richter kann demnach auch die Teilnahme an einem Beratungsgespräch (z.B. bei Drogensuchtgefahr) anordnen. Nach § 10 Abs. 2 JGG ist bei Vorliegen der erforderlichen Zustimmungen des Erziehungsberechtigten und des gesetzlichen Vertreters auch die Weisung, sich einer Entziehungskur zu unterziehen, möglich.[990]

Das Strafgesetzbuch sieht im Rahmen der Strafaussetzung von Freiheitsstrafen zur Bewährung (§§ 56 ff. StGB) die Möglichkeit vor, die Strafaussetzung an Weisungen zu koppeln. Nach § 56 c Abs. 1, S. 1 StGB erteilt das Gericht dem Verurteilten für die Dauer der Bewährungszeit Weisungen, wenn er dieser Hilfe bedarf, um nicht wieder straffällig zu werden. Im Gegensatz zu Auflagen, die der Genugtuung für das begangene Unrecht dienen[991], dienen Weisungen nur der Beeinflussung und Resozialisierung des Täters. Sie dürfen deshalb allein Einwirkungen auf die künftige Lebensführung des Verurteilten zum Inhalt haben.[992] Der Katalog der Weisungen in § 56 c Abs. 2 StGB ist nicht erschöpfend (»namentlich«). Das Ge-

---

[989] Ostendorf, § 10 Rz. 21.

[990] Den Jugendlichen können Weisungen i.S.d. § 10 JGG auch im Rahmen der Aussetzung der Verhängung der Jugendstrafe (§ 29 JGG) und im Rahmen der Aussetzung der (Rest-) Jugendstrafe zur Bewährung (§§ 23, 88 Abs. 6 JGG) sowie im Falle des Absehens von der Verfolgung gem. § 45 Abs. 3 JGG und der Verfahrenseinstellung gem. § 47 Abs. 1 JGG auferlegt werden.

[991] Tröndle/Fischer, § 56 b Rz. 2; Schönke/Schröder-Stree, § 56 b Rz. 4; Lackner/Kühl-Lackner, § 56 b Rz. 1; Mitsch, JA 1993, 304 (306).

[992] OLG Koblenz, NStZ 1987, 24 (24 f.); LK-Gribbohm, § 56 c Rz. 1; Schönke/Schröder-Stree, § 56 c Rz. 1.

richt kann andere als dort genannte, ihm zweckmäßig erscheinende Weisungen erteilen, also auch sich einer Beratung, einer Therapie, einem sozialen Trainingskurs zu unterziehen oder einem Verkehrsunterricht beizuwohnen.[993] Das Gericht kann gem. § 56 c Abs. 3 Nr. 1 StGB die Weisung, sich einer mit einem körperlichen Eingriff verbundenen Heilbehandlung oder einer Entziehungskur zu unterziehen, aussprechen, die allerdings der Einwilligung des Täters bedarf.[994]

Auch bei der Verwarnung mit Strafvorbehalt können Therapiemaßnahmen vom Gericht als Weisungen vergeben werden. Das Gericht kann den Verwarnten gem. § 59 a Abs. 2, S. 1 StGB anweisen, sich einer ambulanten Heilbehandlung oder einer ambulanten Entziehungskur zu unterziehen (Nr. 4) oder an einem Verkehrsunterricht teilzunehmen (Nr. 5). Im Gegensatz zur Strafaussetzung zur Bewährung (§ 56 c Abs. 2 und 3 StGB) sind die in § 59 a Abs. 2 StGB genannten Weisungen abschließend aufgezählt.[995] Fraglich ist, ob dem Verwarnten möglicherweise trotzdem die Teilnahme an einer Beratung oder an einem sozialen Trainingskurs auferlegt werden kann. Das Gericht könnte die entsprechende Anwendung des § 59 a Abs. 2, S. 1 Nr. 4 StGB für zulässig erachten und beispielsweise die Weisung zur Teilnahme an einer Beratung oder an einem sozialen Trainingskurs erteilen, mit dem Argument, dass eine Beratung oder ein sozialer Trainingskurs eine geringere Belastung des Delinquenten darstellt als die Weisung der ambulanten Heilbehandlung oder Entziehungskur.[996] Angesichts der bewussten Beschränkung durch den Gesetzgeber und des eindeutigen Wortlauts des Gesetzes dürfte dem Gericht dieser Weg jedoch verwehrt sein. Sozialer Trainingskurs und Heilbehandlung können nicht gleichgesetzt werden, denn der Trainingskurs dient dem sozia-

---

[993] Zu den Weisungen, an einem sozialen Trainingskurs oder an einer Paarberatung teilzunehmen, vgl. Schall/Schirrmacher, Gewalt gegen Frauen und Möglichkeiten staatlicher Interventionen, S. 45 f.

[994] Vgl. dazu und zur Problematik einer Zwangstherapie: Schall/Schreibauer, NJW 1997, 2412 (2419).

[995] Schönke/Schröder-Stree, § 59 a Rz. 1; SK-StGB-Horn, § 59 a Rz. 4; LK-Gribbohm, § 59 a Rz. 6; Tröndle/Fischer, § 59 a Rz. 3. Die Kommission zur Reform des strafrechtlichen Sanktionensystems hat in ihrem Abschlussbericht die Öffnung des Auflagen- und Weisungskataloges des § 59 a Abs. 2 StGB befürwortet. Vgl. Diskussion und Beschlüsse, in: Abschlussbericht der Kommission zur Reform des strafrechtlichen Sanktionensystems, 41 (43 f.). Der Gesetzentwurf der Bundesregierung 11.06.2002 hatte diesen Vorschlag übernommen, vgl. BT-Drs. 14/9358, S. 4, der aktuelle Gesetzentwurf vom 17.03.2004 sieht ihn nicht mehr vor, vgl. BT-Drs. 15/2725, S. 9, 29.

[996] Vgl. Schall/Schirrmacher, Gewalt gegen Frauen und die Möglichkeiten staatlicher Intervention, S. 46.

len Lernen (Lernen durch Konfrontation mit dem eigenen Fehlverhalten) und nicht etwa der Therapie.[997] Sozialer Trainingskurs oder Beratung sind auch nicht in einer Heilbehandlung oder Entziehungskur mitenthalten. Von den in dem Entwurf des Deutschen Richterbundes aufgeführten Ersatzreaktionen kann das Gericht im Rahmen der Verwarnung mit Strafvorbehalt mithin nur die Weisung zur Teilnahme an einem Verkehrsunterricht aussprechen, die übrigen Maßnahmen, sich einer Beratung, einer Therapie oder einem sozialen Trainingskurs zu unterziehen, kann es demgegenüber nicht als Weisungen erteilen.

Möglicherweise eröffnet sich die Möglichkeit, die Teilnahme an einer Beratung, einer Therapie oder einem sozialen Trainingskurs anzuordnen, dadurch, dass man diese Maßnahmen nicht als Weisung, sondern als Auflage der Schadenswiedergutmachung i.S.d. § 59 a Abs. 2, S. 1 Nr. 1, 2. Alt. StGB versteht. Voraussetzung dieses Ansatzes ist erstens, dass der Begriff der Schadenswiedergutmachung auch den immateriellen Ausgleich umfasst, zweitens, dass die Teilnahme an einer Beratung, einer Therapie oder einem sozialen Trainingskurs als Ausgleich des immateriellen Schadens verstanden werden kann[998] und drittens, dass die Wertung des Gesetzgebers nicht entgegensteht. Die Frage, ob die erste und die zweite Voraussetzung vorliegen, kann an dieser Stelle offen bleiben, weil jedenfalls die dritte Voraussetzung nicht gegeben ist. Der Gesetzgeber hat den Katalog des § 59 a Abs. 2 StGB bewusst abschließend ausgestaltet. Er war der Auffassung, dass die dort genannten Auflagen und Weisungen für die Täter, die für eine Verwarnung mit Strafvorbehalt in Betracht kommen, ausreichend sind. Wenn das Gericht die Teilnahme an einem sozialen Trainingskurs, einer Therapie oder einer Beratung anordnet, setzt es sich über diese gesetzgeberische Wertung hinweg. Nicht das Gericht, sondern der Gesetzgeber ist dazu berufen, über die vorgesehenen Auflagen und Weisungen hinaus gehende Maßnahmen umzusetzen und sie in den Katalog des § 59 a Abs. 2 StGB einzufügen. Hinzu kommt, dass das Jugendgerichtsgesetz explizit zwischen der Teilnahme an einem sozialen Trainingskurs (§ 10 Abs. 1, S. 3 Nr. 6 JGG) und der Schadenswiedergutmachung (§ 15 Abs. 1, S. 1 Nr. 1 JGG) unterscheidet, so dass diese Maßnahmen im Erwachsenenstrafrecht nicht gleichgesetzt werden können. Mithin ist nicht davon auszugehen, dass das Gericht

---

[997] Schall/Schirrmacher, Gewalt gegen Frauen und die Möglichkeiten staatlicher Intervention, S. 46.

[998] Schall/Schirrmacher, Gewalt gegen Frauen und die Möglichkeiten staatlicher Intervention, S. 47.

dem Verwarnten die Teilnahme an einem sozialen Trainingskurs, einer Therapie oder einer Beratung als Wiedergutmachungsauflage auferlegen kann.

Bei der Einstellung des Verfahrens gegen Auflagen und Weisungen gem. § 153 a StPO besteht für die Staatsanwaltschaft (§ 153 a Abs. 1 StPO) bzw. das Gericht (§ 153 a Abs. 2 StPO) die Möglichkeit, dem Täter als nichtstrafrechtliche Sanktion die Auflage zu erteilen, an einem Aufbauseminar nach dem Straßenverkehrsgesetz teilzunehmen (§ 153 a Abs. 1, S. 2 Nr. 6 StPO). Die Anordnung der Teilnahme an einer Beratung, einer (Drogen-) Therapie oder einem sozialen Trainingskurs ist nicht ausdrücklich vorgesehen. Das war auch bei der bis zum 20.12.1999 gültigen Fassung des § 153 a Abs. 1, S. 1 StPO der Fall. Die Aufzählung von Auflagen und Weisungen in § 153 a Abs. 1, S. 1 StPO a.F. war abschließend. Andere als dort vorgesehene Auflagen und Weisungen durften nicht verhängt werden und waren unzulässig.[999] Ein Anfang der 90iger Jahre in Passau und Augsburg durchgeführtes Modellprojekt »Gewalt im sozialen Nahraum« sah vor, dass die beteiligten Staatsanwälte bei der Einstellung des Verfahrens gem. § 153 a StPO den Beschuldigten von leichten und mittelschweren Gewalthandlungen eine Beratungsauflage aufgeben konnten. Die Teilnahme an einer Ehe-, Lebens-, Erziehungs- oder Suchtberatung wurde als Wiedergutmachungsleistung i.S.d. § 153 a Abs. 1, S. 1 Nr. 1 StPO a.F. eingestuft, obwohl es sich nicht um eine Paarberatung zusammen mit der misshandelten Partnerin, sondern um eine ausschließlich an den Täter gerichtete Beratung handelte.[1000] Für diese Auslegung bzw. Anbindung gibt es heute keinen Grund mehr. Das Gesetz zur strafverfahrensrechtlichen Verankerung des Täter-Opfer-Ausgleichs und zur Änderung des Gesetzes über Fernmeldeanlagen vom 20.12.1999[1001] hat den Katalog der nach § 153 a Abs. 1 StPO möglichen Auflagen und Weisungen geöffnet (»insbesondere«). Dem Delinquenten können nunmehr auch andere als die in § 153 a Abs. 1, S. 2 Nr. 1-6 StPO genannten Auflagen und Weisungen erteilt werden. In der Begründung des Gesetzentwurfs der Bundesregierung vom 29.10.1999 wurde ausdrücklich die Auflage, an einem sozialen Trainingskurs teilzunehmen, genannt.[1002] Möglich

---

999 LR-Beulke, § 153 a Rz. 69.

1000 Beulke, MschrKrim 1994, 360 (363 f.); ders., FS f. Kaiser, S. 1419 (1419 ff.); zustimmend: Meyer-Goßner, § 153 a Rz. 17; zweifelnd: Schall/Schirrmacher, Gewalt gegen Frauen und die Möglichkeiten staatlicher Intervention, S. 51 f.; ablehnend: Meier, JZ 1995, 434 (438).

1001 BGBl I S. 2491 f.

1002 BT-Drs. 14/1928, S. 7.

sind nunmehr auch die im »Passauer Modellprojekt« erprobte Beratungsauflage und die Auflage, sich einer ambulanten Therapie zu unterziehen. Dem Beschuldigten können im Rahmen des § 153 a StPO die Maßnahmen, an einer Beratung, einer Therapie, einem sozialen Trainingskurs oder an einem Verkehrsunterricht bzw. Aufbauseminar teilzunehmen, auferlegt werden.

bb) »Therapielücke« im Bereich der Geldstrafensanktion

Die vorstehenden Ausführungen haben gezeigt, dass bei Tätern mit geringem Schuldgehalt, bei denen eine Geldstrafe nicht verhängt, sondern das Verfahren gem. § 153 a StPO eingestellt wird, die Möglichkeit besteht, die Teilnahme an einer Beratung, einer ambulanten Therapie, an einem sozialen Trainingskurs oder an einem Verkehrsunterricht mit Zustimmung des Beschuldigten anzuordnen. Gegen Täter mit schwerer Schuld, die zu einer Freiheitsstrafe auf Bewährung verurteilt werden, kann die Teilnahme an einer Beratung, einer Therapie, einem sozialen Trainingskurs oder einem Verkehrsunterricht als Bewährungsweisung gem. § 56 c StGB festgesetzt werden. Bei Tätern mit mittlerer Schuld, deren Taten mit Geldstrafe geahndet werden, ist eine Möglichkeit zur Auferlegung einer Beratung, einer ambulanten Therapie, eines sozialen Trainingskurses etc. nicht vorhanden. Lediglich im Rahmen der Verwarnung mit Strafvorbehalt besteht die Möglichkeit, den Verwarnten anzuweisen, sich einer (ambulanten) Heilbehandlung oder Entziehungskur zu unterziehen oder an einem Verkehrsunterricht teilzunehmen. Angesichts der geringen praktischen Relevanz des Instituts der Verwarnung mit Strafvorbehalt sind die genannten Möglichkeiten jedoch zu vernachlässigen. Das bedeutet, dass in den Fällen, in denen Taten im Bereich der mittleren und unteren Kriminalität in Rede stehen und bei denen die Verhängung einer Geldstrafe erfolgt, auf den Täter nicht durch die Auferlegung einer Beratung, eines sozialen Trainingskurses etc. eingewirkt werden kann. Im Bereich der Geldstrafensanktion klafft daher eine Lücke.

Fraglich ist, ob ein Bedürfnis besteht, diese Lücke zu schließen. Bei den zu Geldstrafe verurteilten Delinquenten handelt es sich überwiegend nicht um einen Personenkreis, der kriminell gefährdet ist, Defizite sozialer Kompetenzen aufweist, Beratungsbedarf hat oder therapeutischer Hilfe bedarf. Die meisten zu einer Geldstrafe Verurteilten benötigen keine ambulante Resozialisierung, sondern sollen nur einen spürbaren Denkzettel bekommen.[1003] Somit kommt die Mehrheit der Geldstrafenschuldner nicht als Adressat von Therapiemaßnahmen und sonstigen Maßnahmen in Betracht. Das bedeutet aber nicht, dass damit von vornherein ein Befürfnis zu verneinen ist. Denn es gibt eine Reihe von Drogen-, Gewalt- und Verkehrstäter, die keine oder noch keine so erheblichen Straftaten begangen haben, dass sie zu Freiheitsstrafe verurteilt werden müssten, bei denen aber die Geldstrafe als reine Denkzettelsanktion spezialpräventiv zu kurz greift. Die Geldstrafe stößt in diesen Fällen an ihre Grenzen. Da eine kriminelle Karriere zumeist nicht mit schweren Delikten beginnt, die mit Freiheitsstrafe bedroht sind, sondern mit Delikten im kleineren und mittleren Kriminalitätsbereich, die mit Geldstrafen geahndet werden, ist es sinnvoll, bereits auf der »Geldstrafenstufe« mit der Einwirkung auf den Täter anzusetzen. Das Sanktionensystem sieht eine Einwirkung auf den Täter erst vor, wenn er zu einer ausgesetzten Freiheitsstrafe verurteilt und der Aufsicht und Leitung eines Bewährungshelfers unterstellt wird. In der Regel liegen zu diesem Zeitpunkt bereits mehrere Straftaten und Verurteilungen vor, die möglicherweise bei einer stärker persönlichkeitsbezogenen Intervention hätten vermieden oder abgemildert werden können. Denn häufig sind die zugrundeliegenden Probleme, Defizite und Persönlichkeitskrisen schon früh und deutlich erkennbar.[1004] Sinnvoll ist mithin, auf den Täter vor einer etwaigen Verfestigung kriminellen Verhaltens einzuwirken. Das Modell eröffnet diese Möglichkeit und richtet sich an die zu einer Geldstrafe Verurteilten, die schon früh Defizite und Problemlagen erkennen lassen. Nach dem Modell kann beispielsweise dem gewaltbereiten Ehemann auferlegt werden, an einem Beratungsgespräch oder einem sozialen Trainingskurs gegen Aggressionen teilzunehmen. Bei alkoholabhängigen Delinquenten können Beratungsgespräche bei den »Anonymen Alkoholikern«, bei drogengefährdeten und -süchtigen Kleindealern können Beratungen bei einer Frühberatungsstelle oder einer Drogenhilfestelle, bei Exhibitionisten kann eine therapeutische Behandlung, bei Süchtigen eine ambulante Suchttherapie, bei rücksichtlosen Verkehrstätern die Teilnahme an einem Verkehrsunterricht vorgesehen werden. Bei diesen Delinquenten kann das Strafverfahren eine Gesprächs-, Beratungs- oder Behandlungsbereitschaft wecken, die vorher nicht bestand. Ziel ist, dass die Delinquenten durch die Teilnahme an den genannten Maßnahmen eine die Lebensführung verändernde und straftatenvermeidende Grundeinstellung er-

---

[1003] So Mitsch, JA 1993, 304 (310).

[1004] Schöch, Gutachten C zum 59. DJT, S. 102, allerdings bezogen auf die Betreuungsweisung.

langen. Das gilt auch für die Teilnahme an einem sozialen Trainingskurs. Der soziale Trainingskurs richtet sich an Täter mit einem Defizit sozialer Kompetenzen. Dem Täter, in dessen Tat sich (auch) ein Mangel an sozialer Kompetenz gezeigt hat, wird auferlegt, sich einem sozialen Trainingskurs zur Behebung des Defizits zu unterziehen. Dabei wird ein lerntheoretischer Ansatz verfolgt. Der gewalttätige Täter soll sich seine alten Verhaltensmuster bewusst machen, die persönlichen Defizite offenlegen und konstruktiv-konfliktlösende Handlungsformen erlernen. Das wichtigste Ziel eines sozialen Trainingskurses für häusliche Gewalttäter ist, die Täter dauerhaft zu befähigen, sozial angemessene Konflikt- und Beziehungsmuster leben zu können.[1005] Gegen die Ersatzleistung »Teilnahme an einem sozialen Trainingskurs« lässt sich zwar einwenden, dass es sich um eine Maßnahme aus dem Jugendstrafrecht handelt, die dort eine Form erzieherischer Gruppenarbeit darstellt und wegen ihrer primär pädagogischen Ausrichtung für eine Übertragung in das allgemeine Strafrecht nicht in Betracht kommt.[1006] Doch der soziale Trainingskurs ist seiner Natur nach nicht auf Jugendliche beschränkt, sondern kommt auch für erwachsene Straftäter mit den genannten Verhaltensmängeln in Betracht. Auch im Geldstrafenbereich besteht ein Bedürfnis, auf einige Täter einzuwirken und in die Zukunft gerichtete lebens- und persönlichkeitsverändernde Entwicklungen einzuleiten. Denn auch der zu einer Geldstrafe Verurteilte hat eine Straftat begangen und es liegt im Interesse der Allgemeinheit, dass er in Zukunft straflos bleibt.[1007]

cc) Therapiemaßnahmen im Lichte der Strafzwecke

Im Folgenden soll untersucht werden, ob die Teilnahme an Therapiemaßnahmen und an Kursen zur Behebung bestimmter Defizite einen Ersatz für die Geldstrafe darstellen kann. Das wäre der Fall, wenn sich die Teilnahme an ambulanten Therapiemaßnahmen und an sonstigen Maßnahmen unter Strafzweckgesichtspunkten (Schuldausgleich, Spezial- und Generalprävention) legitimieren ließe.

[1005] Vgl. Fachgruppe Straffälligenhilfe im Paritätischen Landesverband Baden-Württemberg, Empfehlungen zur Durchführung von Sozialen Trainingskursen für erwachsene Gewalttäter, S. 2, abrufbar im Internet unter: http://www.paritaet-bw.de.

[1006] So Schöch, Gutachten C zum 59. DJT, S. 36.

[1007] Groß, StV 1999, 508 (510).

Fraglich ist, ob die in Rede stehenden Maßnahmen Zwecke des Schuldausgleichs erfüllen können. Für den Ausgleich der Tatschuld kommt es primär darauf an, dem Täter ein der Schwere von Unrecht und Schuld angemessenes Strafübel zuzufügen, das eine öffentliche Missbilligung der Tat ausdrückt und dadurch Rechtsbewährung schafft.[1008] Ein solches Übel liegt in dem Entzug einer Rechtsposition, wobei an den verschiedensten Rechtsgütern angesetzt werden kann (z.B. Freiheit, Freizeit, Vermögen). Durch die Teilnahme an Kursen zur Behebung bestimmter Defizite und an ambulanten Therapiemaßnahmen verringert sich die zur Verfügung stehende Freizeit des Delinquenten. Die Freizeitbeschränkung hängt dabei von der Dauer des Kurses bzw. der therapeutischen Maßnahme ab. Die Frage des möglichen Umfanges eines sozialen Trainingskurses oder anderer Maßnahmen wurde weder von der Großen Strafrechtskommission des Deutschen Richterbundes noch von der Kommission zur Reform des strafrechtlichen Sanktionensystems angesprochen. Anhaltspunkte für den zeitlichen Rahmen von sozialen Trainingskursen lassen sich dem Gesetz entnehmen. Das Jugendgerichtsgesetz bestimmt für die Teilnahme an einem sozialen Trainingskurs in § 11 Abs. 1, S. 2 JGG eine Zeitdauer von sechs Monaten als Höchstgrenze. Die unbenannten Auflagen und Weisungen des § 153 a StPO sind ebenfalls grundsätzlich innerhalb einer Höchstfrist von sechs Monaten zu erfüllen.[1009] Ein zeitlicher Rahmen von sechs Monaten erscheint auch hier für die ersatzweise zu erbringenden Maßnahmen geeignet, um innerhalb eines überschaubaren Zeitraumes Klarheit zu erlangen, ob die Geldstrafe als beglichen anzusehen ist oder ob sie vollstreckt wird. Dieser Zeitraum dürfte auch ausreichend sein, um vorhandene Defizite aufzuarbeiten und einen Veränderungsprozess in Gang zu setzen. Erstreckt sich der Kurs oder die ambulante Therapiemaßnahme über einen Zeitraum von 20 bis 24 Wochen, dann ist der Täter einer nicht unerheblichen zeitlichen Beschränkung und

---

[1008] BGHSt 19, 201 (206); Jescheck/Weigend, Lehrbuch des Strafrechts, AT, § 2 II.1.; Stein, NStZ 2000, 393 (395).

[1009] Die zur Erfüllung der unbenannten Auflagen und Weisungen dem Beschuldigten nach § 153 a Abs. 1, S. 3 StPO zu setzende Höchstfrist ist nicht geregelt. Es kommen drei Möglichkeiten in Betracht: Entweder gilt die sechsmonatige Frist, wie für die Fälle des § 153 a Abs. 1, S. 2 Nr. 1 bis 3, 5 und 6 StPO, oder die Jahresfrist, wie für die Fälle des § 153 a Abs. 1, S. 2, Nr. 4 StPO, oder für die unbenannten Auflagen und Weisungen gilt wegen des Schweigens des Gesetzes gar keine Frist. Richtigerweise wird für den Regelfall von einer Höchstdauer von sechs Monaten auszugehen sein, weil § 153 a StPO innerhalb akzeptabler Fristen für Klarheit durch Fortführung oder endgültige Einstellung des Verfahrens sorgen soll und die Jahresfrist eine Ausnahmefrist für den Sonderfall der Weisung der Erfüllung der Unterhaltspflichten bildet. Vgl. dazu LR-Beulke, § 153 a Rz. 79.

zudem einer langanhaltenden Konfrontation mit seinem eigenen Fehlverhalten bzw. seinen Defiziten ausgesetzt. Neben dem Freizeitverlust ist der Delinquent unter Umständen weiteren Einschränkungen unterworfen. Bei einer ambulanten Suchttherapie ist der Betroffene beispielsweise erheblichen Belastungen und einschneidenden Eingriffen ausgesetzt. Der Proband muss regelmäßig zur Substitutionsvergabe und zur Urinkontrolle zum Nachweis der Drogenfreiheit erscheinen. Der Therapeut kann ihm darüber hinaus Arbeitsaufträge erteilen, z.B. Wohnungssuche, Umschulungsmaßnahmen, Fortbildungsinitiativen oder Aufgaben in einer therapeutischen Wohngemeinschaft. Ein solches Therapieprogramm belastet den Täter in mehrfacher Hinsicht und greift weitreichend in sein Privat-, Familien- und Berufsleben ein.[1010] Die Therapiemaßnahme verlangt von dem Verurteilten eine Selbstdisziplinierung und Selbstbeschränkung. Diese mag man gering einschätzen, jedoch läuft man dann Gefahr, die Lebenswirklichkeit bestimmter Delinquenten, z.B. Alkohol- und Gewalttäter, drogensüchtiger Kleindealer, zu vernachlässigen. Hinzu kommt, dass der Verurteilte beispielsweise bei einer Gruppentherapie, einem Verkehrsunterricht oder einem sozialen Trainingskurs auch anderen Kursteilnehmern gegenüber treten muss. Es ist davon auszugehen, dass die betroffenen Delinquenten die Teilnahme an den ambulanten Maßnahmen als Übelszufügung ansehen. Dass die Kurse und Therapiemaßnahmen bei dem Täter den Eindruck einer Übelszufügung erwecken, reicht jedoch allein nicht aus, um den Charakter eines Strafübels zu begründen.[1011] Denn alle nachteiligen Rechtsfolgen, auch zivilrechtliche, besitzen diese Wirkung.[1012] Ambulante Therapiemaßnahmen, soziale Trainingskurse, Beratungen etc. sind nicht auf eine repressive Wirkung angelegt, sondern stellen eine helfende, unterstützende und auf Resozialisierung gerichtete Reaktionsform dar. Sie sind von ihrem Inhalt und Verständnis weit davon entfernt, ein Übel zu enthalten.

Möglicherweise könnte der Teilnahme an Kursen zur Behebung bestimmter Defizite und an ambulanten Therapiemaßnahmen unter einem anderen Gesichtspunkt eine schuldausgleichende Wirkung zukommen. Die Gerechtigkeit verlangt zwar, dass derjenige, der Strafnormen übertreten hat, zum Ausgleich für den durch die angemaßte Freiheit unrechtmäßig erlangten Vorteil einen Nachteil hinnehmen muss. Dieser Nachteil muss jedoch kein staatlich auferlegtes Übel sein, sondern

---

[1010] Körner, NStZ 1998, 227 (235).

[1011] Klug, Skeptische Rechtsphilosophie und humanes Strafrecht, S. 10.

[1012] Hirsch, ZStW 102 (1990), 534 (538).

ist auch als actus contrarius sozialkonstruktiver Wiedergutmachung denkbar.[1013] Geht man von der Erkenntnis aus, dass Schuld nicht nur durch das passive Erleiden eines Strafübels, sondern auch durch das Erbringen einer positiven Leistung ausgeglichen werden kann, könnte auch der Teilnahme an Kursen zur Behebung bestimmter Defizite und an therapeutischen Maßnahmen unter der Voraussetzung, dass sie als eine Form der Wiedergutmachung und damit als eine positive Leistung des Täters angesehen werden können, eine schuldausgleichende Wirkung zukommen. Einigkeit besteht heute darüber, dass unter den Begriff der Wiedergutmachung neben einem materiellen Ausgleich auch ein immaterieller Ausgleich fällt. Fraglich ist, ob die Teilnahme an Therapiemaßnahmen oder Kursen zur Behebung bestimmter Defizite als immaterielle Wiedergutmachung aufgefasst werden kann. Das Problem liegt darin, dass die genannten Maßnahmen allein täterorientiert sind. Sie sind auf eine künftige Verhaltensänderung des Täters gerichtet. Der soziale Trainingskurs, die Drogentherapie und die Suchtberatung bezwecken in erster Linie nur eine Selbstresozialisierung des Täters.[1014] *Schall* und *Schirrmacher* plädieren im Hinblick auf den sozialen Trainingskurs dafür, diesen als immaterielle Wiedergutmachung anzuerkennen. Sie weisen darauf hin, dass die erfolgreiche Teilnahme an einem sozialen Trainingskurs als Voraussetzung für einen Ausgleich des immateriellen Schadens verstanden werden könne. Erst die Einsicht, fehlerhaft zu handeln, könne eine weitere Aufarbeitung des Konflikts ermöglichen. Der Täter solle durch den sozialen Trainingskurs u.a. die Einsicht erlangen, dass er fehlerhaft handelt. Kommt der Täter zu dieser inneren Überzeugung und stellt sich bei ihm die durch den Kurs erstrebte Verhaltensänderung ein, dann erfülle er die Grundvoraussetzung für einen Ausgleich mit dem Verletzten bzw. zur weiteren Teilnahme an einem konfliktschlichtenden Programm. Sie meinen, dass sich der Täter durch die Konfrontation mit seinem Fehlverhalten mit der Tat auseinandersetze, wodurch auch das psychische Befinden des Opfers positiv beeinflusst werden könne. Die Persönlichkeitsarbeit des Täters könne als Versuch eingestuft werden, die angstbelastete Situation des Opfers zu verbessern.[1015] Folgt

---

1013 Frühauf, Wiedergutmachung zwischen Täter und Opfer, S. 121 ff.; Rössner, in: Marks/ Rössner (Hrsg.), Täter-Opfer-Ausgleich, 7 (18 f.); Baumann u.a., Alternativ-Entwurf Wiedergutmachung, S. 25.

1014 Schall/Schirrmacher, Gewalt gegen Frauen und die Möglichkeiten staatlicher Intervention, S. 51.

1015 Schall/Schirrmacher, Gewalt gegen Frauen und die Möglichkeiten staatlicher Intervention, S. 51 f.; vgl. auch Beulke, MschrKrim 1994, 360 (364).

man dieser Meinung, so ließe sich vertreten, dass sich die auszugleichende Schuld eines Täters, der sich solchen Kursen oder Maßnahmen unterzieht, gegenüber einem vergleichbaren Täter, der sich nicht um die bei ihm vorhandenen Defizite kümmert, verringert und somit ein Schuldausgleich bejaht werden könnte.
Demgegenüber sehen die Verfasser des Alternativ-Entwurfs Wiedergutmachung (AE-WGM) Leistungen des Täters zu seiner Selbstresozialisierung oder Selbstbestrafung, wie z.B. Entziehungskur eines Alkoholikers, heilerzieherische Behandlung eines Exhibitionisten oder Führerscheinverzicht eines Verkehrstäters, mangels Opferbezuges nicht als Wiedergutmachung an.[1016] Dieser Ansicht ist zuzustimmen. Der Täter gleicht durch die Teilnahme an einem sozialen Trainingskurs, einer Beratung, einer Therapie etc. nicht die durch die Straftat verursachten Folgen für das Opfer aus. Die Maßnahmen richten sich nur an den Täter. Ein Bezug zum Opfer fehlt. Die Resozialisierungsmaßnahmen selbst als immaterielle Wiedergutmachung anzuerkennen, ist zu weitgehend. Zu bedenken ist, dass die genannten Maßnahmen eine künftige Verhaltensänderung des Täters bezwecken, die dem Verletzten nicht (mehr) zugute kommt und seine durch die Straftat erlittenen physischen und/oder psychischen Schäden nicht ausgleicht. Das gilt auch in den Fällen, in denen das Opfer mit dem Täter in einer engen und fortdauernden sozialen Beziehung, z.B. familiärer Art, steht. Das geschädigte Opfer wird zwar ein Interesse an einer künftigen Verhaltensänderung des Täters haben, und eine Verhaltensänderung wird dem Opfer auch zugute kommen, gleichwohl nützt dem Opfer eine künftige Verhaltensänderung des Täters im Hinblick auf die bereits erlittenen Folgen der Tat nichts. Für die Anerkennung einer positiven Leistung als personenbezogene Wiedergutmachung gegenüber dem Opfer ist zu verlangen, dass das Opfer im Mittelpunkt dieser Leistung steht, sich die Leistung an das Opfer richtet und diesem zugute kommt, also durch die Leistung ein irgendwie gearteter Ausgleich der Folgen der Straftat eintritt. Auch die Einordnung der Leistungen als stellvertretende bzw. symbolische Wiedergutmachung ist zu verneinen, weil sie keine gemeinschaftsbezogenen Leistungen bzw. keine an die Gesellschaft gerichteten Ausgleichshandlungen darstellen, sondern sich ausschließlich an den Delinquenten richten. Der Rechtsfrieden wird nicht dadurch wiederhergestellt, dass der Täter sich nur um die bei ihm vorhandenen Defizite kümmert. *Laue* weist zutreffend darauf hin, dass die Resozialisierungsmaßnahmen auf die Beseitigung möglicher Ursachen der Tat, nicht auf deren Folgen gerichtet sind. Sie dienen der

[1016] Baumann u.a., Alternativ-Entwurf Wiedergutmachung, S. 47.

Verhinderung weiterer Straftaten und haben mit der begangenen Tat nichts mehr zu tun.[1017] Dass die Gesellschaft von der Verhaltensänderung des Täters profitiert, weil dieser möglicherweise künftig straffrei bleibt, ändert an dieser Betrachtungsweise nichts. Mithin ist festzustellen, dass die Teilnahme an Kursen zur Behebung bestimmter Defizite und an ambulanten Therapiemaßnahmen nicht als immaterielle Wiedergutmachung angesehen werden kann mit der Folge, dass ihr eine schuldausgleichende Wirkung nicht zukommt. Die genannten Maßnahmen können nicht als Ersatz für eine Geldstrafe fungieren. Der Ersatz einer Geldstrafe durch die Teilnahme an einem sozialen Trainingskurs, einem Verkehrsunterricht, einer Beratung, einer Therapie etc. ist daher abzulehnen.[1018]

b) Schadenswiedergutmachungszahlung an das Opfer

Das Verbüßungsmodell des Deutschen Richterbundes und das Ersetzungsmodell der Kommission zur Reform des strafrechtlichen Sanktionensystems sehen übereinstimmend die Wiedergutmachung des Täters als Ersatz für die Geldstrafe vor. Die Modelle fügen sich damit in eine Reihe von Vorschlägen zur (verstärkten) Verankerung der Schadenswiedergutmachung in das Sanktionensystem ein. Bereits der Alternativ-Entwurf (AE) von 1966[1019] enthielt die Möglichkeit, neben einer Verurteilung zur Geldstrafe dem Verurteilten die Schadenswiedergutmachung aufzuerlegen und im Fall ihrer Erfüllung ein Drittel der Geldstrafe zu erlassen (vgl. §§ 54, 56 AE). Andere Ansätze sehen z.B. die vorrangige Verwendung von Geldstrafen auf den Schadensausgleich[1020], die Aussetzung von Geldstrafen zur

---

[1017] Laue, Symbolische Wiedergutmachung, S. 19.

[1018] Die Mehrheit der Mitglieder der Kommission zur Reform des strafrechtlichen Sanktionensystems lehnt den Ersatz einer Geldstrafe durch Therapiemaßnahmen als systemwidrig ab. Nach ihrer Auffassung werden mit der Geldstrafe andere Zwecke verfolgt als mit therapeutischen Maßnahmen. Die Geldstrafe besitze im Gegensatz zu ambulanten Therapiemaßnahmen Denkzettel- und Genugtuungsfunktion. Sie soll den Delinquenten nicht therapieren, sondern ihm die Norm verdeutlichen. Vgl. Diskussion und Beschlüsse, in: Abschlussbericht der Kommission zur Reform des strafrechtlichen Sanktionensystems, 91 (93 f.).

[1019] Baumann u.a., Alternativ-Entwurf eines Strafgesetzbuches, Allgemeiner Teil, 2. Aufl., Tübingen 1969.

[1020] Der Vorschlag geht dahin, Schadenswiedergutmachung und Geldstrafe zusammen zu verhängen, worauf vorrangig die Schadenswiedergutmachung abzuleisten ist. Diese Leistung wird auf die Geldstrafe angerechnet. Vgl. Sessar, FS f. Leferenz, S. 145 (159); Frehsee, Schadenswiedergutmachung als Instrument strafrechtlicher Sozialkontrolle, S. 212.

Bewährung unter Wiedergutmachungsauflage[1021], den bedingten Erlass eines Teils der Geldstrafe für den Fall der Wiedergutmachung des Schadens[1022] und die Wiedergutmachung als eigenständige Sanktion[1023] vor. Der meistdiskutierte Vorschlag ist der von einer Gruppe von Strafrechtslehrern vorgelegte sog. Alternativ-Entwurf Wiedergutmachung (AE-WGM) aus dem Jahr 1992.[1024] Nach dem AE-WGM soll die Wiedergutmachung neben den Strafen und Maßregeln der Besserung und Sicherung als dritte Spur in den Rechtsfolgenteil des Strafgesetzbuches aufgenommen werden.[1025] Der AE-WGM bildete die Grundlage für das Gutachten von *Schöch*[1026] und die Diskussion auf dem 59. Deutschen Juristentag[1027] um die Einführung der Wiedergutmachung als neue strafrechtliche Sanktion. Die Teilnehmer des 59. Deutschen Juristentages sprachen sich mehrheitlich gegen eine dritte Spur im Sinne des AE-WGM aus.[1028] Die SPD-Fraktion brachte im Jahr 1993 einen Gesetzesentwurf in den Bundestag ein, der in einem neu einzuführenden § 24 a StGB eine obligatorische Strafmilderung nach vollständiger Schadenswiedergutmachung bei Eigentumsdelikten sowie eine fakultative Strafmilderung in sonstigen Fällen vorsah.[1029] Der Gesetzentwurf wurde nicht abschließend beraten.

aa) »Wiedergutmachungslücke« im Bereich der Geldstrafensanktion

Die Schadenswiedergutmachung wird im Gesetz in einer Reihe von ganz unterschiedlichen Regelungen angesprochen: in §§ 46, 46 a StGB als Strafzumessungsfaktor bzw. Strafmilderungsgrund, in § 56 Abs. 2 StGB als »besonderer Umstand«, der die Strafaussetzung zur Bewährung rechtfertigen kann, in § 56 b StGB

1021 Rieß, Gutachten C zum 55. DJT, S. 98, 134; Hirsch, ZStW 102 (1990), 534 (550 f.); ders.; GS f. Kaufmann, S. 699 (710); Schmidt-Hieber, NJW 1992, 2001 (2003); Dölling, ZStW 104 (1992), 259 (285); Loos, FS f. Hirsch, S. 851 (876).

1022 Rieß, Gutachten C zum 55. DJT, S. 98, 134, der diesen Vorschlag als Alternativmodell erwägt. Vgl. auch Hirsch, ZStW 102 (1990), 534 (552); ders., GS f. Kaufmann, S. 699 (710).

1023 Roxin, RuP 1988, 69 (73 f.); ders., Symposium f. Schaffstein, S. 37 (51); Dünkel/Spieß, BewHi 1992, 117 (131).

1024 Baumann u.a., Alternativ-Entwurf Wiedergutmachung, München 1992.

1025 Vgl. Baumann u.a., Alternativ-Entwurf Wiedergutmachung, S. 37.

1026 Schöch, Gutachten C zum 59. DJT, S. 54-81.

1027 Die Schadenswiedergutmachung war auch Thema des 55. DJT, vgl. Rieß, Gutachten C zum 55. DJT, S. 94.

1028 Beschlüsse des 59. DJT, NJW 1992, 3016 (3021).

1029 BT-Drs. 12/6141, S. 4 ff.

und § 59 a StGB sowie in § 153 a StPO als Auflage und in § 15 JGG als jugendstrafrechtliche Sanktion.[1030] Die Gerichte haben im Rahmen der Aussetzung einer Freiheitsstrafe oder eines Strafrestes zur Bewährung die Möglichkeit, dem Verurteilten aufzuerlegen, nach Kräften den durch die Tat verursachten Schaden wiedergutzumachen (§§ 56 b Abs. 2, S. 1 Nr. 1, 57 Abs. 3, S. 1 StGB). Die Vorrangstellung dieser Auflage vor den übrigen Auflagen hat der Gesetzgeber durch § 56 b Abs. 2, S. 2 StGB festgelegt. Bei Tätern mit geringem Schuldgehalt, bei denen eine Geldstrafe nicht verhängt wird, sondern das Verfahren eingestellt wird, besteht gem. § 153 a Abs. 1, S. 2 Nr. 1 StPO die Möglichkeit, dem Genugtuungsinteresse des Opfers durch Schadenswiedergutmachungsauflagen Rechnung zu tragen. Die Wiedergutmachung steht auch bei der Verwarnung mit Strafvorbehalt als mögliche Auflage zur Verfügung (§ 59 a Abs. 2 Nr. 1 StGB), allerdings ohne Vorrang gegenüber anderen Auflagen. Wie schon ausgeführt, hat das Institut der Verwarnung mit Strafvorbehalt keine praktische Bedeutung, so dass diese Möglichkeit im Bereich der unteren und mittleren Kriminalität zu vernachlässigen ist.[1031] Im gesamten mittleren Kriminalitätsbereich, der durch die Verhängung von Geldstrafe sanktioniert wird, existiert keine Bestimmung, die anstelle der Geldstrafe oder neben der Geldstrafe die Schadenswiedergutmachung vorsieht.[1032] Erkennt das Gericht auf Geldstrafe, bietet nur § 459 a Abs. 1, S. 2 StPO eine Handhabe, im Rahmen der Vollstreckung auf die Befriedigung von Ersatzansprüchen des Verletzten durch den Täter Rücksicht zu nehmen. Nach dieser Vorschrift kann die Vollstreckungsbehörde dem Geldstrafenschuldner Zahlungserleichterungen gewähren, wenn ohne die Bewilligung die Wiedergutmachung des durch die Straftat verursachten Schadens durch den Verurteilten erheblich gefährdet wä-

---

[1030] Meier, GA 1999, 1 (1).

[1031] Schmidt-Hieber, NJW 1992, 2001 (2002).

[1032] Große Strafrechtskommission des Deutschen Richterbundes, Die Geldstrafe, S. 33; dies., Opferschutz im Strafverfahren, S. 57.

re.[1033] Die Norm ist nur bedingt in der Lage, die Anspruchskonkurrenz zwischen der Geldstrafe und den Schadensersatzansprüchen des Verletzten zugunsten des Verletzten zu beseitigen bzw. zu mildern, weil die Geldstrafe lediglich zeitlich hinter die Schadenswiedergutmachung zurücktritt und ansonsten unbeschränkt bestehen bleibt.[1034] Außerdem ist die Bewilligung bei Vorliegen der gesetzlichen Voraussetzungen nicht zwingend vorgeschrieben, sondern in das Ermessen der Vollstreckungsbehörde gestellt.[1035] Das gegenwärtige Wiedergutmachungssystem enthält mithin im Bereich der Geldstrafensanktion eine Wiedergutmachungslücke. Es herrscht weitgehende Übereinstimmung, dass ein Bedürfnis besteht, die Wiedergutmachungslücke zu schließen. Erstens ist unter systematischen Gesichtspunkten nicht nachvollziehbar, weshalb die Schadenswiedergutmachung bei Tätern mit geringerer Schuld und bei Tätern mit schwererer Schuld gefördert wird, während dies bei Tätern mit mittlerer Schuld nicht der Fall ist. Zweitens umfasst dieser mittlere Kriminalitätsbereich die Mehrzahl aller Delikte, bei denen Opferinteressen berührt werden. Schätzungsweise 70 % aller Geschädigten erhalten von Staats wegen keine effektive Chance auf Schadenswiedergutmachung, während insgesamt etwa 30 % der Opfer im unteren Bereich (§ 153 a StPO)[1036] und im oberen Bereich der Kriminalität (§ 56 b Abs. 2 StGB) entschädigt werden können.[1037] Drittens liegt eine Schwachstelle der Geldstrafe gerade darin, dass sie legitime Schadensersatzinteressen des Verletzten beeinträchtigen kann. Insbeson-

---

1033 Der Entwurf eines Gesetzes zur Reform des Sanktionenrechts der Fraktionen von SPD und Bündnis 90/Die Grünen vom 11.06.2002 schlug die Änderung der bisher vorgesehenen Kann-Regelung in eine Soll-Regelung vor. Damit würde das bislang bestehende, alle Umstände des Einzelfalls und auch Zweckmäßigkeitserwägungen berücksichtigende Ermessen der Vollstreckungsbehörde eingeengt. Die Vollstreckungsbehörde dürfte im Fall der Kollision zwischen dem Entschädigungsanspruch des Opfers und dem staatlichen Anspruch auf Zahlung der Geldstrafe nur noch in besonders begründeten Ausnahmefällen Zahlungserleichterungen versagen. Vgl. BT-Drs. 14/9358, S. 5. Der Gesetzentwurf der Bundesregierung vom 17.03.2004 sieht eine Ergänzung des § 42 StGB vor, wonach das Gericht bereits im Urteil Zahlungserleichterungen gewähren soll, wenn ohne deren Bewilligung die Wiedergutmachung gefährdet wäre. Vgl. BT-Drs. 2725, S. 7, 20.

1034 AK-StPO-Rössner, § 459 a Rz. 4.

1035 Meyer-Goßner, § 459 a Rz. 3; Bringewat, § 459 a Rz. 6; KK-Fischer, § 459 a Rz. 4.

1036 Das kriminalpolitisch differenzierte Angebot der unterschiedlichen Auflagen und Weisungen wird in der Praxis kaum genutzt. Jedenfalls bei den von den Staatsanwaltschaften erteilten Auflagen und Weisungen entfallen rund 98 % auf die Geldzahlung (§ 153 a Abs. 1, S. 1 Nr. 2 StPO) und nur ca. 0,5 % auf die Auflage der Schadenswiedergutmachung (§ 153 a Abs. 1, S. 1 Nr. 1 StPO). Vgl. LR-Beulke, § 153 a Rz. 29; Jeckel, BewHi 2002, 39 (43).

1037 Große Strafrechtskommission des Deutschen Richterbundes, Opferschutz im Strafverfahren, S. 57.

dere dann, wenn der Täter nicht über ausreichende Mittel verfügt, um den staatlichen Geldstrafenanspruch und den Entschädigungsanspruch des Opfers zu erfüllen, tritt dieses Konkurrenzverhältnis auf. Die Konfliktlösung zwischen dem Geldstrafeninteresse des Staates und dem Genugtuungsinteresse des Geschädigten ist und bleibt ein zentrales kriminalpolitisches Anliegen.[1038]

bb) Wiedergutmachungszahlung im Lichte der Strafzwecke

Die Schadenswiedergutmachungszahlung an den Geschädigten soll nach Auffassung der Kommission zur Reform des strafrechtlichen Sanktionensystems eine geeignete Ersatzsanktion sein, weil ihr eine Genugtuungs- und Denkzettelfunktion zukomme. Es ist insofern zu untersuchen, ob die Wiedergutmachungszahlung in der Lage ist, die herkömmlich mit Strafe verfolgten Zwecksetzungen abzudecken, und daher als Ersatz für die Geldstrafe vorgesehen werden kann.

(1) Schuldausgleich

Fraglich ist, ob dem Täter mit der Wiedergutmachungszahlung ein Strafübel auferlegt wird, das die Tatschuld ausgleicht. Der Täter, der eine Zahlung zur Wiedergutmachung des durch die Tat angerichteten Schadens an das Opfer erbringt, erleidet einen Vermögensverlust. Es scheint auf der Hand zu liegen, dass der Delinquent einem Strafübel ausgesetzt wird. Zu berücksichtigen ist allerdings, dass der Rechtsbrecher zivilrechtlich gem. §§ 823 ff. BGB verpflichtet ist, dem Geschädigten Schadensersatz bzw. Schmerzensgeld zu leisten. Entspricht die Wiedergutmachungszahlung dem Schadensbetrag, den der Täter zivilrechtlich zu leisten verpflichtet ist, erscheint zweifelhaft, ob die Wiedergutmachungszahlung als Strafübel verstanden werden kann. Es gibt Stimmen in der Literatur, die die Wiedergutmachungszahlung als Strafübel betrachten.[1039] Sie berufen sich darauf, dass die Wiedergutmachung ursprünglich eine Strafe war bzw. diese gleichwertig ersetzen konnte. Diese Bedeutung sei nie gänzlich verloren gegangen. Der Schmerzensgeldanspruch werde rechtsgeschichtlich aus dem Strafrecht abgeleitet und habe den Charakter einer Buße.[1040] Die Wiedergutmachung lege dem Täter Einbußen auf, so dass er sie als Übel empfinde. Man wisse aus Gesprächen mit Verurteilten,

---

[1038] Große Strafrechtskommission des Deutschen Richterbundes, Die Geldstrafe, S. 5.
[1039] Sessar, FS f. Leferenz, S. 144 (152 ff.).
[1040] Sessar, FS f. Leferenz, S. 144 (153).

dass sie sich durch die Bezahlung der Geldstrafe bestraft fühlen und es ablehnen, auch noch für den Schaden des Opfers aufzukommen, da dies einer weiteren Bestrafung gleichkäme.[1041] *Hirsch* weist aber zu Recht darauf hin, dass die Übelsempfindung für die Einordnung als Strafübel nicht ausreicht, weil diese Wirkung jede nachteilige Rechtsfolge, so auch die zivilrechtliche Schadensersatzverpflichtung, habe. Der zivilrechtliche Schadensersatz werde nicht dadurch zum Strafübel, dass man ihn auch im Strafrecht praktiziere.[1042] Auch *Roxin* spricht sich gegen die Anerkennung der Wiedergutmachung als Strafübel aus. Wenn Wiedergutmachung in Form von Schadensersatz ein Strafübel und somit eine Kriminalstrafe wäre, dann wäre auch die zivilrechtliche Verurteilung zu Schadensersatz ihrem materiellen Gehalt nach ein Strafübel und damit eine Kriminalstrafe.[1043] Der Ansatz, die Schadenswiedergutmachungszahlung, die dem entspricht, wozu der Täter zivilrechtlich ohnehin verpflichtet ist, als Strafübel zu begreifen, ist verfehlt.

Von den Vertretern der oben genannten Auffassung wird indes geltend gemacht, die Wiedergutmachung erschöpfe sich nicht in der Erfüllung eines zivilrechtlichen Anspruchs. Die Wiedergutmachung gehe über die bloße Entschädigung des Opfers hinaus, so dass nicht allein dasjenige als strafrechtliche Sanktion verhängt wird, was sowieso zivilrechtlich geschuldet wird.[1044] Wiedergutmachung als strafrechtlicher Begriff bedeutet Ausgleich der Folgen der Tat mit dem Ziel der Wiederherstellung des Rechtsfriedens.[1045] Schadensersatz ist nur eines der hierfür geeigneten Mittel, allerdings das Wichtigste.[1046] Die Wiedergutmachung erfasst noch darüber hinausgehende Formen des Ausgleichs, beispielsweise Geschenke, vor allem aber solche ohne finanziellen Wert wie das Aussöhnungsgespräch oder die Entschuldigung.[1047] Doch auch die Autoren, die in der Wiedergutmachung eine Kombination von ideellen Elementen mit materiellen Schadensersatzleistungen sehen, qualifizieren die Wiedergutmachung nicht als Strafübel, weil die erstrebte Aussöhnung des Täters mit dem Opfer definitionsgemäß nicht von einem

---

1041 Sessar, FS f. Leferenz, S. 144 (154).

1042 Hirsch, ZStW 102 (1990), 534 (538); ders., GS f. Kaufmann, S. 699 (707).

1043 Roxin, Symposium f. Schaffstein, S. 37 (44).

1044 Meier, GA 1999, 1 (3).

1045 Baumann u.a., Alternativ-Entwurf Wiedergutmachung, S. 39.

1046 Schöch, Gutachten C zum 59. DJT, S. 66.

1047 Baumann u.a., Alternativ-Entwurf Wiedergutmachung, S. 43.

Strafübel erwartet werden kann, sondern darüber hinaus geht.[1048] Eine weitere Auseinandersetzung mit dem strafrechtlichen Wiedergutmachungsbegriff erübrigt sich an dieser Stelle, weil sowohl das Verbüßungsmodell als auch das Ersetzungsmodell vorsehen, dass die Wiedergutmachungsleistung des Täters ausschließlich in Geldersatz bestehen soll. Daher kann in diesem Zusammenhang dahinstehen, ob die Wiedergutmachung durch Kombination des zivilrechtlichen Schadensersatzes mit anderen materiellen und immateriellen Leistungen den Charakter eines Strafübels erhält.

Die Wiedergutmachung könnte möglicherweise dann als Strafübel gelten, wenn die Schadensersatzzahlung die zivilrechtliche Schadensersatzpflicht übersteigt. Das Strafübel könnte in der Zahlung dieses Differenzbetrages, den der Verurteilte dem Geschädigten zivilrechtlich nicht schuldet, gesehen werden.[1049] Das setzt voraus, dass die strafrechtliche Wiedergutmachungsleistung nicht auf Maß, Umfang und Höhe der deliktischen Schadensersatzpflicht des Zivilrechts beschränkt ist, sondern summenmäßig über den zivilrechtlichen Anspruch des Geschädigten hinausgehen kann. Ein Teil des Schrifttums und auch die Große Strafrechtskommission des Deutschen Richterbundes vertreten die Auffassung, dass die Wiedergutmachungszahlung von zivilrechtlichen Vorstellungen und Vorgaben zu lösen ist.[1050] Das Verbüßungsmodell spricht insofern nicht von einer Schadensersatzzahlung, sondern von einer Genugtuungszahlung des Täters an das Opfer. Bei der Genugtuungszahlung soll es sich nicht um zivilrechtlichen Schadensersatz oder zivilrechtliches Schmerzensgeld i.S.d. bürgerlichen Rechts handeln. Die Genugtuungszahlung soll ein aliud darstellen. Der Strafrichter soll bei der Festlegung der Genugtuungszahlung nicht an die zivilrechtliche Schadensberechnung gebunden sein.[1051]

Die Kommission zur Reform des strafrechtlichen Sanktionensystems hat den Begriff der Genugtuungszahlung nicht übernommen. In dem Formulierungsvorschlag für das Ersetzungsmodell heißt es, dass der Täter, »zur Wiedergutmachung des

---

[1048] Schöch, Gutachten C zum 59. DJT, S. 65.

[1049] Müller-Dietz, in: Eser/Kaiser/Madlener (Hrsg.), Neue Wege der Wiedergutmachung im Strafrecht, 355 (361).

[1050] Frühauf, Wiedergutmachung zwischen Täter und Opfer, S. 133; Frehsee, Schadenswiedergutmachung als Instrument strafrechtlicher Sozialkontrolle, S. 237 ff., 244, Große Strafrechtskommission des Deutschen Richterbundes, Opferschutz im Strafverfahren, S. 51 ff.; dies., Die Geldstrafe, S. 74.

[1051] Große Strafrechtskommission des Deutschen Richterbundes, Opferschutz im Strafverfahren, S. 51 ff.; dies., Die Geldstrafe, S. 74.

durch die Tat verursachten Schadens eine Geldleistung an den Verletzten erbringt«. Diese Formulierung entspricht in etwa dem Wortlaut des § 153 a Abs. 1, S. 2 Nr. 1 StPO, wonach als Auflage in Betracht kommt, »zur Wiedergutmachung des durch die Tat verursachten Schadens eine bestimmte Leistung zu erbringen«. Da die Wiedergutmachungsauflage des § 153 a Abs. 1, S. 2 Nr. 1 StPO auf bürgerlichem Recht basiert und sich nach Grund und Höhe nach den zivilrechtlichen Vorschriften richtet[1052], legt die gewählte Formulierung nahe, dass die Geldleistung zur Wiedergutmachung ebenfalls an das Zivilrecht gebunden sein soll. Außerdem soll nach dem Ersetzungsmodell die Wiedergutmachungsleistung nur in den Fällen vorgesehen werden, in denen die Durchsetzung des Schadensersatzanspruchs des Opfers durch die Geldstrafe und deren Vollstreckung gefährdet wäre. Das zeigt, dass die Kommission einen bestehenden zivilrechtlichen Anspruch des Opfers zugrundelegt, dessen Umfang vom Deliktsrecht bestimmt wird. Denn die Kommission geht von dem Grundsatz aus, dass der Verurteilte sowohl zur Zahlung der Geldstrafe als auch zur Wiedergutmachung verpflichtet ist.[1053] Der Täter ist aber nicht zu einer über den zivilrechtlichen Schadensersatz hinausgehenden Zahlung verpflichtet. Die Wiedergutmachung des Schadens erschöpft sich in der Begleichung des zivilrechtlich Geschuldeten. Auch die Rechtsprechung und die herrschende Meinung zu den im Strafgesetzbuch vorhandenen Wiedergutmachungsauflagen halten sich an die Grenzen des zivilrechtlichen Entschädigungsanspruchs.[1054] Der Strafrichter ist bei seinem Ausspruch vom bürgerlichen Recht abhängig. Denn ob eine Verpflichtung zum Schadensersatz besteht und in welcher Höhe, bestimmt für den ganzen Bereich der Rechtsordnung das bürgerliche Recht.[1055] Der Strafrichter hat zu prüfen, ob nach den Vorschriften des Bürgerlichen Gesetzbuches ein ersetzbarer Schaden entstanden ist und ob der Täter überhaupt verpflichtet ist, den Schaden wiedergutzumachen.[1056] Die Wiedergutma-

---

[1052] LR-Beulke, § 153 a Rz. 52 ff.

[1053] Diskussion und Beschlüsse, in: Abschlussbericht der Kommission zur Reform des strafrechtlichen Sanktionensystems, 91 (94, 96 f.).

[1054] OLG Stuttgart, MDR 1971, 1025 (1025); OLG Hamburg, MDR 1980, 246 (246); Baur, GA 1957, 338 (340); Pentz, NJW 1956, 1867 (1867); Schall, NJW 1977, 1045 (1045); Tröndle/Fischer, § 56 b Rz. 6; LK-Gribbohm, § 56 b Rz. 5; Lackner/Kühl-Lackner, § 56 b Rz. 3a; Müller-Dietz, GS f. Schultz, S. 253 (268 f.); Hirsch, GS f. Kaufmann, S. 699 (707); ders., ZStW 102 (1990), 534 (539); KMR-Plöd, § 153 a Rz. 19; a.A.: Dilcher, NJW 1956, 1346 (1346 f.); Hellmer, AcP 1956, 527 (541); Frehsee, Schadenswiedergutmachung als Instrument strafrechtlicher Sozialkontrolle, 237 ff.; Schönke/Schröder-Stree, § 56 b Rz. 9.

[1055] Baur, GA 1957, 338 (340); Schall, NJW 1977, 1045 (1045).

[1056] Baur, GA 1957, 338 (340).

chung scheidet aus, wenn überhaupt kein Schaden entstanden ist oder der Schaden nicht in adäquatem Zusammenhang mit dem Schadensereignis steht. Die Höhe der Wiedergutmachungsleistung muss im Rahmen des nach bürgerlichem Recht zu ersetzenden Betrages liegen. Die zivilrechtlich begründbare Schadenshöhe bildet mithin immer die Obergrenze. Die Festsetzung darüber hinausgehender Geldleistungen ist unzulässig. Die Auferlegung von Wiedergutmachungsleistungen, zu denen der Täter nach dem Schadensersatzrecht nicht verpflichtet ist, verbietet sich aus Gründen der Einheit der Rechtsordnung (keine eigenständige »strafrechtliche Schadensordnung«[1057]) und vor allem aus Gesichtspunkten materieller Gerechtigkeit. Wenn der Staat die im Strafrecht allein maßgebende Zweierbeziehung zwischen der strafenden Staatsgewalt und dem Täter bei der Schadenswiedergutmachung durch Berücksichtigung des Opfers zu einem Dreiecksverhältnis erweitert, dann dürfen die im vermögensrechtlichen Verhältnis von Schädiger und Geschädigtem allgemein geltenden Maßstäbe und Grundsätze nicht einfach verändert werden.[1058] Der Verletzte darf nicht bessergestellt werden, als er stünde, wenn er seine zivilrechtlichen Schadensersatzansprüche unabhängig von einem Strafverfahren unmittelbar gegenüber seinem Schädiger geltend machte. Für den Täter wäre es unverständlich, wenn er eine Ersatzleistung erbringen muss, die zivilrechtlich nicht gerechtfertigt ist und von einem Zivilgericht der Höhe nach verneint werden würde. Umgekehrt wäre es schwerlich zu rechtfertigen, dass ein Geschädigter mehr erhält, als ihm nach Deliktsrecht zusteht.[1059] Alles was über das zivilrechtlich Geschuldete hinausgeht, würde sich nicht als Restitution, sondern als Verbrechensgewinn auf der Verletztenseite darstellen.[1060] Diese Grundsätze müssen auch für die Schadenswiedergutmachungszahlung im Rahmen des Ersetzungsmodells gelten. Wenn man davon ausgeht, dass das Gericht dem Verurteilten keine Schadensersatzleistung auferlegen darf, die summenmäßig die zivilrechtliche Schadensersatzpflicht übersteigt, ist der Strafübelcharakter der Wiedergutmachungszahlung unter diesem Aspekt zu verneinen.

Das bedeutet nicht, dass der Leistung der Wiedergutmachungszahlung keine schuldausgleichende Wirkung zukommt. Geht man von der Erkenntnis aus, dass Schuld nicht nur durch das passive Erleiden eines Strafübels, sondern auch durch

---

[1057] Baur, GA 1957, 338 (340).
[1058] Müller-Dietz, GS f. Schultz, S. 253 (268).
[1059] Müller-Dietz, GS f. Schultz, S. 253 (268); SK-StGB-Horn, § 56 b Rz. 4.
[1060] Hirsch, GS f. Kaufmann, S. 699 (707); ders., ZStW 102 (1990), 534 (539).

das Erbringen einer positiven Leistung ausgeglichen werden kann[1061], und sieht man die Wiedergutmachungszahlung als eine solche positive Leistung an, dann ist auch der Wiedergutmachung eine schuldausgleichende Wirkung zuzubilligen. Viele Autoren vertreten zu Recht die Ansicht, dass der gebotene Schuldausgleich auch durch Wiedergutmachung erreicht werden kann.[1062] Die Wiedergutmachung als konstruktive Leistung des Täters, mit der er seine Verantwortung für die Tat vor dem Opfer und vor der Gesellschaft auf sich nimmt[1063], trägt durch den Ausgleich der Tatfolgen zur Versöhnung der Gemeinschaft bei und stellt einen gewissen Wert für die Gemeinschaft dar.[1064] Die auszugleichende Schuld verringert sich gegenüber einem vergleichbaren Täter, der sich um die Tatfolgen nicht kümmert.[1065]

(2) Positive Spezialprävention

Dass der freiwillige Tatfolgenausgleich mit einer positiv spezialpräventiven Wirkung verbunden ist, wird allgemein angenommen.[1066] Grundlage dieser spezialpräventiven Wirksamkeit der Schadenswiedergutmachung ist zunächst ihre Plausibilität.[1067] Diese ergibt sich aus der Tatbezogenheit und Gegenständlichkeit die-

---

[1061] Siehe oben: Fünfter Teil, B. II. 4. a) cc).

[1062] Rössner, in: Marks/Rössner (Hrsg.), Täter-Opfer-Ausgleich, 7 (18 ff); Rössner/Bannenberg, in: Kaiser/Jehle (Hrsg.), Kriminologische Opferforschung, 65 (84); Bannenberg, Wiedergutmachung in der Strafrechtspraxis, S. 274; Bannenberg/Uhlmann, in: BMJ (Hrsg.), Täter-Opfer-Ausgleich in Deutschland, 1 (20); Frühauf, Wiedergutmachung zwischen Täter und Opfer, S. 121 ff., 133; Dölling, ZStW 104 (1992), 259 (284); Baumann u.a., Alternativ-Entwurf Wiedergutmachung, S. 25; Meier, GA 1999, 1 (10 ff.); Stein, NStZ 2000, 393 (395 ff); Schneider, BewHi 2002, 25 (33).

[1063] Baumann u.a., Alternativ-Entwurf Wiedergutmachung, S. 26; Schöch, Gutachten C zum 59. DJT, S. 64; Bannenberg, Wiedergutmachung in der Strafrechtspraxis, S. 274.

[1064] Baumann u.a., Alternativ-Entwurf Wiedergutmachung, S. 26; Bannenberg, Wiedergutmachung in der Strafrechtspraxis, S. 274.

[1065] Bannenberg, Wiedergutmachung in der Strafrechtspraxis, S. 274; a.A.: Schöch, Gutachten C zum 59. DJT, S. 64.

[1066] Rössner, in: Marks/Rössner (Hrsg.), Täter-Opfer-Ausgleich, 7 (35); Rössner/Bannenberg, in: Kaiser/Jehle (Hrsg.), Kriminologische Opferforschung, 65 (84); Bannenberg, Die Wiedergutmachung in der Strafrechtspraxis, S. 70, 275; Bannenberg/Uhlmann, in: BMJ (Hrsg.), Täter-Opfer-Ausgleich in Deutschland, 1 (25 f.); Schöch, Gutachten C zum 59. DJT, S. 65; Roxin, Symposium f. Schaffstein, S. 37 (50); Baumann u.a., Alternativ-Entwurf Wiedergutmachung, S. 26; Müller-Dietz, in: Eser/Kaiser/Madlener (Hrsg.), Neue Wege der Wiedergutmachung im Strafrecht, 355 (363); Frehsee, Schadenswiedergutmachung als Instrument strafrechtlicher Sozialkontrolle, S. 94 ff.; Meier, GA 1999, 1 (15); Schneider, BewHi 2002, 25 (33).

[1067] Frehsee, Schadenswiedergutmachung als Instrument strafrechtlicher Sozialkontrolle, S. 96.

ser »sachnahen Sanktion«[1068], die der dem Täter als Folge des Fehlverhaltens abzufordernden Belastung einen konstruktiven Gehalt gibt. Die Notwendigkeit zur Schadenswiedergutmachung ist als natürliche und naheliegende Konsequenz der Fremdschädigung verständlich und deshalb grundsätzlich für den Delinquenten akzeptabel. Die Schadenswiedergutmachung bezieht sich unmittelbar auf den destruktiven Akt und konfrontiert den Täter dadurch mit der Tat und ihren Auswirkungen.[1069] Sie kann den Täter motivieren, sich mit dem angerichteten Schaden und mit der Person des Verletzten auseinander zu setzen.[1070] Der Täter erhält Gelegenheit, einen Eindruck davon zu gewinnen, welche Wirkungen die inkriminierte Handlung tatsächlich ausgelöst hat und welche Verluste dadurch bei dem Opfer entstanden sind.[1071] Das Opfer bleibt nicht abstrakt und anonym. Der Delinquent kann die begangene Straftat nicht mehr als unpersönliche Schädigung auffassen. Die Beschäftigung mit dem Geschädigten kann eine resozialisierungsfördernde Betroffenheit und ein soziales Lernen auslösen.[1072] Der Lernprozess wird nicht durch das passive Erdulden einer Sanktion verhindert, vielmehr ermöglicht die aktive Einbindung dem Täter, einen freiwilligen Gegenakt zu setzen und sich so von der eigenen Tat zu distanzieren.[1073] Im Gegensatz zur abstrakten Geldstrafe, die keinen Bezug zur Tat hat, gibt die Schadenswiedergutmachung in ihrer logischen und rationalen Beziehung zum Schaden die Chance, die Aufmerksamkeit des Rechtsbrechers auf die hinter den Strafrechtsnormen stehenden Werte und Güter zu lenken, um die Achtung der betroffenen Schutzgüter zu fördern.[1074] Durch die Wiedergutmachung kann sich »Sensibilität für Rechte anderer« entwickeln.

(3) Negative Spezialprävention

Hinsichtlich der individuellen Abschreckungswirkung der Wiedergutmachungszahlung ist zu berücksichtigten, dass der Täter eine Geldzahlung erbringt und da-

---

[1068] Kaiser, NStZ 1982, 102 (105).

[1069] Frehsee, Schadenswiedergutmachung als Instrument strafrechtlicher Sozialkontrolle, S. 96.

[1070] Rössner, in: Marks/Rössner (Hrsg.), Täter-Opfer-Ausgleich, 7 (35).

[1071] Frehsee, Schadenswiedergutmachung als Instrument strafrechtlicher Sozialkontrolle, S. 96.

[1072] Schöch, Gutachten C zum 59. DJT, S. 65; Roxin, Symposium f. Schaffstein, S. 37 (50); Baumann u.a., Alternativ-Entwurf Wiedergutmachung, S. 26; Bannenberg, Die Wiedergutmachung in der Strafrechtspraxis, S. 275.

[1073] Bannenberg/Uhlmann, in: BMJ (Hrsg.), Täter-Opfer-Ausgleich in Deutschland, 1 (26).

[1074] Frehsee, Schadenswiedergutmachung als Instrument strafrechtlicher Sozialkontrolle, S. 96.

mit einen spürbaren Nachteil erleidet. Aus Sicht des Täters bleibt das Übel für ihn gleich, weil er eine Geldzahlung leisten muss, die er ohne Verurteilung nicht erbringen würde. Der Unterschied zur Geldstrafe besteht lediglich darin, dass er seine Zahlung bei der Wiedergutmachung an eine andere Stelle zahlt. Da der Täter nach bürgerlichem Recht dazu verpflichtet ist, den Schadensbetrag zu zahlen, ließe sich anführen, dass der Täter keinen abschreckenden Denkzettel erhält, weil er lediglich das zahlen müsse, was er zivilrechtlich ohnehin leisten müsse. Für den Täter dürfte jedoch im Vordergrund stehen, dass er überhaupt eine Geldleistung erbringen muss. Hinzu kommt, dass er sich - anders als bei Bezahlung der abstrakten Geldstrafe, bei der er die Tatfolgen verdrängen kann - bei der Zahlung an das Opfer unmittelbar mit den Tatfolgen auseinander setzen muss. Es ist davon auszugehen, dass jedenfalls den nicht rational planenden Täter die Konfrontation mit dem Opfer und die Auseinandersetzung mit den Tatfolgen durchaus beeindrucken und abschreckende Wirkung haben kann.[1075] Schließlich ist auch an dieser Stelle an die These von der Austauschbarkeit der Sanktionen zu erinnern, nach der die Erfolgschancen im Hinblick auf die Legalbewährung unabhängig von der verhängten Sanktion gleich groß sind. Solange die Erforderlichkeit (der Vollstreckung) der Geldstrafe nicht nachgewiesen ist, sollten keine Einwände gegen den Ersatz der Geldstrafe durch eine Wiedergutmachungszahlung bestehen.

(4) Positive Generalprävention

Übereinstimmung besteht weitgehend darüber, dass der Wiedergutmachung eine positiv generalpräventive Wirkung zukommt.[1076] Durch die sozialkonstruktive Schadenswiedergutmachungszahlung wird die vom Täter verletzte Norm in ihrer Gültigkeit dem Opfer und der Allgemeinheit gegenüber bestätigt.[1077] Mit der Wiedergutmachungszahlung des Täters an das Opfer kann das durch die Tat erschütterte Normvertrauen der Allgemeinheit wiederhergestellt und ihr der Eindruck

---

1075 Schöch, Gutachten C zum 59. DJT, S. 65.

1076 Rössner/Bannenberg, in: Kaiser/Jehle (Hrsg.), Kriminologische Opferforschung, 65 (84); Bannenberg, Wiedergutmachung in der Strafrechtspraxis, S. 275; Bannenberg/Uhlmann, in: BMJ (Hrsg.), Täter-Opfer-Ausgleich in Deutschland, 1 (23 f.); Baumann u.a., Alternativ-Entwurf Wiedergutmachung, S. 26; Schöch, Gutachten C zum 59. DJT, S. 64; Roxin, Symposium f. Schaffstein, S. 37 (47 ff.); ders., GS f. Zipf, S. 135 (149); Müller-Dietz, in: Eser/Kaiser/Madlener (Hrsg.), Neue Wege der Wiedergutmachung im Strafrecht, 355 (363); Meier, GA 1999, 1 (14 f.); Schneider, BewHi 2002, 25 (33), a.A.: Kley-Struller, Wiedergutmachung im Strafrecht, S. 54.

1077 Bannenberg, Wiedergutmachung in der Strafrechtspraxis, S. 275.

vermittelt werden, das Recht habe sich gegenüber dem Unrecht durchgesetzt. Die Wiedergutmachungszahlung bekräftigt insofern die Unverbrüchlichkeit der Rechtsordnung. Da der Täter mit der Wiedergutmachung zeigt, dass er die Geltung der übertretenen Norm anerkennt, stellt sich ein Befriedungseffekt ein. Das allgemeine Rechtsbewusstsein beruhigt sich über den Rechtsbruch und sieht den Konflikt mit dem Täter als erledigt an.[1078] Umfragen zur Akzeptanz der sozialkonstruktiven Ausgleichsleistung in der Bevölkerung haben ergeben, dass die Bevölkerung die Wiedergutmachung ganz überwiegend als hinreichende Sanktion ansieht.[1079] Demnach wird bei der Ersetzung der Geldstrafe durch eine Schadenswiedergutmachungszahlung an das Opfer dem Aspekt der positiven Generalprävention Rechnung getragen.

(5) Negative Generalprävention

Die Abschreckungswirkung der Wiedergutmachung ist in der Vergangenheit vielfach bezweifelt worden.[1080] Warum sollten potentielle Täter von der Begehung von Straftaten abgehalten werden, wenn ihnen als Reaktion lediglich »droht«, das wiedergutmachen zu müssen, was sie zivilrechtlich sowieso zu leisten verpflichtet sind. Im Gegenteil bedeute dies geradezu eine Einladung an andere, Straftaten zu begehen, weil das Risiko, das bei Entdeckung der Tat eingegangen wird, kalkulierbar und ohne negative Folgen sei. Eine derart milde Reaktion auf Straftaten verliere jegliche Abschreckungswirkung.[1081] Die geäußerten Befürchtungen gehen zum einen davon aus, dass harte Reaktionen auf Straftaten in der Lage sind, Straftaten zu verhindern, und unterstellen zum anderen, dass der Täter die Straftat wohlüberlegt plant und risikoabwägend handelt, indem er die Begehung von der

---

[1078] Roxin, Symposium f. Schaffstein, S. 37 (48); vgl. auch Schöch, Gutachten C zum 59. DJT, S. 64; Meier, GA 1999, 1 (14); Bannenberg, Wiedergutmachung in der Strafrechtspraxis, S. 69; zweifelnd: Loos, ZRP 1993, 51 (53).

[1079] Pfeiffer, FS f. Schüler-Springorum, S. 53 (78); Streng, FS f. Miyazawa, S. 405 (413 f.); Diskussion und Beschlüsse, in: Abschlussbericht der Kommission zur Reform des strafrechtlichen Sanktionensystems, 91 (94); Meier, GA 1999, 1 (14 f.); Sessar, FS f. Leferenz, S. 145 (153 ff.); Bannenberg/Uhlmann, in: BMJ (Hrsg.), Täter-Opfer-Ausgleich in Deutschland, 1 (24 f.); Frehsee, in: Schünemann/Dubber (Hrsg.), Die Stellung des Opfers im Strafrechtssystem, 117 (119); zweifelnd: Loos, FS f. Hirsch, S. 851 (855 ff.).

[1080] Roxin, Symposium f. Schaffstein, S. 37 (41, 47); Loos, ZRP 1993, 51 (53 f.); Lampe, GA 1993, 485 (491 f.).

[1081] Roxin, Symposium f. Schaffstein, S. 37 (41).

Höhe der drohenden Strafe abhängig macht.[1082] Dieses Bild des rational überlegenden und die Tatfolgen durchkalkulierenden Täters ist jedoch realitätsfern. Grundsätzlich ist jeder Straftäter der Auffassung, dass er nicht erwischt wird, die mögliche Strafe wird verdrängt.[1083] Nur bei einem kleinen Täterkreis liegen Anhaltspunkte für eine planende Risikoabwägung vor, z.B. im Bereich der Wirtschafts-, Umwelt- und Steuerkriminalität.[1084] Der Großteil der Täter handelt nicht aufgrund eines bestimmten logischen Kalküls, sondern aufgrund einer besonderen Situation.[1085] Dabei treten rationale Erwägungen in den Hintergrund, die akute Konfliktsituation mit ihren emotionalen Spannungen und psychischen Belastungen wird zum entscheidenden Faktor.[1086] Aber selbst wenn man von einem wohlüberlegt und risikoabwägend handelnden Täter ausgeht, erzeugen Strafdrohung und Strafhöhe bei diesem Täter keine nennenswerten Abschreckungseffekte. Der planende Täter wird nur dann straffällig werden, wenn er davon überzeugt ist, unentdeckt zu bleiben und nicht bestraft zu werden. Er wägt nicht so sehr die ihn erwartende Strafe ab, sondern kalkuliert sein Entdeckungsrisiko.[1087] Die empirische Forschung hat herausgefunden, dass weder Art noch Schwere der Sanktion für die (Nicht-) Begehung von Straftaten von Bedeutung sind.[1088] Vielmehr spielen Umstände wie z.B. das Risiko, verfolgt und entdeckt zu werden, Ermittlungen und Verhöre durch Polizei und Staatsanwaltschaft, strafprozessuale Zwangsmaßnahmen, öffentliche Hauptverhandlung, für die Befolgung von Strafgesetzen eine Rolle. Gerade im Bereich der leichteren bis mittelschweren Kriminalität sind diese Faktoren, vor allem das Entdeckungsrisiko, bedeutsamer als die zu erwartende Sanktion.[1089] Wichtig zu sein scheint auch, dass überhaupt eine Reaktion auf die Übertretung der Norm stattfindet, die strafrechtlichen Sanktionen sind dabei austauschbar. Jede Sanktion, die den Rechtsbruch deutlich macht und nicht verharmlost, ist im Prinzip geeignet, die abschreckende Funktion des Strafrechts zu erfül-

---

[1082] Bannenberg, Wiedergutmachung in der Strafrechtspraxis, S. 68.

[1083] Ostendorf, ZfJ 1998, 180 (183).

[1084] Schöch, Gutachten C zum 59. DJT, S. 38, Fn. 136.

[1085] A.A.: Loos, FS f. Hirsch, S. 851 (854), nach dem in einem beträchtlichen Ausschnitt der traditionellen Vermögenskriminalität ein rationales Handeln nach Abwägen von Vor- und Nachteilen eine erhebliche Rolle spielen dürfte.

[1086] Frühauf, Wiedergutmachung zwischen Täter und Opfer, S. 178.

[1087] Frühauf, Wiedergutmachung zwischen Täter und Opfer, S. 179.

[1088] Kaiser, Kriminologie, § 31 Rz. 34 ff.; Schwind, FS f. Wassermann, S. 1021 (1024 f.).

[1089] Schöch, Gutachten C zum 59. DJT, S. 38 f.; Kaiser, Kriminologie, § 31 Rz. 35 ff.; Hüsler/Locher, Kurze Freiheitsstrafen und Alternativen, S. 34.

len.[1090] Vor diesem Hintergrund kann der Schadenswiedergutmachungszahlung ein negativ generalpräventiver Effekt nicht abgesprochen werden, weil sie delinquentes Verhalten nicht bagatellisiert, sondern dem Täter eine Belastung abfordert.

Zusammenfassend ist damit festzuhalten, dass eine Wiedergutmachungszahlung die herkömmlich mit Strafe verfolgten Zwecke erfüllen und somit unter Strafzweckgesichtspunkten ein geeignetes Surrogat für die Geldstrafe sein kann.

cc) Vollständiger Ersatz der Geldstrafe durch Schadenswiedergutmachung

Nach Auffassung des Deutschen Richterbundes soll nur bis maximal zur Hälfte der verhängten Geldstrafe die Strafe durch eine Genugtuungszahlung beglichen werden können.[1091] Gerade bei der Ersetzung der gesamten Geldstrafe durch Wiedergutmachungsleistungen an das Opfer wird die Gefahr einer Beeinträchtigung des Strafzwecks und des Ernstcharakters der Geldstrafe gesehen, weil der Täter den Schadensersatz an das Opfer ohnehin leisten muss.[1092] Diese Ansicht missachtet, dass es bei der grundsätzlichen strafrechtlichen Verantwortlichkeit des Täters, bei der Durchführung des Strafverfahrens und der daraus resultierenden ausdrücklichen Missbilligung seines Verhaltens bleibt. Der Täter leistet eine Geldzahlung und bleibt keineswegs ungeschoren, wenn er die Wiedergutmachung anstelle der Geldstrafe erbringt.[1093] Die Akzeptanz der Wiedergutmachung in der Bevölkerung ist außerdem sehr groß, ca. 70 % sehen sie als hinreichende Sanktion an.[1094] Bei der nur teilweisen Ersetzung der Geldstrafe durch eine Genugtuungszahlung wird einseitig auf den Täter abgestellt und die Interessen des Opfers bleiben unberücksichtigt. Es geht nicht darum, den Täter besserzustellen, sondern die

---

[1090] Schöch, Gutachten C zum 59. DJT, S. 39.

[1091] Große Strafrechtskommission des Deutschen Richterbundes, Die Geldstrafe, S. 71 f.

[1092] Diskussion und Beschlüsse, in: Abschlussbericht der Kommission zur Reform des strafrechtlichen Sanktionensystems, 91 (94).

[1093] Diskussion und Beschlüsse, in: Abschlussbericht der Kommission zur Reform des strafrechtlichen Sanktionensystems, 91 (94).

[1094] Diskussion und Beschlüsse, in: Abschlussbericht der Kommission zur Reform des strafrechtlichen Sanktionensystems, 91 (94); vgl. auch Meier, GA 1999, 1 (14 f.); Sessar, FS f. Leferenz, S. 145 (153 ff.); Bannenberg/Uhlmann, in: BMJ (Hrsg.), Täter-Opfer-Ausgleich in Deutschland, 1 (24 f.); Frehsee, in: Schünemann/Dubber (Hrsg.), Die Stellung des Opfers im Strafrechtssystem, 117 (119); zweifelnd: Loos, FS f. Hirsch, S. 851 (855).

Wiedergutmachungsinteressen des Opfers zu schützen.[1095] Der Geschädigte erlangt in aller Regel überhaupt keine Schadenswiedergutmachung, vor allem nicht im Bereich der Geldstrafensanktion.[1096] Das Opfer hat zwar die Möglichkeit, Schadensersatzansprüche im gerichtlichen Strafverfahren im Rahmen des Adhäsionsverfahrens gemäß §§ 403 ff. StPO geltend zu machen, doch ist einerseits diese rechtliche Option weitgehend unbekannt[1097], andererseits stellt diese Verfahrensart von der Strafrichterschaft nicht angenommenes Recht dar.[1098] Trotz mehrerer gesetzlicher Änderungen mit dem Ziel einer Ausweitung ist es nicht gelungen, das Adhäsionsverfahren zu beleben. Ein wichtiger Grund für die Zurückhaltung der Strafrichter gegenüber dem gesetzgeberischen Willen einer Intensivierung dieser Verfahrensart ist die herrschende Vorstellung, dass das Adhäsionsverfahren den Strafrichter unnötig belastet.[1099] Das Adhäsionsverfahren ist für den Strafrichter mit nicht honorierter Mehrarbeit verbunden. Trotz des zu leistenden Mehraufwandes bleibt die Erledigungszahl der abgeschlossenen Verfahren die gleiche, das Verfahren wird statistisch nicht anders gewertet als die übrigen Strafverfahren.[1100] Aus Gründen der gerechten Arbeitsverteilung wird die Zahl der von jedem Strafrichter erledigten Verfahren ständig registriert. Infolge der Mehrarbeit für das Adhäsionsverfahren steigt diese Zahl nicht, sondern sinkt eher. Statistisch gesehen steht damit der Strafrichter, der die Mühe des Adhäsionsverfahrens auf sich nimmt, im Vergleich zu anderen Kollegen, die das nicht tun, schlechter da.[1101] Daher ist nicht verwunderlich, dass der um rasche Erledigung der Massenkriminalität bemühte Strafrichter die zeitraubende Befassung mit dem Zivilrecht scheut.[1102] In den seltenen Fällen, in denen ein Antrag nach § 404 StPO gestellt wird, sehen die Strafrichter meist nach § 405 S. 2 StPO von einer Entscheidung

---

[1095] Schneider, BewHi 2002, 25 (32).

[1096] Große Strafrechtskommission des Deutschen Richterbundes, Die Geldstrafe, S. 74.

[1097] Nach § 403 Abs. 2 StPO soll der Verletzte (oder sein Erbe) von dem Strafverfahren möglichst frühzeitig Kenntnis erhalten. Dabei soll er auf die Möglichkeit, seinen Anspruch auch im Strafverfahren geltend zu machen, hingewiesen werden. In der Praxis unterbleibt dieser Hinweis jedoch nahezu regelmäßig. Vgl. Amelunxen, ZStW 1974 (86), 457 (461); Siekmann, ZfStrVo 1986, 215 (217); Frühauf, Wiedergutmachung zwischen Täter und Opfer, S. 84.

[1098] Rössner/Wulf, Opferbezogene Strafrechtspflege, S. 81; Siekmann, ZfStrVo 1986, 215 (216 f.); Schöch, Gutachten C zum 59. DJT, S. 62; Jeckel, BewHi 2002, 39 (41).

[1099] Siekmann, ZfStrVo 1986, 215 (217); Große Strafrechtskommission des Deutschen Richterbundes, Opferschutz im Strafverfahren, S. 61 f.

[1100] Frühauf, Wiedergutmachung zwischen Täter und Opfer, S. 83.

[1101] Frühauf, Wiedergutmachung zwischen Täter und Opfer, S. 83.

[1102] Schmidt-Hieber, NJW 1992, 2001 (2002).

ab.[1103] Auch die Strafverteidiger stehen dem Adhäsionsverfahren weitgehend ablehnend gegenüber, weil sie ihre Gebührenregelung für mangelhaft halten.[1104] Es ist davon auszugehen, dass zukünftige gesetzgeberische Versuche, das Adhäsionsverfahren mit Leben zu erfüllen, keine durchgreifende Wirkung haben werden und es bei der weitgehenden Bedeutungslosigkeit des Adhäsionsverfahrens verbleiben wird.[1105] Das Opfer ist also darauf angewiesen, seine Ersatzansprüche vor den Zivilgerichten geltend zu machen. Es hat die Möglichkeit, durch die Geltendmachung zivilrechtlicher Schadensersatzansprüche vom Täter Ersatz zu erlangen. Die meisten Geschädigten scheuen jedoch die Kosten und das Risiko, gegen den Täter zivilrechtlich vorzugehen. In der Praxis erweist sich darüber hinaus die Einleitung zivilrechtlicher Schritte oftmals als nutzlos. Die meisten Straftäter im Bereich der Geldstrafensanktion sind einkommensschwach, viele haben so hohe Schulden, dass sie ihre Schadensersatzverpflichtungen nicht erfüllen können.[1106] Ein zivilrechtlicher Anspruch, der nicht durchsetzbar ist, nützt dem Opfer nichts. Die Situation der Opfer hat die Große Strafrechtskommission des Deutschen Richterbundes einst wie folgt beschrieben:

»Die Praxis ist dadurch gekennzeichnet, dass die Mehrzahl der Straftäter über keine verwertbaren Vermögenswerte verfügt oder aber erfolgreich ihr Vermögen verheimlicht, andererseits das Opfer aus einer Vielzahl von Gründen davon absieht, Schadenswiedergutmachung auf dem Zivilrechtswege zu erlangen. Hierzu müsste das Opfer Zivilklage erheben, Gerichtskosten und Anwaltskosten vorschießen, den Aufenthalt des Beklagten ermitteln und anschließend den Sachverhalt nachweisen, den bereits zuvor ein Strafgericht festgestellt hatte. Im Rahmen der Vollstreckung eines rechtskräftigen zivilrichterlichen Urteils müsste es wiederum die Vollstreckungskosten vorschießen und würde nach mehrfachen erfolglosen Pfändungen erkennen, dass alle Bemühungen um materielle Gerechtigkeit nichts genützt haben, vielmehr für das Opfer durch das Zivilverfahren nur noch zusätzliche Aufwendungen und nervliche Belastungen entstanden sind.«[1107]

[1103] Meyer-Goßner, vor § 403 Rz. 1; Schöch, Gutachten C zum 59. DJT, S. 62.

[1104] Schöch, Gutachten C zum 59. DJT, S. 63; Große Strafrechtskommission des Deutschen Richterbundes, Opferschutz im Strafverfahren, S. 62.

[1105] Große Strafrechtskommission des Deutschen Richterbundes, Opferschutz im Strafverfahren, S. 62.

[1106] Siekmann, ZfStrVo 1986, 215 (215); Frühauf, Wiedergutmachung zwischen Täter und Opfer, S. 185 f.

[1107] Große Strafrechtskommission des Deutschen Richterbundes, Opferschutz im Strafverfahren, S. 48.

Das Opfer wird, soweit es nicht prozesskostenhilfeberechtigt oder rechtschutzversichert ist, in den meisten Fällen gut beraten sein, im Hinblick auf das Kostenrisiko eines Zivilprozesses von vornherein auf die gerichtliche Geltendmachung von Schadensersatzansprüchen zu verzichten.[1108] Vor diesem Hintergrund erscheint allein eine vollständige Ersetzung der Geldstrafe sachgerecht. Eine komplette Anrechnung von Wiedergutmachungszahlungen ist auch deswegen zu befürworten, weil ansonsten ein Wertungswiderspruch zu § 46 a StGB entsteht.[1109] Diese Norm sieht für bestimmte Fälle ein vollständiges Absehen von Strafe vor, wenn der Täter eine Wiedergutmachung an das Opfer leistet. Der nur teilweise Ersatz der Geldstrafe durch eine Wiedergutmachungszahlung wäre auch vor dem Hintergrund der Vorschrift des § 56 b Abs. 2, S. 1 Nr. 1 StGB unverständlich. Danach kann das Gericht einem zu einer Freiheitsstrafe mit Bewährung verurteilten Täter die Auflage erteilen, nach Kräften den durch die Tat verursachten Schaden wiedergutzumachen. Hält sich der Verurteilte während der Bewährungszeit straffrei und erfüllt er die Auflage, erlässt das Gericht gem. § 56 g StGB die Freiheitsstrafe nach Ablauf der Bewährungszeit. Dementsprechend muss sich auch die Geldstrafe in voller Höhe erledigen, wenn der Täter die Wiedergutmachungszahlung erbracht hat. Schließlich ist bei einer nur teilweisen Ersetzung der Geldstrafe nicht erkennbar, nach welchen Kriterien das Gericht entscheiden soll, ob 20 %, 30 % oder ein noch höherer Prozentsatz der Geldstrafe ersetzt werden kann.[1110] Außerdem wird der größte Teil der Geldstrafen in einem Bereich bis zu 30 Tagessätzen verhängt. Bei Geldstrafen in dieser Höhe kann kaum noch sinnvoll in eine Geldstrafe und eine Ersatzleistung unterteilt werden.[1111] Unter Gleichbehandlungsgesichtspunkten müsste eine Ersetzung der Geldstrafe bei allen Tätern, auch solchen, die das Gericht nur mit wenigen Tagessätzen belegt hat, zulässig sein. Soll die teilweise Ersetzung der Geldstrafe erst ab einer bestimmten Anzahl von Tagessätzen möglich sein, so lässt sich eine solche Grenze weder dogmatisch rechtfertigen noch rational begründbar bestimmen. Es kann nicht richtig sein, dass der zu einer höheren Geldstrafe Verurteilte, der schwerere Schuld auf sich geladen hat, die Geld-

---

1108 Schneider, BewHi 2002, 25 (32).

1109 Diskussion und Beschlüsse, in: Abschlussbericht der Kommission zur Reform des strafrechtlichen Sanktionensystems, 91 (94).

1110 Meyer, in: Abschlussbericht der Kommission zur Reform des strafrechtlichen Sanktionensystems, 88 (90).

1111 Diskussion und Beschlüsse, in: Abschlussbericht der Kommission zur Reform des strafrechtlichen Sanktionensystems, 91 (95).

strafe teilweise ersatzweise begleichen darf, während der Verurteilte, dessen Strafe unterhalb der Grenze liegt, nicht die Chance auf eine Ersetzung erhält, obwohl ihn eine geringere Schuld trifft. Bei einer nur teilweisen Ersetzung der Geldstrafe besteht zudem die Gefahr, dass die Gerichte im Hinblick auf die teilweise Ersetzungsmöglichkeit höhere Geldstrafen festlegen durch einen geheimen Zuschlag bei den Tagessätzen.[1112] Dass bei einer nur teilweisen Ersetzungsmöglichkeit dem Staat die Hälfte der Einnahmen aus Geldstrafen erhalten bleibt, kann nicht als Argument gegen die vollständige Ersetzung angeführt werden, weil das Strafrecht gerade nicht den Zweck verfolgt, dem Staat eine Einnahmequelle zu verschaffen.

dd) Ersatz der Geldstrafe durch Schadenswiedergutmachung nur bei Konkurrenz zwischen Geldstrafe und Ersatzansprüchen des Opfers?

Nach dem Geldstrafen-Ersetzungsmodell der Kommission zur Reform des strafrechtlichen Sanktionensystems darf das Gericht eine Wiedergutmachungsleistung nur in den Fällen gestatten, in denen die Durchsetzung des Schadensersatzanspruchs des Geschädigten durch die Geldstrafe und deren Vollstreckung erheblich gefährdet wäre.[1113] Damit werden von dem Modell nur die Fälle erfasst, in denen der Schadensersatzanspruch des Opfers und die Geldstrafe miteinander konkurrieren. Ein solches Konkurrenzverhältnis zwischen der Geldstrafe und dem Schadensersatzanspruch besteht, wenn der Täter leistungsschwach in dem Sinne ist, dass er nicht beide Leistungen nebeneinander erbringen kann. Dann soll der Geldstrafenanspruch des Staates ausnahmsweise zugunsten des Schadensersatzanspruchs des Opfers zurücktreten. Eine das Opfer benachteiligende Konkurrenz soll bei einem mittellosen Täter fehlen, der weder den staatlichen Geldstrafenanspruch noch den Ersatzanspruch des Verletzten erfüllen kann. Ein Konkurrenzverhältnis zwischen der Geldstrafe und dem Schadensersatzanspruch des Opfers entfällt außerdem, wenn der Geschädigte anderweitigen Ersatz des Schadens erlangt bzw. erlangen kann.[1114] Das ist zum einen der Fall bei einem leistungsfähi-

---

[1112] Meyer, in: Abschlussbericht der Kommission zur Reform des strafrechtlichen Sanktionensystems, 88 (90).

[1113] Vgl. Abschlussbericht der Kommission zur Reform des strafrechtlichen Sanktionensystems, Anhang 3, Vorläufiger Formulierungsvorschlag für eine »Geld- und Freiheitsstrafen-Ersetzungsregelung«.

[1114] Diskussion und Beschlüsse, in: Abschlussbericht der Kommission zur Reform des strafrechtlichen Sanktionensystems, 91 (94).

gen Täter, dessen Mittel zur Zahlung der Geldstrafe und zur Schadensersatzzahlung ausreichen. Das ist zum anderen der Fall, wenn Versicherungen auf Täter- oder auf Opferseite für die Schäden des Opfers in voller Höhe eintreten. Dann - so die Kommission - besteht kein Anlass, von dem Grundsatz abzuweichen, dass der Verurteilte sowohl zur Zahlung der Geldstrafe als auch zur Wiedergutmachung verpflichtet ist, und von der Durchsetzung des staatlichen Strafanspruchs abzusehen.[1115]

(1) Versicherungsschutz

Versicherungen können auf der Seite des Verletzten oder des Täters auftreten. Möglich ist, dass eine vom Opfer abgeschlossene Schadensversicherung oder eine Haftpflichtversicherung des Täters den Schaden des Opfers ersetzt.

Hat eine Schadensversicherung (z.B. Hausratversicherung) des Opfers den Schaden ausgeglichen, ist das Opfer zivilrechtlich entschädigt. Eine Wiedergutmachungszahlung des Täters an das Opfer scheidet aus, weil das Opfer nicht doppelt entschädigt werden soll.[1116] Der Täter könnte jedoch an den Versicherer des Opfers zahlen, auf den der Anspruch in der Regel nach § 67 Abs. 1, S. 1 VVG von Gesetzes wegen übergeht. Die Versichertengemeinschaft subrogiert in die Stellung des Geschädigten.[1117] Die Auswirkungen der Tat und damit gewisserweise die Tatfolgen treffen nunmehr die Versichertengemeinschaft.[1118] Sie erscheint selbst geschädigt, weil ihr Schaden mit der Straftat in unmittelbarem Zusammenhang steht.[1119] Erfüllt der Täter den auf den Versicherer übergegangenen Anspruch, beseitigt er den von der Versichertengemeinschaft zu tragenden Schaden. Der Täter beseitigt den Schaden dort, wo dieser Schaden ohne seine Leistung »hängen bleiben« würde.[1120] Auf diese Weise kann dem Täter nahegebracht und verständlich gemacht werden, auf welchem Umweg er die Allgemeinheit schä-

---

[1115] Diskussion und Beschlüsse, in: Abschlussbericht der Kommission zur Reform des strafrechtlichen Sanktionensystems, 91 (97).

[1116] Aus dem gleichen Grund soll im Rahmen des § 153 a StPO die Auflage zur Wiedergutmachung nicht erteilt werden, wenn der Verletzte Ersatz von einer Versicherung erhält. Vgl. Meyer-Goßner, § 153 a Rz. 16; KK-Schoreit, § 153 a Rz. 16; KMR-Plöd, § 153 a Rz. 19.

[1117] Kley-Struller, Wiedergutmachung im Strafrecht, S. 147.

[1118] Brauns, Die Wiedergutmachung der Folgen der Straftat durch den Täter, S. 184.

[1119] Kley-Struller, Wiedergutmachung im Strafrecht, S. 147.

[1120] Brauns, Die Wiedergutmachung der Folgen der Straftat durch den Täter, S. 184.

digt.[1121] Daher ist die Erfüllung des Regressanspruchs der Versicherung durch den Täter als Wiedergutmachungsleistung anzuerkennen. Die Verfasser des Alternativ-Entwurfs Wiedergutmachung problematisieren, dass durch die Leistung des Täters an die Versicherung keine persönliche Beziehung zwischen Täter und Opfer hergestellt wird und sie daher an der Grenze zwischen echter und symbolischer Wiedergutmachung steht.[1122] Richtig ist zwar, dass bei der Schadenswiedergutmachung die unmittelbare Täter-Opfer-Beziehung als soziales Lernfeld verloren ist.[1123] Der personenbezogene Ausgleich spielt aber für die Bewertung der Leistung des Täters keine Rolle.[1124] Die moralische Leistung eines Täters, der freiwillig die Forderung der Versicherung begleicht, ist nicht geringer als diejenige des Täters, der sein Opfer »ad personam« entschädigt.[1125] Der Gläubigerwechsel hat auf die Qualität der Leistung keinen Einfluss.[1126] Die Zahlung an die Versicherung wird man als Schadensersatzleistung anerkennen müssen, weil anderenfalls der Täter aufgrund des für ihn zufälligen Umstandes, dass der Verletzte eine Schadensversicherung abgeschlossen hatte, doppelt belastet wird: Der Täter, der eine Wiedergutmachungszahlung an den Versicherer des Geschädigten nicht erbringen darf, muss die verhängte Geldstrafe bezahlen oder ersatzweise gemeinnützige Arbeit verrichten. Er entrichtet die Geldstrafe oder leistet gemeinnützige Arbeit und ist zudem den Rückgriffsansprüchen des Versicherers ausgesetzt. Er steht insofern schlechter dar als ein Täter, der einem nicht versicherten Opfer gegenübersteht und sich durch die Wiedergutmachungszahlung von den Ansprüchen des Versicherers und zugleich von der Bezahlung der Geldstrafe befreien kann. Die Einschränkung des Ersetzungsmodells bei der Beteiligung von Versicherungen ist mithin unter Gerechtigkeitsgesichtspunkten zweifelhaft.

Problematisch ist allerdings, dass vor Gestattung der Wiedergutmachungszahlung geklärt sein muss, ob aufseiten des Opfers eine entsprechende Schadensversicherung besteht, ob die Versicherung den Schaden bereits reguliert hat, wenn ja, ob der Schaden vollständig oder nur teilweise ersetzt worden ist. Hat die Versiche-

---

[1121] Frehsee, Schadenswiedergutmachung als Instrument strafrechtlicher Sozialkontrolle, S. 176.
[1122] Baumann u.a., Alternativ-Entwurf Wiedergutmachung, S. 46.
[1123] Frehsee, Schadenswiedergutmachung als Instrument strafrechtlicher Sozialkontrolle, S. 175.
[1124] Brauns, Die Wiedergutmachung der Folgen der Straftat durch den Täter, S. 184.
[1125] Diskussion und Beschlüsse, in: Abschlussbericht der Kommission zur Reform des strafrechtlichen Sanktionensystems, 91 (96).
[1126] Laue, Symbolische Wiedergutmachung, S. 49.

rung noch keinen Ersatz geleistet, ist zu klären, ob und ggf. in welcher Höhe mit der Regulierung zu rechnen ist. Mit der Aufklärung dieser Fragen wäre ein erheblicher Arbeits- und Zeitaufwand verbunden. Der Strafrichter müsste den Stand der Versicherungsleistungen ermitteln und der Frage auf den Grund gehen, ob das geschädigte Opfer noch einen Schaden hat oder ob dieser bereits ersetzt worden ist.[1127] Allerdings kann und darf die Belastungssituation der Strafjustiz kein »Totschlagsargument« gegen die Entwicklung des Opferschutzes sein.[1128] Die Belange einer dem Dienst am Bürger verpflichteten Justiz müssen sich den Interessen der Geschädigten unterordnen. Die Justiz ist auf die Mitwirkung des Opfers im Strafverfahren angewiesen. Die Anzeige des Opfers bringt in der Regel das Strafverfahren erst in Gang und die Zeugenaussage des Opfers ermöglicht erst die Verurteilung.[1129] Letztlich hängt die Leistungsfähigkeit der Verbrechensbekämpfung von der Mitwirkungsbereitschaft des Verletzten ab.[1130] Dabei wird das Anzeigeverhalten des Opfers ganz wesentlich durch die Hoffnung auf Schadenswiedergutmachung bestimmt.[1131] Um eine doppelte Entschädigung des Opfers und einen erheblichen Arbeitsaufwand der Justiz zu verhindern, könnte eine Meldepflicht vorgesehen werden. Das Opfer hätte sämtliche Leistungen zu deklarieren. Dabei müsste von dem Verletzten verlangt werden, dass er ihm zustehende Ansprüche gegenüber seiner Versicherung realisiert und sich anrechnen lässt.[1132]

Kompliziert wird es in den Fällen, in denen nach den anwendbaren Vorschriften ein Rückgriff der Versicherung gegenüber dem Täter ausgeschlossen ist (z.B. § 67 Abs. 2 VVG). Denkbar ist zwar, den Täter den Schaden dort wiedergutmachen zu lassen, wo er eingetreten bzw. wohin er verlagert worden ist, bei dem Versicherer. Die Freistellung des Versicherers, der den Schaden getragen hat, könnte als Wiedergutmachung mit unmittelbarem Tatbezug angesehen werden.[1133] Dagegen spricht jedoch, dass die Versicherung gerade keinen Regressanspruch gegen den Täter hat und dem Täter damit eine Wiedergutmachungsleistung auferlegt würde, zu der er zivilrechtlich nicht verpflichtet ist. Vorzugswürdig ist daher, die Tat so

---

[1127] Vgl. dazu Große Strafrechtskommission des Deutschen Richterbundes, Opferschutz im Strafverfahren, S. 57.

[1128] Große Strafrechtskommission des Deutschen Richterbundes, Opferschutz im Strafverfahren, S. 33.

[1129] Schneider, BewHi 2002, 25 (32).

[1130] Schöch, NStZ 1984, 385 (386).

[1131] Frehsee, Schadenswiedergutmachung als Instrument strafrechtlicher Sozialkontrolle, S. 126.

[1132] Kley-Struller, Wiedergutmachung im Strafrecht, S. 148.

[1133] Brauns, Die Wiedergutmachung der Folgen der Straftat durch den Täter, S. 184.

zu behandeln, als ob sie keinen materiellen Schaden verursacht hätte, so dass dem Täter nur immaterielle Leistungen und symbolische Wiedergutmachung zur Verfügung stehen.[1134] Da die Wiedergutmachungsleistung im Sinne des Ersetzungsmodells ausschließlich in Geldersatz bestehen soll, kommt eine Wiedergutmachungszahlung in diesem Fall nicht in Betracht. Der Täter kann die Geldstrafe nur im Wege der symbolischen Wiedergutmachung durch gemeinnützige Arbeit begleichen.

Weniger Schwierigkeiten bereiten die Fallgestaltungen, in denen eine Haftpflichtversicherung des Täters den Schaden des Opfers ausgeglichen hat. Falls ein entsprechender Rückgriff vorgesehen ist (z.B. § 158 f VVG), ist es möglich, die Zahlung des Täters an die eigene Haftpflichtversicherung als Schadenswiedergutmachungszahlung zu begreifen. Der Täter muss in diesen Fällen die Wiedergutmachung sozusagen innerhalb seines eigenen Organisationskreises leisten. Dem Täter wird zwar kaum einleuchten, warum er seiner eigenen Versicherung strafhalber erstatten soll, was diese in Erfüllung des vertraglichen Innenverhältnisses an das Opfer zahlt. Er hat mit den Versicherungsbeiträgen Vorleistungen erbracht, um für den Fall eben dieses spezifischen Risikos Vorsorge zu treffen.[1135] Aber nur so kann dem Täter vor Augen geführt werden, wo der durch die Tat verursachte Schaden wirtschaftlich verbleibt und wie er die Versichertengemeinschaft schädigt. Der Einwand, das Ersetzungsmodell laufe bei Straßenverkehrsdelikten weitgehend leer, weil in diesem Bereich Haftpflichtversicherungen für den Schaden eintreten[1136], geht fehl, wenn man die Leistung an die Versicherung als Wiedergutmachung akzeptiert. Es besteht kein Anlass, die Versicherungsproblematik als Hindernis für die Wiedergutmachung anzuführen, zumal die Haftpflichtversicherung des Täters nur bei Fahrlässigkeit eintrittspflichtig ist.[1137]

Problematisch sind die Fälle, in denen dem Opfer wegen des Schadensfalls ein Anspruch gegen die Haftpflichtversicherung des Täters zusteht, die Versicherung

[1134] Baumann u.a., Alternativ-Entwurf Wiedergutmachung, S. 45 f.; Schöch, Gutachten C zum 59. DJT, S. 68.
[1135] Frehsee, Schadenswiedergutmachung als Instrument strafrechtlicher Sozialkontrolle, S. 175.
[1136] Meyer, in: Abschlussbericht der Kommission zur Reform des strafrechtlichen Sanktionensystems, 88 (90).
[1137] Baumann u.a., Alternativ-Entwurf Wiedergutmachung, S. 47.

aber noch nicht leistet. Wenn der wiedergutmachungswillige Täter nun das Opfer aus eigenen Mitteln befriedigt, würde er gegen das Anerkenntnis- und Befriedigungsverbot des § 154 Abs. 2 VVG verstoßen und damit eine Obliegenheit nach § 6 Abs. 3 VVG verletzen. Die Folge davon wäre die Leistungsfreiheit des Versicherers. Da der Täter beim Ersetzungsmodell im Falle der Wiedergutmachung »zwei Fliegen mit einer Klappe schlägt«, weil er das Opfer befriedigt und diese Befriedigung gleichzeitig als Bezahlung der Geldstrafe gilt[1138], dürfte es als »offenbare Unbilligkeit« im Sinne des § 154 Abs. 2 VVG zu beurteilen sein, vom Täter zu verlangen, wegen des Risikos der Leistungsfreiheit des Versicherers auf diese Vergünstigung zu verzichten. Deshalb wäre die Klausel im Versicherungsvertrag über die Leistungsfreiheit des Versicherers unwirksam, weil der Versicherungsnehmer die Befriedigung nicht ohne offenbare Unbilligkeit verweigern konnte.[1139] Die Folge der Leistungsfreiheit des Versicherers könnte auch dadurch vermieden werden, dass sich der Täter die Ansprüche des Verletzten gegen die Versicherung abtreten lässt, sofern dies nach den Versicherungsbedingungen zulässig ist.[1140] Schwierigkeiten treten auf, wenn dann der Versicherer an den Täter leistet. Der Täter müsste dann die Geldstrafe bezahlen oder symbolische Wiedergutmachung in Form der Ableistung gemeinnütziger Arbeit erbringen. Trotz dieser Schwierigkeiten sollte man dem Täter die Möglichkeit, Schadensersatz unmittelbar an das Opfer zu leisten, nicht schon deshalb abschneiden, weil aus Anlass der Straftat Ansprüche gegen eine Versicherung bestehen.[1141]

Festzuhalten ist, dass die Ersatzleistung »Wiedergutmachungszahlung« auch bei der Beteiligung von Versicherungen auf Täter- oder Opferseite in Betracht kommt. Der im Ersetzungsmodell vorgesehene Ausschluss der Wiedergutmachungszahlung, wenn der Verletzte Ersatz des Schadens anderweitig, von einer Versicherung, erlangt, ist abzulehnen.

(2) Ersatz nach dem Opferentschädigungsgesetz

Wenn das Opfer staatliche Entschädigung aufgrund des Opferentschädigungsgesetzes (OEG) erlangt, ist die Ausgangslage ähnlich wie bei der Versicherungs-

---

[1138] Große Strafrechtskommission des Deutschen Richterbundes, Die Geldstrafe, S. 66.

[1139] Schöch, Gutachten C zum 59. DJT, S. 68; Brauns, Die Wiedergutmachung der Folgen der Straftat durch den Täter, S. 185.

[1140] Baumann u.a., Alternativ-Entwurf Wiedergutmachung, S. 47.

[1141] Baumann u.a., Alternativ-Entwurf Wiedergutmachung, S. 47.

problematik. Soweit der Kostenträger Leistungen an das Opfer erbringt, findet ein gesetzlicher Forderungsübergang statt. Nach § 5 Abs. 1 OEG geht der gegen Dritte bestehende Schadensersatzanspruch des Opfers auf das zur Gewährung der Leistungen nach dem OEG verpflichtete Land über. Der Täter ist dann dem Kostenträger gegenüber regresspflichtig. Auch in diesem Fall sollte der Kostenträger als Geschädigter angesehen und dem Täter gestattet werden, durch Befriedigung der Rückgriffsansprüche Wiedergutmachung leisten zu können.[1142] Erhält der Verletzte dagegen eine Schadenswiedergutmachungszahlung vom Täter bis zur Höhe seines gesamten Schadens und bezieht er zudem Leistungen aufgrund des OEG, müssen die Leistungen nach dem OEG in dem Umfang zurückerstattet werden, in welchem sie zu einem »Gewinn auf Verletztenseite« führen. Die Rückabwicklung könnte nach den Vorschriften über die ungerechtfertigte Bereicherung gem. §§ 812 ff. BGB erfolgen.[1143] Die Möglichkeit der Rückforderung und die Auferlegung einer Meldepflicht tragen dazu bei, eine doppelte Entschädigung des Opfers zu verhindern. Dem Täter sollte die Chance zur Erbringung einer Schadenswiedergutmachungszahlung nicht deswegen verwehrt werden, weil das Opfer Leistungen nach dem OEG bekommen hat bzw. erhalten wird.

Die Wiedergutmachungsleistung ist auch an Dritte, auf die der Anspruch des Verletzten übergegangen ist, zuzulassen. Dementsprechend wäre der Formulierungsvorschlag der Kommission zur Reform des strafrechtlichen Sanktionensystems in Anlehnung an § 2 Abs. 1 AE-WGM wie folgt zu ändern:

> Das Gericht kann dem Verurteilten gestatten, die Vollstreckung einer Geldstrafe dadurch abzuwenden, dass er zur Wiedergutmachung des durch die Tat verursachten Schadens Schadensersatz an den Verletzten oder an einen Dritten, insbesondere Versicherungen, auf die der Anspruch übergegangen ist, erbringt.

(3) Wirtschaftliche Leistungsfähigkeit der Täter

Durch die Beschränkung der Möglichkeit zur Ersetzung von Geldstrafen durch Wiedergutmachungsleistungen auf die Fälle, in denen die Durchsetzung des Schadensersatzanspruchs des Opfers durch die Geldstrafe und deren Vollstreckung

---

[1142] Frühauf, Wiedergutmachung zwischen Täter und Opfer, S. 285 ff.; Kley-Struller, Wiedergutmachung im Strafrecht, S. 147 ff.

[1143] Kley-Struller, Wiedergutmachung im Strafrecht, S. 149.

gefährdet wäre, werden von dem Ersetzungsmodell nur die leistungsschwachen Täter, deren Mittel nicht zur Zahlung von Geldstrafe und Schadensersatz ausreichen, erfasst. Das Modell knüpft damit an die wirtschaftliche Leistungsfähigkeit der Täter an. Das führt zu folgenden Ungleichbehandlungen:

- Ein Täter, dessen Mittel zur Zahlung von Geldstrafe und Schadensersatz ausreichen, muss beide Forderungen erfüllen und bekommt nichts erlassen.
- Ein Täter, dessen Mittel geringer sind und derzeit die Befriedigung beider Forderungen nicht sicher zulassen, muss nur den Schadensersatzanspruch des Opfers erfüllen, die Geldstrafe wird ihm dann vollständig erlassen.
- Ein Täter, der über keine Mittel verfügt, also keine der beiden Forderungen erfüllen kann, bekommt wieder nichts erlassen. Er muss den Strafanspruch in Gestalt der Ersatzfreiheitsstrafe erfüllen und bleibt mit dem rechtskräftig festgestellten Schadensersatzanspruch des Opfers 30 Jahre[1144] lang belastet.[1145]

Fraglich ist, ob diese Ungleichbehandlung sachlich gerechtfertigt ist. Die Kommission führt als zentralen sachlichen Grund der Ungleichbehandlung den Schutz von Opferinteressen an. Der Verurteilte sei zur Zahlung der Geldstrafe und zur Wiedergutmachung verpflichtet. Die Zahlung der Geldstrafe gehe jedoch zu Lasten des Opfers, wenn der wirtschaftlich schwache Täter die Wiedergutmachungsansprüche nicht befriedigen kann. Daher soll aus Opferschutzgründen der Strafanspruch des Staates ausnahmsweise hinter dem Schadensersatzanspruch zurücktreten. Die dadurch bedingte »Besserstellung« teilleistungsfähiger Täter sei lediglich ein unbeabsichtigter Nebeneffekt. Nach Ansicht der Kommission sei nicht zu erwarten, dass es in der Praxis tatsächlich zu einer »Besserstellung« kommt. Denn es sei damit zu rechnen, dass der Verurteilte nur einen der beiden bestehenden Ansprüche, nämlich den Geldstrafenanspruch, erfüllen wird. Das Opfer sehe regelmäßig davon ab, seinen Wiedergutmachungsanspruch gerichtlich geltend zu machen. Insofern sei die Gefahr der Inanspruchnahme leistungsfähiger und leistungsunfähiger Täter gering. Gerade bei mittellosen Tätern werde das Opfer darauf verzichten, seinen Anspruch auf Schadensersatz einzuklagen. Letztlich wer-

---

1144 § 197 Abs. 1 Nr. 3 BGB, vgl. auch § 199 Abs. 2 BGB.

1145 Diskussion und Beschlüsse, in: Abschlussbericht der Kommission zur Reform des strafrechtlichen Sanktionensystems, 91 (95).

den alle drei Tätergruppen nur einmal eine Geldzahlung erbringen, die einen an die Staatskasse, die anderen an das Opfer.[1146]
Die Beschränkung der Möglichkeit zur Ersetzung von Geldstrafen durch Wiedergutmachungsleistungen auf die Fälle, in denen der Täter leistungsschwach in dem Sinne ist, dass er Geldstrafe und Schadensersatz nicht nebeneinander erbringen kann, erscheint gerechtfertigt, weil die vollständige Ersetzung der Geldstrafe durch eine Wiedergutmachungszahlung ausschließlich dem Verletzteninteresse dient. Andererseits ist eine Schadenswiedergutmachungszahlung, die den Verletzten privilegiert, auch dann sinnvoll, wenn der Täter begütert ist und der Anspruch des Opfers durch die Geldstrafe und ihre Vollstreckung nicht gefährdet wäre. Denn es stellt aus Sicht des Geschädigten einen gravierenden Unterschied dar, ob von Staats wegen bei der Sanktion für Schadenswiedergutmachung gesorgt wird, oder ob er auf eigene Kosten und eigenes Risiko zivilrechtlich vorgehen muss.[1147]
Die Beschränkung der Wiedergutmachungsmöglichkeit könnte zu einer unangemessenen Benachteiligung der Opfer führen, die von einem vermögenden Täter geschädigt wurden und deren Anspruch durch die Geldstrafe und ihre Vollstreckung nicht gefährdet würde. Der Verletzte hat ein elementares Interesse an einer raschen Wiedergutmachung.[1148] Die strafhalber veranlasste Zahlung erspart dem Geschädigten eine zivilrechtliche Auseinandersetzung, die er auf eigenes Risiko und eigene Kosten betreibt, und eventuell vergebliche Vollstreckungsversuche. Dem Opfer würde einfach und schnell zu seinem Recht verholfen. Dagegen lässt sich wiederum anführen, dass es nicht darum geht, den Opfern wohlhabender Rechtsbrecher das zivilrechtliche Prozessrisiko (keine Bindungswirkung des Strafurteils!) abzunehmen. Das Strafrecht ist nicht dazu da, dem Opfer den Schadensersatz zu sichern.[1149] Letztlich wird man aber, wenn man die Einschränkung aus dem Gedanken des Opferschutzes rechtfertigt, in die Regelung konsequenterweise auch den leistungsfähigen Täter einzubeziehen haben. Nur auf diese Weise lässt sich ein effektiver Schutz von Opferinteressen gewährleisten. Der Schutz von Opferinteressen verlangt, auch dem leistungsfähigen Täter die Ersatzleistung »Wiedergutmachung« zu gestatten, weil er seinem Opfer damit einen Schadenser-

---

[1146] Diskussion und Beschlüsse, in: Abschlussbericht der Kommission zur Reform des strafrechtlichen Sanktionensystems, 91 (97).
[1147] Große Strafrechtskommission des Deutschen Richterbundes, Die Geldstrafe, S. 34.
[1148] Große Strafrechtskommission des Deutschen Richterbundes, Opferschutz im Strafverfahren, S. 11.
[1149] Frehsee, Schadenswiedergutmachung als Instrument strafrechtlicher Sozialkontrolle, S. 242.

satzprozess erspart. Freilich kann eingewendet werden, dass es eine unbillige und sachwidrige Ungleichbehandlung darstellt, wenn sich vermögende Täter eine Vergünstigung erkaufen können, während leistungsunfähigen Tätern dieser Weg versperrt bleibt. Die Privilegierung finanzkräftiger Täter ist jedoch eher ein theoretisches Problem, weil die große Mehrzahl der zu einer Geldstrafe Verurteilten in mäßigen bis schlechten Einkommens- und Vermögensverhältnissen lebt und nicht über die für eine Wiedergutmachung erforderlichen Mittel verfügt.[1150] Außerdem ist zu bedenken, dass auch bei der Geldstrafe vollkommene »Opfergleichheit« nicht gewährleistet ist[1151], es sich also nicht um ein Sonderproblem der Ersatzreaktion »Wiedergutmachungszahlung« handelt. Die Herstellung optimaler »Opfergleichheit« findet ihre Grenzen in der ökonomischen Ungleichheit als Grundprinzip bzw. -problem der kapitalistischen Gesellschafts- und Wirtschaftsordnung.[1152] Schließlich besteht für arme Täter die Möglichkeit, symbolische Wiedergutmachung in Gestalt gemeinnütziger Arbeit zu leisten.

Die Kommission nennt als weiteren sachlichen Grund neben dem Gedanken des Opferschutzes das - auch verfassungsrechtlich legitime - Anliegen der Vermeidung von Ersatzfreiheitsstrafen. Der Gesetzgeber dürfe Anreize schaffen, die zur Vermeidung von Ersatzfreiheitsstrafen beitragen. Diesem Anliegen diene vor allem die von der Kommission befürwortete Möglichkeit der Ersetzung von Geldstrafen durch gemeinnützige Arbeit, jedoch auch die Möglichkeit ihrer Ersetzung durch Wiedergutmachungsleistungen. Anreize zur Vermeidung von Ersatzfreiheitsstrafen durch Wiedergutmachung kommen dabei aus der Natur der Sache heraus nur für die Täter in Betracht, die aufgrund ihrer schwachen wirtschaftlichen Verhältnisse einerseits überhaupt Gefahr laufen, eine Ersatzfreiheitsstrafe verbüßen zu müssen, die andererseits aber nicht so schlecht gestellt sind, dass sie auch keine Wiedergutmachungsleistung zur Ersetzung der Geldstrafe erbringen können.[1153] Dazu ist anzumerken, dass das Bestreben, die Vollstreckung von Ersatzfreiheitsstrafen zu verhindern, nicht dadurch unterlaufen wird, dass man auch vermögenden Tätern die Chance zur Begleichung der Geldstrafe durch Schadens-

---

1150 Hirsch, GS f. Kaufmann, S. 699 (712).

1151 Mitsch, JA 1993, 304 (305); Große Strafrechtskommission des Deutschen Richterbundes, Die Geldstrafe, S. 5 f.

1152 Frehsee, Schadenswiedergutmachung als Instrument strafrechtlicher Sozialkontrolle, S. 181 f.

1153 Diskussion und Beschlüsse, in: Abschlussbericht der Kommission zur Reform des strafrechtlichen Sanktionensystems, 91 (98).

ersatzleistung gestattet. Dem Ziel der Vermeidung von Ersatzfreiheitsstrafen steht nicht entgegen, auch begüterte Täter in das Wiedergutmachungsmodell einzubeziehen. Problematisch ist, dass die mittellosen Täter »auf der Strecke bleiben« und die Ersatzfreiheitsstrafe verbüßen müssen, sofern sie sich nicht für gemeinnützige Arbeit entscheiden. Die Kommission weist aber zu Recht darauf hin, dass der arme Täter faktisch nicht schlechter gestellt wird als der teilleistungsfähige Täter, weil das Opfer in der Praxis darauf verzichten wird, seinen Schadensersatzanspruch geltend zu machen.[1154]

Die Kommission hält die Beschränkung der Ersetzungsmöglichkeit auf teilleistungsfähige Täter außerdem für geboten, weil ansonsten ein Wertungswiderspruch zu § 46 a StGB entsteht. Das Ersetzungsmodell durch Wiedergutmachung stelle eine Verlängerung der Logik des § 46 a StGB dar. Nach § 46 a Nr. 2 StGB kann das Gericht die Strafe mildern oder von ihr absehen, wenn der Täter Schadenswiedergutmachung geleistet und die Wiedergutmachung von ihm erhebliche persönliche Leistungen oder persönlichen Verzicht erfordert hat. Nicht derjenige, der die Entschädigung gleichsam »aus der Westentasche« bezahlen kann, erhält die Privilegierung, sondern genau dieselbe Tätergruppe, der die Ersetzung der Geldstrafe durch Wiedergutmachung zugute kommen soll.[1155] Diese Argumentation übersieht, dass zwischen der Regelung des § 46 a StGB und dem Ersetzungsmodell ein entscheidender Unterschied besteht. Bei dem Ersetzungsmodell kommt es nicht zu einem Absehen von Strafe oder zu einer Strafmilderung. Der Täter wird zu einer Geldstrafe verurteilt. Er hat lediglich die Chance, sich eine Vergünstigung bei der Strafvollstreckung zu »erkaufen«.[1156] Mit der Einschränkung bei § 46 a StGB sollen von der besonderen Begünstigung Täter ausgeschlossen werden, die ohne eine ins Gewicht fallende persönliche Belastung das Opfer entschädigen, so dass ein Täter sich nicht ohne weiteres mit Schadensersatzleistungen von einer strengeren Bestrafung bzw. von Strafe freikaufen kann.[1157] Nach der Vorstellung des Gesetzgebers soll die Wiedergutmachung ein fühlbares Opfer

---

[1154] Diskussion und Beschlüsse, in: Abschlussbericht der Kommission zur Reform des strafrechtlichen Sanktionensystems, 91 (98).

[1155] Diskussion und Beschlüsse, in: Abschlussbericht der Kommission zur Reform des strafrechtlichen Sanktionensystems, 91 (97).

[1156] Große Strafrechtskommission des Deutschen Richterbundes, Die Geldstrafe, S. 67.

[1157] Schönke/Schröder-Stree, § 46 a Rz. 5.

erfordern und insofern ähnlich wie eine Strafe wirken.[1158] Doch wird hier zu Recht kritisiert, dass es nicht sachgerecht ist, begüterten Tätern den Zugang zu den Vergünstigungen des § 46 a StGB zu versperren, es sei denn, sie finden eine Möglichkeit, an einem Täter-Opfer-Ausgleich (§ 46 a Nr. 1 StGB) teilzunehmen.[1159] Auch im Rahmen des Ersetzungsmodells besteht kein Anlass, Tätern, die sich eine Schadensersatzzahlung ohne weiteres leisten können, die Vergünstigung bei der Geldstrafenvollstreckung zu versagen. Die Anwendung des Wiedergutmachungsmodells nur auf teilleistungsfähige Täter ist mithin abzulehnen. Der in dem Formulierungsvorschlag der Kommission zur Reform des strafrechtlichen Sanktionensystems enthaltene Abs. 3 des § 40 a StGB, wonach die Abwendung der Vollstreckung einer Geldstrafe durch eine Wiedergutmachungszahlung nur in Fällen gestattet werden darf, in denen die Durchsetzung des Schadensersatzanspruches des Verletzten durch die Vollstreckung der Geldstrafe erheblich gefährdet wäre, ist zu streichen.

ee) Freiwilligkeit der Wiedergutmachungszahlung

Das Ersetzungsmodell knüpft die ersatzweise Begleichung der Geldstrafe durch eine Wiedergutmachungszahlung an die Zustimmung des Geldstrafenschuldners. Die Schadenswiedergutmachungszahlung muss freiwillig erfolgen. Die mit der Wiedergutmachung verbundenen Wirkungen werden nur erreicht, wenn die Wiedergutmachung auf der Bereitwilligkeit des Täters beruht. Mit anderen Worten ist für die Realisierung der Strafzwecke eine freiwillig erbrachte Leistung erforderlich. Allerdings ist nicht zu verkennen, dass von der drohenden Geldstrafe jedenfalls für Täter, deren Mittel nicht für die Bezahlung der Geldstrafe und die Entschädigung des Opfers ausreichen, mittelbar ein Zwang zur Leistung der Wiedergutmachungszahlung ausgehen kann. Die Entscheidung des nur teilleistungsfähigen Geldstrafenschuldners wäre dann nicht völlig frei. Freiwilligkeit ist jedoch nicht im Sinne einer ethisch motivierten, autonomen Entscheidung des Täters gemeint. Es genügt eine unter dem Druck der zu vollstreckenden Geldstrafe zustandegekommene freiwillige Entscheidung. Dass die Wiedergutmachungsleistung von eigennützigen Motiven bestimmt ist und sich der Betroffene vermutlich nur wegen der drohenden Geldstrafenvollstreckung mit ihr einverstanden erklärt,

---

[1158] BT-Drs. 12/6853, S. 22, Jescheck/Weigend, Lehrbuch des Strafrechts, AT, § 81 II.3.b).
[1159] Jescheck/Weigend, Lehrbuch des Strafrechts, AT, § 81 II.3.b); Meier, GA 1999, 1 (19).

schließt die Freiwilligkeit nicht aus. Freiwilligkeit kann nur bedeuten, dass der Täter nicht gezwungen oder auf ihn verbotener Druck ausgeübt wird. Die Motive, die den Täter zur Wiedergutmachungszahlung veranlassen, sind ohne Bedeutung.[1160]

ff) Bestimmtheit der Rechtsfolge und Umfang der Wiedergutmachungsleistung

Das Erfordernis der Bestimmtheit einer strafrechtlichen Sanktionierung verlangt, dass das Gericht die Schadenswiedergutmachungszahlung an das Opfer mit einem bestimmten Betrag bezeichnet. Keine Schwierigkeiten bestehen, wenn die Höhe des verursachten Schadens der verhängten Geldstrafe entspricht. Problematisch wird es, wenn der Schaden summenmäßig geringer ist als die verhängte Geldstrafe. Dann ist es dem Gericht nach hier vertretener Auffassung verwehrt, als Wiedergutmachungsleistung einen über den tatsächlich entstandenen Schaden hinausgehenden Betrag festzusetzen. Denn die Wiedergutmachung orientiert sich am zivilrechtlichen Schadensersatzanspruch, die Schadenswiedergutmachung muss nach dem Umfang des Schadens bemessen werden.[1161] Die Schadenswiedergutmachungszahlung ist dann geringer als die hierdurch erledigte Geldstrafe. Durch die Festlegung einer Wiedergutmachungsleistung, die summenmäßig unterhalb der verwirkten Geldstrafe liegt, kann insbesondere für einkommensschwache Delinquenten ein Anreiz geschafft werden, sich für eine Schadenswiedergutmachungszahlung zu entscheiden. Ist der Schaden dagegen höher als die Geldstrafe,

[1160] Dieses sanktions- und verfahrensrechtlich modifizierte Freiwilligkeitsprinzip findet sich im geltenden Recht etwa in den §§ 56 b, 56 c, 59 a Abs. 2 StGB, §§ 153 a, 265 a StPO, §§ 35, 37 BtMG.

[1161] Siehe oben: Fünfter Teil, B. II. 4. b) bb) (1); vgl. auch Sessar, FS f. Leferenz, S. 145 (159). Wenn man demgegenüber mit der Großen Strafrechtskommission des Deutschen Richterbundes die Wiedergutmachungsleistung nicht als zivilrechtlichen Schadensersatz oder zivilrechtliches Schmerzensgeld ansieht, sondern die Genugtuungszahlung als aliud behandelt, gelangt man zu einem anderen Ergebnis. Da das Strafgericht bei der Festlegung der Genugtuungszahlung nicht an die zivilrechtliche Schadensberechnung gebunden sein soll, kann die Genugtuungsleistung auch höher sein als der materielle Schadensersatz zuzüglich des Schmerzensgeldes. Es kann somit eine Wiedergutmachungsleistung festgelegt werden, die über den tatsächlich entstandenen Schaden hinaus geht und summenmäßig an die verhängte Geldstrafe heranreicht. Nach Auffassung der Großen Strafrechtskommission soll das Gericht nicht darauf festgelegt werden, dass der Wiedergutmachungsbetrag ziffernmäßig identisch mit dem Betrag der ersparten Geldstrafe ist. Die Schadenswiedergutmachungszahlung soll aber nicht höher sein als die hierdurch ersparte Geldstrafe. Vgl. dazu Große Strafrechtskommission des Deutschen Richterbundes, Die Geldstrafe, S. 72 ff.

darf das Gericht nicht über die festgesetzte Geldstrafe hinausgehen. Der Verletzte ist hinsichtlich des restlichen Schadensbetrages auf den Zivilrechtsweg zu verweisen.

gg) Anrechnung von Teilleistungen

Wenn der Täter sich bereit erklärt, den vom Gericht festgelegten Wiedergutmachungsbetrag an das Opfer zu zahlen, er auch Geldzahlungen an das Opfer erbringt, jedoch nicht im gebotenen Umfang oder nicht innerhalb der ihm vom Gericht gesetzten Frist, wird die Gestattung widerrufen und die Geldstrafe vollstreckt. In einem solchen Fall müssen die an den Verletzten erfolgten Geldzahlungen auf die Geldstrafe angerechnet werden. Entspricht der festgelegte Wiedergutmachungsbetrag der zu zahlenden Geldstrafe, ergeben sich keine Probleme. Hat das Gericht den Betrag geringer festgesetzt als die eigentlich zu zahlende Geldstrafe, muss der Täter nunmehr die höhere Geldstrafe bezahlen, bekommt aber die bereits an das Opfer geleistete Summe abgezogen.[1162]

hh) Berücksichtigung der Wiedergutmachungszahlung in einem späteren Zivilprozess

Leistet der Verurteilte die Schadenswiedergutmachungszahlung an den Geschädigten, so erfüllt er insoweit den bürgerlich-rechtlichen Schadensersatzanspruch, so dass dieser in Höhe des Wiedergutmachungsbetrages erlischt. Steht dem Opfer gegen den Täter ein darüber hinausgehender Anspruch auf Schadensersatz zu, steht es ihm frei, sich mit dem Rest seiner Forderungen an die Zivilgerichte zuwenden.[1163] Da das rechtskräftige Strafurteil keine Bindungswirkung für das an-

---

[1162] Vgl. dazu Große Strafrechtskommission des Deutschen Richterbundes, Die Geldstrafe, S. 73.

[1163] Auch bei der von der Großen Strafrechtskommission des Deutschen Richterbundes befürworteten Genugtuungszahlung kann sich das Problem anschließen, wie eine Wiedergutmachungsleistung anzurechnen ist, wenn das Opfer gegen den Täter im Zivilverfahren anschließend auf Schadensersatz klagt. Die Strafrechtskommission vertritt die Ansicht, dass es sich hierbei nicht um ein strafrechtliches, sondern um ein zivilrechtliches Problem handelt. Sie will es dem Zivilrichter überlassen, ob und ggf. in welcher Höhe die Genugtuungszahlung im Rahmen der Zivilklage berücksichtigt werden soll. Vgl. Große Strafrechtskommission des Deutschen Richterbundes, Die Geldstrafe, S. 74. Dieser Lösung dürften allerdings Gleichbehandlungs- und Gerechtigkeitsgesichtspunkte entgegenstehen. Es muss feststehen, ob die Genugtuungszahlung gar nicht, in voller Höhe oder nur zum Teil angerechnet wird. Da es sich bei der Genugtuungszahlung nicht um Schadensersatz oder Schmerzensgeld handelt, erscheint es naheliegend, die Zahlung in einem späteren Zivilprozess überhaupt nicht zu berücksichtigen. Der Täter hätte jedoch in diesem Fall

gerufene Zivilgericht entfaltet, prüft dieses, ob dem Opfer ein Schadensersatz- bzw. Schmerzensgeldanspruch gegen den Täter zusteht und bejahendenfalls in welcher Höhe. Erweist sich demgegenüber der im Strafverfahren festgelegte Wiedergutmachungsbetrag aufgrund eines späteren Zivilurteils als zu hoch, kann der an das Opfer zuviel gezahlte Teilbetrag zurückgefordert werden, denn man wird den im Strafverfahren festgesetzten Wiedergutmachungsbetrag nachträglich kaum herabsetzen können. Nach- oder Rückforderungen können zwischen dem Täter und dem Opfer auch bereits im Strafverfahren vergleichsweise geregelt werden. Die Parteien des Vergleichs können Nach- oder Rückforderungen ausschließen oder sie bezüglich einzelner Aspekte ausdrücklich vorbehalten.[1164]

ii) Vermeidung der Vollstreckung von Ersatzfreiheitsstrafen

Die Täter, die über geringe wirtschaftliche Mittel verfügen, mit denen sie lediglich das Opfer entschädigen, nicht aber die Geldstrafe bezahlen können, können die Vollstreckung der Geldstrafe durch eine Wiedergutmachungszahlung abwenden. Damit ist zugleich die Gefahr der Ersatzfreiheitsstrafe gebannt. Gerade bei wirtschaftlich schwachen Tätern kann das Absehen von der Vollstreckung der Geldstrafe die finanzielle Überlastung, die nicht selten zu einem sozialen Abstieg führt, verhindern. Die mögliche »doppelte Inanspruchnahme« des Rechtsbrechers durch den Staat einerseits und das Opfer andererseits kann eine finanzielle Überforderung zur Folge haben. Sie kann zusätzlich entsozialisierend wirken und im Einzelfall sogar den Unterhalt von Familien gefährden, wenn Täter unter Einsatz letzter wirtschaftlicher Reserven, Eingehen von Schulden oder Vernachlässigung ihrer Unterhaltspflichten zahlen. Dies kann durch das Geldstrafen-Ersetzungsmodell verhindert werden. Die Straftäter, die weder Geldstrafe noch Schadenswie-

---

keinen Anlass, eine Genugtuungszahlung an das Opfer zu erbringen. Er hätte nichts gewonnen, der Verletzte hingegen würde im Falle der Leistungsfähigkeit des Täters doppelt entschädigt. Bei vollständiger Anrechnung der Genugtuungszahlung würde das Opfer, dessen Schäden bereits vollständig durch die Wiedergutmachungszahlung ausgeglichen worden sind, den Zivilrechtsweg nicht beschreiten. Der Verletzte würde einen Zivilprozess nur anstrengen, wenn er einen über den Wiedergutmachungsbetrag hinausgehenden Schaden erlitten hätte. Als Lösung könnte ein zivilrechtlicher Vergleich im Strafverfahren in Betracht kommen.

1164 Vgl. dazu Baumann u.a., Alternativ-Entwurf Wiedergutmachung, S. 44; Schöch, Gutachten C zum 59. DJT, S. 71; Pecher, NJW 1981, 2170 (2170 f.). Problematisch ist allerdings, dass dann das Opfer in der Hauptverhandlung anwesend und möglicherweise sogar anwaltlich vertreten sein müsste. Weiterhin ergibt sich das Problem, dass der Strafrichter zivilrechtliche Vorschriften anzuwenden hätte, was ihm u.U. Schwierigkeiten bereiten könnte.

dergutmachung zu leisten in der Lage sind, also der Großteil derjenigen, die eine Ersatzfreiheitsstrafe verbüßen, werden von dem Wiedergutmachungsmodell nicht erfasst. Sie befinden sich in einer defizitären wirtschaftlichen Lage, die keinerlei finanzielle Bewegungsmöglichkeit mehr zulässt.[1165] Die Aussicht auf eine Vergünstigung wird bei ihnen keine wirtschaftlichen Reserven mobilisieren oder Leistungskapazitäten aktivieren. Sie müssen, wenn sie die Geldstrafe nicht bezahlen und keine gemeinnützige Arbeit leisten können, die Ersatzfreiheitsstrafe verbüßen. Die Ersetzungsmöglichkeit der Geldstrafe durch eine Wiedergutmachungsleistung wird eine spürbare Verringerung von Ersatzfreiheitsstrafen kaum bewirken können.[1166]

c) Gemeinnützige Arbeit

Das Ersetzungsmodell sieht neben der Wiedergutmachung die gemeinnützige Arbeit als Ersatzreaktion vor. Damit fügt sich das Modell in eine Reihe von Vorschlägen zur verstärkten Verankerung der gemeinnützigen Arbeit in das Sanktionensystem ein. Der Gedanke, die Geldstrafe durch gemeinnützige Arbeit zu ersetzen, hatte bereits Eingang in den Alternativ-Entwurf gefunden. Der Alternativ-Entwurf war seiner Zeit einige Jahre voraus[1167], die gegen die alternative Arbeitsstrafe bestehenden Vorbehalte und Bedenken[1168] setzten sich gegenüber dem Reformeifer durch. In den 80iger und 90iger Jahren rückte die Forderung nach der Einführung der gemeinnützigen Arbeit als selbständige Sanktion in den Mittelpunkt der Diskussion. Die Mitglieder des 59. Deutschen Juristentages lehnten die Verpflichtung zu gemeinnütziger Arbeit als eigenständige Rechtsfolge im allgemeinen Strafrecht mehrheitlich ab und sprachen sich für die behutsame Erweiterung der bestehenden Möglichkeiten, gemeinnützige Arbeit als Auflage zu ver-

---

[1165] Albrecht, Strafzumessung und Vollstreckung bei Geldstrafen, S. 252 ff.; ders., MschrKrim 1981, 265 (268).

[1166] Der Gesetzentwurf der Regierungsfraktionen vom 11.06.2002 hat das materiell-rechtliche Wiedergutmachungskonzept des Ersetzungsmodells nicht übernommen, sondern will den Vorrang der Wiedergutmachungsansprüche des Opfers gegenüber dem staatlichen Geldstrafenanspruch durch Berücksichtigung von Wiedergutmachungsleistungen bei der Geldstrafenvollstreckung sichern. Der Entwurf sieht eine Neufassung des § 459 d Abs. 2 und Abs. 3 StPO vor, vgl. BT-Drs. 14/9358, S. 5. Kritisch dazu: Kintzi, DRiZ 2003, 326 (326).

[1167] Roxin, JA 1980, 538 (550).

[1168] Vgl. dazu Pfohl, Gemeinnützige Arbeit als strafrechtliche Sanktion, S. 34 f.

hängen, aus.[1169] Der Bundesrat brachte in der 13. und 14. Wahlperiode einen Gesetzentwurf zur Einführung der gemeinnützigen Arbeit als strafrechtliche Sanktion in den Bundestag ein, der aber nicht abschließend beraten wurde.[1170] Nach § 40 a Abs. 1 des Entwurfs kann das Gericht anstelle einer Geldstrafe bis zu 180 Tagessätzen unter Berücksichtigung der Persönlichkeit des Täters und seiner persönlichen und wirtschaftlichen Verhältnisse die Ableistung gemeinnütziger Arbeit anordnen. Zugleich bestimmt das Gericht die Geldstrafe, die an die Stelle der gemeinnützigen Arbeit tritt, wenn diese nicht in angemessener Zeit oder nicht in ordnungsgemäßer Weise erbracht wird.[1171] Die Bezeichnung des Gesetzentwurfs deutet zwar darauf hin, dass es um die Einführung einer eigenständigen Sanktion geht, tatsächlich beinhaltet der Entwurf lediglich die Möglichkeit, anstelle einer konkret ausgeurteilten Geldstrafe gemeinnützige Arbeit anzuordnen und auf die Geldstrafe zurückzufallen, sofern die Ableistung gemeinnütziger Arbeit nicht erbracht wird.[1172] Das lässt sich auch der Begründung des Entwurfs entnehmen. Danach eröffnet § 40 a StGB-E die Möglichkeit, die Hauptsanktion Geldstrafe durch die Verpflichtung zur Ableistung gemeinnütziger Arbeit zu ersetzen. Es wird eine neue Strafmöglichkeit in den Fällen geschaffen, in denen nach dem Eindruck des Gerichts der Verurteilte die Geldstrafe nicht wird bezahlen können oder auch aus anderen, namentlich in seiner Persönlichkeit und seinen persönlichen Verhältnissen liegenden Gründen Arbeitsleistungen eine günstigere spezialpräventive Einwirkung auf den Verurteilten erwarten lassen als die Vollstreckung einer Geldstrafe.[1173] Die Kommission zur Reform des strafrechtlichen Sanktionensystems lehnte die Einführung der gemeinnützigen Arbeit als selbständige Sanktion mehrheitlich ab und befürwortete ein Ersetzungsmodell, nach dem Geldstrafen durch gemeinnützige Arbeit ersetzt werden können.[1174]

[1169] Beschlüsse des 59. DJT, NJW 1992, 3016 (3022), Abteilung Strafrecht, VIII. 1. Alt., VIII. 2. Alt.

[1170] BT-Drs. 13/10485; BT-Drs. 14/762. Vgl. dazu Böhm, ZRP 1998, 360 (360 ff); Feuerhelm, BewHi 1998, 400 (400 ff.).

[1171] BT-Drs. 13/10485, S. 3; BT-14/762, S. 3.

[1172] Böhm, ZRP 1998, 360 (361); Rautenberg, NJ 1999, 449 (451); Bendel, in: Abschlussbericht der Kommission zur Reform des strafrechtlichen Sanktionensystems, 100 (103).

[1173] BT-Drs. 13/10485, S. 5.

[1174] Diskussion und Beschlüsse, in: Abschlussbericht der Kommission zur Reform des strafrechtlichen Sanktionensystems, 107 (108), 115 (119 ff.).

aa) »Lücke« im Bereich der Geldstrafensanktion

Das Jugendgerichtsgesetz kennt die Auferlegung von Arbeitsleistungen als Erziehungsmaßregel (§ 10 Abs. 1, S. 3 Nr. 4 JGG) und als Zuchtmittel (§ 15 Abs. 1, S. 1 Nr. 3 JGG). Die Erteilung von Arbeitsleistungen kann auch nach § 23 JGG bei der Aussetzung der Jugendstrafe zur Bewährung erfolgen. Ferner bieten §§ 45, 47 JGG die Möglichkeit, eine Einstellung des Verfahrens mit einer Arbeitsweisung zu verknüpfen. Staatsanwaltschaft und Gericht können gemeinnützige Arbeit als Auflage im Rahmen der Verfahrenseinstellung nach § 153 a Abs. 1, S. 2 Nr. 3, Abs. 2 StPO verhängen. Auch bei der Straf- und Strafrestaussetzung einer Freiheitsstrafe zur Bewährung ist die Auflage, gemeinnützige Leistungen zu erbringen, gem. §§ 56 b Abs. 2, S. 1 Nr. 3, 57 Abs. 3, S. 1, 57 a Abs. 3, S. 2 StGB möglich.[1175] Die Verwarnung mit Strafvorbehalt kann demgegenüber nicht mit gemeinnütziger Arbeit verbunden werden, weil der abschließende Katalog des § 59 a Abs. 2 StGB die Arbeitsauflage nicht vorsieht. Im Bereich der mittleren Kriminalität, der im wesentlichen durch die Geldstrafe abgedeckt wird, hat das Gericht keine Möglichkeit, dem Täter gemeinnützige Leistungen aufzuerlegen. Die Verrichtung gemeinnütziger Arbeit kann erst bei Uneinbringlichkeit der Geldstrafe zur Abwendung der Vollstreckung der Ersatzfreiheitsstrafe gem. Art. 293 EGStGB i.V.m. den Rechtsverordnungen der Bundesländer gestattet werden. Mit-

---

1175 Im Gegensatz zur Praxis der Jugendgerichte, in der die Anordnung von Arbeitsleistungen eine erhebliche Rolle spielt, wird von der Möglichkeit, gemeinnützige Arbeitsleistungen gem. § 56 b StGB oder § 153 a Abs. 1 StPO aufzugeben, nur selten Gebrauch gemacht. Vgl. Albrecht, BewHi 1985, 121 (125); Pfohl, BewHi 1985, 110 (113 f.); Blau, FS f. Kaufmann, S. 189 (196); Schall, NStZ 1985, 104 (107 f.); Feuerhelm, Stellung und Ausgestaltung der gemeinnützigen Arbeit im Strafrecht, S. 9; Schneider, MschrKrim 2001, 273 (277). Die Ursachen dafür sind vielfältig: Die Vorschrift des § 56 b Abs. 2, S. 1 Nr. 3 StGB enthält keine Mindest- und Höchstdauer für die Arbeitsleistungen. Die Bestimmung des zeitlichen Arbeitsumfanges obliegt dem Richter. Dabei hat er den Verhältnismäßigkeitsgrundsatz zu beachten und Zumutbarkeitserwägungen anzustellen. Auch ist kein Maßstab vorgesehen, wie etwa gemeinnützige Leistungen gegenüber den in § 56 Abs. 2 Nr. 2, 4 StGB vorgesehenen und in der Praxis dominierenden Geldzahlungsauflagen in Relation zu setzen wären. Das Gesetz gibt dem Richter keine Anhaltspunkte für die Organisation, Durchführung, Aufsicht etc. der gemeinnützigen Arbeit. Aus diesem Grund zieht er verständlicherweise die weniger problematischen Geldzahlungsauflagen vor. Außerdem wird nach wie vor die praktische Durchführbarkeit der gemeinnützigen Arbeit skeptisch beurteilt. Der entscheidende Richter fragt sich, wie er die Durchsetzung der Auflage gewährleisten kann. Er sieht sich vor die Aufgabe gestellt, selbst für den Einsatzort, die Organisation, Durchführung und Aufsicht etc. der gemeinnützigen Arbeit sorgen zu müssen. Dadurch fühlt er sich überfordert und greift, auch um Mehrarbeit zu verhindern, auf die Geldzahlungsauflagen zurück. Die gleichen Probleme stellen sich bei der Arbeitsauflage im Rahmen der Verfahrenseinstellung gem. § 153 a StPO. Vgl. Pfohl, BewHi 1985, 110 (114); ders., Gemeinnützige Arbeit als strafrechtliche Sanktion, S. 68, 78; Schall, NStZ 1985, 104 (108, Fn. 47).

hin lässt sich feststellen, dass bei Tätern mit geringem Schuldgehalt, bei denen eine Geldstrafe nicht verhängt, sondern das Verfahren gem. § 153 a StPO eingestellt wird, und bei Delinquenten mit schwererer Schuld, die zu einer Freiheitsstrafe mit Bewährung verurteilt werden, die gemeinnützige Arbeit gefördert wird, eine Möglichkeit zur Verrichtung gemeinnütziger Arbeit aber bei Tätern mit mittlerer Schuld, also bei Verurteilung zu Geldstrafen, nicht vorhanden ist. Es besteht ein Bedürfnis, die als sinnvoll erkannte Sanktion der gemeinnützigen Arbeit im Bereich des Geldstrafensystems nicht erst im Vollstreckungsverfahren, sondern schon im Erkenntnisverfahren zu etablieren.

bb) Gemeinnützige Arbeit im Lichte der Strafzwecke

Die freiwilligkeitsorientierte und mitwirkungsbedürftige Sanktion der gemeinnützigen Arbeit legt dem Täter ein tatschuldausgleichendes Übel auf. Für die Beantwortung der Frage, welches konkrete Übel die gemeinnützige Arbeit für den Rechtsbrecher bereit hält, muss zwischen der gemeinnützigen Arbeit als eigenständiger Sanktion und der gemeinnützigen Arbeit als Sanktionsalternative differenziert werden.[1176] Bei der gemeinnützigen Arbeit als selbständige Sanktion wird das Strafübel im Entzug von Freizeit gesehen.[1177] Gemeinnützige Arbeit sei »Sühne durch Freizeitverlust«.[1178] Demgegenüber kann nach richtiger Auffassung bei der gemeinnützigen Arbeit als Sanktionsalternative zur Geldstrafe nicht von ihrem Freizeitwert ausgegangen und gefragt werden, welche Freizeitbeschränkung dem Täter zusätzlich zur normalen Berufsarbeit und sonstigen Belastungen möglich und zumutbar ist. Wird die gemeinnützige Arbeit als Surrogat der Geldstrafe eingesetzt, ist sie an dieser Sanktion auszurichten. Denn die gemeinnützige Arbeit als Surrogat der Geldstrafe steht für einen »an sich geschuldeten« Tagessatz Geldstrafe. Es muss daher auf den Einkommenswert der gemeinnützigen Arbeit abgestellt und danach gefragt werden, wie viele Stunden gemeinnützige Arbeit einem

[1176] Schall, NStZ 1985, 104 (110, Fn. 71).
[1177] Huber, JZ 1980, 638 (639); Schädler, ZRP 1985, 186 (191); Pfohl, Gemeinnützige Arbeit als strafrechtliche Sanktion, S. 171; Fuchs, Der Community Service als Alternative zur Freiheitsstrafe, S. 359; Brägger, Gemeinnützige Arbeit als strafrechtliche Sanktion de lege lata et de lege ferenda, S. 39; Neumayer-Wagner, Die Verwarnung mit Strafvorbehalt, S. 161 f.; Schneider, in: Abschlussbericht der Kommission zur Reform des strafrechtlichen Sanktionensystems, 109 (111).
[1178] Pfohl, Gemeinnützige Arbeit als strafrechtliche Sanktion, S. 171.

Tagessatz der Geldstrafe entsprechen.[1179] Das Übel der gemeinnützigen Arbeit als Alternativsanktion zur Geldstrafe liegt in der unentgeltlichen Zurverfügungstellung der Arbeitskraft.[1180] Da das Ersetzungsmodell die gemeinnützige Arbeit als Ersatz der Geldstrafe vorsieht, besteht das Strafübel im unentgeltlichen Einsatz der Arbeitskraft. Durch den Einsatz von Arbeitskraft kann die Tatschuld ausgeglichen[1181] und im Sinne eines spezialpräventiven Denkzettels auf den Täter eingewirkt werden.[1182] Vor allem aber ist die gemeinnützige Arbeit ein Mittel der positiven Spezialprävention, weil sie eine aktive Leistung des Täters zur Aussöhnung mit der Gesellschaft darstellt. Stärker als die Geldstrafe nimmt sie den Täter aktiv als Subjekt in Anspruch und zielt damit auf eine Förderung seiner inneren Auseinandersetzung mit der Tat und verdeutlicht ihm seine soziale Verantwortung.[1183] Sie kann dem Delinquenten das Gefühl geben, dass er durch positive Leistungen zur konstruktiven Lösung sozialer Konflikte beizutragen vermag, und kann hierdurch sein Selbstwertgefühl erhöhen. Arbeitslose Geldstrafenschuldner können durch das Sanktionsinstitut der gemeinnützigen Arbeit wieder an eine regelmäßige Arbeit herangeführt und an einen geregelten Tagesablauf gewöhnt werden. Möglicherweise können die Betroffenen durch die ungewohnte berufliche Tätigkeit neue Fähigkeiten entdecken. Durch den Kontakt mit gemeinnützigen Einrichtungen kann zudem das Interesse an sozialen Bezügen und Aufgaben geweckt werden.[1184] Gemeinnützige Arbeit bietet somit Chancen für konstruktive Resozialisierungsarbeit.[1185] Die gemeinnützige Arbeit verdeutlicht weiterhin im Sinne positiver Generalprävention die Bedeutung der verletzten Norm. Schließlich ermöglicht die gemeinnützige Arbeit dem Verurteilten eine symbolische Wiedergutmachung des begangenen Unrechts und trägt zur Wiederherstellung des Rechtsfriedens bei.[1186] Der Arbeitsleistende vollbringt einen Tatausgleich, in dem

---

[1179] Siehe oben: Fünfter Teil, A. II. 2. d); vgl. auch Schall, NStZ 1985, 104 (110); Böhm, ZRP 1998, 360 (363).

[1180] Schall, NStZ 1985, 104 (110); von Selle, Gerechte Geldstrafe, S. 111.

[1181] Streng, ZStW 111 (1999), 827 (838).

[1182] Dölling, in: Deutsche Bewährungshilfe (Hrsg.), Die 13. Bundestagung, 363 (365); Bendel, in: Abschlussbericht der Kommission zur Reform des strafrechtlichen Sanktionensystems, 100 (102).

[1183] Schneider, MschrKrim 2001, 273 (275).

[1184] Brägger, Gemeinnützige Arbeit als strafrechtliche Sanktion de lege lata et de lege ferenda, S. 41; Bendel, in: Abschlussbericht der Kommission zur Reform des strafrechtlichen Sanktionensystems, 100 (102).

[1185] Dölling, in: Deutsche Bewährungshilfe (Hrsg.), Die 13. Bundestagung, 363 (366).

[1186] BT-Drs. 14/9358, S. 10.

er aktiv Arbeiten im öffentlichen Interesse ausführt und dadurch seine Verfehlungen durch Hilfeleistungen für die Gemeinschaft abbüßt.[1187] Der gemeinnützigen Arbeit kommt daher in einem ausgleichsorientierten Strafrecht ein besonderer Stellenwert zu.[1188] Da die gemeinnützige Arbeit dem Täter den Einsatz seiner Arbeitskraft abverlangt und zu einer erheblichen Belastung führt, dürfte sie auch hinreichende Abschreckungswirkung im Sinne negativer Generalprävention entfalten.[1189]

cc) Vollständiger Ersatz der Geldstrafe durch gemeinnützige Arbeit

Die Mehrheit der Mitglieder der Kommission zur Reform des strafrechtlichen Sanktionensystems weist zu Recht darauf hin, dass der Strafzweck und der Ernstcharakter der Geldstrafe bei einer vollständigen Ersetzung der Geldstrafe durch gemeinnützige Arbeit, deren Sanktionscharakter weithin anerkannt ist, nicht gefährdet sind.[1190] Der nur teilweise Ersatz der Geldstrafe durch gemeinnützige Arbeit wäre auch vor dem Hintergrund der Vorschrift des § 56 b Abs. 2, S. 1 Nr. 3 StGB unverständlich. Danach kann dem zu einer Freiheitsstrafe mit Bewährung verurteilten Täter die Auflage erteilt werden, gemeinnützige Leistungen zu erbringen. Hält sich der Delinquent während der Bewährungszeit straflos und erfüllt er die Auflage, erlässt das Gericht gem. § 56 g StGB die Freiheitsstrafe nach Ablauf der Bewährungszeit. Folgerichtig muss sich auch die Geldstrafe in voller Höhe erledigen, wenn der Täter die gemeinnützige Arbeit in vollem Umfang verrichtet hat. Weitere Argumente für die vollständige Ersetzung der Geldstrafe sind im Rahmen der »Wiedergutmachung« angeführt worden, sie gelten auch für die Ersatzleistung »gemeinnützige Arbeit«, so dass darauf verwiesen werden kann.[1191]

[1187] Brägger, Gemeinnützige Arbeit als strafrechtliche Sanktion de lege lata et de lege ferenda, S. 44.

[1188] Schneider, MschrKrim 2001, 273 (276).

[1189] Dölling, in: Deutsche Bewährungshilfe (Hrsg.), Die 13. Bundestagung, 363 (366); ders., ZStW 104 (1992), 259 (282); Brägger, Gemeinnützige Arbeit als strafrechtliche Sanktion de lege lata et de lege ferenda, S. 42.

[1190] Diskussion und Beschlüsse, in: Abschlussbericht der Kommission zur Reform des strafrechtlichen Sanktionensystems, 91 (94).

[1191] Siehe oben: Fünfter Teil, B. II. 4. b) cc).

dd) Freiwilligkeit der Arbeitsleistung

Das Ersetzungsmodell knüpft die ersatzweise Begleichung der Geldstrafe durch gemeinnützige Arbeit an die Zustimmung des Geldstrafenschuldners. Das Einwilligungserfordernis folgt bereits aus praktischen Erwägungen und der Einsicht, dass gemeinnützige Arbeit nur sinnvoll ist, wenn sie freiwillig erbracht wird.[1192] Deswegen muss auch ein späterer Widerruf der Einwilligung nach Arbeitsantritt möglich sein. Die Einwilligung ist unabdingbare Voraussetzung für die Ersetzung der Geldstrafe durch gemeinnützige Arbeit. Sie ist allerdings aus verfassungsrechtlichen Gründen nicht zwingend geboten, weil nach der hier im Anschluss an das BVerfG vertretenen Auffassung begrenzte Arbeitspflichten, die dem Betroffenen durch einen Richter im Rahmen eines - nach Art des gegenwärtigen - gesetzlich ausgeformten und abgestuften Reaktions- und Sanktionssystems als Folge einer von ihm begangenen Straftat auferlegt werden, unter bestimmten Voraussetzungen nicht in den Schutzbereich des Art. 12 Abs. 2 und 3 GG fallen.[1193] Das BVerfG hat im Rahmen seiner Entscheidung zu § 56 b Abs. 2 Nr. 3 StGB ausgeführt, dass die dort verankerten gemeinnützigen Leistungen zeitlich und sachlich begrenzt sowie an das Gebot der Zumutbarkeit und Verhältnismäßigkeit gebunden und daher nicht an Art. 12 Abs. 2, 3 GG zu messen sind.[1194] Die von dem BVerfG genannten Rahmenbedingungen sind bei dem Ersetzungsmodell gegeben. Das Modell sieht vor, dass das Gericht dem Verurteilten die gemeinnützige Arbeit als Ersatz für die Geldstrafe auferlegt. Das Gericht bestimmt mit der Anordnung der gemeinnützigen Arbeit zugleich die für einen Tagessatz Geldstrafe zu leistende Anzahl von Arbeitsstunden und setzt dem Verurteilten eine Frist für die Leistung der gemeinnützigen Arbeit. Die ersatzweise zu erbringende gemeinnützige Arbeit ist sachlich begrenzt. Der Umfang der Arbeitsleistung ergibt sich aus dem vom Richter zu bestimmenden Umrechnungsverhältnis und der Anzahl der Tagessätze der verhängten Geldstrafe. Durch die Fristsetzung ist die gemeinnützige Arbeit auch zeitlich eingegrenzt. Da das Gericht für bestimmte Teilleistungen auch gesonderte Fristen setzen kann, wenn das mit Rücksicht auf den Gesamtumfang der Ersatzleistung geboten erscheint, wird dem Gebot der Zumutbarkeit ausreichend

---

[1192] Siehe oben: Fünfter Teil, A. II. 1. b); vgl. auch Schall, NStZ 1985, 104 (108); Laun, Alternative Sanktionen zum Freiheitsentzug und die Reform des Sanktionensystems, S. 244 f.

[1193] Siehe oben: Fünfter Teil, A. II. 1. b); vgl. auch BVerfG, NJW 1988, 45 (47); BVerfGE 83, 119 (126).

[1194] Siehe oben: Fünfter Teil, A. II. 1. b); vgl. auch BVerfGE 83, 119 (127).

Rechnung getragen. Die Ersatzleistung »gemeinnützige Arbeit« fällt somit nach dem oben Gesagten nicht in den Schutzbereich des Art. 12 Abs. 2, 3 GG. Dass das Ersetzungsmodell keine Ober- und Untergrenzen für die Arbeitsleistung nennt und die Bestimmung des Umrechnungsfaktors dem Gericht obliegt, ist keine den Art. 12 Abs. 2, 3 GG berührende Frage, sondern eine Frage der Bestimmtheit gem. Art. 103 Abs. 2 GG.

ee) Bestimmtheit der Rechtsfolge

Nach dem Ersetzungsmodell bestimmt das Gericht mit der Anordnung der ersatzweise zu leistenden gemeinnützigen Arbeit die für einen Tagessatz Geldstrafe zu leistende Anzahl von Arbeitsstunden. Das Gericht setzt dem Verurteilten zugleich eine Frist für die Leistung der gemeinnützigen Arbeit. Ober- und Untergrenzen der Arbeitsleistung sind vom Ersetzungsmodell nicht vorgesehen. Die Bestimmung des zeitlichen Arbeitsumfanges obliegt dem Gericht. § 40 a des Entwurfs der Kommission zur Reform des strafrechtlichen Sanktionensystems begreift die Umrechnungsfrage als Bestandteil der richterlichen Ersetzungsentscheidung. Es fragt sich, ob das Modell in Einklang mit dem Bestimmtheitsgrundsatz des Art. 103 Abs. 2 GG steht, da die Rechtsfolge der Straftat nicht vom Gesetz, sondern vom Richter bestimmt wird. Trotz des Zustimmungserfordernisses handelt es sich bei der gemeinnützigen Arbeit um eine in die Rechte des Verurteilten eingreifende staatliche Strafsanktion. Die ersatzweise zu erbringende Arbeitsleistung kann nicht »mit dem Verurteilten ausgehandelt oder willkürlich von Fall zu Fall bestimmt werden.«[1195] »Nur wenn das Umrechnungsverhältnis hinreichend fixiert ist, weiß der Verurteilte, welches Strafübel ihn erwartet, wenn er sich für die gemeinnützige Arbeit ... entscheidet. Nur dann erhält das Zustimmungserfordernis seinen materiellen Sinn.«[1196] Das Gericht muss dem Verurteilten anhand eines festen Umrechnungsfaktors erläutern, wie viele Stunden gemeinnützige Arbeit er im Falle der Ersetzung der Geldstrafe ableisten müsste. Eine Regelung, bei der der Richter die Ersatzsanktion der Höhe nach bestimmen kann, ohne an einen festen Umrechnungsschlüssel gebunden zu sein, würde sich zudem nur schwer in das bestehende Sanktionensystem einfügen. Das Strafgesetzbuch enthält in § 43, S. 2 StGB einen festen Umrechnungsmaßstab für das Verhältnis Geldstrafe - Er-

---

[1195] Schall, NStZ 1985, 104 (109).
[1196] Schall, NStZ 1985, 104 (109 f.).

satzfreiheitsstrafe. Konsequenterweise müsste auch für das Verhältnis Geldstrafe - gemeinnützige Arbeit ein fixer Faktor vorgesehen werden. Die auf der Grundlage des Art. 293 EGStGB erlassenen Rechtsverordnungen der Bundesländer weisen ebenfalls einen festen Anrechnungsschlüssel für das Verhältnis Geld- bzw. Ersatzfreiheitsstrafe - gemeinnützige Arbeit auf. Es ist kein Grund für ein Abgehen von einem starren Maßstab ersichtlich. Der Richter kann bei der Bestimmung des Umrechnungsverhältnisses zwar Umstände, die in der Person des Betroffenen liegen, berücksichtigen, doch Art und Umstände der zu leistenden Arbeit kann er in die Entscheidung über den Faktor nicht einfließen lassen. Denn nach dem von der Kommission entwickelten Ersetzungsmodell ist die gemeinnützige Arbeit als Bringschuld gestaltet, d.h. der Verurteilte muss sich um die Arbeit und den Einsatzort selbst kümmern.[1197] Die Art der gemeinnützigen Arbeit und der Ort ihrer Erbringung werden in den meisten Fällen in der mündlichen Hauptverhandlung noch gar nicht feststehen. Hinzu kommt, dass ein gesetzlich festgelegter Faktor auch aus Gründen der Gleichbehandlung erforderlich ist. Nach dem gesetzlich festzulegenden Umrechnungsmaßstab sollten einem Tagessatz Geldstrafe vier Stunden gemeinnützige Arbeit entsprechen.[1198] Für Härtefälle könnte eine Ausnahmeregelung vorgesehen werden, derzufolge der Anrechnungsmaßstab herabgesetzt werden kann. Ein Härtefall wäre beispielsweise in Fällen gegeben, in denen die gemeinnützige Arbeit aufgrund der persönlichen Verhältnisse des Verurteilten eine außergewöhnliche Belastung für ihn darstellt, z.B. wenn er konstitutionell nur beschränkt arbeitsfähig ist oder kleine Kinder oder pflegebedürftige Angehörige betreut.[1199] Aus den vorstehend genannten Gründen wäre § 40 a Abs. 2 des Entwurfs der Kommission zur Reform des strafrechtlichen Sanktionensystems wie folgt zu ändern:

(2) Einem Tagessatz entsprechen vier Stunden gemeinnütziger Arbeit. In Ausnahmefällen kann das Gericht den Anrechnungsmaßstab mit Rücksicht auf die persönlichen Verhältnisse des Verurteilten herabsetzen.

[1197] Nach Böhm, ZRP 1998, 360 (362 f.), soll die Berücksichtigung der Art der zu leistenden Arbeit systemfremd sein, weil niemand auf die Idee käme, die Tagessatzhöhe bei gleichem Einkommen im Hinblick darauf unterschiedlich zu bemessen, ob das Einkommen durch die Tätigkeit als Notarzt oder stressfrei in einer (höheren) Verwaltungsbehörde erzielt wird.

[1198] Siehe oben: Fünfter Teil, A. II. 2. d).

[1199] Schall, NStZ 1985, 104 (111); Böhm, ZRP 1998, 360 (362).

ff) Anrechnung von Teilleistungen

Erbringt der Täter die gemeinnützige Arbeit nicht in vollem Umfang oder nicht fristgemäß, wird die Geldstrafe vollstreckt. In einem solchen Fall müssen die bereits erbrachten Arbeitsleistungen, die der Täter durch eine Bescheinigung seines Beschäftigungsgebers nachzuweisen hat, auf die Geldstrafe angerechnet werden. Aus dem Arbeitsnachweis lässt sich entnehmen, wie viele Stunden gemeinnützige Arbeit der Betroffene bisher erbracht hat. Mit Hilfe des Umrechnungsmaßstabes lässt sich berechnen, wie viele Tagessätze der Geldstrafe noch nicht durch gemeinnützige Arbeit erledigt sind und wie hoch die restliche noch zu vollstreckende Geldstrafe ist.

gg) Vermeidung der Vollstreckung von Ersatzfreiheitsstrafen

Wesentliches Anliegen des Ersetzungsmodells ist die Vermeidung von Ersatzfreiheitsstrafen. Diesem Anliegen soll vor allem die Möglichkeit der Ersetzung von Geldstrafen durch gemeinnützige Arbeit dienen.[1200] Mit dem Modell wird eine Vorverlagerung der gemeinnützigen Arbeit von der Ebene der Vollstreckung der Ersatzfreiheitsstrafe hin zur Ebene des Erkenntnisverfahrens erreicht. Die Vorschrift des Art. 293 EGStGB wird durch eine materiell-rechtliche Regelung erweitert, derzufolge die Geldstrafe durch gemeinnützige Arbeit beglichen werden kann. Bereits das erkennende Gericht und nicht erst die Vollstreckungsbehörde entscheidet über die ersatzweise Ableistung von gemeinnütziger Arbeit. Auf diese Weise kann einer möglichen Zahlungsunfähigkeit des Täters schon zu einem sehr frühen Zeitpunkt Rechnung getragen werden. Im Strafbefehlsverfahren stellt sich allerdings das Problem, dass die Beschuldigten lediglich schriftlich im Strafbefehl auf die Ersetzungsmöglichkeit hingewiesen werden. Es ist nach den bisherigen Erfahrungen mit der gemeinnützigen Arbeit davon auszugehen, dass viele Beschuldigte die Ersetzungsmöglichkeit nicht verstehen oder nicht zur Kenntnis nehmen. Bei denjenigen, die die Chance zur alternativen Begleichung der Geldstrafe erfassen, scheitert in vielen Fällen die Beantragung der gemeinnützigen Arbeit an mangelnder Antriebskraft oder fehlender Handlungskompetenz. Da diese Personengruppen erfahrungsgemäß keinen Einspruch gegen den Strafbefehl einlegen, findet keine Hauptverhandlung statt, in der ihnen die Ersetzungsmög-

[1200] Vgl. Diskussion und Beschlüsse, in: Abschlussbericht der Kommission zur Reform des strafrechtlichen Sanktionensystems, 91 (98).

lichkeit erläutert bzw. nahegelegt werden könnte. Somit besteht die Gefahr, dass einem Teil der Geldstrafenschuldner die Ersetzungsmöglichkeit verschlossen bleibt. Darüber hinaus erweist sich die Ausgestaltung der gemeinnützigen Arbeit als Bringschuld als überaus problematisch. Der Geldstrafenschuldner muss sich selbst um die gemeinnützige Arbeit kümmern, er muss sich einen Einsatzort suchen und die gemeinnützige Arbeit innerhalb der vom Gericht festgesetzten Frist ableisten. Wie bereits ausgeführt, stellen zentrale Probleme bei der gemeinnützigen Arbeit zur Abwendung der Ersatzfreiheitsstrafe die ungenügende soziale Kompetenz und die mangelnde Initiativkraft der Delinquenten dar. Durch die Ausgestaltung der gemeinnützigen Arbeit als Bringschuld werden die genannten Defizite nicht ausgeglichen. Es ist davon auszugehen, dass die gleichen Schwierigkeiten, die im Rahmen der gemeinnützigen Arbeit zur Vermeidung der Ersatzfreiheitsstrafe bestehen, auch bei dem Ersetzungsmodell auftreten. Zwar sollen nach der Kommission zur Reform des strafrechtlichen Sanktionensystems die Vollstreckungsbehörden, die Gerichtshilfe oder die sozialen Dienste den Verurteilten Hilfestellungen geben[1201], doch sind gelegentliche Hilfestellungen nicht ausreichend. Für viele Delinquenten stellt es bereits eine unüberwindliche Hürde dar, sich selbständig eine geeignete Arbeitsstelle suchen zu müssen.[1202] Sie sind schlichweg nicht in der Lage, eigenständig eine geeignete Beschäftigungsstelle ausfindig zu machen. Sie sind davon abhängig, dass ihnen eine Arbeitsstelle vermittelt wird. Doch selbst mit der Vermittlung in eine geeignete Beschäftigungsstelle ist es nicht getan. Die bisherigen Untersuchungen zur gemeinnützigen Arbeit mit dem Ziel der Vermeidung der Ersatzfreiheitsstrafe zeigen, dass die Delinquenten während der Ableistung gemeinnütziger Arbeit auf eine sozialarbeiterische Betreuung angewiesen sind.[1203] Die Erfolgsquote der gemeinnützigen Arbeit hängt maßgeblich von der Intensität und der Qualität der sozialfürsorgerischen Begleitarbeit ab.[1204] Die Verurteilten benötigen eine betreuende Fürsorge bei der Überwindung von Arbeitsstörungen, Motivationslöchern und anderen Schwierigkeiten.[1205] Die Betroffenen müssen aktiv unterstützt und intensiv betreut werden.

1201 Diskussion und Beschlüsse, in: Abschlussbericht der Kommission zur Reform des strafrechtlichen Sanktionensystems, 91 (93).

1202 Krieg/Löhr/Lücke/Meissner/Rufert/Schumann, MschrKrim 1984, 25 (31); Fehl, Monetäre Sanktionen im deutschen Rechtssystem, S.168.

1203 Siehe oben: Dritter Teil, B.VI.

1204 Siehe oben: Dritter Teil, B. VI.

1205 Schneider, MschrKrim 2001, 273 (284).

Die gemeinnützige Arbeit ist zudem deutlich erfolgreicher, wenn die Verurteilten kontrolliert werden. Modellversuche in der Schweiz haben ergeben, dass sich das Abbruchsrisiko bei denjenigen Verurteilten, die nie kontrolliert wurden, verdreifachte.[1206] Das Ersetzungsmodell sieht eine Kontrolle während der Ableistung der gemeinnützigen Arbeit nicht vor. Es wird lediglich nach Ablauf der Frist und der Beibringung des Nachweises der Ersatzleistung kontrolliert, ob die gemeinnützige Arbeit erbracht worden ist. Das Fehlen einer Kontrolle ist nicht nur unter dem Erfolgsaspekt zweifelhaft, sondern auch deswegen, weil die gemeinnützige Arbeit den Charakter einer Strafsanktion hat. Angesichts des Charakters der gemeinnützigen Arbeit als Strafsanktion erscheint eine Überwachung der Arbeitsleistung als unverzichtbar.[1207]

Die Kommission setzt sich über die mittlerweile gesicherte Erkenntnis, dass gemeinnützige Arbeit, wenn sie effizient sein soll, sehr kontroll- und betreuungsintensiv ist[1208], hinweg. Sie verschließt die Augen vor den bisherigen Erfahrungen mit der gemeinnützigen Arbeit und lässt den Strafcharakter der gemeinnützigen Arbeit außer Acht. Angesichts der Ausgestaltung der gemeinnützigen Arbeit als Bringschuld ist nicht damit zu rechnen, dass das Ersetzungsmodell zu einer ernsthaften Entlastung im Bereich der Ersatzfreiheitsstrafen führt.[1209]

d) Zusammenfassende Beurteilung des Modells

Die Grundidee des Geldstrafen-Ersetzungsmodells, derzufolge die Geldstrafe durch Ersatzleistungen beglichen werden kann, ist zu befürworten. Sinnvoll ist auch, die Ersetzungsmöglichkeit nicht von der Uneinbringlichkeit der Geldstrafe abhängig zu machen, sondern dem Verurteilten bereits im Erkenntnisverfahren die alternative Bezahlungsmöglichkeit einzuräumen. Das Ersetzungsmodell ist dem Verbüßungsmodell vorzuziehen, weil es die vollständige und nicht nur die teilweise Ersetzung der Geldstrafe vorsieht. Die von der Großen Strafrechtskommission des Deutschen Richterbundes im Verbüßungsmodell vorgeschlagenen Therapiemaßnahmen und Kurse zur Behebung bestimmter Defizite sind sicherlich

---

1206 Schneider, MschrKrim 2001, 272 (284).

1207 Schall, NStZ 1985, 104 (105).

1208 Cornel, NK 3/1999, 8 (8); Stellungnahme des Deutschen Juristinnenbundes zum »Entwurf eines Gesetzes zur Reform des Sanktionenrechts«, S. 34, abrufbar im Internet unter: http://www.djb.de/content.php.stellungnahmen.html.

1209 Laun, Alternative Sanktionen zum Freiheitsentzug und die Reform des Sanktionensystems, S. 261.

für einen Teil der Geldstrafenschuldner sinnvoller als die Bezahlung der Geldstrafe, weil die Geldstrafe keinen Resozialisierungsgehalt hat, bei bestimmten Tätergruppen (Alkohol- und Drogenabhängige, Exhibitionisten, familiäre Gewalttäter) aber eine Einwirkung erforderlich ist. Gleichwohl ist die Teilnahme an therapeutischen Sitzungen und anderen Kursen als Ersatzleistung abzulehnen, weil sie kein geeignetes Surrogat für die Geldstrafe darstellt. Der Teilnahme an therapeutischen Maßnahmen und sonstigen Kursen kommt keine schuldausgleichende Wirkung zu. Zu befürworten ist demgegenüber der Ersatz der Geldstrafe durch eine Schadenswiedergutmachungszahlung. Die vom Deutschen Richterbund empfohlene Genugtuungszahlung, die von zivilrechtlichen Vorgaben gelöst ist, widerspricht dem Grundsatz der Einheit der Rechtsordnung und dem Gebot materieller Gerechtigkeit. Die Wiedergutmachungszahlung ist hinsichtlich Bestand und Höhe von zivilrechtlichen Vorschriften abhängig, was zu nicht zu unterschätzenden zivilrechtlichen Folgeproblemen führen kann. Bei der Wiedergutmachung muss dem Täter die Leistung an das Opfer und auch an einen Dritten, bei dem der Schaden »hängen bleibt«, gestattet sein. Die von der Kommission vorgeschlagene Beschränkung der Ersetzungsmöglichkeit auf Fälle, in denen die Durchsetzung des Schadensersatzanspruchs des Opfers durch die Geldstrafe und deren Vollstreckung gefährdet wäre, ist abzulehnen. Eine geeignete Ersatzsanktion stellt auch die gemeinnützige Arbeit dar. Allerdings sollte nicht das Gericht den Umrechnungsmaßstab zwischen Geldstrafe und gemeinnütziger Arbeit bestimmen. Aus Gründen der Bestimmtheit und Gleichbehandlung ist ein fester Umrechnungsschlüssel von 1:4 vorzusehen. Problematisch ist, dass drei Viertel aller Geldstrafen im Strafbefehlsverfahren verhängt werden und es in vielen Fällen nicht zu einer mündlichen Hauptverhandlung kommt. Der Geldstrafenschuldner wird auf die Ersetzungsmöglichkeit nur schriftlich im Strafbefehl hingewiesen, so dass zu befürchten ist, dass Täter aus den sozialen Randgruppen und solche ohne soziale Handlungskompetenz die Ersetzungsmöglichkeit nicht erfassen oder beantragen. Schwerwiegender ist die Ausgestaltung der Ersatzleistungen als Bringschuld, was insbesondere für die gemeinnützige Arbeit gilt. Die Ausgestaltung der gemeinnützigen Arbeit als Bringschuld missachtet die bisherigen Erfahrungen mit der Klientel der gemeinnützigen Arbeit und muss daher in die Sackgasse führen. Das die Ersatzleistungen »gemeinnützige Arbeit« und »Wiedergutmachungszahlung« vorsehende Ersetzungsmodell kann eine Verringerung der Vollstreckung von Ersatzfreiheitsstrafen nicht erreichen. Das Ersetzungsmodell enthält zwar einige gute

Ansätze, seine Einführung ist aber in der von der Kommission vorgeschlagenen Fassung nicht empfehlenswert.

Sechster Teil: Schlussbetrachtung

Die Ersatzfreiheitsstrafe ist unter verfassungsrechtlichen, kriminalpolitischen und straftheoretischen Gesichtspunkten problematisch. Aus verfassungsrechtlicher Sicht ist die Ersatzfreiheitsstrafe des § 43, S. 1 GG zwar im Hinblick auf die Menschenwürdegarantie, den Schuldgrundsatz und das Gleichheitsgebot unbedenklich. Die in § 43, S. 1 StGB von Gesetzes wegen vorgesehende Surrogation einer uneinbringlichen Geldstrafe durch eine Ersatzfreiheitsstrafe ohne vorherige richterliche Entscheidung über die Freiheitsentziehung und ohne Anhörung des Betroffenen verstößt jedoch gegen die Verfahrensgarantie des Art. 104 Abs. 2, S. 1 GG. Eine verfassungskonforme Auslegung des § 43, S. 1 StGB ist nicht möglich. Die Vorschrift ist verfassungswidrig. Der Verfassungsverstoß ließe sich durch Einführung einer Norm beheben, derzufolge ein Richter beispielsweise im Vollstreckungsverfahren nach Anhörung des Betroffenen über die Ersatzfreiheitsstrafe durch Beschluss zu entscheiden hätte. Der in § 43, S. 2 StGB vorgesehene Umrechnungsmaßstab zwischen Geldstrafe und Ersatzfreiheitsstrafe von 1:1 verstößt gegen das Schuldprinzip. Da eine verfassungskonforme Auslegung des § 43, S. 2 StGB nicht möglich ist, ist die Norm ebenfalls verfassungswidrig. Die Verfassungswidrigkeit ließe sich durch Änderung des Umrechnungsverhältnisses in 2:1 oder 3:1 beseitigen. Entgegen *Tröndle's* Vermutung aus dem Jahre 1975, es sei nur eine Frage der Zeit, bis der erste Ersatzverbüßer vor dem BVerfG geltend mache, er sei - zumindest durch die Dauer der Ersatzfreiheitsstrafe - in seinem Grundrecht aus Art. 2 Abs. 1 GG verletzt[1210], ist bisher weder der in § 43, S. 2 StGB enthaltene Umrechnungsmaßstab noch die Ersatzfreiheitsstrafe verfassungsrechtlich angegriffen worden. Da nur das BVerfG die Ersatzfreiheitsstrafe des § 43 StGB für verfassungswidrig erklären kann, ist die Ersatzfreiheitsstrafe auch weiterhin als Bestandteil des strafrechtlichen Sanktionensystems hinzunehmen, aber unter allen Umständen zu vermeiden. Die Ersatzfreiheitsstrafe läuft dem Ziel der Zurückdrängung kurzer Freiheitsstrafen zuwider, verursacht hohe Kosten und bringt Kapazitätsprobleme in den Vollzugsanstalten mit sich, kurzum sie ist kriminalpolitisch verfehlt. Die Ersatzfreiheitsstrafe ist zudem straftheoretisch nicht legitimierbar, weil sie infolge des dem Schuldgrundsatz zuwiderlaufenden Umrechnungsmaßstabes des § 43, S. 2 StGB eine konkrete Überschuldstrafe und damit keine schuldangemessene Strafe ist. Hinzu kommt, dass die Ersatzfreiheits-

[1210] Tröndle, ÖJZ 1975, 589 (599).

strafe den Strafzweck der Spezialprävention nicht zu erfüllen in der Lage ist. Die Ersatzfreiheitsstrafe hat keine resozialisierende Wirkung, weil die Ersatzfreiheitsstrafenverbüßer lediglich verwahrt und ihnen keine Wiedereingliederungsmaßnahmen angeboten werden. Der Ersatzfreiheitsstrafe ist auch ein individualabschreckender Effekt abzusprechen. Das Abschreckungskonzept des »short sharp shock« greift nicht bei sozial desintegrierten Tätern. Bei den Gefangenen des Ersatzfreiheitsstrafenvollzuges handelt es sich mehrheitlich um Delinquenten, die Multiproblemstrukturen aufweisen. Sie kommen aus den unteren sozialen Schichten, sind überwiegend vorbestraft und ohne feste Arbeit, häufig ohne soziale Bindungen, oftmals ohne festen Wohnsitz und mit Drogen- und Alkoholproblemen belastet.

Die Schuldner uneinbringlicher Geldstrafen gehören nicht in Gefängnisse. Mit dem Vollzug der Ersatzfreiheitsstrafe können die in § 2 StVollzG genannten Vollzugsziele der Resozialisierung des Gefangenen und des Schutzes der Allgemeinheit vor weiteren Straftaten nicht erreicht werden. Die Verbüßer von Ersatzfreiheitsstrafen müssen nicht sicher verwahrt werden, weil sie für die Allgemeinheit nicht gefährlich sind. Die Straftaten der Verbüßer von Ersatzfreiheitsstrafen sind Ausdruck ihrer prekären Lebensverhältnisse. Es handelt sich überwiegend um Armuts- und Suchtkriminalität, vor allem um Eigentums- und Vermögensdelikte in einem bagatellhaften Schwerebereich. Es kann dahin stehen, ob sie befähigt werden müssen, künftig ein Leben ohne Straftaten zu führen, denn der Kurzstrafenvollzug ist nicht resozialisierend ausgestaltet. Bei den Verbüßern von Ersatzfreiheitsstrafen findet eine funktionslose Verwahrung statt, deren Zulässigkeit fragwürdig ist.

Angesichts der genannten Problematiken der Ersatzfreiheitsstrafe ist ein Bedürfnis für eine Reform des Geld- bzw. Ersatzfreiheitsstrafensystems offensichtlich. Es ist darüber hinaus auch angesichts der Unzulänglichkeiten der bestehenden Rechtspraxis gegeben. Die im geltenden Recht verankerten gesetzlichen Vorgaben und Möglichkeiten zur Vermeidung von Ersatzfreiheitsstrafen werden in der Praxis nicht bzw. nicht in ausreichendem Maße genutzt und ausgeschöpft.

Die bevorstehende Reform des Sanktionensystems muss zwingend der Vermeidung von Ersatzfreiheitsstrafen dienen. Der Gesetzgeber sollte mit der Schaffung von Möglichkeiten zur Vermeidung von Ersatzfreiheitsstrafen nicht »kleckern«, sondern »klotzen« und in großem Umfang Regelungen zur Vermeidung von Ersatzfreiheitsstrafen einführen.

Die Änderung des Sanktionenrechts muss bei der Geldstrafe ansetzen, die bei finanziell schlecht gestellten Personen eine entsozialisierende Wirkung entfalten kann. Empfehlenswert ist die nachträgliche Anpassung der Tagessatzhöhe an die tatsächlichen wirtschaftlichen Verhältnisse der Verurteilten bei einer unvorhersehbaren wirtschaftlichen Notlage und bei einem im Erkenntnisverfahren unzutreffend zugrundegelegten (überhöhten) Einkommen. Darüber hinaus ist die Surrogation der Geldstrafe neu zu gestalten. Die Einführung der gemeinnützigen Arbeit als primäre Ersatzsanktion bei Uneinbringlichkeit der Geldstrafe verdient Zustimmung. Die gemeinnützige Arbeit erhält damit auch formal die Stellung eines Surrogats der Geldstrafe. Damit ist eine Aufwertung der gemeinnützigen Arbeit als Sanktionsalternative verbunden, denn die Reihenfolge Geldstrafe - gemeinnützige Arbeit - Ersatzfreiheitsstrafe ist nicht nur im Sinne einer zeitlichen Abfolge, sondern auch im Sinne einer dogmatischen Rangfolge im Gesetz verankert. Hervorzuheben ist, dass die Verurteilten, die die Geldstrafe nicht zahlen können, durch die vorgesehene Neuregelung einen Anspruch auf Tilgung der Geldstrafe durch gemeinnützige Arbeit haben. Das ist nachhaltig zu begrüßen, weil damit einem Auswahlprozess aufseiten der Vollstreckungsbehörden die Grundlage entzogen ist und zudem ein Selektionsfilter aufseiten der Schuldner uneinbringlicher Geldstrafen verhindert wird, da deren Zustimmung einzuholen ist, ihnen also eine grundlegende Initiativpflicht nicht obliegt.[1211]

Die Einführung eines bundeseinheitlichen Umrechnungsfaktors Geldstrafe - gemeinnützige Arbeit ist zwingend erforderlich. Die Vorschrift des Art. 293 EGStGB genügt den Anforderungen gesetzlicher Bestimmtheit (Art. 103 Abs. 2

[1211] Vgl. Laun, Alternative Sanktionen zum Freiheitsentzug und die Reform des Sanktionensystems, S. 225. Fraglich ist allerdings, was beispielsweise einer körperlich behinderten Mittfünfzigerin oder einer allein erziehenden Sozialhilfeempfängerin ein Anspruch auf gemeinnützige Arbeit nützt, wenn sie körperlich oder aus Mangel an frei verfügbarer Zeit nicht in der Lage ist, gemeinnützige Arbeit zu leisten. In solchen Fällen stößt die Ersatzsanktion »gemeinnützige Arbeit« an ihre Grenzen. Hier wird zu überlegen sein, der gemeinnützigen Arbeit für solche Fälle eine weitere Ersatzsanktion zur Seite zu stellen, z.B. eine Art »kontrollierte Freiheit« (Aufenthaltsbeschränkung auf den Wohnort, tägliche Meldepflicht).

GG) nicht, weil Art. 293 EGStGB nicht das Maß der »Arbeitsstrafe« zu entnehmen ist und somit der Umfang der gemeinnützigen Arbeit nicht vom Gesetz, sondern vom Verordnungsgeber bestimmt wird. Der für das Verhältnis Geldstrafe - Arbeitsstunden vorgeschlagene Schlüssel von 1:3 wird abgelehnt und empfohlen, ein Umrechnungsverhältnis von 1:4 vorzusehen. Ein höherer Schlüssel als drei Stunden Arbeit pro Tagessatz ist gerechtfertigt, weil die gemeinnützige Arbeit nicht so belastend wie »normale« Berufsarbeit ist: Es gibt keinen Leistungsdruck, keine Sorge um eine Dauerstellung, keine Einarbeitungszeit, keine vollwertige Ausschöpfung der Arbeitskraft und keinen Ehrgeiz sich hochzuarbeiten und zu qualifizieren.

Der Einwand, der Ausbau der gemeinnützigen Arbeit stelle sich in Zeiten von Spitzenarbeitslosenquoten nicht als das richtige Signal für die Zukunft dar, weil Arbeitssuchenden Arbeit nicht als Strafe vermittelt werden könne[1212], ist zurückzuweisen. Die Möglichkeit zur Verrichtung gemeinnütziger Arbeit ist jedem Verurteilten bereits aus Gründen der Verhältnismäßigkeit einzuräumen. Die kriminologische Erkenntnis von der Austauschbarkeit der Sanktionen im Zusammenspiel mit dem Verhältnismäßigkeitsprinzip verpflichtet dazu, die Vollstreckung von (Ersatz-) Freiheitsstrafen weiter zu verringern.[1213] Der Umstand, dass derzeit über vier Millionen Menschen ohne Arbeit sind, spielt daher keine Rolle. Die gemeinnützige Arbeit sollte den Verurteilten als Chance vermittelt werden, sich wieder an das Arbeitsleben zu gewöhnen.[1214]

Der Erfolg der neuen Ersatzstrafenregelung hängt davon ab, dass bundesweit genügend Vermittlungs- und Einsatzstellen und ausreichend Sozialarbeiter, die die Beratung, Vermittlung, Überwachung, Begleitung und Intervention gewährleisten, zur Verfügung gestellt werden.[1215] Die Ausdehnung des Anwendungsbereichs der gemeinnützigen Arbeit wird die Anzahl der zu vermittelnden Personen drastisch erhöhen und einen erheblichen Bedarf an Einsatzstellen auslösen. Eine dauerhaft erfolgreiche Vermittlung und Betreuung der Probanden kann die Gerichtshilfe

---

1212 Fehl, Monetäre Sanktionen im deutschen Rechtssystem, S. 173; vgl. auch Köhler, NK 2/2000, 10 (10).

1213 Weßlau, StV 1999, 278 (278).

1214 Wilde, BewHi 2002, 211 (219).

1215 Kintzi, DRiZ 2003, 325 (327).

ohne Stellenausbau nicht bewältigen. Ohne Aufstockung der Personaldecke ist die Gerichtshilfe auch nicht als Institution für die Überwachung der Arbeitsleistungen denkbar.[1216] Die Gerichtshilfe ist seit Jahren einer zunehmenden Belastung ausgesetzt, die sich nicht nur in den hohen Fallzahlen zeigt, sondern insbesondere in den schwieriger werdenden Klienten, die es zu betreuen gilt.[1217] Dasselbe gilt für die Verbände der Freien Straffälligenhilfe. Nur bei entsprechender finanzieller Unterstützung der Straffälligenhilfe wird sich der gewünschte Anstieg gemeinnütziger Arbeit verwirklichen lassen. Die Vermittlungsstellen müssen neue Einsatzstellen gewinnen und dafür sorgen, dass auch schwer vermittelbare Delinquenten eine Möglichkeit zur Leistung gemeinnütziger Arbeit erhalten. Angesichts der häufig vorhandenen Multiproblemstrukturen der Geldstrafenschuldner, die gemeinnützige Arbeit ableisten, sollten die Vermittlungsstellen nicht nur die Vermittung in eine geeignete Einsatzstelle gewährleisten, sondern darüber hinaus für eine Weitervermittlung in andere Hilfeeinrichtungen oder soziale Dienste (z.B. Schuldnerberatung, Wohnungslosenhilfe, Drogenberatungsstelle) Sorge tragen.[1218] Dem wiederholt vorgebrachten Einwand, in Zeiten leerer Haushaltskassen verbiete sich aus Kostengründen ein Ausbau der gemeinnützigen Arbeit[1219], ist entgegenzuhalten, dass durch gemeinnützige Arbeit Strafhaft vermieden und Haftkosten gespart werden. Es ist damit zu rechnen, dass bezüglich der belegungsabhängigen Kosten (z.B. Verpflegung, Bekleidung, Reinigungsbedarf, Gesundheitsfürsorge, Arbeitsentgelte, Entlassunghilfen) Einsparungen erzielt werden, wenn durch gemeinnützige Arbeit die Belegung der überfüllten Justizvollzugsanstalten reduziert wird. Auf längere Sicht ist davon auszugehen, dass auch die sog. Fixkosten, d.h. belegungsunabhängige Kosten (Sachmittel- und Personal-

---

1216 Vgl. DBH, Stellungnahme zum Entwurf eines Gesetzes zur Reform des Sanktionenrechts, S. 1, 4, abrufbar im Internet unter: http://www.dbh-online.de/stellung/stellungnahme-sanktions-recht-2003-09.pdf; Deutscher Juristinnenbund, Stellungnahme zum »Entwurf eines Gesetzes zur Reform des Sanktionenrechts« (Referentenentwurf für einen Gesetzentwurf der Bundesregierung (Stand: Juni 2003), S. 36, abrufbar im Internet unter: http://www.djb.de/content.php.stellungnahmen.html.

1217 Weinland, Qualitätsentwicklung in der Justizverwaltung unter besonderer Berücksichtigung der Justizsozialarbeit, S. 1, abrufbar im Internet unter: http://www.agbewaehrungshilfe.de/Fachverband/Vortrag_Weinland.pdf.

1218 Kawamura, in: Kawamura (Hrsg.), Gemeinnützige Arbeit in Bayern am Schnittpunkt von Sozialer Arbeit und Justiz, 25 (29); Kawamura-Reindl/Reindl, NK 2/2003, 49 (52).

1219 Vgl. Herbstkonferenz der Justizministerinnen und Justizminister am 06.11.2003 in Berlin, Beschluss TOP C. I. 1., S. 1 f., abrufbar im Internet unter: http://www.anwaltverein.de/JuMiKo.pdf.

kosten) eingespart werden können, nämlich dann, wenn durch gemeinnützige Arbeit so viel Haftplätze eingespart werden, dass Vollzugsanstalten (z.B. mit 250 Haftplätzen) geschlossen werden können.
Seit langem überfällig und aus verfassungsrechtlichen Gründen geboten ist die Änderung des in § 43, S. 2 StGB vorgesehenen Umrechnungsmaßstabes zwischen Geldstrafe und Ersatzfreiheitsstrafe. Der Maßstab von 2:1 ist geeignet, das Zusatzübel der Ersatzfreiheitsstrafe abzumildern und dem »Gebot der Verkürzung der Dauer entsozialisierender Ersatzfreiheitsstrafe«[1220] Rechnung zu tragen. Diesem Gebot wird auch durch die Strafrestaussetzung von Ersatzfreiheitsstrafen Genüge getan. Nach hier vertretener Auffassung können die Reste von Ersatzfreiheitsstrafen in analoger Anwendung des § 57 Abs. 1 StGB zur Bewährung ausgesetzt werden. Der Gesetzgeber sollte aber die Strafrestaussetzung von Ersatzfreiheitsstrafen im Interesse von Rechtseinheitlichkeit, Rechtssicherheit und Rechtsklarkeit ausdrücklich positiv regeln. Die ausdrückliche positive Regelung der Strafrestaussetzung von Ersatzfreiheitsstrafen ist zwingend für den Fall, dass sich der Reformgesetzgeber nicht zu einer Änderung des Maßstabes Geldstrafe - Ersatzfreiheitsstrafe in 2:1 durchringt.

Wenn sich der Gesetzgeber dazu entschließen könnte, die genannten Reformvorschläge umzusetzen, wäre ein großer Schritt in Richtung der Vermeidung von Ersatzfreiheitsstrafen getan. Der Gesetzgeber müsste das bestehende Geld- und Ersatzfreiheitsstrafensystem nicht »auf den Kopf stellen«, sondern lediglich an dem vorhandenen Instrumentarium kleine Änderungen vornehmen.

Sollte der Gesetzgeber eine große Reform wagen und das geltende Geldstrafensystem grundlegend reformieren, sollte er von der Einführung einer Möglichkeit, auch Geldstrafen zur Bewährung auszusetzen, absehen. Die Täter, die zu einer Geldstrafe verurteilt werden, leben mehrheitlich in relativ geordneten Verhältnissen und lassen keine Gefahren für einen Rückfall erkennen. Ihnen wäre eine gute Prognose zu stellen. Da sie jedoch überwiegend nicht resozialisierungsbedürftig sind, entstünde die Situation, dass sie eine Geldstrafe zur Bewährung erhalten und unter Bewährungsaufsicht gestellt würden, während die Delinquenten, die wiederholt straffällig geworden oder sozial entwurzelt sind, eine Geldstrafe ohne Be-

---

[1220] Wolters, ZStW 114 (2002), 63 (84).

währung erhalten würden, obwohl sie zur Beeinflussung ihrer Lebensführung Weisungen und Bewährungsaufsicht bedurft hätten. Hinzu kommt, dass die Abhängigkeit der Geldstrafe zur Bewährung von einer Prognose in der Praxis zu erheblichen Schwierigkeiten führen würde, weil die meisten Geldstrafen durch Strafbefehl verhängt werden und im Strafbefehlsverfahren, wenn es nicht zur Hauptverhaltung kommt, eine Prognose über zukünftiges straffreies Verhalten des Delinquenten nicht getroffen werden kann.

Empfehlenswert ist die Schaffung einer Möglichkeit, die Geldstrafe mit Zustimmung des Verurteilten durch ein anderes Sanktionsmittel zu ersetzen. Das Geldstrafen-Ersetzungsmodell der Kommission zur Reform des strafrechtlichen Sanktionensystems enthält den zu befürwortenden Ansatz, die Ersetzungsmöglichkeit nicht von der Uneinbringlichkeit der Geldstrafe abhängig zu machen, sondern dem Angeklagten bereits im Erkenntnisverfahren eine alternative »Bezahlungsmöglichkeit« einzuräumen. Abzulehnen ist die Ersetzung der Geldstrafe durch die Teilnahme an Kursen zur Behebung bestimmter Defizite oder an therapeutischen Maßnahmen, weil ihr keine schuldausgleichende Wirkung zukommt. Sie legt dem Täter kein Übel auf und kann auch nicht als immaterielle Wiedergutmachung angesehen werden. Die Maßnahmen und Kurse wenden sich nur an den Täter und bezwecken seine Selbstresozialisierung. Die Folgen der Straftat werden dadurch nicht ausgeglichen. Als Ersatzleistungen sind die Wiedergutmachungszahlung an das Opfer und die gemeinnützige Arbeit vorzusehen. Sie sind in der Lage, Zwecke des Schuldausgleichs und Präventionzwecke zu erfüllen. Dem Verurteilten sollte ein Wahlrecht eingeräumt werden, ob er die Geldstrafe bezahlt oder stattdessen gemeinnützige Arbeit leistet. Die gegen ein solches Wahlrecht möglicherweise bestehenden Bedenken dahingehend, dass die Strafe zur Disposition des Verurteilten steht und eine Art von Strafarten-Shopping möglich ist, greifen nicht durch. *Baumann* hat treffend formuliert: »Ein Wahlrecht ist dort unschädlich, wo beide der zu wählenden Rechtsfolgen jedenfalls besser sind als die kurzfristige Freiheitsstrafe.«[1221] Der Angeklagte sollte die Möglichkeit haben, einen Antrag auf Ableistung gemeinnütziger Arbeit zu stellen. Auf diese Option sollte der Verurteilte bereits im Strafbefehl hingewiesen werden. Über den Antrag sollte das erkennende Gericht entscheiden. Aus Gründen der Bestimmtheit ist ein fester

[1221] Baumann, Beschränkung des Lebensstandards anstatt kurzfristiger Freiheitsstrafe, S. 59 f.

Umrechnungsschlüssel zwischen Geldstrafe und gemeinnütziger Arbeit vorzusehen. Dieser sollte 1:4 betragen. Die gemeinnützige Arbeit darf nicht als eine Art Bringschuld ausgestaltet werden, wie es das von der Kommission zur Reform des strafrechtlichen Sanktionensystems vorgeschlagene Geldstrafen-Ersetzungsmodell vorsieht. Die Erfahrungen mit der gemeinnützigen Arbeit zur Vermeidung der Vollstreckung der Ersatzfreiheitsstrafe haben gezeigt, dass bei der gemeinnützigen Arbeit eine begleitende intensive soziale Beratung und Betreuung sichergestellt sein muss, die dem Verurteilten bei Vermittlung, Organisation und Durchführung der Arbeit die erforderliche Hilfe und Unterstützung bietet. Bei Gewährleistung der erforderlichen Begleitarbeit und Bereitstellung der nötigen Einsatzstellen ist davon auszugehen, dass Ersatzfreiheitsstrafen vermieden werden könnten. Problematisch ist allerdings, dass die meisten Geldstrafen im Strafbefehlsverfahren verhängt werden, bei dem eine Hauptverhandlung nur nach Einspruch stattfindet. Kommt es nicht zur Hauptverhandlung, wird der Verurteilte nicht mündlich vom Gericht über die Ersetzungsmöglichkeit aufgeklärt. Es besteht die Gefahr, dass unterprivilegierte und sozial ausgegliederte Straftäter, die erfahrungsgemäß keinen Einspruch gegen einen Strafbefehl einlegen, die Hinweise im Strafbefehl nicht beachten oder nicht verstehen und einen Antrag auf die Ersetzung der Geldstrafe, z.B. durch gemeinnützige Arbeit, nicht stellen. Das Ersetzungsmodell setzt Eigeninitiative und Handlungskompetenz voraus, die gerade Tätern aus den sozialen Randgruppen fehlt.

Die Ersatzleistung »Wiedergutmachungszahlung« ist im Interesse eines glaubhaften und wirksamen Opferschutzes auch den Verurteilten zu gestatten, die die finanziellen Mittel besitzen, um sowohl die Geldstrafe als auch die zivilrechtlichen Ansprüche des Opfers zu befriedigen. Sie ist auch dann zuzulassen, wenn das Opfer von einer Versicherung Leistungen erhalten hat. Die Wiedergutmachungszahlung muss nicht zwingend an das Opfer, sondern kann auch an einen Dritten, z.B. eine Versicherung, bei dem der Schaden »hängen bleibt«, erfolgen. Die von der Kommission zur Reform des strafrechtlichen Sanktionensystems vorgeschlagene Beschränkung der Ersetzungsmöglichkeit auf Fälle, in denen die Durchsetzung des Schadensersatzanspruchs des Opfers durch die Geldstrafe und deren Vollstreckung gefährdet wäre, widerspricht legitimen Opferinteressen und ist daher abzulehnen. Die Wiedergutmachungsleistung hat sich im Hinblick auf Grund und Höhe nach dem bürgerlichen Recht zu richten. Die Abhängigkeit von bürgerlich-rechtlichen Vorschriften kann allerdings in einem späteren Zivilprozess zu Folgeproblemen führen. Nicht zu verkennen ist, dass die Ersatzleistung »Wiedergutmachungszahlung« nur in begrenztem Umfang dazu beitragen kann, dass Ersatzfreiheitsstrafen vermieden werden. Für leistungsschwache Täter stellt die Ersatzleistung »Wiedergutmachungszahlung« keine echte Alternative zur Geldstrafe dar. Sie kommt am ehesten für teilleistungsfähige Verurteilte in Betracht, bei denen durch die Wiedergutmachungszahlung eine finanzielle Überforderung durch Geldstrafe einerseits und Entschädigung des Opfers andererseits abgewendet werden kann.

Das Geldstrafen-Ersetzungsmodell sollte trotz der aufgezeigten Schwierigkeiten, die sich möglicherweise in der Praxis ergeben, in der hier vorgeschlagenen Fassung eingeführt werden, weil es die bis dato nicht vorhandene Möglichkeit eröffnet, bereits auf Ebene des Erkenntnisverfahrens Alternativen bzw. Ersatzsanktionen zur Geldstrafe anzubieten, die die in jeder Beziehung unerwünschte Ersatzfreiheitsstrafe verhindern können.

Strafe ist stets ein »Griff ins Dunkel«, schrieb *von Liszt* Anfang des vergangenen Jahrhunderts. Daran hat sich nichts geändert. Da die Ersatzfreiheitsstrafe aber nicht nur ein Griff in tiefe Finsternis, sondern in vielerlei Hinsicht ein Fehlgriff ist[1222], ist der Gesetzgeber in der Pflicht, das Sanktionensystem so ausgestalten, dass die Ersatzfreiheitsstrafe zur ultima ratio wird. Nur dann, wenn es eine prima ratio (Geldstrafe) und eine secunda ratio (z.B. gemeinnützige Arbeit, Wiedergutmachungszahlung) gibt, kann die Ersatzfreiheitsstrafe zur ulitma ratio werden.[1223] Der Gesetzgeber muss verhindern, dass der Ersatzfreiheitsstrafenvollzug zum »Auffangbecken der Schwächsten«[1224] wird.

[1222] Vgl. DIE ZEIT, Politik 16/2002, »Einsperren ist teuer und sinnlos«, S. 4, abrufbar im Internet unter: http://www.zeit.de/2002/16/Politik/print_200216_text_agenda.html.

[1223] Vgl. Baumann, Beschränkung des Lebensstandards anstatt kurzfristiger Freiheitsstrafe, S. 63.

[1224] Krüger, NK 2/2001, 4 (4).

Anhang

Deutscher Bundestag | **Drucksache 14/9358**
14. Wahlperiode | 11. 06. 2002

Gesetzentwurf

der Abgeordneten Alfred Hartenbach, Dr. Jürgen Meyer (Ulm), Erika Simm, Hermann Bachmaier, Anni Brandt-Elsweier, Hans-Joachim Hacker, Christine Lambrecht, Gabriele Lösekrug-Möller, Winfried Mante, Dirk Manzewski, Margot von Renesse, Wilhelm Schmidt (Salzgitter), Richard Schumann (Delitzsch), Joachim Stünker, Hedi Wegener, Dr. Peter Struck und der Fraktion der SPD sowie der Abgeordneten Volker Beck (Köln), Hans-Christian Ströbele, Kerstin Müller (Köln), Rezzo Schlauch und der Fraktion BÜNDNIS 90/DIE GRÜNEN

Entwurf eines Gesetzes zur Reform des Sanktionenrechts

A. Problem und Ziel

Das geltende Sanktionensystem, das Geld- und Freiheitsstrafe als Hauptstrafen vorsieht, gibt den Gerichten zu wenig Gestaltungsmöglichkeiten, um im Bereich kleinerer und mittlerer Kriminalität in geeigneter Weise mit spezialpräventiver Zielrichtung auf Straftäter einzuwirken. Deshalb soll der Gesetzentwurf die ambulanten Sanktionsmöglichkeiten für Straftaten in diesen Bereichen erweitern und dabei insbesondere der Vermeidung von kurzen Freiheits- und Ersatzfreiheitsstrafen dienen. Auf diese Weise sollen unerwünschte Nebenwirkungen von Freiheitsstrafen vermieden oder abgeschwächt und der Strafvollzug entlastet werden. Die Erweiterung des Sanktionensystems durch den Ausbau ambulanter Sanktionen trägt wirksam zum strafrechtlichen Rechtsgüterschutz bei, denn nach allen bisherigen Erkenntnissen sind die vorgeschlagenen Sanktionen den heute vorhandenen in spezial- und generalpräventiver Hinsicht nicht unterlegen.

Darüber hinaus sorgt der Entwurf für eine bessere Berücksichtigung von Opferinteressen im Rahmen des Geldstrafensystems.

B. Lösung

Der Entwurf schlägt vor:

1. eine Erweiterung des Anwendungsbereichs der gemeinnützigen Arbeit durch
   - Einführung der gemeinnützigen Arbeit als primäre Ersatzstrafe bei Uneinbringlichkeit einer Geldstrafe,
   - Ermöglichung von Arbeitsauflagen im Rahmen der Verwarnung mit Strafvorbehalt durch Öffnung des Auflagen- und Weisungskatalogs;
2. eine Erweiterung des verkehrsstrafrechtlichen Fahrverbots durch
   - Aufstufung zur Hauptstrafe in seinem bisherigen Anwendungsbereich,
   - Ausdehnung der zeitlichen Höchstdauer auf sechs Monate,
   - Normierung als Regelsanktion für sog. Zusammenhangstaten;

3. eine Erweiterung der Verwarnung mit Strafvorbehalt;
4. Verbesserungen im Bereich der Geldstrafe, nämlich
   - Verpflichtung der Gerichte, einen Teilbetrag der Geldstrafe Organisationen der Opferhilfe zuzuweisen,
   - Neuregelung der Ersatzstrafe in § 43 StGB durch Einführung der gemeinnützigen Arbeit als primäre Ersatzstrafe bei Uneinbringlichkeit einer Geldstrafe und Änderung des Umrechnungsmaßstabs Geldstrafe : Freiheitsstrafe,
   - Sicherung eines Vorrangs von Wiedergutmachungsansprüchen des Opfers gegenüber der Vollstreckung von Geldstrafen und Berücksichtigung von Wiedergutmachungsbemühungen des Verurteilten bei ihrer Vollstreckung.

C. Alternativen

Gesetzentwürfe des Bundesrats zur „Einführung der gemeinnützigen Arbeit als strafrechtliche Sanktion“ (Bundestagsdrucksache 14/762) und zur „Verbesserung des strafrechtlichen Sanktionensystems“ (Bundestagsdrucksache 14/761).

D. Kosten

Für den Bundeshaushalt entstehen keine Kosten.

Für die Länderhaushalte führen die vorgeschlagenen Änderungen einerseits zu Mehrkosten und Mindereinnahmen, andererseits zu Kostenersparnissen. Durch die Erweiterung des Anwendungsbereichs der gemeinnützigen Arbeit entstehen im Zusammenhang mit der Bereitstellung von geeigneten Einsatzstellen und der Gewährleistung der erforderlichen Betreuung und Überwachung zusätzliche Kosten. Die Verbesserungen bei der Berücksichtigung von Opferinteressen im Rahmen des Geldstrafensystems werden zu Mindereinnahmen führen. Dem stehen Einsparungen durch die Vermeidung der Vollstreckung von (Ersatz-)Freiheitsstrafen gegenüber.

Entwurf eines Gesetzes zur Reform des Sanktionenrechts

Der Bundestag hat das folgende Gesetz beschlossen:

Artikel 1
Änderung des Strafgesetzbuches

Das Strafgesetzbuch in der Fassung der Bekanntmachung vom 13. November 1998 (BGBl. I S. 3322), zuletzt geändert durch Artikel 2 des Gesetzes vom 19. Juni 2001 (BGBl. I S.1142), wird wie folgt geändert:

1. Die Inhaltsübersicht zum Dritten Abschnitt des Allgemeinen Teils wird wie folgt geändert:
   a) Nach der Angabe „§ 40 Verhängung in Tagessätzen" wird die Angabe „§ 40a Zweckbestimmung der Geldstrafe" eingefügt.
   b) Die Angabe „§ 43 Ersatzfreiheitsstrafe" wird durch die Angabe „§ 43 Ersatzstrafen" ersetzt.
   c) Die Zwischenüberschrift „Nebenstrafe" wird durch die Zwischenüberschrift „Fahrverbot" ersetzt.
   d) Die Angabe zu § 44 wird wie folgt gefasst:
   „§ 44 Verhängung eines Fahrverbots".
   e) Nach der Angabe „§ 54 Bildung der Gesamtstrafe" wird die Angabe „§ 54a Fahrverbot bei Tatmehrheit" eingefügt.
   f) In der Überschrift zum Fünften Titel sowie in den Angaben zu §§ 59 und 59c wird jeweils das Wort „Verwarnung" durch das Wort „Verurteilung" ersetzt.
   g) In der Angabe zu § 59b werden die Wörter „Verurteilung zu" durch das Wort „Verhängung" ersetzt.
   h) In der Angabe zu § 59c wird das Wort „Verwarnung" durch das Wort „Verurteilung" ersetzt.
2. Nach § 40 wird folgender § 40a eingefügt:

„§ 40a
Zweckbestimmung der Geldstrafe

(1) Das Gericht weist ein Zehntel der Geldstrafe einer anerkannten gemeinnützigen Einrichtung der Opferhilfe zu.

(2) Anzuerkennen ist eine gemeinnützige Einrichtung, deren Zweck die psychosoziale, materielle oder praktische Unterstützung von Opfern von Straftaten oder die Durchführung des Täter-Opfer-Ausgleichs ist und die nach § 5 Abs. 1 Nr. 9 des Körperschaftsteuergesetzes von der Körperschaftssteuer befreit ist."

3. § 43 wird wie folgt gefasst:

„§ 43
Ersatzstrafen

(1) An die Stelle einer uneinbringlichen Geldstrafe tritt mit Zustimmung des Verurteilten gemeinnützige Arbeit. Einem Tagessatz entsprechen drei Stunden gemeinnütziger Arbeit.

(2) Erteilt der Verurteilte die nach Absatz 1 erforderliche Zustimmung nicht oder wird die gemeinnützige Arbeit nicht in angemessener Zeit oder nicht in ordnungsgemäßer Weise erbracht, so tritt an die Stelle einer uneinbringlichen Geldstrafe Freiheitsstrafe. Zwei Tagessätze entsprechen einem Tag Freiheitsstrafe. Das Mindestmaß der Ersatzfreiheitsstrafe ist ein Tag."

4. Vor § 44 wird die Zwischenüberschrift „Nebenstrafe" durch die Zwischenüberschrift „Fahrverbot" ersetzt.
5. § 44 wird wie folgt geändert:
   a) Die Überschrift „Fahrverbot" wird durch die Überschrift „Verhängung eines Fahrverbots" ersetzt.
   b) Absatz 1 wird wie folgt gefasst:

   „(1) Wird jemand wegen einer Straftat verurteilt, die er bei oder im Zusammenhang mit dem Führen eines Kraftfahrzeugs oder unter Verletzung der Pflichten eines Kraftfahrzeugführers begangen hat, so kann ihm das Gericht anstelle oder neben einer Geld- oder Freiheitsstrafe für die Dauer von einem Monat bis zu sechs Monaten verbieten, im Straßenverkehr Kraftfahrzeuge jeder oder einer bestimmten Art zu führen."

   c) Nach Absatz 1 wird folgender Absatz 2 eingefügt:

   „(2) Ein Fahrverbot ist in der Regel anzuordnen, wenn der Täter
   1. wegen einer Straftat nach § 315c Abs. 1 Nr. 1 Buchstabe a, Absatz 3 oder § 316 verurteilt wird oder
   2. wegen einer anderen Straftat verurteilt wird, zu deren Begehung oder Vorbereitung er ein Kraftfahrzeug als Mittel der Tat geführt hat,

   und die Entziehung der Fahrerlaubnis nach § 69 unterbleibt."

   d) Die bisherigen Absätze 2 und 3 werden Absätze 3 und 4.
6. § 51 wird wie folgt geändert:
   a) In Absatz 1 Satz 1 werden nach dem Wort „Freiheitsstrafe" ein Komma und die Wörter „auf Fahrverbot, soweit es anstelle einer Geld- oder Freiheitsstrafe verhängt wird," eingefügt.
   b) In Absatz 4 Satz 1 werden die Wörter „einem Tagessatz" durch die Wörter „zwei Tagessätzen" ersetzt.
   c) Nach Absatz 5 Satz 2 wird folgender Satz 3 angefügt:

   „Wird eine Strafe oder Freiheitsentziehung auf Fahrverbot oder wird Fahrverbot auf eine Geld- oder Freiheitsstrafe angerechnet, so sind das Fahrverbot oder die Geld- oder Freiheitsstrafe angemessen herabzusetzen."

7. § 54 wird wie folgt geändert:
   a) In Absatz 3 wird der zweite Halbsatz wie folgt gefasst:

„so entsprechen bei der Bestimmung der Summe der Einzelstrafen zwei Tagessätze einem Tag Freiheitsstrafe."

b) Folgender Absatz 4 wird angefügt:

„(4) Wird eine Gesamtgeldstrafe gebildet, so trifft das Gericht die Bestimmung nach § 40a Abs. 1 einheitlich."

8. Nach § 54 wird folgender § 54a eingefügt:

„§ 54a
Fahrverbot bei Tatmehrheit

(1) Hat jemand mehrere Straftaten begangen, die gleichzeitig abgeurteilt werden, und dadurch mehrere Fahrverbote verwirkt, so wird auf Fahrverbot erkannt, soweit nicht die Voraussetzungen des § 69 vorliegen. Das Fahrverbot wird durch Erhöhung der Dauer des verwirkten höchsten Fahrverbots gebildet. Es darf die Summe der Dauer der einzelnen Fahrverbote und die in § 44 Abs. 1 festgelegte Höchstdauer nicht überschreiten. § 54 Abs. 1 Satz 3 gilt entsprechend.

(2) Trifft Freiheitsstrafe oder Geldstrafe mit Fahrverbot zusammen, so wird auf Fahrverbot gesondert erkannt."

9. § 55 wird wie folgt geändert:

a) In Absatz 1 wird nach der Angabe „54" die Angabe „Absätze 1 bis 3" eingefügt.

b) Absatz 2 wird wie folgt neu gefasst:

„(2) Für die nachträgliche Bildung der Gesamtstrafe beim Fahrverbot gilt § 54a mit der Maßgabe, dass die in § 44 Abs. 1 festgelegte Höchstdauer des Fahrverbots überschritten werden kann, soweit es im Hinblick auf den Unrechtsgehalt der Taten und zur Einwirkung auf den Täter unerlässlich ist."

c) Der bisherige Absatz 2 wird Absatz 3.

d) Folgender Absatz 4 wird angefügt:

„(4) Wird nachträglich eine Gesamtgeldstrafe gebildet, so trifft das Gericht die Bestimmung nach § 40a Abs. 1 nach freiem Ermessen unter denjenigen Einrichtungen, denen Teile der einbezogenen Geldstrafen zugewiesen waren. Es kann den für Zwecke der Opferhilfe bestimmten Teil auch nach freiem Ermessen zwischen diesen Einrichtungen aufteilen. Ist in den Fällen des Satzes 1 oder 2 der für Zwecke der Opferhilfe bestimmte Teil einer einbezogenen Geldstrafe bereits teilweise an eine begünstigte Einrichtung ausgekehrt worden, so findet keine Rückforderung statt."

10. In der Überschrift des Fünften Titels im Dritten Abschnitt des Allgemeinen Teils wird das Wort „Verwarnung" durch das Wort „Verurteilung" ersetzt.

11. § 59 wird wie folgt geändert:

a) Absatz 1 Satz 1 wird wie folgt gefasst:

„Hat jemand Geldstrafe bis zu einhundertachtzig Tagessätzen verwirkt, so verwarnt ihn das Gericht neben dem Schuldspruch, bestimmt die Strafe und behält sich die Verhängung dieser Strafe vor, wenn

1. zu erwarten ist, dass der Täter künftig auch ohne die Verhängung von Strafe keine Straftaten mehr begehen wird,

2. nach der Gesamtwürdigung von Tat und Persönlichkeit des Täters besondere Umstände vorliegen, die eine Verhängung von Strafe entbehrlich machen, und

3. die Verteidigung der Rechtsordnung die Verhängung von Strafe nicht gebietet."

b) Absatz 2 wird aufgehoben.

c) Der bisherige Absatz 3 wird Absatz 2.

12. § 59a wird wie folgt geändert:

a) In Absatz 1 Satz 2 wird das Wort „drei" durch das Wort „zwei" ersetzt.

b) Absatz 2 wird wie folgt geändert:

aa) Die Wörter „Das Gericht kann den Verwarnten anweisen," werden durch die Wörter „Das Gericht erteilt dem Verurteilten in der Regel Auflagen oder Weisungen. Es kann ihn namentlich anweisen," ersetzt.

bb) Im neuen Satz 3 wird das Semikolon durch einen Punkt ersetzt und der nachfolgende Satzteil gestrichen.

13. § 59b wird wie folgt geändert:

a) In der Überschrift und in Absatz 1 werden jeweils die Wörter „Verurteilung zu" durch das Wort „Verhängung" ersetzt.

b) In Absatz 2 werden die Wörter „der Verwarnte nicht zu der vorbehaltenen Strafe verurteilt" durch die Wörter „die vorbehaltene Strafe nicht verhängt" ersetzt.

14. § 59c wird wie folgt geändert:

a) In der Überschrift wird das Wort „Verwarnung" durch das Wort „Verurteilung" ersetzt.

b) In Absatz 1 werden das Wort „Verwarnung" durch das Wort „Verurteilung" und die Angabe „§§ 53 bis 55" durch die Angabe „§§ 53, 54 und 55" ersetzt.

c) In Absatz 2 werden das Wort „Verwarnte" durch das Wort „Verurteilte", das Wort „Verwarnung" durch die Wörter „Verurteilung mit Strafvorbehalt" und die Angabe „(§§ 53 bis 55 und 58)" durch die Angabe „(§§ 53, 54, 55 und 58)" ersetzt.

Artikel 2

Änderung der Strafprozessordnung

Die Strafprozessordnung in der Fassung der Bekanntmachung vom 7. April 1987 (BGBl. I S. 1074, 1319), zuletzt geändert durch Artikel 2 Abs. 12 des Gesetzes vom 25. Juni 2001 (BGBl. I S. 1206), wird wie folgt geändert:

1. In § 232 Abs. 1 wird das Wort „Verwarnung" durch das Wort „Verurteilung" ersetzt.

2. In § 233 Abs. 1 wird das Wort „Verwarnung" durch das Wort „Verurteilung" ersetzt.

3. § 260 Abs. 4 wird wie folgt geändert:

   a) Nach Satz 3 wird folgender Satz eingefügt:

      „Wird ein Fahrverbot verhängt, so ist dessen Dauer in die Urteilsformel aufzunehmen."

   b) Im neuen Satz 5 werden nach dem Wort „Wird" die Wörter „eine Zweckbestimmung der Geldstrafe getroffen," eingefügt und das Wort „verwarnt" durch das Wort „verurteilt" ersetzt.

4. § 267 wird wie folgt geändert:

   a) In Absatz 3 Satz 4 wird das Wort „Verwarnung" durch das Wort „Verurteilung" ersetzt.

   b) Absatz 4 Satz 1 zweiter Halbsatz wird wie folgt gefasst:

      „bei Urteilen, die nur auf Geldstrafe oder Anordnung eines Fahrverbots lauten oder neben einer Geldstrafe ein Fahrverbot oder die Entziehung der Fahrerlaubnis und damit zusammen die Einziehung des Führerscheins anordnen, oder bei Verurteilungen mit Strafvorbehalt kann hierbei auf den zugelassenen Anklagesatz, auf die Anklage gemäß § 418 Abs. 3 Satz 2 oder den Strafbefehl sowie den Strafbefehlsantrag verwiesen werden."

5. § 268a wird wie folgt geändert:

   a) In Absatz 1 wird das Wort „verwarnt" durch das Wort „verurteilt" ersetzt.

   b) In Absatz 3 Satz 1 werden das Wort „Verwarnung" durch das Wort „Verurteilung" und die Wörter „Verurteilung zu der vorbehaltenen Strafe" durch die Wörter „Verhängung der vorbehaltenen Strafe" ersetzt.

6. In § 268c Satz 1 wird die Angabe „§ 44 Abs. 3" durch die Angabe „§ 44 Abs. 4" ersetzt.

7. In § 313 Abs. 1 Satz 1 wird das Wort „Verwarnung" durch die Wörter „Verurteilung mit Strafvorbehalt" ersetzt.

8. In § 407 Abs. 2 Satz 1 Nr. 1 wird das Wort „Verwarnung" durch das Wort „Verurteilung" ersetzt.

9. In § 409 Abs. 1 Satz 2 wird das Wort „verwarnt" durch das Wort „verurteilt" ersetzt.

10. § 453 wird wie folgt geändert:

    a) In Absatz 1 Satz 1 wird das Wort „Verwarnung" durch das Wort „Verurteilung" ersetzt.

    b) In Absatz 2 Satz 3 werden die Wörter „Verurteilung zu der vorbehaltenen Strafe" durch die Wörter „Verhängung der vorbehaltenen Strafe" ersetzt.

11. In § 459a Abs. 1 Satz 2 wird das Wort „kann" durch das Wort „soll" ersetzt.

12. § 459d Abs. 2 und 3 wird wie folgt gefasst:

    „(2) Das Gericht kann anordnen, dass die Vollstreckung der Geldstrafe ganz oder zum Teil unterbleibt, wenn der Verurteilte

    1. in dem Bemühen, einen Täter-Opfer-Ausgleich zu erreichen, seine Tat ganz oder zum überwiegenden Teil wieder gutgemacht oder

    2. in einem Fall, in welchem die Schadenswiedergutmachung von ihm erhebliche persönliche Leistungen oder persönlichen Verzicht gefordert hat, das Opfer ganz oder zum überwiegenden Teil entschädigt hat,

    und wegen der erbrachten Leistungen die Vollstreckung der Geldstrafe für den Verurteilten unter Berücksichtigung seiner persönlichen und wirtschaftlichen Verhältnisse eine besondere Härte bedeuten würde.

    (3) Das Gericht kann eine Entscheidung nach den Absätzen 1 und 2 auch hinsichtlich der Kosten des Verfahrens treffen."

13. § 459e wird wie folgt geändert:

    a) Absatz 2 wird wie folgt gefasst:

       „(2) Die Anordnung setzt voraus, dass die Geldstrafe nicht eingebracht werden kann oder die Vollstreckung nach § 459c Abs. 2 unterbleibt und

       1. nicht gemäß § 43 Abs. 1 des Strafgesetzbuches gemeinnützige Arbeit an die Stelle der Geldstrafe tritt oder

       2. der Verurteilte die gemeinnützige Arbeit nicht innerhalb der nach § 459f festgelegten Fristen erbringt, gröblich oder beharrlich gegen ihn im Rahmen der Durchführung der gemeinnützigen Arbeit erteilte Anordnungen verstößt, seinen Beschäftigungsgeber vorsätzlich schädigt oder im Zusammenhang mit seinem Arbeitseinsatz eine Straftat begeht."

    b) In Absatz 4 Satz 1 wird nach den Wörtern „oder beigetrieben wird" das Wort „oder" durch ein Komma ersetzt und nach den Wörtern „nach § 459d unterbleibt" die Wörter „oder der Verurteilte die an die Stelle der uneinbringlichen Geldstrafe getretene gemeinnützige Arbeit erbringt" angefügt.

    c) Folgender Absatz 5 wird angefügt:

       „(5) Das Gericht ordnet an, dass die Vollstreckung der Ersatzfreiheitsstrafe unterbleibt, wenn die Vollstreckung für den Verurteilten eine unbillige Härte wäre."

14. § 459f wird wie folgt gefasst:

    „§ 459f

    Tritt gemäß § 43 Abs. 1 des Strafgesetzbuches gemeinnützige Arbeit an die Stelle der Geldstrafe, so setzt die Vollstreckungsbehörde dem Verurteilten eine Frist von höchstens 18 Monaten, innerhalb derer er die gemeinnützige Arbeit zu leisten hat. Sie kann dem Verurteilten weitere Fristen setzen, innerhalb derer er festgelegte Teilleistungen zu erbringen hat. Sofern der Verurteilte nachweist, dass er die Arbeit aus entschuldbaren Gründen nicht fristgerecht geleistet hat, kann sie die Fristen der Sätze 1 und 2 angemessen verlängern."

15. In § 459i Abs. 1 wird die Angabe „, 459f" gestrichen.

16. In § 462a Abs. 4 wird das Wort „verwarnt" durch das Wort „verurteilt" ersetzt.

17. In § 463b Abs. 1 und 2 wird jeweils die Angabe „§ 44 Abs. 2" durch die Angabe „§ 44 Abs. 3" ersetzt.

18. In § 465 Abs. 1 wird das Wort „verwarnt" durch das Wort „verurteilt" ersetzt.

Artikel 3

Änderung des Jugendgerichtsgesetzes

In § 76 Satz 1 des Jugendgerichtsgesetzes in der Fassung der Bekanntmachung vom 11. Dezember 1974 (BGBl. I S. 3427), das zuletzt durch Artikel 3 des Gesetzes vom 19. Dezember 2000 (BGBl. I S. 1756) geändert worden ist, werden nach dem Wort „verhängen," die Wörter „auf ein Fahrverbot erkennen," gestrichen.

Artikel 4

Änderung des Wehrstrafgesetzes

§ 11 des Wehrstrafgesetzes in der Fassung der Bekanntmachung vom 24. Mai 1974 (BGBl. I S. 1213), das zuletzt durch Artikel 8 des Gesetzes vom 16. August 2001 (BGBl. I S. 2093) geändert worden ist, wird wie folgt geändert:

1. In Satz 1 wird die Angabe „einhundertachtzig" durch die Angabe „dreihundertsechzig" ersetzt.
2. In Satz 2 werden die Wörter „Einem Tagessatz entspricht" durch die Wörter „Zwei Tagessätze entsprechen" ersetzt.

Artikel 5

Änderung des Gesetzes über das Zentralregister und das Erziehungsregister (Bundeszentralregistergesetz)

Das Bundeszentralregistergesetz in der Fassung der Bekanntmachung vom 21. September 1984 (BGBl. I S. 1229, 1985 I S. 195), zuletzt geändert durch Artikel 4a des Gesetzes vom 17. Dezember 1999 (BGBl. I S. 2662), wird wie folgt geändert:

1. In § 4 Nr. 3 wird das Wort „verwarnt" durch das Wort „verurteilt" ersetzt.
2. In § 7 Abs. 3 wird das Wort „verwarnt" durch das Wort „verurteilt" ersetzt.
3. § 12 Abs. 2 wird wie folgt gefasst:

   „(2) Wird nach einer Verurteilung mit Strafvorbehalt auf die vorbehaltene Strafe erkannt, so ist diese Entscheidung in das Register einzutragen. Stellt das Gericht nach Ablauf der Bewährungszeit fest, dass es bei der Verwarnung sein Bewenden hat (§ 59b Abs. 2 des Strafgesetzbuchs), so wird die Eintragung über die Verurteilung mit Strafvorbehalt aus dem Register entfernt."
4. In § 22 Abs. 1 Nr. 1 wird das Wort „Verwarnung" durch das Wort „Verurteilung" ersetzt.
5. § 32 Abs. 2 wird wie folgt geändert:
   a) In Nummer 1 wird das Wort „Verwarnung" durch das Wort „Verurteilung" ersetzt.
   b) Nummer 5 wird wie folgt gefasst:

      „5. Verurteilungen, durch die auf
         a) Geldstrafe von nicht mehr als neunzig Tagessätzen,
         b) Freiheitsstrafe oder Strafarrest von nicht mehr als drei Monaten,
         c) Fahrverbot

      erkannt worden ist, wenn im Register keine weitere Strafe eingetragen ist,"
6. § 34 Abs. 1 Nr. 1 Buchstabe a wird wie folgt gefasst:

   „a) Geldstrafe, Freiheitsstrafe oder Strafarrest von nicht mehr als drei Monaten oder Fahrverbot, wenn die Voraussetzungen des § 32 Abs. 2 nicht vorliegen,"
7. Dem § 35 Abs. 2 wird folgender Satz angefügt:

   „Gleiches gilt für ein Fahrverbot, das neben Freiheits- oder Geldstrafe ausgesprochen wurde."
8. § 38 Abs. 2 Nr. 3 wird wie folgt gefasst:

   „3. Verurteilungen, durch die auf Geldstrafe von nicht mehr als neunzig Tagessätzen, auf Freiheitsstrafe oder Strafarrest von nicht mehr als drei Monaten oder auf Fahrverbot erkannt worden ist."
9. § 46 Abs. 1 wird wie folgt geändert:
   a) Nummer 1 Buchstabe b wird wie folgt gefasst:

      „b) zu Freiheitsstrafe oder Strafarrest von nicht mehr als drei Monaten oder zu Fahrverbot, wenn im Register keine weitere Strafe eingetragen ist,"
   b) Nummer 2 Buchstabe a wird wie folgt gefasst:

      „a) Geldstrafe, Freiheitsstrafe oder Strafarrest von nicht mehr als drei Monaten oder Fahrverbot, wenn die Voraussetzungen der Nummer 1 Buchstabe a und b nicht vorliegen,"

Artikel 6

Änderung des Einführungsgesetzes zum Strafgesetzbuch

Das Einführungsgesetz zum Strafgesetzbuch vom 2. März 1974 (BGBl. I S. 469; 1975 I S. 1916; 1976 I S. 507), zuletzt geändert durch Artikel 16 des Gesetzes vom 3. Mai 2000 (BGBl. I S. 632), wird wie folgt geändert:

1. Artikel 293 wird wie folgt geändert:
   a) In der Überschrift werden die Wörter „Abwendung der Vollstreckung der Ersatzfreiheitsstrafe und" gestrichen.
   b) Absatz 1 wird wie folgt gefasst:

      „(1) Gemeinnützige Arbeit (§ 43 Abs. 1 des Strafgesetzbuches) muss unentgeltlich sein; sie darf nicht erwerbswirtschaftlichen Zwecken dienen. Durch sie wird kein Arbeitsverhältnis im Sinne des Arbeitsrechts und kein Beschäftigungsverhältnis im Sinne der Sozialversicherung, einschließlich der Arbeitslosenversicherung, oder des Steuerrechts begründet. Die Vorschriften über den Arbeitsschutz finden sinngemäße Anwendung. Das Nähere regelt das Landesrecht."
   c) Absatz 2 wird aufgehoben.
   d) In Absatz 3 wird die Angabe „Absatz 2" durch die Angabe „Absatz 1" ersetzt.
2. Artikel 299 wird aufgehoben.

3. Nach Artikel 300 wird folgender Artikel 301 eingefügt:

„Artikel 301
Übergangsvorschrift zur Neuregelung der Ersatzstrafen und Folgeänderungen

Für die Vollstreckung und die Anrechnung von Geldstrafen aus Urteilen, die vor dem ... (Einsetzen: Tag des Inkrafttretens des Gesetzes zur Reform des Sanktionenrechts) ergangen sind, gelten die §§ 43 und 51 Abs. 4 des Strafgesetzbuches sowie Artikel 293 dieses Gesetzes in der vor dem ... (Einsetzen: Tag des Inkrafttretens des Gesetzes zur Reform des Sanktionenrechts) geltenden Fassung. Für die nachträgliche Bildung von Gesamtstrafen (§ 55 des Strafgesetzbuches, § 460 der Strafprozessordnung) unter Einbeziehung von Geldstrafen aus Urteilen, die vor dem ... (Einsetzen: Tag des Inkrafttretens des Gesetzes zur Reform des Sanktionenrechts) ergangen sind, gilt im Hinblick auf diese Urteile § 54 Abs. 3 des Strafgesetzbuches in der vor dem ... (Einsetzen: Tag des Inkrafttretens des Gesetzes zur Reform des Sanktionenrechts) geltenden Fassung."

Artikel 7

Änderung des Gerichtskostengesetzes

Das Gerichtskostengesetz in der Fassung der Bekanntmachung vom 15. Dezember 1975 (BGBl. I S. 3047), zuletzt geändert durch Artikel 32 des Gesetzes vom 27. Juli 2001 (BGBl. I S. 1887), wird wie folgt geändert:

1. § 40 wird wie folgt geändert:

   a) In Absatz 2 wird die Angabe „dreißig" durch die Angabe „sechzig" ersetzt.

   b) Nach Absatz 2 wird folgender Absatz 3 eingefügt:

      „(3) Ist neben einer Geld- oder Freiheitsstrafe auf Fahrverbot erkannt, wird die Gebühr gesondert berechnet."

   c) Die bisherigen Absätze 3 bis 5 werden Absätze 4 bis 6.

   d) Im neuen Absatz 4 wird das Wort „Verwarnung" durch das Wort „Verurteilung" ersetzt.

2. In § 42 Abs. 2 wird die Angabe „§ 40 Abs. 5" durch die Angabe „§ 40 Abs. 6" ersetzt.

3. In § 48 wird die Angabe „§ 40 Abs. 1 und 5" durch die Angabe „§ 40 Abs. 1 und 6" ersetzt.

4. Die Anlage 1 wird wie folgt geändert:

   a) In der Gliederung zu Teil 6 wird in den Nummern I und II jeweils das Wort „Verwarnung" durch das Wort „Verurteilung" ersetzt.

   b) Teil 6 wird wie folgt geändert:

      aa) In der Überschrift des Hauptabschnitts I wird das Wort „Verwarnung" durch das Wort „Verurteilung" ersetzt.

      bb) Nummer 6110 wird wie folgt gefasst:

Nr.	Gebührentatbestand	Gebührenbetrag oder Satz der Gebühr 6110, soweit nichts anderes vermerkt ist
„6110	Hauptverhandlung mit Urteil, soweit kein Strafbefehl vorausgegangen ist, bei	
	a) Verurteilung zu Freiheitsstrafe	
	bis zu 3 Monaten	41,00 EUR
	bis zu 6 Monaten	82,00 EUR
	bis zu 2 Jahren	163,00 EUR
	von mehr als 2 Jahren	245,00 EUR
	b) Verurteilung zu Geldstrafe	
	bis zu 180 Tagessätzen	41,00 EUR
	bis zu 360 Tagessätzen	82,00 EUR
	von mehr als 360 Tagessätzen	163,00 EUR
	c) Verurteilung zu einem Fahrverbot	
	bis zu 3 Monaten	41,00 EUR
	bis zu 6 Monaten	82,00 EUR
	d) Anordnung einer Maßregel der Besserung und Sicherung	41,00 EUR"

      cc) In der Überschrift des Hauptabschnitts II wird das Wort „Verwarnung" durch das Wort „Verurteilung" ersetzt.

      dd) In der Anmerkung zu den Nummern 6700 bis 6703 wird das Wort „Verwarnung" durch das Wort „Verurteilung" ersetzt.

Artikel 8

Änderung der Bundesgebührenordnung für Rechtsanwälte

§ 88 Satz 3 der Bundesgebührenordnung für Rechtsanwälte in der im Bundesgesetzblatt Teil III, Gliederungsnummer 368-1, veröffentlichten bereinigten Fassung, die zuletzt durch Artikel 36 des Gesetzes vom 27. Juli 2001 (BGBl. I S. 1887) geändert worden ist, wird wie folgt gefasst:

„Übt der Rechtsanwalt eine Tätigkeit für den Beschuldigten aus, die sich neben einer sonstigen Strafe auf das Fahrverbot oder auf die Entziehung der Fahrerlaubnis erstreckt, und reicht der Gebührenrahmen nicht aus, um die gesamte Tätigkeit des Rechtsanwalts angemessen zu entgelten, so kann er bis zu 25 vom Hundert überschritten werden."

Artikel 9

Änderung des Straßenverkehrsgesetzes

In § 28 Abs. 3 Nr. 1 des Straßenverkehrsgesetzes in der im Bundesgesetzblatt III, Gliederungsnummer 9231-1, veröffentlichten bereinigten Fassung, das zuletzt durch Artikel 1 des Gesetzes vom 19. März 2002 (BGBl. I S. 386) geändert worden ist, wird das Wort „Verwarnung" durch das Wort „Verurteilung" ersetzt.

Artikel 10

Änderung der Verordnung über die Zulassung von Personen zum Straßenverkehr

In § 59 Abs. 1 Nr. 6 der Fahrerlaubnis-Verordnung vom 18. August 1998 (BGBl. I S. 2214), die zuletzt durch Artikel 1 der Verordnung vom 3. August 2001 (BGBl. I S. 1273) geändert worden ist, werden die Wörter „Haupt- und Nebenstrafen" durch das Wort „Strafen" ersetzt.

Artikel 11

Rückkehr zum einheitlichen Verordnungsrang

Die auf Artikel 11 beruhenden Teile der Fahrerlaubnis-Verordnung können auf Grund der einschlägigen Ermächtigung durch Rechtsverordnung geändert werden.

Artikel 12

Inkrafttreten

Dieses Gesetz tritt am Tag nach seiner Verkündung in Kraft.

Berlin, den 11. Juni 2002

Dr. Peter Struck und Fraktion
Kerstin Müller (Köln),
Rezzo Schlauch und Fraktion

Literaturverzeichnis

ALBRECHT, HANS-JÖRG, Strafzumessung und Vollstreckung bei Geldstrafen unter Berücksichtigung des Tagessatzsystems, Berlin 1980

DERS., Alternativen zur Freiheitsstrafe: Das Beispiel der Geldstrafe, MschKrim 1981, S. 265-278

DERS., Ansätze und Perspektiven der gemeinnützigen Arbeit in der Strafrechtspflege, BewHi 1985, S. 121-134

DERS., Strafzumessung bei schwerer Kriminalität, Berlin 1994

ALTERNATIV-KOMMENTAR zur Strafprozessordnung (AK-StPO), Hrsg., WASSERMANN, RUDOLF Band 3: §§ 276-477, Neuwied, Kriftel, Berlin 1996

ALTERNATIV-KOMMENTAR zum Strafvollzugsgesetz (AK-StVollzG), Hrsg., FEEST, JOHANNES 4. Auflage, Neuwied, Kriftel 2000

AMBOS, KAI, Verfahrensverkürzung zwischen Prozessökonomie und »fair trial«, Jura 1998, S. 281-293

DERS., Staatsanwaltliche Kontrolle der Polizei, Verpolizeilichung des Ermittlungsverfahrens und organisierte Kriminalität, Jura 2003, S. 674-682

AMELUNG, KNUT, Die Einwilligung in die Beeinträchtigung eines Grundrechtsgutes, Berlin 1981

DERS., Anmerkung zum Beschluss des BVerfG vom 18.08.1981 - 2 BvR 166/81 -, NStZ 1982, S. 38-40

AMELUNXEN, CLEMENS, Die Entschädigung des durch eine Straftat Verletzten, ZStW 86 (1974), S. 457-470

ARBEITSKREIS JURISTEN DER CSU, Thesenpapier zum Referentenentwurf des Bundesministeriums der Justiz zur Reform des Sanktionenrechts vom 13.02.2002, abrufbar im Internet unter: http://www.csu.de/ajk/subpage47

ARLOTH, FRANK, Strafzwecke im Strafvollzug, GA 1988, 403-425

DERS., Aufgaben des Strafvollzugs - Ein Beitrag zum Einfluss der Strafzwecke auf den Strafvollzug - ZfStrVo 1999, S. 329-332

DERS., Über die Zukunft des Strafvollzugs, GA 2001, S. 307-324

DERS., Neue Entwicklungen im Strafvollzug im internationalen Vergleich, ZfStrVo 2002, S. 3-8

DERS., Grundfragen und aktuelle Probleme des Strafvollzugs, JuS 2003, S. 1041-1059

AUFSATTLER, WERNER / OSWALD, MARGIT / GEISLER, WERNER / GRASSHOFF, UTA, Eine Analyse richterlicher Entscheidungen über die Strafrestaussetzung nach § 57 I StGB, MschrKrim 1982, S. 305-317

BANNENBERG, BRITTA, Wiedergutmachung in der Strafrechtspraxis, Bonn 1993

BANNENBERG, BRITTA / UHLMANN, PETRA, Die Konzeption des Täter-Opfer-Ausgleichs in Wissenschaft und Kriminalpolitik, in: BUNDESMINISTERIUM DER JUSTIZ (Hrsg.), Täter-Opfer-Ausgleich in Deutschland, Bonn 1998, S. 1-47

BAUMANN, JÜRGEN, Beschränkung des Lebensstandards anstatt kurzfristiger Freiheitsstrafe, Neuwied, Berlin 1968

DERS., Die Chance des Art. 293 EGStGB - Freie gemeinnützige Arbeit statt Ersatzfreiheitsstrafe, MschrKrim 1979, S. 290-296

DERS., Vollzugsgestaltung unter Schuldgesichtspunkten?, in: SCHWIND, HANS-DIETER / STEINHILPER, GERNOT / BÖHM, ALEXANDER (Hrsg.), 10 Jahre Strafvollzugsgesetz, Resozialisierung als alleiniges Vollzugsziel, Heidelberg 1988, S. 69-89

BAUMANN, JÜRGEN, U.A., Alternativ-Entwurf eines Strafgesetzbuches, Allgemeiner Teil, 2. Auflage, Tübingen 1969

BAUMANN, JÜRGEN, U.A., Alternativ-Entwurf Wiedergutmachung (AE-WGM), München 1992

BAUR, FRITZ, Die Bewährungsauflage der Schadenswiedergutmachung und das Zivilrecht, GA 1957, S. 338-346

BEMS, WERNER, Die Geldstrafe nach dem Tagessatzsystem und das Verbot der reformatio in peius, Münster 1980

BENDEL, EWALD, Gemeinnützige Arbeit als selbständige Sanktion im allgemeinen Strafrecht, Grundfragen der Einführung der gemeinnützigen Arbeit als selbständige strafrechtliche Sanktion, in: KOMMISSION ZUR REFORM DES STRAFRECHTLICHEN SANKTIONENSYSTEMS, Abschlussbericht, Berlin 2000, S. 100-104

BEST, PETER, Freie Arbeit statt Ersatzfreiheitsstrafe - Ein Praxisbericht aus Niedersachsen - in: STEINHILPER, GERNOT (Hrsg.), Soziale Dienste in der Strafrechtspflege - Praxisberichte und Untersuchungen aus Niedersachsen -, Heidelberg 1984, S. 209-234

BEULKE, WERNER, Gewalt im sozialen Nahraum - Zwischenbericht eines Modellprojektes, MschrKrim 1994, S. 360-376

DERS., Die Beratungsauflage im Kreuzfeuer der Kritik, in: ALBRECHT, HANS-JÖRG / KERNER, HANS-JÜRGEN / DÜNKEL, FRIEDER / KÜRZINGER, JOSEF / SCHÖCH, HEINZ / SESSAR, KLAUS / VILLMOW, BERNHARD (Hrsg.), Internationale Perspektiven in Kriminologie und Strafrecht - Festschrift für Günther Kaiser zum 70. Geburtstag, Zweiter Halbband, Berlin 1998, S. 1419-1434

BITTMANN, FOLKER, Das Sozialgeheimnis im Ermittlungsverfahren, NJW 1988, S. 3138-3139

DERS., Der Gesetzentwurf zur Reform des Sanktionenrechts, NJ 2001, S. 509-513

BLANKENBURG, ERHARD / SESSAR, KLAUS / STEFFEN, WIEBKE, Die Staatsanwaltschaft im Prozess strafrechtlicher Sozialkontrolle, Berlin 1978

BLAU, GÜNTER, Die gemeinnützige Arbeit als Beispiel für einen grundlegenden Wandel des Sanktionenwesens, in: HIRSCH, HANS JOACHIM / KAISER, GÜNTHER / MARQUARDT, HELMUT (Hrsg.), Gedächtnisschrift für Hilde Kaufmann, Berlin, New York 1986, S. 189-209

BLEI, HERMANN, Anmerkung zu AG Berlin-Tiergarten, MDR 1972, 257, Beschluss v. 25.11.1971, 274 Ds 294/69, JA 1972, S. 309-310

DERS., Strafrecht, Allgemeiner Teil, 18. Auflage, München 1983

BLOCK, PETRA, Befragung von Vermittlern, Geldstrafenschuldnern und Mitarbeitern der Beschäftigungsstellen zur Praxis der Gemeinnützigen Arbeit, in: JEHLE, JÖRG MARTIN / FEUERHELM, WOLFGANG / BLOCK, PETRA, Hrsg., Gemeinnützige Arbeit statt Ersatzfreiheitsstrafe, Wiesbaden 1990, S. 97-122

DIES., Aussagekraft und kriminalpolitische Bedeutung des Projektes »Gemeinnützige Arbeit statt Ersatzfreiheitsstrafe« - Ein Diskussionsbericht, in: JEHLE, JÖRG MARTIN / FEUERHELM, WOLFGANG / BLOCK, PETRA, Hrsg., Gemeinnützige Arbeit statt Ersatzfreiheitsstrafe, Wiesbaden 1990, S. 125-143

BÖHM, ALEXANDER, Strafvollzug, 3. Auflage, Neuwied und Kriftel 2003

DERS., Vollzugslockerungen und offener Strafvollzug zwischen Strafzwecken und Vollzugszielen, NStZ 1986, S. 201-206

DERS., Strafzwecke und Vollzugsziele, in: BUSCH, MAX / KRÄMER, ERWIN (Hrsg.), Strafvollzug und Schuldproblematik, Pfaffenweiler 1988, S. 129-134

DERS., Gemeinnützige Arbeit als Strafe, Zu einer Gesetzgebungsinitiative des Bundesrates, ZRP 1998, S. 360-365

DERS., Bemerkungen zum Vollzugsziel, in: PRITTWITZ, CORNELIUS / BAUMANN, MICHAEL / GÜNTHER, KLAUS / KUHLEN, LOTHAR / MERKEL, REINHARD / NESTLER, CORNELIUS / SCHULZ, LORENZ (Hrsg.), Festschrift für Klaus Lüderssen zum 70. Geburtstag am 02.05.2002, Baden-Baden 2002, S. 807-819

BÖHM, ALEXANDER / ERHARD, CHRISTOPHER, Die Praxis der bedingten Strafrestaussetzung, MschrKrim 1984, S. 365-378

BÖHM, HORST, Überlegungen zur Reform des Sanktionenrechts, abrufbar im Internet unter: http://www.bayrv.de/RStPol/SanktionenR/RStP_SanktR_Boehm.asp ?ID=

BOLL, OLAF, Vermeidung der Vollstreckung von Ersatzfreiheitsstrafen, Referat, in: KOMMISSION ZUR REFORM DES STRAFRECHTLICHEN SANKTIONENSYSTEMS, Abschlussbericht, Berlin 2000, S. 46-51

BRÄGGER, BENJAMIN FREDERICH, Gemeinnützige Arbeit als strafrechtliche Sanktion de lege lata et de lege ferenda, Freiburg im Üechtland 1996

BRANDIS, PETER, Geldstrafe und Nettoeinkommen, Köln 1987

BRAUNS, UWE, Die Wiedergutmachung der Folgen der Straftat durch den Täter, Berlin 1996

BRINGEWAT, PETER, Strafvollstreckung, Kommentar zu den §§ 449-463 d StPO, Baden-Baden 1993

BRÖGELMANN, JENS, Methodik der Strafzumessung, JuS 2002, S. 1005-1010

BRUNS, HANS-JÜRGEN, Strafzumessungsrecht - Gesamtdarstellung, 2. Auflage, Köln, Berlin, Bonn, München 1974

DERS., »Stellenwerttheorie« oder »Doppelspurige Strafhöhenbemessung«?, in: JESCHECK, HANS-HEINRICH / LÜTTGER, HANS (Hrsg.), Festschrift für Eduard Dreher zum 70. Geburtstag am 29.04.1977, Berlin, New York 1977, S. 251-264

BUBLIES, WERNER, Die Aussetzung des Restes der Ersatzfreiheitsstrafe, Berlin 1989

DERS., Das Gefängnis darf kein Schuldturm sein - Strategien zur Vermeidung der Ersatzfreiheitsstrafe, BewHi 1992, S. 178-194

BÜNDNIS 90/DIE GRÜNEN BUNDESTAGSFRAKTION, Neue Wege in der Kriminalpolitik vom 24. Juli 2003, abrufbar im Internet unter: http://www.gruene-fraktion.de/svgn/rs_dok/0,,12275,00htm

BUND DER STRAFVOLLZUGSBEDIENSTETEN, Stellungnahme des Bundes der Strafvollzugsbediensteten Deutschlands (BSBD) zum Entwurf eines Gesetzes zur Reform des Sanktionenrechts, Beilage zum Vollzugsdienst 1/2004, S. 2 ff

BUNDESMINISTERIUM DER JUSTIZ, Erster Periodischer Sicherheitsbericht, Kurzfassung, Berlin, Juli 2001, abrufbar im Internet unter: http://www.bmj.bund.de/images/0347.pdf.

BURGSTALLER, MANFRED / CSÁSZÁR, FRANZ, Zur regionalen Strafenpraxis in Österreich, ÖJZ 1985, S. 1-11

DIES., Ergänzungsuntersuchungen zur regionalen Strafenpraxis, ÖJZ 1985, S. 417-427

BUSCHBELL, H., Verwarnung mit Strafvorbehalt in verkehrsrechtlichen Strafverfahren, DAR 1991, S. 168-171

BUSSE, ULRIKE, Abschlusstagung Projektverbund »Haftvermeidung«, ZfStrVo 2003, S. 225-227

CAESAR, PETER, Diskussion, in: STÄNDIGE DEPUTATION DES DEUTSCHEN JURISTENTAGES (Hrsg.), Verhandlungen des 59. Deutschen Juristentages Hannover 1992, Band II (Sitzungsberichte), Teil O, München 1992, S. 63-67

CALLIESS, ROLF-PETER, Strafzwecke und Strafrecht, 40 Jahre Grundgesetz - Entwicklungstendenzen vom freiheitlichen zum sozial-autoritären Rechtsstaat?, NJW 1989, S. 1338-1343

CALLIESS, ROLF-PETER / MÜLLER-DIETZ, HEINZ, Strafvollzugsgesetz, Gesetz über den Vollzug der Freiheitsstrafe und der freiheitsentziehenden Maßregeln der Besserung und Sicherung mit ergänzenden Bestimmungen, 9. Auflage, München 2002

CORNEL, HEINZ, Neues Konzept in Brandenburg, NK 3/1999, S. 8

DERS., Klarstellung oder Verschärfung der Bedingungen zur Strafrestaussetzung zur Bewährung, Eine Untersuchung zu den Konsequenzen der Gesetzesänderung von 1998 in der Praxis, MschrKrim 2002, S. 424-438

DERS., Neuere Entwicklungen hinsichtlich der Anzahl der Inhaftierten in Deutschland, NK 2/2002, S. 42-43

DERS., Gemeinnützige Arbeit zur Abwendung der Vollstreckung von Ersatzfreiheitsstrafen und als selbständige Sanktion, in: PRITTWITZ, CORNELIUS / BAUMANN, MICHAEL / GÜNTHER, KLAUS / KUHLEN, LOTHAR / MERKEL, REINHARD / NESTLER, CORNELIUS / SCHULZ, LORENZ (Hrsg.), Festschrift für Klaus Lüderssen zum 70. Geburtstag am 02.05.2002, Baden-Baden 2002, S. 821-834

DERS., Der Beitrag der Sozialarbeit zur Abwendung der Vollstreckung von Ersatzfreiheitsstrafen durch Vermittlung und Organisation gemeinnütziger Arbeiten, Das gepfefferte Ferkel - Online-Journal für systemisches Denken und Handeln Januar 2002, abrufbar im Internet unter: http://www.ibs-networld.de/ferkel/h12.shtml

CREMER, PETER-JOSEF, Erlebt die Verwarnung mit Strafvorbehalt - §§ 59 ff. StGB - eine (Re-) Naissance?, NStZ 1982, S. 449-453

DAMMER, ROLF, Kriminalpolitischer Stellenwert gemeinnütziger Arbeit in der Strafrechtspflege, BewHi 1985, S. 141-145

DANKERT, PETER, Referat, in: STÄNDIGE DEPUTATION DES DEUTSCHEN JURISTENTAGES (Hrsg.), Verhandlungen des 59. Deutschen Juristentages Hannover 1992, Band II (Sitzungsberichte), Teil O, München 1992, S. 39-54

DBH (DEUTSCHE BEWÄHRUNGSHILFE) - FACHVERBAND FÜR SOZIALE ARBEIT, STRAFRECHT UND KRIMINALPOLITIK, Stellungnahme zum Entwurf eines Gesetzes zur Reform des Sanktionenrechts (Stand: Juni 2003), abrufbar im Internet unter: http://www.dbh-online.de/stellung/stellungnahme-sanktionsrecht-2003-09-pdf

DENCKER, FRIEDRICH, Ein Plädoyer für § 59 StGB, StV 1986, S. 399-405

DETTER, KLAUS, Zum Strafzumessungs- und Maßregelrecht, 2. Teil, NStZ 1990, S. 578-580

DEUTSCHER ANWALTSVEREIN, Stellungnahme des Deutschen Anwaltvereins durch den Strafrechtsausschuss zum Regierungsentwurf eines Gesetzes zur Reform des Sanktionenrechts (BR-Drs. 03/04 vom 02.01.2004), abrufbar im Internet unter: http://www.anwaltsverein.de/03/05/2004/09-04.rtf

59. DEUTSCHER JURISTENTAG, Die Beschlüsse, NJW 1992, S. 3016-3026

DEUTSCHER JURISTINNENBUND, Stellungnahme zum »Entwurf eines Gesetzes zur Reform des Sanktionenrechts« (Referentenentwurf für einen Gesetzentwurf der Bundesregierung, Stand: Juni 2003), abrufbar im Internet unter: www.djb.de/ content.php.stellungnahmen.html

DEUTSCHER RICHTERBUND, Stellungnahme zur Reform des Sanktionenrechts, März 2001, abrufbar im Internet unter: http://www.drb.de

DERS., Stellungnahme zum Gesetzentwurf der Bundesregierung (Referentenentwurf) eines Gesetzes zur Reform des Sanktionenrechts (Stand: Juni 2003), von September 2003, abrufbar im Internet unter: www.drb.de/pages/html/stellung/st-sanktionenrecht _ 03. html

DIEKMANN, JOCHEN, Rede auf der Mitgliederversammlung der Landesarbeitsgemeinschaft der Bewährungshelfer/innen NRW am 24.10.2001 in Dortmund zum Thema: Neue Entwicklungen und Tendenzen in der Strafrechtspolitik, abrufbar im Internet unter: http://www.justiz.nrw.de/IndexSeite/Presse/reden/20011024.html

DILCHER, HERMANN, Die Bewährungsauflage der Schadenswiedergutmachung im Verhältnis zur zivilrechtlichen Haftung, NJW 1956, S. 1346-1347

DÖLLING, DIETER, Die Aussetzung des Restes der Ersatzfreiheitsstrafe zur Bewährung, NStZ 1981, S. 86-90

DERS., Die gemeinnützige Arbeit als eigenständige strafrechtliche Sanktion, in: DEUTSCHE BEWÄHRUNGSHILFE (Hrsg.), Die 13. Bundestagung (Dokumentation der 13. Bundestagung der Deutschen Bewährungshilfe e.V. (DHB) 18. bis 21. September 1988 in Marburg), Bonn 1990, S. 363-379

DERS., Die Weiterentwicklung der Sanktionen ohne Freiheitsentzug im deutschen Strafrecht, ZStW 104 (1992), S. 259-289

DERS., Der Täter-Opfer-Ausgleich, JZ 1992, S. 493-499

DOLDE, GABRIELE, Vollzug der kurzen Freiheitsstrafe ohne soziale Desintegration: Verlauf und Erfolg des »Kurzstrafenprogramms« in Baden-Württemberg, in: JEHLE, JÖRG-MARTIN / MASCHKE, WERNER / SZABO, DENIS (Hrsg.), Strafrechtspraxis und Kriminologie, Festgabe für Hans Göppinger zum 70. Geburtstag, Bonn 1989, S. 163-188

DIES., Zehn Jahre Erfahrung mit dem Vollzug der Freiheitsstrafe ohne soziale Desintegration, ZfStrVo 1992, S. 24-30

DIES., Vollzug von Ersatzfreiheitsstrafen - ein wesentlicher Anteil im Kurzstrafenvollzug, ZfStrVo 1999, S. 330-335

DIES., Zum Vollzug von Ersatzfreiheitsstrafen, Eindrücke aus einer empirischen Erhebung, in: FEUERHELM, WOLFGANG / SCHWIND, HANS-DIETER / BOCH, MICHAEL (Hrsg.), Festschrift für Alexander Böhm zum 70. Geburtstag am 14.06.1999, Berlin, New York 1999, S. 581-596

DOLDE, GABRIELE / JEHLE, JÖRG-MARTIN, Wirklichkeit und Möglichkeiten des Kurzstrafenvollzugs, ZfStrVo 1986, S. 195-202

DOLDE, GABRIELE / RÖSSNER, DIETER, Auf dem Weg zu einer neuen Sanktion: Vollzug der Freiheitsstrafe als Freizeitstrafe, ZStW 99 (1987), S. 424-451

DOLLER, HANS, Reststrafaussetzung bei Ersatzfreiheitsstrafen?, NJW 1977, S. 288

DREIER, HORST, Grundgesetz, Kommentar, Band I (Artikel 1-19), 2. Auflage, Tübingen 2004; Band III (Artikel 83-146), Tübingen 2000

DÜNKEL, FRIEDER, Resozialisierungsvollzug (erneut) auf dem Prüfstand, in: JEHLE, JÖRG-MARTIN (Hrsg.), Täterbehandlung und neue Sanktionsformen, Mönchengladbach 2000, S. 379-414

DERS., Rot-grüne Kriminalpolitik - Fehlanzeige?, NK 1/2003, S. 2-4

DÜNKEL, FRIEDER / CORNEL, HEINZ, Stärkung, Ausbau und Vernetzung der Ambulanten Straffälligenhilfe, NK 2/2003, S. 42-44

DÜNKEL, FRIEDER / DRENKHAHN KIRSTIN, Aktuelle Entwicklungen zwischen Reform und Gegenreform, NK 2/2001, S. 16-21

DÜNKEL, FRIEDER / GANZ, GEORG, Kriterien der richterlichen Entscheidung bei der Strafrestaussetzung nach § 57 StGB, MschrKrim 1985, S. 157-175

DÜNKEL, FRIEDER / GROSSER, RUDOLF, Vermeidung von Ersatzfreiheitsstrafen durch gemeinnützige Arbeit, NK 1/1999, S. 28-33

DÜNKEL, FRIEDER / KUNAT, ANGELA, Zwischen Innovation und Restauration - 20 Jahre Strafvollzugsgesetz - eine Bestandsaufnahme, NK 2/1997, S. 24-33

DÜNKEL, FRIEDER / SCHEEL JENS / GROSSER, RUDOLF, Vermeidung von Ersatzfreiheitsstrafen durch gemeinnützige Arbeit durch das Projekt »Ausweg« in Mecklenburg-Vorpommern, Erste Ergebnisse der empirischen Untersuchung, BewHi 2002, S. 56-72

DÜNKEL, FRIEDER / SPIESS, GERHARD, Perspektiven der Strafaussetzung zur Bewährung und Bewährungshilfe im zukünftigen deutschen Strafrecht, BewHi 1992, S. 117-138

DÜRIG, GÜNTER, Der Grundrechtssatz von der Menschenwürde, AöR 81 (1956), S. 117-157

EISEL, LUTZ, Grundsätze der Halbstrafenaussetzung nach § 57 Abs. 2 StGB, StV 1986, S. 312-314

EISENBERG, ULRICH, Aussetzung des Strafrestes zur Bewährung, BewHi 1990, S. 131-146

DERS., Kriminologie, 5. Auflage, München 2000

DERS., Der praktische Fall - Krimiologie: »Rechtsfolgensystem im Wandel?«, JuS 2000, S. 368-372

DERS., »Freie Arbeit« (Art. 293 Abs. 1 EGStGB) während Freiheitsentzuges (§ 43 StGB)?, ZfStrVo 2003, S. 223-224

EISENBERG, ULRICH / OHDER, CLAUDIUS, Aussetzung des Strafrestes zur Bewährung, Berlin, New York 1987

FACHGRUPPE STRAFFÄLLIGENHILFE IM PARITÄTISCHEN LANDESVERBAND BADEN-WÜRTTEMBERG, Empfehlungen zur Durchführung von Sozialen Trainingskursen für erwachsene Gewalttäter, abrufbar im Internet unter: http://www.paritaet-bw.de

FASTENRATH, ULRICH, Inländerdiskriminierung - Zum Gleichbehandlungsgebot beim Zusammenwirken mehrerer (Teil)rechtsordnungen im vertikal gegliederten und international integrierten Staat - JZ 1987, S. 170-178

FEHL, ELSKE, Monetäre Sanktionen im deutschen Rechtssystem, Frankfurt am Main, Berlin, Bern, Brüssel, New York, Oxford, Wien 2002

FELISCH, Empfiehlt sich hinsichtlich der Geldstrafen a) die Zulassung und Begünstigung des freiwilligen Abverdienens derselben? b) die Androhung erzwungenen Abverdienens in einer Anstalt (Arbeitshaus) für den Fall, dass der Mangel guten Willens zur Tilgung der Strafe festgestellt ist? Gutachten, in: SCHRIFTFÜHRER-AMT DER STÄNDIGEN DEPUTATION (Hrsg.), Verhandlungen des Dreiundzwanzigsten Deutschen Juristentages, Erster Band (Gutachten) Berlin 1895, S. 277-366

FEUERHELM, WOLFGANG, Gemeinnützige Arbeit - Ein Zwischenbericht, Wiesbaden 1988

DERS., Ergebnisse einer Erhebung bei Staatsanwaltschaften und einer Aktenuntersuchung zu »Gemeinnütziger Arbeit statt Ersatzfreiheitsstrafe«, in: JEHLE, JÖRG MARTIN / FEUERHELM, WOLFGANG / BLOCK, PETRA, Gemeinnützige Arbeit statt Ersatzfreiheitsstrafe, Wiesbaden 1990, S. 47-95

DERS., Gemeinnützige Arbeit als Alternative in der Geldstrafenvollstreckung, Wiesbaden 1991

DERS., Gemeinnützige Arbeit in der Geldstrafenvollstreckung, BewHi 1993, S. 200-208

DERS., Stellung und Ausgestaltung der gemeinnützigen Arbeit im Strafrecht, Wiesbaden 1997

DERS., Gemeinnützige Arbeit als selbständige Sanktion? - Der Entwurf des Bundesrates vom März 1998 - BewHi 1998, S. 400-405

FISCHER, HARTMUT, Gemeinnützige Arbeit statt Ersatzfreiheitsstrafe - rechtliche Einordnung in das Sanktionensystem in Bayern, in: KAWAMURA, GABRIELE (Hrsg.), Gemeinnützige Arbeit in Bayern am Schnittpunkt von Sozialer Arbeit und Justiz, Fakten - Erfahrungen - Lösungen, Schriftenreihe der Georg-Simon-Ohm-Fachhochschule Nürnberg (Heft Nr. 6/2000), Nürnberg 2000, S. 13-18

FLEISCHER, WOLFGANG, Die Strafzumessung bei Geldstrafen, Gießen 1983

FRANK, ULRICH, Die Neuregelung der Geldstrafe, JA 1976, S. 235-243

DERS., Aussetzung der Ersatzfreiheitsstrafe nach § 57 StGB?, NJW 1978, S. 141-143

FREHSEE, DETLEV, Schadenswiedergutmachung als Instrument strafrechtlicher Sozialkontrolle, Berlin 1987

DERS., Wiedergutmachung und Täter-Opfer-Ausgleich im deutschen Strafrecht - Entwicklung, Möglichkeiten und Probleme, in: SCHÜNEMANN, BERND / DUBBER, MARKUS DIRK (Hrsg.), Die Stellung des Opfers im Strafrechtssystem - Neue Entwicklungen in Deutschland und in den USA, Köln, Berlin, Bonn, München 2000, S. 117-137

FREIE HILFE BERLIN E.V., Gemeinnützige Arbeit statt Ersatzfreiheitsstrafe - Das Projekt Arbeit statt Strafe der Freien Hilfe Berlin e.V., Jahresdokumentation 2001 vom 20.06.2002, abrufbar im Internet unter: http://www.freiehilfe-berlin.de/ Jahresdoku2001.pdf

FREIMUND, BETTINA, Vollzugslockerungen - Ausfluss des Resozialisierungsgedankens?, Frankfurt am Main, Bern, Paris, New York 1990

FRISCH, WOLFGANG, Dogmatische Grundfragen der bedingten Entlassung und der Lockerungen des Vollzuges von Strafen und Maßregeln, ZStW 102 (1990), S. 707-792

FROMMEL, MONIKA, Alternative Strafen und Alternativen zum Freiheitsentzug, NK 3/1999, S. 9-16

FRÜHAUF, LUDWIG, Wiedergutmachung zwischen Täter und Opfer, Gelsenkirchen 1988

FUCHS, CLAUS, Der Community Service als Alternative zur Freiheitsstrafe, Pfaffenweiler 1985

GEIS, NORBERT, Redebeitrag, 1. Lesung des Entwurfs eines Gesetzes zur Reform des Sanktionenrechts, abrufbar im Internet unter: www.norbert.geis.de/politik. rede_sanktion.htm

GERKEN, ULRICH / HENNINGSEN, JÖRG, Ersetzung der Ersatzfreiheitsstrafe durch freie Arbeit, ZRP 1987, S. 386-390

DIES., Arbeit als strafrechtliche Sanktion? Rechtliche und tatsächliche Aspekte gemeinnütziger Arbeit als strafrechtliche Sanktion, MschrKrim 1989, S. 222-235

GÖHLER, ERICH (Hrsg.), Gesetz über Ordnungswidrigkeiten, 13. Auflage, München 2002

GÖRRES, FRANZ-PETER, Aussetzung des Strafrestes zur Bewährung, Die Praxis der Strafvollstreckungskammer bei dem Landgericht Osnabrück, KrimPäd 1989, 17. Jahrgang, Heft 29, S. 23-27

GREBING, GERHARDT, Probleme der Tagessatz-Geldstrafe, ZStW 88 (1976), S. 1049-1115

DERS., Die Geldstrafe im deutschen Recht nach Einführung des Tagessatzsystems, in: JESCHECK, HANS-HEINRICH / GREBING, GERHARDT (Hrsg.), Die Geldstrafe im deutschen und ausländischen Recht, Baden-Baden 1978, S. 13-164

GREGER, REINHARD, Das 23. Strafrechtsänderungsgesetz, JR 1986, S. 353-358

GROSS, KARL-HEINZ, Reststrafenaussetzung von Ersatzfreiheitsstrafen?, StV 1999, S. 508-510

GROSSE STRAFRECHTSKOMMISSION DES DEUTSCHEN RICHTERBUNDES, Gutachten zum Thema: Opferschutz im Strafverfahren, Ergebnisse der Sitzung vom 15.07-20.07.1996 in Brandenburg

DIES., Gutachten zum Thema: Die Geldstrafe, im Auftrage des Bundesministeriums der Justiz, Ergebnisse der Sitzung vom 27.07.-01.08.1998 in Saulgrau

HAMDORF, KAI / WÖLBER, OLOF, Die Ersatzfreiheitsstrafe in Schweden und Deutschland, ZStW 111 (1999), S. 929-948

HASSEMER, WINFRIED, Einführung in die Grundlagen des Strafrechts, 2. Auflage, München 1990

HEGHMANNS, MICHAEL, Offener Strafvollzug, Vollzugslockerungen und ihre Abhängigkeit von individuellen Besonderheiten der erkannten Straflänge, NStZ 1998, S. 279-284

DERS., Fahrverbot, Arbeitsstrafe und Hausarrest als taugliche Instrumente zur Vermeidung von unnötigem Strafvollzug?, ZRP 1999, S. 297-302

HEIDELBERGER KOMMENTAR zur Strafprozessordnung, Hrsg., LEMKE, MICHAEL / JULIUS, KARL-PETER / KREHL, CHRISTOPH / KURTH, HANS-JOACHIM / RAUTENBERG, ERARDO CRISTOFORO / TEMMING, DIETER, 3. Auflage, Heidelberg 2001

HEIMANN, MARKO, Vollstreckungsaufschub gem. § 456 StPO: Die oft unterschätzte Chance, StV 2001, S. 54-60

HEINZ, WOLFGANG, Strafrechtsreform und Sanktionsentwicklung - Auswirkungen der sanktionenrechtlichen Regelungen des 1. und 2. StrRG 1969 sowie des EGStGB 1974 auf die Sanktionspraxis, ZStW 94 (1982), S. 632-668

DERS., Strafrechtliche Sozialkontrolle - Beständigkeit im Wandel?, BewHi 1984, S. 13-37

DERS., Neue Formen der Bewährung in Freiheit in der Sanktionspraxis der Bundesrepublik Deutschland, in: VOGLER, THEO (Hrsg.), Festschrift für Hans-Heinrich Jescheck zum 70. Geburtstag, Zweiter Halbband, Berlin 1985, S. 955-976

DERS., Die Staatsanwaltschaft - Selektions- und Sanktionsinstanz im statistischen Graufeld, in: ALBRECHT, HANS-JÖRG / DÜNKEL, FRIEDER / KERNER, HANS-JÜRGEN / KÜRZINGER, JOSEF / SCHÖCH, HEINZ / SESSAR, KLAUS / VILLMOW, BERNHARD (Hrsg.), Internationale Perspektiven in Kriminologie und Strafrecht, Festschrift für Günther Kaiser zum 70. Geburtstag, Erster Halbband, Berlin 1998, S. 85-125

DERS., Sanktionierungspraxis in der Bundesrepublik Deutschland im Spiegel der Rechtspflegestatistiken, ZStW 111 (1999), S. 461-503

HELGERTH, ROLAND / KRAUSS, FRIEDRICH, Der Gesetzentwurf zur Reform des strafrechtlichen Sanktionenrechts, ZRP 2001, S. 281-283

HELLMANN, UWE, Richterliche Überzeugungsbildung und Schätzung bei der Bemessung strafrechtlicher Sanktionen, GA 1997, S. 503-524

HENKEL, HEINRICH, Die »richtige« Strafe, Tübingen 1969

DERS., Strafempfindlichkeit und Strafempfänglichkeit, in: KUCHINKE, KURT (Hrsg.), Rechtsbewahrung und Rechtsentwicklung, Festschrift für Heinrich Lange zum 70. Geburtstag am 25.03.1970, München 1970, S. 178-194

HENNIG, DIETMAR, Hart unter der Menschenwürde bei Geldstrafen und Ersatzfreiheitsstrafen, BewHi 1986, S. 314-317

DERS., Vollstrecker ohne Macht, ZRP 1990, S. 99-103

DERS., Rettet die Geldstrafe - und macht sie einbringlich, BewHi 1999, S. 298-305

HERING, RAINER-DIETER, Quo vadis Gerichtshilfe?, in: KERNER, HANS-JÜRGEN (Hrsg.), Straffälligenhilfe in Geschichte und Gegenwart, Bonn 1990, S. 137-150

HINZE, GERHARD, Findet § 57 StGB über die Aussetzung des Strafrestes bei Vollstreckung einer Ersatzfreiheitsstrafe Anwendung?, Rpfleger 1976, S. 422-424

HIRSCH, HANS JOACHIM, Zur Stellung des Verletzten im Straf- und Strafverfahrensrecht, in: DORNSEIFER, GERHARD / HORN, ECKHARD / SCHILLING, GEORG / SCHÖNE, WOLFGANG / STRUENSEE, EBERHARD / ZIELINSKI, DIETHART (Hrsg.), Gedächtnisschrift für Armin Kaufmann, Köln, Berlin, Bonn, München 1989, S. 699-721

DERS., Wiedergutmachung des Schadens im Rahmen des materiellen Strafrechts, ZStW 102 (1990), S. 534-562

HÖRNLE, TATJANA, Tatproportionale Strafzumessung, Berlin 1999

HOLTZ, GÜNTER, Aus der Rechtsprechung des Bundesgerichtshofs in Strafsachen, MDR 1979, S. 454-458

HORN, ECKHARD, Das Geldstrafensystem des neuen Allgemeinen Teils des StGB und die Ratenzahlungsbewilligung, NJW 1974, S. 625-629

DERS., Die strafrechtlichen Sanktionen, München 1975

DERS., Neuerungen der Kriminalpolitik im deutschen StGB 1975, ZStW 89 (1977), S. 547-569

DERS., Wider die »doppelspurige« Strafhöhenzumessung, in: GRÜNWALD, GERALD / MIEHE, OLAF / RUDOLPHI, HANS-JOACHIM / SCHREIBER, HANS-LUDWIG (Hrsg.), Festschrift für Friedrich Schaffstein zum 70. Geburtstag am 28.07.1975, Göttingen 1975, S. 241-254

DERS., Zwei Jahre neues Geldstrafensystem - eine Zwischenbilanz, JR 1977, S. 95-100

DERS., Zum Stellenwert der »Stellenwerttheorie«, in: FRISCH, WOLFGANG / SCHMID, WERNER (Hrsg.), Festschrift für Hans-Jürgen Bruns zum 70. Geburtstag, Köln, Berlin, Bonn, München 1978, S. 165-181

DERS., Anmerkung zu AG Saarbrücken, Urteil vom 10.03.1983 - 35-252/82 - NJW 1984, S. 77

DERS., »Bewährungsstrafe«: Bewährung, sonst Strafe, ZRP 1990, S. 81-82

DERS., Empfehlen sich Änderungen und Ergänzungen bei den strafrechtlichen Sanktionen ohne Freiheitsentzug?, JZ 1992, S. 828-832

HORSTKOTTE, HARTMUTH, Die Vorschriften des Ersten Gesetzes zur Reform des Strafrechts über die Strafbemessung (§§ 13-16, 60 StGB), JZ 1970, S. 122-128

HUBER, BARBARA, Community Service Order als Alternative zur Freiheitsstrafe, JZ 1980, S. 638-643

HÜSLER, GEBHARD / LOCHER, JAKOB, Kurze Freiheitsstrafe und Alternativen, Bern, Stuttgart 1991

ISAK, FRANZ / WAGNER, ALOIS, Strafvollstreckung, Handbuch der Rechtspraxis, 6. Auflage, München 1999

JABEL, HANS-PETER, Vollstreckung und Vollzug mehrerer Freiheitsstrafen nacheinander - Zur Änderung der Strafvollstreckungsordnung vom 10.01.1980, MDR 1980, S. 718-720

JANSSEN, HELMUT, Die Praxis der Geldstrafenvollstreckung, Frankfurt am Main 1994

JARASS, HANS D., Folgerungen aus der neueren Rechtsprechung des BVerfG für die Prüfung von Verstößen gegen Art. 3 I GG - Ein systematisches Konzept zur Feststellung unzulässiger Ungleichbehandlungen, NJW 1997, S. 2545-2550

JARASS, HANS D. / PIEROTH, BODO, Grundgesetz für die Bundesrepublik Deutschland, Kommentar, 7. Auflage, München 2004

JECKEL, INGO, Schadensersatzvereinbarungen mit dem Opfer, BewHi 2002, S. 39-55

JENSEN, ULRIKE, Gemeinnützige Arbeit: Bewährungsauflage mit Hürden, BewHi 1993, S. 209-212

JESCHECK, HANS-HEINRICH, Die Kriminalpolitik der deutschen Strafrechtsreformgesetze im Vergleich mit der österreichischen Regierungsvorlage 1971, in: LACKNER, KARL / LEFERENZ, HEINZ / SCHMIDT, EBERHARD / WELP, JÜRGEN / WOLFF, ERNST AMADEUS (Hrsg.), Festschrift für Wilhelm Gallas zum 70. Geburtstag am 22.07.1973, Berlin, New York 1973, S. 27-47

DERS., Die Geldstrafe als Mittel moderner Kriminalpolitik in rechtsvergleichender Sicht, in: RÜDIGER HERREN / HEINZ MÜLLER-DIETZ, DIETHELM KIENAPFEL (Hrsg.), Festschrift für Thomas Würtenberger zum 70. Geburtstag am 07.10.1997, Berlin 1977, S. 257-276

JESCHECK, HANS-HEINRICH / WEIGEND, THOMAS, Lehrbuch des Strafrechts, Allgemeiner Teil, 5. Auflage, Berlin 1996

JUNG, HEIKE, Fortentwicklung des strafrechtlichen Sanktionensystems, JuS 1986, S. 741-745

DERS., Sanktionensysteme und Menschenrechte, Bern, Stuttgart, Wien 1992

JUSTIZBEHÖRDE DER FREIEN UND HANSESTADT HAMBURG, Jahresauswertung 1997 zum Modellprojekt »Ersatzfreiheitsstrafen«, Hamburg 1999

DIES., Stellungnahme zum Entwuf eines Gesetzes zur Reform des Sanktionenrechts vom 06.04.2001

KADEL, BERTOLD, Die Bedeutung des Verschlechterungsverbotes für Geldstrafenerkenntnisse nach dem Tagessatzsystem, Gießen 1984

KAISER, GÜNTHER, Entkriminalisierende Möglichkeiten des jugendstrafrechtlichen Sanktionenrechts und ihre Ausschöpfung in der Praxis, NStZ 1982, S. 102-107

DERS., Kriminologie, 3. Auflage, Heidelberg 1996

KAISER, GÜNTHER / SCHÖCH, HEINZ, Strafvollzug, Eine Einführung in die Grundlagen, 5. Auflage, Heidelberg 2003

KARLSRUHER KOMMENTAR zum Gesetz über Ordnungswidrigkeiten, Hrsg., BOUJONG, KARL HEINZ, 2. Auflage, München 2000

KARLSRUHER KOMMENTAR zur Strafprozessordnung und zum Gerichtsverfassungsgesetz mit Einführungsgesetz, Hrsg., PFEIFFER, GERD, 5. Auflage, München 2003

KAWAMURA, GABRIELE, Die Geldstrafe - soziale Benachteiligung durch ein strafrechtliches Sanktionsinstrument, Theorie und Praxis der sozialen Arbeit 1995 (46), Nr. 1, S. 27-32

DIES., Gemeinnützige Arbeit statt Ersatzfreiheitsstrafe, Die Rolle der Sozialarbeit, BewHi 1998, S. 338-350

DIES., Gemeinnützige Arbeit als Verfahren zur Vermeidung von kurzen Freiheitsstrafen, Organisationsmodell und Erfahrungen in der Sozialarbeit, in: KAWAMURA, GABRIELE (Hrsg.), Gemeinnützige Arbeit in Bayern am Schnittpunkt von Sozialer Arbeit und Justiz, Fakten - Erfahrungen - Lösungen, Schriftenreihe der Georg-Simon-Ohm-Fachhochschule Nürnberg (Heft Nr. 6/2000), Nürnberg 2000, S. 25-33

KAWAMURA-REINDL, GABREIELE / REINDL, RICHARD, Rahmenbedingungen erfolgreicher Ableistung gemeinnütziger Arbeit, Evaluationsergebnisse des Modells der Fachstellen in Nordrhein-Westfalen, NK 2/2003, S. 49-52

KERL, HERMANN-JÜRGEN, Staatsanwalt und Sozialgeheimnis, NJW 1984, 2444-2447

KINDHÄUSER, URS, Strafgesetzbuch, Lehr- und Praxiskommentar, 2. Auflage, Baden-Baden 2005

KINTZI, HEINRICH, Änderungen im Bereich der Geldstrafe, Referat, in: KOMMISSION ZUR REFORM DES STRAFRECHTLICHEN SANKTIONENSYSTEMS, Abschlussbericht, Berlin 2000, S. 82-88

DERS., Die Geldstrafe - eine ausbaufähige Sanktion, DRiZ 2001, S. 198-206

DERS., Gesetzentwurf zum Sanktionenrecht - Das deutsche Sanktionensystem auf dem Prüfstand, DRiZ 2003, S. 325, 327-328

DERS., Unbefriedigende Sanktionenlandschaft?, DRiZ 2003, S. 326

KLEY-STRULLER, ANNA, Wiedergutmachung im Strafrecht, Bern, Berlin, Frankfurt am Main, New York, Paris, Wien, 1993

KLUG, ULRICH, Skeptische Rechtsphilosophie und humanes Strafrecht, Band 2: Materielle und formelle Strafrechtsprobleme, Berlin, Heidelberg, New York 1981

KMR, Kommentar zur Strafprozessordnung, Hrsg., HEINTSCHEL-HEINEGG, BERND / STÖCKL, HEINZ, 37. Ergänzungslieferung, München, Unterschleißheim 2004

KNÜSEL, MARKUS HANS, Die teilbedingte Freiheitsstrafe, Bern, Bern, Stuttgart, Wien 1995

KÖHLER, MICHAEL, Zur Kritik an der Zwangsarbeitsstrafe, GA 1987, S. 145-161

DERS., Reformen des strafrechtlichen Sanktionensystems, NK 2/2000, S. 10-11

DERS., Strafrecht Allgemeiner Teil, Berlin, Heidelberg, New York 1997

KÖNIG, PETER, Ist das strafrechtliche Sanktionensystem reformbedürftig?, DRiZ 2003, S. 267-272

KOEPSEL, KLAUS, Das Vollzugskonzept des Strafvollzugsgesetzes und seine Veränderungen durch Verwaltungsvorschriften und Erlasse der Justizverwaltungen, ZfStrVo 1992, S. 46-51

DERS., Resozialisierungsziele auf dem Prüfstand, Kriminalistik 2/1999, S. 81-85

KÖRNER, HARALD HANS, Die Zurückstellung der Strafvollstreckung, die Therapieanrechnung und Reststrafenaussetzung im Zurückstellungsverfahren nach den §§ 35 ff. BtMG, 3. Teil, NStZ 1998, S. 227-235

KOMMISSION ZUR REFORM DES STRAFRECHTLICHEN SANKTIONENSYSTEMS, Abschlussbericht, Berlin 2000

KONRAD, NORBERT, Ersatzfreiheitsstrafler - Psychische Störungen, forensische und soziodemographische Aspekte, ZfStrVo 2003, S. 216-223

KRAINZ, KLAUS, Diskussion, in: STÄNDIGE DEPUTATION DES DEUTSCHEN JURISTENTAGES (Hrsg.), Verhandlungen des 59. Deutschen Juristentages Hannover 1992, Band II (Sitzungsberichte), Teil O, München 1992, S. 60-63

KREUZER, ARTHUR, Gefängnisüberfüllung - eine kriminalpolitische Herausforderung, in: SCHWIND, HANS-DIETER (Hrsg.), Festschrift für Günter Blau zum 70. Geburtstag am 18.12.1985, Berlin, New York 1985, S. 459-486

KRIEG, HARTMUT / LÖHR, ANNEGRET / LÜCKE, UWE / MEISSNER, CHRISTL / RUFERT, WILFRIED / SCHUMANN, ANGELA, Weil Du arm bist, musst Du sitzen, MschrKrim 1984, S. 25-39

KRÜGER, GISELA, Integration statt Ausgrenzung, NK 2/2001, S. 4-5

DIES., Integration statt Ausgrenzung straffälliger Frauen, Das Projekt IsA-K, BewHi 2002, S. 172-180

KRUMM, KARL-HEINZ, Arbeit statt Ersatzfreiheitsstrafe - ein Schritt in die richtige Richtung, AnwBl 1984, S. 74

KUNZ, CHRISTOPH, Soziale Situation ostdeutscher Gefangener, zugleich eine Momentaufnahme der Umbruchssituation im Strafvollzug in Mecklenburg-Vorpommern und in der JVA Brandenburg/Havel Anfang/Mitte der 90er Jahre, BewHi 2001, S. 165-180

KUNZ, KARL-LUDWIG, Kriminologie, 3. Auflage, Bern, Stuttgart, Wien 2001

DERS., Die kurzfristige Freiheitsstrafe und die Möglichkeit ihres Ersatzes, ZStrR 103 (1986), S. 182-214

LACKNER, KARL / KÜHL, KRISTIAN, Kommentar zum StGB, 25. Auflage, München 2004

LAMPE, ERNST-JOACHIM, Wiedergutmachung als »dritte Spur« des Strafrechts?, GA 1993, S. 485-494

LARENZ, KARL / CANARIS, CLAUS-WILHELM, Methodenlehre der Rechtswissenschaft, 3. Auflage, Berlin, Heidelberg, New York, Barcelona, Budapest, Hongkong, London, Mailand, Paris, Santa Clara, Singapur, Tokio 1995

LAUBENTHAL, KLAUS, Strafvollzug, 3. Auflage, Berlin, Heidelberg, New York, Hongkong, London, Mailand, Paris, Tokio 2003

LAUE, CHRISTIAN, Symbolische Wiedergutmachung, Berlin 1999

LAUN, STEFAN, Alternative Sanktionen zum Freiheitsentzug und die Reform des Sanktionensystems, Frankfurt am Main, Berlin, Bern, Brüssel, New York, Oxford, Wien 2002

LEIBHOLZ, GERHARD / RINCK, HANS-JUSTUS / HESSELBERGER, DIETER, Grundgesetz für die Bundesrepublik Deutschland, Kommentar an Hand der Rechtsprechung des Bundesverfassungsgerichts, Band II: Art. 21-146, 7. Auflage 1993, 41. Ergänzungslieferung, Köln 2003

LEIPZIGER KOMMENTAR, Großkommentar zum Strafgesetzbuch, Hrsg., JESCHECK, HANS-HEINRICH / RUSS, WOLFGANG / WILLMS, GÜNTHER, Zweiter Band: §§ 32-60, 10. Auflage, Berlin, New York 1985

LEIPZIGER KOMMENTAR, Großkommentar zum Strafgesetzbuch, Hrsg., JÄHNKE, BURGHARD / LAUFHÜTTE, HEINRICH WILHELM / ODERSKY, WALTER, 11. Auflage, 1. Lieferung: Einleitung; §§ 1-2, Berlin, New York 1992; 2. Band, §§ 32-60, Berlin 2003

LEYENDECKER, NATALIE ANDREA, (Re-) Sozialisierung und Verfassungsrecht, Berlin 2002

LISKEN, HANS F., Anmerkung zum Beschluss des BGH vom 21.11.1978, 1 Bjs 93/77; StB 210/78 (abgedruckt in NJW 1979, 882), NJW 1979, 1992-1993

LISZT, FRANZ VON, Kriminalpolitische Aufgaben, ZStW 9 (1889), S. 737-782

DERS., Kriminalpolitische Aufgaben, Fortsetzung, ZStW 10 (1890), S. 51-83

DERS., Strafrechtliche Aufsätze und Vorträge, Erster Band, Berlin 1905

LITWINSKI, HARTMUT / BUBLIES, WERNER, Strafverteidigung im Strafvollzug, München 1989

LÖWE-ROSENBERG, Die Strafprozessordnung und das Gerichtsverfassungsgesetz, Großkommentar, Hrsg., RIESS, PETER, 2. Band: §§ 112-197, 24. Auflage, Berlin, New York 1989; 2. Band: §§ 187-212b, 25. Auflage, Berlin 2004; 5. Band: §§ 296-373a, 25. Auflage, Berlin 2003; 6. Band: §§ 374-495 EGStPO, Berlin, New York 2001

LOOS, FRITZ, Zur Kritik des »Alternativentwurfs Wiedergutmachung«, ZRP 1993, S. 51-56

DERS., Bemerkungen zu § 46 a StGB, in: WEIGEND, THOMAS / KÜPPER, GERORG (Hrsg.), Festschrift für Hans Joachim Hirsch zum 70. Geburtstag am 11.04.1999, Berlin, New York 1999, S. 851-877

LÜDERSSEN, KLAUS, Gnadenweiser Erlass von Ersatzfreiheitsstrafen? in: FEUERHELM, WOLFGANG / SCHWIND, HANS-DIETER / BOCH, MICHAEL (Hrsg.), Festschrift für Alexander Böhm zum 70. Geburtstag am 14.06.1999, Berlin, New York 1999, S. 553-580

MAATZ, KURT R., Die »Erstverbüßer-Regelung« im Regierungsentwurf des neuen § 57 Abs. 2 StGB - ein strafrechtsdogmatischer Beitrag zum Entwurf eines ... Strafrechtsänderungsgesetzes - Strafaussetzung zu Bewährung - Bundestags-Drucks. 10/2720 - , MDR 1985, S. 797-803

MAELICKE, BERND, Kriminalpolitik als fortschreitende Irrtumskorrektur, NK 2/1989, S. 36-40

DERS., Auf der Suche nach Strategien zum Abbau der Überbelegung und zu verantwortbarer Haftvermeidung/Haftreduzierung - durch den Vollzug, durch Gerichtshilfe und Bewährungshilfe und durch die Freie Straffälligenhilfe, SchlHA 1999, S. 249-254

MANGOLDT, HERMANN V. / KLEIN, FRIEDRICH / STARCK, CHRISTIAN, Das Bonner Grundgesetz, Band 1: Präambel, Art. 1-19, 4. Auflage, München 1999

MAUNZ, THEODOR / DÜRIG, GÜNTER / BADURA PETER / HERDEGEN MATHIAS / LERCHE, PETER / RANDELZHOFER, ALBRECHT / DI FABIO, UDO / HERZOG, ROMAN / KORITH, STEFAN / PAPIER, HANS-JÜRGEN / SCHMIDT-ASSMANN, EBERHARD / SCHOLZ, RUPERT, Grundgesetz, Kommentar, Band II, Art. 6-16a; Band VI, Art. 100-146, Stand: 43. Ergänzungslieferung, München 2004

MAURACH, REINHART / GÖSSEL, KARL HEINZ / ZIPF, HEINZ, Strafrecht - Allgemeiner Teil, Teilband 2, Erscheinungsformen des Verbrechens und Rechtsfolgen der Tat, Ein Lehrbuch, 7. Auflage, Heidelberg 1989

MEIER, BERND-DIETER, Gewaltdelinquenz und strafrechtliche Reaktion, JZ 1995, S. 434-441

DERS., Konstruktive Tatverarbeitung im Strafrecht - Bestandsaufnahme und Reformperspektiven, GA 1999, S. 1-20

DERS., Strafrechtliche Sanktionen, Berlin, Heidelberg, New York, Barcelona, Hongkong, London, Mailand, Paris, Singapur, Tokio 2001

MEINE, HANS-GERD, Strafmaß bei der Steuerhinterziehung - Bericht über eine Untersuchung von Verurteilungen im OLG-Bezirk Hamburg, MschrKrim 1980, S. 129-140

MERKEL, Diskussion, in: SCHRIFTFÜHRER-AMT DER STÄNDIGEN DEPUTATION (Hrsg.), Verhandlungen des Dreiundzwanzigsten Deutschen Juristentages, Zweiter Band (Verhandlungen), Berlin 1895, S. 385-403

MEURER, DIETER, Der Strafbefehl, JuS 1987, S. 882-887

MEYER, DIETER, Anmerkung zum Beschluss des OLG Oldenburg vom 17.12.1976 - 2 Ws 601/76, JurBüro 1977, S. 521-522

DERS., Anmerkung zum Urteil des OLG Hamm vom 06.12.1979 - 6 Ss 1069/79 (abgedruckt in NJW 1980, 1534), NJW 1980, S. 2480-2481

MEYER, JÜRGEN, Vermeidung der Vollstreckung von Ersatzfreiheitsstrafen, Korreferat, in: KOMMISSION ZUR REFORM DES STRAFRECHTLICHEN SANKTIONENSYSTEMS, Abschlussbericht, Berlin 2000, S. 51-54

DERS., Änderungen im Bereich der Geldstrafe, Korreferat, in: KOMMISSION ZUR REFORM DES STRAFRECHTLICHEN SANKTIONENSYSTEMS, Abschlussbericht, Berlin 2000, S. 88-91

MEYER-GOSSNER, LUTZ, Strafprozessordnung, Gerichtsverfassungsgesetz, Nebengesetze und ergänzende Bestimmungen, 47. Auflage, München 2004

MINISTERIUM FÜR JUSTIZ, FRAUEN, JUGEND UND FAMILIE DES LANDES SCHLESWIG-HOLSTEIN, Stellungnahme zum Entwurf eines Gesetzes zur Reform des Sanktionenrechts vom 11.06.2001

MITSCH, WOLFGANG, Die Geldstrafe, JA 1993, S. 304-310

DERS., Der Weg des Straftäters in den Strafvollzug, Jura 1994, S. 449-455

MITTELBACH, Ersatzfreiheitsstrafe (§ 29 StGB), NJW 1957, S. 1138-1139

MITTELSTAEDT, Sind Änderungen des geltenden Rechts erwünscht in Betreff des Verhältnisses zwischen Geld -und Freiheitsstrafe?, in: SCHRIFTFÜHRER-AMT DER STÄNDIGEN DEPUTATION (Hrsg.), Verhandlungen des Einundzwanzigsten Deutschen Juristentages, Zweiter Band, Berlin 1891, S. 49-69

MÖRS, KLAUS-JÜRGEN, Das Freizeitproblem im deutschen Erwachsenenstrafvollzug, Stuttgart 1969

MOLINARI, FRANCESCA, Das Sanktionensystem Italiens, in: KERNER, HANS-JÜRGEN / KAISER, GÜNTHER (Hrsg.), Kriminalität, Persönlichkeit, Lebensgeschichte und Verhalten, Festschrift für Hans Göppinger zum 70. Geburtstag, Berlin, Heidelberg, New York, London, Paris, Tokyo, Hong Kong 1990, S. 477-498

MROZYNSKI, PETER, Offene Fragen der gemeinnützigen Arbeit Straffälliger, JR 1987, S. 272-280

MÜLLER, THOMAS / WULF, RÜDIGER, Offener Vollzug und Vollzugslockerungen (Ausgang, Freigang) - Zugleich eine Besprechung des Beschlusses des BVerfG in NStZ 1998, S. 430 f., ZfStrVo 1999- S. 3-7

MÜLLER-DIETZ, HEINZ, Grundfragen des strafrechtlichen Sanktionensystems, Heidelberg, Hamburg 1979

DERS., Zur Befreiung des Strafrechts vom zivilistischen Denken - am Beispiel der Schadenswiedergutmachung (§ 56 b II Nr. 1 StGB), in: JAHR, GÜNTHER (Hrsg.), Gedächtnisschrift für Dietrich Schultz, Köln, Berlin, Bonn, München 1987, S. 253-269

DERS., Perspektiven und Probleme des offenen Strafvollzuges, ZfStrVo 1988, S. 204-206

DERS., Straftheoretische Überlegungen zur Wiedergutmachung, in: ESER, ALBIN / KAISER, GÜNTHER / MADLENER, KURT, Neue Wege der Wiedergutmachung im Strafrecht, Freiburg im Breisgau 1990, S. 355-366

DERS., Offener Vollzug - ein Weg von der Freiheitsentziehung zur kontrollierten Freiheit?, ZfStrVo 1999, S. 279-284

MÜNCH, INGO VON / KUNIG, PHILIP, Grundgesetz-Kommentar, Band 1 (Präambel bis Art. 19), 5. Auflage, München 2000; Band 3 (Art. 70 bis Art. 146 und Gesamtregister), 4./5. Auflage, München 2003

MÜNCHENER KOMMENTAR zum Strafgesetzbuch, Hrsg., JOECKS, WOLFGANG / MIEBACH, KLAUS, Band 1, §§ 1-51 StGB, München 2003

NEUMAYER-WAGNER, EVA-MARIA, Die Verwarnung mit Strafvorbehalt, Dissertation, Berlin 1998

NIEDERSÄCHSISCHES JUSTIZMINISTERIUM, Stellungnahme zum Referentenentwurf eines Gesetzes zur Reform des Sanktionenrechts vom 08.12.2000 vom 26.04.2001

NIEDERSCHRIFTEN ÜBER DIE SITZUNGEN DER GROSSEN STRAFRECHTSKOMMISSION, 1. Band, Grundsatzfragen, 1.-13. Sitzung, Bonn 1956

NOMOS KOMMENTAR zum Strafgesetzbuch, Hrsg., NEUMANN, ULFRID / PUPPE, INGEBORG / SCHILD, WOLFGANG, 2. Auflage, 13. Ergänzungslieferung, Baden-Baden 2003

OHLE, KARLHEINZ, Einflüsse unterschiedlicher institutioneller Regelungen auf die Praxis der Strafaussetzung zur Bewährung - Auswirkungen der Reform der Strafvollstreckung von 1975, KrimPäd 1984, 12. Jahrgang, Heft 18, S. 16-22

OSTENDORF, HERIBERT, Jugendgerichtsgesetz, 6. Auflage, Köln, Berlin, Bonn, München 2003

DERS., Wachsende Kriminalität - Verschärfung des Strafrechts?, ZfJ 1998, S. 180-186

PECHER, HANS PETER, Über zivilrechtliche Vergleiche im Strafverfahren, NJW 1981, S. 2170-2171

PENTZ, A., Nochmals: Die Bewährungsauflage der Schadenswiedergutmachung, NJW 1956, S. 1867-1868

PETERS, KARL, Anmerkung zum Beschluss des HansOLG Hamburg vom 12.12.1975, 1 Ws 508/75, JR 1976, S. 519-520

DERS., Beurlaubung von zu lebenslanger Freiheitsstrafe Verurteilter, JR 1978, S. 177-180

PFEIFFER, CHRISTIAN, Opferperspektiven, Wiedergutmachung und Strafe aus der Sicht der Bevölkerung, in: ALBRECHT, PETER-ALEXIS / EHLERS, ALEXANDER P.F. / LAMOTT, FRANZISKA / PFEIFFER, CHRISTIAN / SCHWIND, HANS-DIETER / WALTER, MICHAEL (Hrsg.), Festschrift für Horst Schüler-Springorum zum 65. Geburtstag, Köln, Berlin, Bonn, München 1993, S. 53-80

PFOHL, MICHAEL, Gemeinnützige Arbeit als strafrechtliche Sanktion, Berlin 1983

DERS., Entwicklung und Perspektiven der gemeinnützigen Arbeit als strafrechtliche Sanktion, BewHi 1985, S. 110-120

PIEROTH, BODO / SCHLINK, BERNHARD, Grundrechte, Staatsrecht II, 20. Auflage, Heidelberg 2004

PILGRAM, ARNO, Die erste österreichische Rückfallstatistik - ein Mittel zur Evaluation regionaler Strafenpolitik, ÖJZ 1991, S. 577-586

POHLMANN, HANS, Rechtliches Gehör vor einer Anordnung nach § 459 e StPO?, Rpfleger 1979, S. 249-250

POHLMANN, HANS / JABEL, HANS-PETER / WOLF, THOMAS, Strafvollstreckungsordnung und gesetzliche Grundlagen, Kommentar, 8. Auflage, Bielefeld 2001

PREISENDANZ, HOLGER, Anmerkung zum Beschluss des OLG Zweibrücken vom 20.10.1975 - Ws 482/75, JR 1976, S. 467-469

DERS., Kommentar zum Strafgesetzbuch, 30. Auflage, Berlin 1978

PRELLWITZ, DETLEFF, Diskussion, in: STÄNDIGE DEPUTATION DES DEUTSCHEN JURISTENTAGES (Hrsg.), Verhandlungen des 59. Deutschen Juristentages Hannover 1992, Band II (Sitzungsberichte), Teil O, München 1992, S. 118-119

RAUTENBERG, ERARDO CRISTOFORO, Die Reform des strafrechtlichen Sanktionensytems, NJ 1999, S. 449-454

REISS, GÜNTER, Abwendung der Vollstreckung von Ersatzfreiheitsstrafen durch freie Arbeit, Rpfleger 1985, 133-136

DERS., Ersetzung der Ersatzfreiheitsstrafe durch freie Arbeit, ZRP 1988, S. 143

DERS., Fortbildungsseminar: »Der Rechtspfleger in der Strafvollstreckung«, RpflStud. 2002, S. 104-112

RIEHE, BARBARA, Gemeinnützige Arbeit als selbständige Sanktion im allgemeinen Strafrecht, Grundfragen der Einführung der gemeinnützigen Arbeit als selbständige strafrechtliche Sanktion, in: KOMMISSION ZUR REFORM DES STRAFRECHTLICHEN SANKTIONENSYSTEMS, Abschlussbericht, Berlin 2000, S. 104-107

RIESS, PETER, Die Rechtsstellung des Verletzten im Strafverfahren, Gutachten C, in: STÄNDIGE DEPUTATION DES DEUTSCHEN JURISTENTAGES (Hrsg.), Verhandlungen des 55. Deutschen Juristentages, Band I (Gutachten), München 1984, S. 9-136

ROBRA, RAINER, Referat, in: STÄNDIGE DEPUTATION DES DEUTSCHEN JURISTENTAGES (Hrsg.), Verhandlungen des 59. Deutschen Juristentages Hannover 1992, Band II (Sitzungsberichte), Teil O, München 1992, S. 7-18

RÖSSNER, DIETER, Eine konstruktive Alternative zu Geld- und Freiheitsstrafe, BewHi 1985, S. 105-110

DERS., Wiedergutmachen statt übelvergelten, in: MARKS, ERICH / RÖSSNER, DIETER (Hrsg.), Täter-Opfer-Ausgleich, Bonn 1989, S. 7-41

RÖSSNER, DIETER / BANNENBERG, BRITTA, Empirische Ergebnisse zum Täter-Opfer-Ausgleich, in: KAISER, GÜNTHER / JEHLE, JÖRG-MARTIN (Hrsg.), Kriminologische Opferforschung, Neue Perspektiven und Erkenntnisse, Teilband I, Grundlagen - Opfer und Strafrechtspflege - Kriminalität der Mächtigen und ihre Opfer, Heidelberg 1994, S. 65-88

RÖSSNER, DIETER / WULF, RÜDIGER, Opferbezogene Strafrechtspflege, 2. Auflage, Bonn 1985

ROLINSKI, KLAUS, Ersatzfreiheitsstrafe oder gemeinnützige Arbeit?, MschKrim 1981, 52-63

ROXIN, CLAUS, Prävention und Strafzumessung, in: FRISCH, WOLFGANG / SCHMID, WERNER (Hrsg.), Festschrift für Hans-Jürgen Bruns zum 70. Geburtstag, Köln, Berlin, Bonn, München 1978, S. 183-204

DERS., Zur Entwicklung der Kriminalpolitik seit den Alternativ-Entwürfen, JA 1980, S. 538-552

DERS., Die Wiedergutmachung im System der Strafzwecke, in: SCHÖCH, HEINZ (Hrsg.), Wiedergutmachung und Strafrecht, Symposium aus Anlass des 80. Geburtstags von Friedrich Schaffstein, München 1987, S. 37-55

DERS., Die Stellung des Opfers im Strafsystem, RuP 1988, S. 69-76

DERS., Hat das Strafrecht eine Zukunft? in: GÖSSEL, KARL HEINZ / TRIFFTERER, OTTO (Hrsg.), Gedächtnisschrift für Heinz Zipf, Heidelberg 1999, S. 135-151

SACHS, MICHAEL, (Hrsg.), Grundgesetz, Kommentar, 3. Auflage, München 2003

SCHÄDLER, WOLFRAM, Das Projekt »Gemeinnützige Arbeit« - die nicht nur theoretische Chance des Art. 293 EGStGB, ZRP 1983, S. 5-10

DERS., Der »Weiße Fleck« im Sanktionensystem, Ein Beitrag zur Diskussion um Geldstrafe, freie Arbeit und Ersatzfreiheitsstrafe, ZRP 1985, S. 186-192

SCHÄFER, GERHARD, Die Praxis des Strafverfahrens, 6. Auflage, Stuttgart, Berlin, Köln, 2000

DERS., Praxis der Strafzumessung, 3. Auflage, München 2001

SCHÄFER, KARL-HEINRICH, Offener Strafvollzug als Normalität, in: FEUERHELM, WOLFGANG / SCHWIND, HANS-DIETER / BOCH, MICHAEL (Hrsg.), Festschrift für Alexander Böhm zum 70. Geburtstag am 14.06.1999, Berlin, New York 1999, S. 165-176

SCHAEFERDIEK, SASCHA, Die kurze Freiheitsstrafe im schwedischen und deutschen Strafrecht, Berlin 1997

SCHAEFFER, RUTH-ELLEN, Die Bemessung der Tagessatzhöhe unter Berücksichtigung der Hausfrauenproblematik, Tübingen 1978

SCHÄTZLER, JOHANN-GEORG, Handbuch des Gnadenrechts, Gnade - Amnestie - Bewährung, 2. Auflage, München 1992

SCHALL, HERO, Bedeutung der zivilrechtlichen Verjährungseinrede bei Anordnung der Wiedergutmachungsauflage, NJW 1977, S. 1045-1046

DERS., Ehegattensplitting und Tagessatzsystem der Geldstrafe - OLG Düsseldorf, NJW 1977, 260, JuS 1977, S. 307-313

DERS., Die Sanktionsalternative der gemeinnützigen Arbeit als Surrogat der Geldstrafe, NStZ 1985, 104-111

DERS., Die richterliche Zumessung der Geldbuße bei Verkehrsordnungswidrigkeiten, NStZ 1986, S. 1-8

DERS., Auf der Suche nach strafrechtlichen Modifikationen und Alternativen, BewHi 1988, S. 433-447, ebenfalls veröffentlicht in: DEUTSCHE BEWÄHRUNGSHILFE (Hrsg.), Die 13. Bundestagung (Dokumentation der 13. Bundestagung der Deutschen Bewährungshilfe e.V. (DHB) 18. bis 21. September 1988 in Marburg), Bonn 1990, S. 339-361

DERS., Der Schwarzfahrer auf dem Prüfstand des § 265 a StGB, JR 1992, S. 1-8

SCHALL, HERO / SCHIRRMACHER, GESA, Doppelverwertungsverbot und Bewertungsrichtung in der Systematik des richterlichen Strafzumessungsaktes, 1. Teil: Systematik des Strafzumessungsaktes, Jura 1992, S. 514-519

DIES., Gewalt gegen Frauen und Möglichkeiten staatlicher Interventionen, Stuttgart, München, Hannover, Berlin, Weimar, Dresden 1995

SCHALL, HERO / SCHREIBAUER, MARCUS, Prognose und Rückfall bei Sexualstraftätern, NJW 1997, S. 2412-2420

SCHATZ, HOLGER, Strafaussetzung zur Bewährung: Auch bei Ersatzfreiheitsstrafen, ZRP 2002, S. 438-442

SCHMALZ, DIETER, Methodenlehre für das juristische Studium, 4. Auflage, Baden-Baden 1998

SCHMIDHÄUSER, EBERHARD, Strafrecht, Allgemeiner Teil, 2. Auflage, Tübingen 1975

SCHMIDT, EBERHARD, Freiheitsstrafe, Ersatzfreiheitsstrafe und Strafzumessung im Alternativ-Entwurf eines Strafgesetzbuches, NJW 1967, S. 1929-1940

SCHMIDT, JOHANN, Überbelegung im Strafvollzug, Ein Versuch, juristische Kriterien für die zulässige Belegung von Strafanstalten bzw. Hafträumen zu entwickeln, Frankfurt am Main, Bern, New York 1986

SCHMIDT-BLEIBTREU, BRUNO / KLEIN, FRANZ, Kommentar zum Grundgesetz, 10. Auflage, München 2004

SCHMIDT-HIEBER, WERNER, Ausgleich statt Geldstrafe, NJW 1992, S. 2001-2004

SCHNEIDER, URSULA, Gemeinnützige Arbeit als »Zwischensanktion«, MschrKrim 2001, S. 273-287

DIES., Der Vorrang des Opfers bei Geldstrafen, BewHi 2002, S. 25-38

SCHÖCH, HEINZ, Grundlage und Wirkungen der Strafe, Zum Realitätsgehalt des § 46 Abs. 1 StGB, in: GRÜNWALD / GERALD / MIEHE, OLAF / RUDOLPHI, HANS-JOACHIM / SCHREIBER, HANS-LUDWIG (Hrsg.), Festschrift für Friedrich Schaffstein zum 70. Geburtstag am 28.07.1975, Göttingen 1975, S. 255-273

DERS., Die Gerichtshilfe aus kriminologischer und verfahrensrechtlicher Sicht, in: KERNER, HANS-JÜRGEN / GÖPPINGER, HANS / STRENG, FRANZ (Hrsg.), Festschrift für Heinz Leferenz zum 70. Geburtstag, Heidelberg 1983, S. 127-144

DERS., Empfehlen sich Änderungen und Ergänzungen bei den strafrechtlichen Sanktionen ohne Freiheitsentzug, Gutachten C, in: STÄNDIGE DEPUTATION DES DEUTSCHEN JURISTENTAGES (Hrsg.), Verhandlungen des 59. Deutschen Juristentages Hannover 1992, Band I (Gutachten), München 1992, S. 11-138

DERS., Die Rechtsstellung des Verletzten im Strafverfahren, NStZ 1984, S. 385-391

SCHÖNKE, ADOLF / SCHRÖDER, HORST, Strafgesetzbuch, Kommentar, 26. Auflage, München 2001

SCHOREIT, ARMIN, Staatsanwaltschaft und Polizei im Lichte fragwürdiger Beiträge zur Reform des Rechts der Staatsanwaltschaft, ZRP 1982, S. 288-290

SCHOTT, TILMANN, Justizvollzug in Mecklenburg-Vorpommern, ZfStrVo 2000, S. 90-105

DERS., Abkehr von der 1:1-Umrechnung von Geld- und Freiheitsstrafe?, JR 2003, S. 315-320

DERS., Strafausspruch, Strafzumessung und Strafvollzug in Zeiten der Überbelegung, ZfStrVo 2003, S. 195-200

SCHÜLER-SPRINGORUM, HORST, Strafvollzug im Übergang, Göttingen 1969

DERS., Perspektiven einer Gerichtshilfe für Erwachsene, BewHi 1977, S. 224-240

SCHUHBAUER, GISELA, Projekt: Beratung und Vermittlung in gemeinnützige Arbeit für Frauen in München, in: KAWAMURA, GABRIELE (Hrsg.), Gemeinnützige Arbeit in Bayern am Schnittpunkt von Sozialer Arbeit und Justiz, Fakten - Erfahrungen - Lösungen, Schriftenreihe der Georg-Simon-Ohm-Fachhochschule Nürnberg (Heft Nr. 6/2000), Nürnberg 2000, S. 45-47

SCHWIND, HANS-DIETER, Über Poenologie aus kriminalpolitischer Sicht, in: BRODA, CHRISTIAN / DEUTSCH, ERWIN / SCHREIBER, HANS-LUDWIG / VOGEL, HANS-JOCHEN (Hrsg.), Festschrift für Rudolf Wassermann, Neuwied, Darmstadt 1985, S. 1021-1045

SCHWIND, HANS-DIETER / BÖHM, ALEXANDER (Hrsg.), Strafvollzugsgesetz (StVollzG), Gesetz über den Vollzug der Freiheitsstrafe und der freiheitsentziehenden Maßregeln der Besserung und Sicherung, Kommentar, 3. Auflage, Berlin, New York 1999

SEEBODE, MANFRED, Problematische Ersatzfreiheitsstrafe, in: FEUERHELM, WOLFGANG / SCHWIND, HANS-DIETER / BOCH, MICHAEL (Hrsg.), Festschrift für Alexander Böhm zum 70. Geburtstag am 14.06.1999, Berlin, New York 1999, S. 519-552

DERS., Anmerkung zu OLG Jena, Beschluss vom 30.10.1997 - 1 Ws 195/97 - NStZ 1999, S. 318-319

SEIB, HERBERT, Die Strafzumessung nach Einführung der Tagessätze, DAR 1975, 104-109

SELLE, DIRK VON, Der Begriff der unbilligen Härte in § 459 f StPO, NStZ 1990, S. 118-120

DERS., Gerechte Geldstrafe - Eine Konkretisierung des Grundsatzes der Opfergleichheit, Berlin 1997

DERS., Die Reform des Sanktionenrechts, JR 2002, S. 227-232

SESSAR, KLAUS, Schadenswiedergutmachung in einer künftigen Kriminalpolitik, in: KERNER, HANS-JÜRGEN / GÖPPINGER, HANS / STRENG, FRANZ (Hrsg.), Kriminologie - Psychiatrie - Strafrecht - Festschrift für Heinz Leferenz zum 70. Geburtstag, Heidelberg 1983, S. 145-161

SIEKMANN, GERD, Straffälligenhilfe - Opferhilfe Ergänzung oder Gegensatz, ZfStrVo 1986, S. 215-219

SOHN, WERNER, Gutachten der Kriminologischen Zentralstelle zur kurzen Freiheitsstrafe und Ersatzfreiheitsstrafe im Auftrag des Bundesministeriums der Justiz, Bearbeitungszeitraum: 1. Mai bis 1. August 1999, Kriminologische Zentralstelle e.V., Wiesbaden 1999

STEIN, WOLFGANG, Täter-Opfer-Ausgleich und Schuldprinzip, Überlegungen zur geringen Akzeptanz des Täter-Opfer-Ausgleichs für Erwachsene in der Praxis, NStZ 2000, S. 393-397

STEINDORFNER, MICHAEL, Behandlung im Strafvollzug und Schutz der Allgemeinheit. Der baden-württembergische Weg im Umgang mit rückfallgefährdeten Straftätern, ZfStrVo 2003, S. 3-9

STÖCKEL, HEINZ, Gemeinnützige Arbeit zur Abwendung von Ersatzfreiheitsstrafen aus Sicht der Staatsanwaltschaft, in: KAWAMURA, GABRIELE (Hrsg.), Gemeinnützige Arbeit in Bayern am Schnittpunkt von Sozialer Arbeit und Justiz, Fakten - Erfahrungen - Lösungen, Schriftenreihe der Georg-Simon-Ohm-Fachhochschule Nürnberg (Heft Nr. 6/2000), Nürnberg 2000, S. 19-24

DERS., Ansprache zum Jahresempfang von Justiz und Rechtsanwaltschaft 2002, abrufbar im Internet unter: http://www.justiz.bayern.de/olgn/Rede-stoeckel.pdf

STRAFRECHTSKOMMISSION DER RICHTERINNEN UND RICHTER, STAATSANWÄLTINNEN UND STAATSANWÄLTE IN DER GEWERKSCHAFT VER.DI, Stellungnahme zum Entwurf eines Gesetzes zur Reform des Sanktionenrechts (Referentenentwurf des BMJ, Stand: 8. Dezember 2000), abrufbar im Internet unter: http://www. verdi.de

STREE, WALTER, Deliktsfolgen und Grundgesetz, - Zur Verfassungsmäßigkeit der Strafen und sonstigen strafrechtlichen Maßnahmen, Tübingen 1960

STRENG, FRANZ, Kriminalpolitische Perspektiven - Jura-Studienanfänger und Sanktionspolitik, in: KÜHNE, HANS-HEINER (Hrsg.), Festschift für Koichi Miyazawa, Baden-Baden 1995, S. 405-418

DERS., Modernes Sanktionenrecht?, ZStW 111 (1999), S. 827-862

DERS., Entwicklung neuer Sanktionsformen in Deutschland, in: JEHLE, JÖRG-MARTIN (Hrsg.), Täterbehandlung und neue Sanktionsformen, Kriminalpolitische Konzepte in Europa, Mönchengladbach 2000, S. 207-233

DERS., Strafrechtliche Sanktionen - Die Strafzumessung und ihre Grundlagen, 2. Auflage Stuttgart 2002

STÜNKER, JOACHIM, Schwerpunkte der rechtspolitischen Vorhaben in der 15. Legislaturperiode, ZRP 2003, S. 17-18

STURM, RICHARD, Die Strafrechtsreform, JZ 1970, S. 81-87

DERS., Grundlinien der Strafrechtsreform, in: JESCHECK, HANS-HEINRICH / LÜTTGER, HANS (Hrsg.), Festschrift für Eduard Dreher zum 70. Geburtstag am 29.04.1977, Berlin, New York 1977, S. 513-531

SUHLING, STEFAN / SCHOTT, TILMANN, Der Anstieg der Gefangenenzahlen in Deutschland, Folge der Kriminalitätsentwicklung oder wachsender Strafhärte?, Kriminologisches Forschungsinstitut Niedersachsen, Forschungsbericht Nr. 84, Hannover 2001

SYSTEMATISCHER KOMMENTAR zum Strafgesetzbuch, Hrsg., RUDOLPHI, HANS-JOACHIM / HORN, ECKHARD / SAMSON, ERICH / GÜNTHER, HANS-LUDWIG / HOYER, ANDREAS / WOLTERS, GEREON, Band I, Allgemeiner Teil (§§ 1-79 b), 7., teilweise 8. Auflage, 39. Ergänzungslieferung, München/Unterschleißheim 2004

SYSTEMATISCHER KOMMENTAR zur Strafprozessordnung und zum Gerichtsverfassungsgesetz, Hrsg., RUDOLPHI, HANS-JOACHIM / FRISTER, HELMUT / ROGALL, KLAUS / VELTEN, PETRA / WOLTERS, WOLFGANG / FRISCH, WOLFGANG / PAEFFGEN, HANS-ULLRICH / SCHLÜCHTER, ELLEN / WESSLAU, EDDA / WOLTER, JÜRGEN, 39. Ergänzungslieferung, München/Unterschleißheim 2004

THOMAS, KARL, Erfahrungen mit dem offenen Strafvollzug in Bremen, ZfStrVo 1985, S. 220-232

TIEDEMANN, KLAUS, Gleichheit und Sozialstaatlichkeit im Strafrecht, GA 1964, S. 353-376

DERS., Stand und Tendenzen von Strafrechtswissenschaft und Kriminologie in der Bundesrepublik Deutschland, JZ 1980, S. 489-495

TRÖNDLE, HERBERT, Die Geldstrafe im neuen Strafensystems, MDR 1972, S. 461-468

DERS., Geldstrafe in der Praxis und Probleme ihrer Durchsetzung, ZStW 86 (1974), S. 545-594

DERS., Geldstrafe und Tagessatzsystem, ÖJZ 1975, S. 589-599

DERS., Anmerkung zum Beschluss des BayObLG vom 30.07.1975 - RReg. 1 St 219/75, JR 1976, S. 162-163

TRÖNDLE, HERBERT / FISCHER, THOMAS, Strafgesetzbuch und Nebengesetze, 49. Auflage, München 1999

DIES., Strafgesetzbuch und Nebengesetze, 52. Auflage, München 2004

UMBACH, DIETER C. / CLEMENS, THOMAS (Hrsg.), Grundgesetz, Mitarbeiterkommentar und Handbuch, Band II, Art. 38-146 GG, Heidelberg 2002

VILLMOW, BERNHARD, Kurze Freiheitsstrafe, Ersatzfreiheitsstrafe und gemeinnützige Arbeit, Erfahrungen und Einstellungen von Betroffenen, in: ALBRECHT, HANS-JÖRG / DÜNKEL, FRIEDER / KERNER, HANS-JÜRGEN / KÜRZINGER, JOSEF / SCHÖCH, HEINZ / SESSAR, KLAUS / VILLMOW, BERNHARD (Hrsg.), Internationale Perspektiven in Kriminologie und Strafrecht, Festschrift für Günther Kaiser zum 70. Geburtstag, Zweiter Halbband, Berlin 1998, S. 1291-1324

VILLMOW, BERNHARD / SESSAR, KLAUS / VONHOFF, BERND, Kurzstrafenvollzug: einige Daten und Überlegungen, KrimJ 25 (1993), S. 205-224

VOGLER, THEO, Demontage des Tagessatzsystems?, JR 1978, S. 353-361

VOLCKART, BERND, Zur Verrechtlichung der Gnade in Strafvollstreckung und Vollzug, NStZ 1982, S. 496-502

DERS., Verteidigung in der Strafvollstreckung und im Vollzug, 2. Auflage, Heidelberg 1998

WAGNER, ALOIS, Die Strafaussetzung zur Bewährung nach § 57 StGB, Rpfleger 1997, S. 421-424

WALTER, MICHAEL, Strafvollzug, 2. Auflage, Stuttgart, München, Hannover, Berlin, Weimar, Dresden 1999

WALTHER, SUSANNE, Was soll »Strafe«?, ZStW 111 (1999), S. 123-143

WEBER, ULRICH, Aussetzung des Restes der Ersatzfreiheitsstrafe nach § 57 StGB?, in: STREE, WALTER / LENCKNER, THEODOR /CRAMER, PETER / ESER, ALBIN (Hrsg.), Gedächtnisschrift für Horst Schröder, München 1978, S. 175-187

WEIGEND, THOMAS, Die kurze Freiheitsstrafe - eine Sanktion mit Zukunft?, JZ 1986, S. 260-269

DERS., Sanktionen ohne Freiheitsentzug, GA 1992, S. 345-367

WEINLAND, MECHTHILD, Qualitätsentwicklung in der Justizverwaltung unter besonderer Berücksichtigung der Justizsozialarbeit, Vortrag anlässlich der Tagung der Verbände der Bewährungs- und Gerichtshilfe am 14.11.2001 in Bad Herrenalb, abrufbar im Internet unter: http://www.agbewaehrungshilfe.de/Fachverband/ Vortrag_Weinland.pdf

WESSLAU, EDDA, In welche Richtung geht die Reform des Sanktionensystems?, StV 1999, S. 278-287

WILDE, FRANK, Projekt »Arbeit statt Strafe«, BewHi 2002, S. 211-220

WILKITZKI, PETER, Neue kriminalpolitische Akzente in Deutschland, in: JEHLE, JÖRG-MARTIN (Hrsg.), Täterbehandlung und neue Sanktionsformen, Mönchengladbach 2000, S. 447-454

WIRTH, WOLFGANG, Ersatzfreiheitsstrafe oder »Ersatzhausarrest«?, Ein empirischer Beitrag zur Diskussion um die Zielgruppen potentieller Sanktionsalternativen, ZfStrVo 2000, S. 337-344

WITTSTAMM, KATJA, Die kurze Freiheitsstrafe, Eine Bestandsaufnahme, ZStrVo 1997, S. 3-18

DIES., Elektronischer Hausarrest?, Zur Anwendbarkeit eines amerikanischen Sanktionsmodells in Deutschland, Baden-Baden 1999

WOLFF, ALEXANDER, »Gemeinnützige Leistungen«, BewHi 1985, S. 138-141

WOLTERS, GEREON, Der Entwurf eines »Gesetzes zur Reform des Sanktionenrechts«, ZStW 114 (2002), S. 63-87

WÜRTENBERGER, THOMAS, Die Reform des Geldstrafenwesens, ZStW 64 (1952), S. 17-30

ZIMMERMANN, DIETER, Tilgung uneinbringlicher Geldstrafen durch freie Arbeit, BewHi 1982, S. 113-126

DERS., Geldstrafen - Interventionsmöglichkeiten im Rahmen der Schuldnerberatung, BewHi 1993, S. 194-199

ZIPF, HEINZ, Anmerkung zum Beschluss des BayObLG vom 26.03.1974, RReg. 1 St 38/74, JR 1974, S. 431-433

DERS., Probleme der Neuregelung der Geldstrafe in Deutschland, ZStW 86 (1974), S. 513-544

DERS., Die Rechtsfolgen der Tat im neuen Strafgesetzbuch, JuS 1974, S. 137-147

DERS., Anmerkung zum Beschluss des OLG Celle vom 21.09.1976, 1 Ws 267/76, JR 1977, S. 122-124

DERS., Teilaussetzung bei Freiheits- und Geldstrafen, in: VOGLER, THEO (Hrsg.), Festschrift für Hans-Heinrich Jescheck zum 70. Geburtstag, Zweiter Halbband, Berlin 1985, S. 977-990

DERS., Die Einführung der teilbedingten Strafe in Österreich, in: KERNER, HANS-JÜRGEN / KAISER, GÜNTHER (Hrsg.), Kriminalität, Persönlichkeit, Lebensgeschichte und Verhalten, Festschrift für Hans Göppinger zum 70. Geburtstag, Berlin, Heidelberg, New York, London, Paris, Tokyo, Hong Kong 1990, S. 463-476